Hiwa Alidoust

Gerechtigkeit und soziale Integrität
Zur moralischen Grammatik sozialer Beziehungen

Hiwa Alidoust

Gerechtigkeit und soziale Integrität

Zur moralischen Grammatik sozialer Beziehungen

Universitätsverlag Hildesheim
Hildesheim

Georg Olms Verlag
Hildesheim · Zürich · New York

2023

Diese Publikation entstand in Zusammenarbeit von Georg Olms Verlag und
Universitätsverlag der Stiftung Universität Hildesheim.

Das Werk ist urheberrechtlich geschützt. Jede Verwertung außerhalb der engen
Grenzen des Urheberrechtsgesetzes ist ohne Zustimmung des Verlages unzulässig.
Das gilt insbesondere für Vervielfältigungen, Übersetzungen, Mikroverfilmungen
und die Einspeicherung und Verarbeitung in elektronischen Systemen.

Die Deutsche Nationalbibliothek verzeichnet diese Publikation in
der Deutschen Nationalbibliografie; detaillierte bibliografische
Daten sind im Internet über http://dnb.d-nb.de abrufbar.

Das Dokument steht im Internet kostenfrei als elektronische Publikation
(Open Access) zur Verfügung unter: https://doi.org/10.18442/226

Dieses Werk ist mit der Creative-Commons-Nutzungslizenz
„Namensnennung – Nicht kommerziell - Share Alike 4.0
International" versehen. Weitere Informationen finden sich unter:
https://creativecommons.org/licenses/by-nc-sa/4.0/legalcode.de

© Coverabbildung: Heval Nalî, Darmstadt

ISO 9706
Gedruckt auf säurefreiem, alterungsbeständigem Papier
Layout: Jan Jäger, Satz: Michael Schmitz
Umschlagentwurf: Jan Jäger, fortgeführt von Inga Günther
Herstellung: Docupoint GmbH, 39179 Barleben
Printed in Germany
© Georg Olms Verlag AG, Hildesheim 2023
www.olms.de
© Universitätsverlag Hildesheim, Hildesheim 2023
www.uni-hildesheim.de/bibliothek/universitaetsverlag/
Alle Rechte vorbehalten
ISBN 978-3-487-16396-3

INHALT

EINLEITUNG		7
1.	**PERSÖNLICHE BEZIEHUNGEN UND SOZIALE INTEGRITÄT**	39
	a. Freundschaftsverhältnisse und soziale Integrität	41
	b. Intimbeziehungen und soziale Integrität	58
	c. Familie und soziale Integrität	79
	d. Das Ich und die Anderen	109
2.	**FREIHEIT UND IHRE NORMATIVE TRAGWEITE FÜR DIE HERAUSBILDUNG DER MODERNEN STAATLICHKEIT**	125
	a. Politische Grundordnung und soziale Integrität	131
	I. Negative Freiheit und die rudimentären Umrisse der modernen demokratischen Staatlichkeit	134
	II. Reflexive Freiheit und die Bedeutung der individuellen Autonomie und Authentizität	137
	III. Soziale Freiheit und die Konturen der reflexiven Demokratie	145
	b. Demokratisches Ethos und soziale Integrität	160
	c. Politische Arenen und die Einbeziehung des Anderen	186
3.	**MARKTWIRTSCHAFT UND SITTLICHKEIT**	205
AUSBLICK		235
LITERATUR		245

EINLEITUNG

Mein Konzept der *ausgewogenen Gegenseitigkeit* nimmt exemplarisch soziale Interaktionen ins Visier und legt deren immanente Potenziale der Gerechtigkeit frei; es zeigt auf, dass in vielen Sphären des Sozialen die Impulse der Gerechtigkeit nicht zu ihrer Vollendung gelangt sind. *Ausgewogene Gegenseitigkeit* indiziert ein wechselseitig *gewolltes* Verhältnis, das sich Menschen ab einer bestimmten Stufe der Humanität notwendigerweise »schulden«; ihre grundlegende Idee ist ein soziales Ethos des *gerechten Maßes*. Mit Hilfe der zentralen Ideen der Anerkennung und Gerechtigkeit werde ich mich jener Wertbestimmung annähern wollen, die in sozialen Interaktionen radikale und ungerechtfertigte Handlungen und Behandlungen offenlegt und desavouiert, bis erkennbar wird, dass sich in diesen sozialen Zusammenhängen das Verständnis der *ausgewogenen Gegenseitigkeit*, dies im Sinne der Gerechtigkeit und Redlichkeit, als Aufklärung aufdrängt. Doch soll zunächst Bezug auf den Titel der Arbeit genommen werden.

Wer über zwei so disputable und dehnbare Begriffe wie Gerechtigkeit und soziale Integrität schreibt, sollte auch erläutern können, was den beiden Begriffen *zugrunde gelegt (I)* wird, ferner, in welchen *sozialen Kontexten (II)* sie angewendet werden und wie ihre *Akzentuierung* zu verstehen ist, sprich, wie *die Positionierung (III)* in den zeitgenössischen philosophischen Debatten der Gerechtigkeit erfolgt. Zuletzt soll mit Nachdruck gezeigt werden, wie mit der *Methode der normativen Rekonstruktion (IV)* das ambitionierte Vorhaben zu bewerkstelligen ist.

Allein die enge Verzahnung der beiden Begriffe der Gerechtigkeit und Integrität, die dem vorliegenden Titel nach den Tenor dieser Arbeit vorgeben, verdeutlicht, dass die zwei normativen politisch-moralischen Kategorien einander bedingen und ergänzen, ergo werden sie von mir zusammen gedacht. Zudem ist es vonnöten, eingangs darauf hinzuweisen, dass die Domäne der Gerechtigkeit eine intersubjektive Angelegenheit darstellt und die grundsätzliche Idee der Gerechtigkeit nur durch die Reziprozität zu ihrer Bedeutung, ihrem Inhalt und ihrer Geltung gelangen kann. Sie verkörpert oft eine intrinsische Motivation, die durch eine bestimmte Weltauffassung, Sozialisation und Verfolgung einer gewissen Lebensform geprägt werden kann. Weiter soll schon hier deutlich herausgestellt werden, dass der Begriff der Gerechtigkeit im Folgenden umfassend ausgelegt und unter ihrer Normativität sowohl »die praktischen Voraussetzungen, unter denen die Menschen ein gutes, ein gelingendes

EINLEITUNG

Leben führen können«[1] als auch die Bedingungen einer richtigen oder gerechten Gesellschaftsordnung subsumiert werden.

(I). Soziale Integrität ist ein komplexes Phänomen, das unterschiedliche Aspekte umfasst. Sie hat eine *ethische* Seite, die sich unmittelbar aus der Konnotation des Begriffes herleitet. Zudem hat sie eine *moralische* Seite, die fundamentale menschliche Ansprüche darstellt und Bestandteil staatlicher Verfassungen ist. Weiter hat die soziale Integrität eine *politische* Seite, die mit den Begriffen der Würde und Autonomie hantiert und damit *ausgewogene soziale* Verhältnisse rechtfertigt. Der Begriff der Integrität selbst stammt vom Lateinischen »integritās« ab und bedeutet *unversehrt*, *intakt* und *vollständig*. Löst man die Essenz und den Reflex dieser Urteile sorgfältig auf, dann fällt ein eminent wichtiges und ergänzendes Format des Begriffes der Integrität auf, das die Übereinstimmung der persönlichen Werte mit dem eigenen Denken und Handeln offenbart. Mithin verfügt der integre Mensch über das völlige Bewusstsein, die eigenen Gradmesser, Grundsätze und die persönlich-ethische Gesinnung nicht nur zu denken, sondern auch zu leben. Mit anderen Worten, dem Individuum geht es bei der persönlichen Integrität nur darum, sich immer wieder in der eigenen Mitte zu sammeln[2], um die persönliche Versöhnung anzustreben.[3]

Eine vorwiegend *ethische* Rechtfertigung der Integrität bezieht sich auf die persönliche Authentizität, die im Grunde genommen auf der Vorstellung von Autonomie fußt und ein substanzielles Verständnis des persön-

---

1 Vgl. Honneth 1994b, S. 12.
2 Vgl. Kitzler 2014, S. 12f. Wobei Kitzler diesen Satz bezüglich des Verständnisses der Weisheit formuliert. Dennoch, zu sich zu finden, impliziert erst einmal über die eigene mentale Verfassung hinauszugehen, die moralische Chiffre der Gesellschaft zu absorbieren, einen eigenen Stand dazu zu entwickeln und in diesem Sammelsurium der Sittlichkeit und etablierten Normen die Kohärenz mit dem eigenen Kern herstellen zu können. Nur wenn es dem Individuum gelingt, sich in seinem sozialen Umfeld derart in der Mitte bei sich zu finden, dass er ein *ausgewogenes* Verhältnis zu sich erhalten kann, sich in seinem Sein selbst bejahen kann, vermag es über die eigenen Existenzgrenzen hinaus weiterzuschauen und im Verhältnis zu den Anderen ebenfalls eine *ausgewogene Gegenseitigkeit* anzustreben.
3 Simmel würde an dieser Stelle von dem menschlichen Bedürfnis nach »Ganzheit« sprechen, da er der Auffassung war, dass die zentrifugalen Kräfte der Moderne die Fragmentierung und Zersplitterung der Subjekte bewirkt haben. Aus dieser Konstatierung erlangte Simmel den Einblick, dass die Subjekte in der Moderne die Dringlichkeit verspüren, unversehrt und intakt ihre Selbst- und Weltbeziehung in Einklang zu bringen; negativ gewendet, um einer Art Selbst- und Weltentfremdung entgegenzuwirken. Vgl. Simmel 1970, *»Individuum und Gesellschaft in Lebensanschauungen des 18. und 19. Jahrhundert. Beispiel der Philosophischen Soziologie«*, S. 68f.

EINLEITUNG

lichen Wohlergehens oder des »guten Lebens« in den Vordergrund stellt. Das Menschenwesen – welches hier im Zentrum steht – hat demnach ein grundlegendes Interesse daran, ein für sich als authentisch und gut erachtetes Leben zu realisieren[4]. Auf den ersten Blick scheint diese Perspektive eine weitgehend partikulare zu sein, aber die Idee der reflexiven (positiven) Freiheit, so wie sie vorwiegend von Jean-Jacques Rousseau, Immanuel Kant und vor allem Johann Gottlieb Herder ausbuchstabiert wird[5], verdeutlicht, dass die persönliche Authentizität einen bedeutsamen Teil unserer Freiheitsauffassung ausmacht und somit die Grenzen der Partikularität sprengt. Anders gesagt, möchte man über die Freiheit verfügen, ein eigenes authentisches Leben zu führen und nicht ein Leben nach der Vorstellung anderer Autoritäten. Ungeachtet dessen kann die Vorstellung eines guten Lebens nicht in der Isolation entstehen. Auch wenn sie sich reflexiv auf die individuelle Perspektive richtet, so muss sie doch erst in der Intersubjektivität zu einer solchen werden.

Zum Zwecke der gelungenen Intersubjektivität wird hier die *ausgewogene Gegenseitigkeit* als *moralischer* Maßstab deshalb herangezogen und ausgezeichnet, weil die Vorstellung der Integrität vorzugsweise darin aufgeht und sie zusätzlich ihre beiden fragilen Dimensionen (die physische und psychische)[6] angemessen berücksichtigt. Da das moderne Leben in mannigfaltigen sozialen Sphären passiert, befasse ich mich mit drei außerordentlich wichtigen Bereichen und ihren normativen Ideen (Idealen). In der Folge kommt es auf ein erfolgreiches Zusammenwirken – dies im Sinne der Gerechtigkeits- und Integritätsförderung – der visierten Bereiche der *persönlichen Beziehungen*, des *öffentlichen Lebens (Politik)* und der *Ökonomie* an, die der Vorstellung eines gelungenen Lebens einen Hilfsdienst erweisen. Aus der Perspektive der Freiheit betrachtet, kann die persönliche Authentizität nur durch innere Erkundung und zwanglose soziale Beziehungen erreicht werden. Auf der Ebene der persönlichen Beziehungen sind gegenseitige Fürsorge und Zuneigung grundlegend, auf der politischen Ebene geht es um die Ermöglichung des »aufrechten Gangs«[7] und in der Ökonomie um die Idee der Partizipation.

Im Zuge der persönlichen Beziehungen können die Subjekte ungezwungen ihre natürlichen Bedürfnisse ergründen und idealerweise be-

---

4 Dabei ist die persönlich-normative Handlungsfähigkeit von zentraler Bedeutung. James Griffin 2010 denkt entschieden in diese Richtung.
5 Im zweiten Kapitel wird die Idee der Freiheit sorgfältig rekonstruiert.
6 Vgl. Pollmann 2018, S. 338f. Pollmann rekonstruiert die Ideen von Claus Offe, die sich um Modernisierungseuphorie und Modernisierungsskepsis drehen.
7 Vgl. Bloch 1977, Kapitel 24, »*Staatsursprung, Staatsrecht, Arcana dominations und ihr Gegenteil*«.

friedigen. In der Politik geht es darum, als ein politisches Wesen derart anerkannt zu sein, bei wichtigen gesellschaftlichen sowie Zukunftsfragen nicht übergangen zu werden. Ferner in der Ökonomie als ein Teil des Ganzen in der Weise einbezogen zu werden, dass erstens die persönlichen Wirksamkeiten und Begabungen für die Gesellschaft wertgeschätzt werden, aber zweitens dabei das Ethos der Kooperation nicht ausgeblendet wird. Gleichwohl dort, wo für grenzenlose Freiheit plädiert wird, sind die Akteure, sei es als Produzent oder als Konsument, stets aufeinander angewiesen; einzig durch ein tiefes Verständnis dieser Tatsache, kann unvernehmbar die soziale Integrität gelingen und die Idee eines guten Lebens an Konturen gewinnen. Die qualitativen oder ethisch substanziellen Begriffe eines guten Lebens drehen sich hauptsächlich um das Konzept der persönlichen Selbstverwirklichung[8], aufgrund dessen verwenden einige bedeutsame zeitgenössische Theorien der Gerechtigkeit diese Selbstverwirklichung unmissverständlich oder implizit als Säulen ihres Programmes. Hier seien an vorderster Stelle die Theorie von Axel Honneth[9] oder eben diverse Implikationen der Theorien von Amartya Sen[10] und Martha Nussbaum[11] erwähnt. Während Honneth durch die Idee der Anerkennung den Subjekten zu ihrer Autonomie und ihrer Selbstverwirklichung verhelfen möchte, plädieren Sen und Nussbaum für die Entfaltung der persönlichen Fähigkeiten, die durch ihr Gedeihen und Gelingen Ungerechtigkeiten reduzieren würde.

Auf die *moralische Seite* des Begriffs der Integrität geschaut, kommt man nicht umhin, die Ideen von Immanuel Kant in den Blick zu nehmen. Die bisher dargestellte Denkart fokussierte sich in mancher Hinsicht auf eine endogene Perspektive, die aber erst in der Verbindung mit dem exogenen Aspekt ihre Umrisse markiert. Der Impuls der moralischen Seite von Integrität dehnt die Rahmen der Intersubjektivität noch ein Stück weiter aus und geht in die Vorstellung der Universalität über. Es sind zwei Werte – die der *Autonomie* und die der *Würde* –, die die Grundlage der modernen *demokratischen* Moralvorstellung formen und zwei handlungsleitende Prinzipien induzieren, nämlich die Prinzipien der *Allgemeinheit* und der *Reziprozität*, die persönlich-soziale Handlungen im Hinblick auf ihre Rechtfertigung leiten sollen. Beide Prinzipien sind dazu prädestiniert, um mit ihren Initiativen willkürliche und ungerechte Handlungen zu diskreditieren. Aus diesem Grunde bildet der berühmt gewordene kategorische Imperativ von Immanuel Kant den überzeu-

---

8   Vgl. Pollmann 2018, Kapitel 5. Taylor 1993, S. 20f.
9   Vgl. Honneth 2013, 2010, 2002 und seine Debatte mit Nancy Fraser 2003.
10 Vgl. Sen 2010.
11 Vgl. Nussbaum 1999.

gendsten Grundsatz der irdisch-moralischen Handlung. »Handele nur nach derjenigen Maxime, durch die du zugleich wollen kannst, dass sie ein allgemeines Gesetz werde«[12], diese Forderung weist auf das von mir visierte und auszuzeichnende moralische Sollen der *ausgewogenen Gegenseitigkeit*[13] hin, weil der Richtsatz des kategorischen Imperativs eine besonders anspruchsvolle, intersubjektive Perspektivübernahme erfordert und radikal egoistische sowie parteiliche Verhaltensweisen ablehnt.

Wer diese Maxime als Lebensformel verinnerlicht, wird stets die Absicht haben, sich immer wieder in der eigenen Mitte zu treffen und dies auch anderen zugestehen zu wollen. Die Selbstzweckformel von Kant: »Handle so, dass du die Menschheit sowohl in deiner Person, als in der Person eines jeden anderen jederzeit zugleich als Zweck, niemals bloß als Mittel brauchst«[14], ergänzt den obigen Imperativ und liefert eine sehr einsichtige philosophische Vorstellung der Menschenwürde. Auch wenn die Kritiker von Kant diese Imperative als leere Vorschrift bezeichnen, so ist plausibel, dass diese Zweckformel aus der Idee der Autonomie entspringt und diese zugleich rückbezüglich manifestiert. Der freie Wille und die Willensentschlüsse kommen mithin nur dann zur Geltung, wenn die niederen menschlichen Neigungen und Wünsche für moralische Handlungen nicht mehr bestimmend sind, vielmehr soll der Wille in einem inneren Dialog durch Überlegungen und reflexive *Gründe* zum Bewusstsein und zur Entfaltung gelangen. Daher sind die Subjekte (Personen) als Vernunftwesen moralisch verpflichtet, aus dem eigenen Willen heraus die Prinzipien der Allgemeinheit und Reziprozität für vernünftig zu erachten. Diese Prinzipien ergeben sich unmittelbar aus dem kategorischen Imperativ oder im Zuge der Weiterentwicklung der Idee der reflexiven (positiven) Freiheit. Der Appell, die eigenen Handlungen im Lichte von normativer Forderung der Allgemeinheit zu beleuchten, illustriert die Universalität des Gedankengutes. Darüber hinaus schwingt insofern die Reziprozität der sozialen Verhältnisse immer mit, als der Imperativ ein hohes Maß an wechselseitiger Moralität erfordert, die durch reziproke Anerkennung in differenzierten sozialen Sphären Gestalt annimmt und institutionalisiert wird. Vor allem die Idee der Selbstachtung, die unmittelbar aus konst-

---

12 Vgl. Kant 2008, S. 57.
13 Hier bedeutet zunächst einmal die *ausgewogene Gegenseitigkeit* sich in die Lage der Anderen hineinversetzen zu können, um moralisch reflektiert dem Anderen gegenüber ein angemessen faires Verhalten an den Tag zu legen. In einer ausgewogenen Begegnung sind extreme und radikale Absichten der Unterdrückung und Beherrschung per se nicht erlaubt, somit ist der Raum für ungerechte Haltung mehr als beengt.
14 Vgl. Kant 2008, S. 70.

ruktiven Vorstellungen wie der des kategorischen Imperativs oder der Vorstellung der negativen Freiheit hervorgeht, weiter in die Auffassung der positiven Freiheit hineinfließt und durch reziproke Anerkennung in diversen sozialen Sphären in die Idee der sozialen Freiheit mündet, zementiert die Dringlichkeit der Menschenwürde und der Autonomie. Die Sphäre des modernen Rechts und die Illustration der Rechtsgleichheit[15], welche die Selbstachtung der Subjekte akzentuiert, drückt die Würde des Menschen aus und ebnet den Weg für die Verfeinerung und Erweiterung dieser Idee, indem die verschiedensten Aspekte der Menschenrechte darauf aufbauen. »Freiheit von Willkür, als Handelnder wie Behandelnder, ist die ursprüngliche Konnotation der Würde, und sie bedeutet das Handelnkönnen bzw. Anerkanntwerden als Wesen mit gleichen Pflichten und Rechten auf Rechtfertigung«.[16] Das Zitat von Rainer Forst verweist einerseits auf die politische Pointe der Menschenwürde und Autonomie und anderseits implizit auf die Idee der *ausgewogenen Gegenseitigkeit*.

Politisch – damit gelange ich zu der *politischen Seite* der Integrität –, weil die moderne demokratische Gesellschaft als eine Anerkennungsordnung und Rechtfertigungsordnung aufgefasst wird, in der die sozialen Beziehungen durch die Prinzipien der Allgemeinheit und Reziprozität normiert oder koordiniert werden. Denn das Recht darauf, würdevoll behandelt zu werden, exemplifiziert, als autonome Person bei wichtigen politischen Fragen als vollwertiges und handlungsfähiges Mitglied zu zählen und nicht übergangen zu werden. Ferner drückt das Vermeiden von Willkür und willkürlicher Behandlung den Grundrespekt aus, den sich die Menschen schlechterdings schulden. Die *ausgewogene Gegenseitigkeit* drückt offenkundig und demonstrativ diesen Grundrespekt aus, weil sie weder radikal ungerechte Handlungen noch offensichtlich ungerechte soziale Verhältnisse zulassen kann.

Aus dem bisher Ausgeführten kann die nachstehende Folgerung gezogen werden: Es kann konstatiert werden, dass die Idee der Autonomie fast zwangsmäßig die Vorstellung der Würde nach sich zieht. Der freie Wille – oder die normative persönliche Handlungsfähigkeit – ist das Urmotiv der Autonomie, die geschützt und gewährleistet sein muss, dieser Akt des Schützens und des Verbriefens drückt wiederum den Inhalt der Würde aus. In der Umkehrung ist festzuhalten, dass die Würde die Fragilität und die Verletzlichkeit der menschlichen Autonomie hervorhebt. Heteronome Menschen können weder handlungsfähig sein, noch sich von anderen Lebewesen separieren, freilich gestatten die menschlich-

---

15 Vgl. Honneth 1994a, S. 174f.
16 Vgl. Forst 2011, S. 122–123.

emanzipatorischen Impulse nicht, dass wir in der Handlungsunfähigkeit verharren, weil der Mensch, so wie Rainer Forst es betont, stets in drei Welten lebt: in der Welt der Realität, in einer Welt, die normativ stets auf die Besserung und Veränderung der bestehenden Verhältnisse zielt und schließlich in der Welt der Kritik, die die anderen zwei Welten miteinander verbindet.[17] Es ist dieser intrinsische Drang der Autonomie, der einen der wichtigsten Aspekte unseres Menschseins ausdrückt und geschützt werden muss. Der Ideenkomplex der Würde übernimmt diese Aufgabe und legitimiert damit ihre Begründung. »Der Mensch ist nicht nur ein auf Selbstachtung bedachtes Lebewesen. Ihm ist auch ein feines Gefühl der Selbstachtung eingegeben, dessen Verletzung ihn nicht weniger tief trifft als ein Schaden an Körper oder Vermögen. In dem Wort Mensch selbst scheint sogar eine gewisse Würde zum Ausdruck zu kommen, so dass das äußerste und wirksamste Argument zur Zurückweisung einer dreisten Versöhnung der Hinweis ist: Immerhin bin ich kein Hund, sondern ein Mensch gleich dir«.[18] An dieser Stelle kann der Mehrwert der Idee der ausgewogenen Gegenseitigkeit als Maßstab der Gerechtigkeit vernommen werden, es kann erahnt werden, wie das Bild der *ausgewogenen Gegenseitigkeit* die Vorstellung der Autonomie und der Würde veranschaulicht und konkretisiert, dazu durch ihre Illustrierung der Prinzipien der Allgemeinheit und Reziprozität für die Realisierung der Autonomie und Würde auf allen Ebenen des Sozialen wirbt, um den Weg zur sozialen Integrität zu ebnen.

Diese ist auf der Mikroebene so zu verstehen: Die Subjekte möchten in ihrer Umgebung handlungsfähig sein, d. h. sie sind gewillt, gestalterisch und verändernd zu wirken. Sie möchten so wenig wie möglich abhängig – im Sinne von dominiert zu werden – sein. Zudem dürfen sie nicht in ihrem Dasein verkannt werden. Im Gegenteil: Sie sollen als Subjekte ernst genommen und entsprechend behandelt werden. Nur so ist ihre physische wie psychische Integrität gesichert, weil sie sich dann bei sich selbst finden und sie in sich ruhen können. Die Idee der ausgewogenen Gegenseitigkeit ist die Darstellung dieser Kohärenz.

Auf der Makroebene verhält es sich nicht viel anders. Die besagten normativen Forderungen sollen mithilfe einer Anerkennungsordnung institutionalisiert werden. So wie die drei Freiheitsmodelle normativ ihren Gipfel in der sozialen Freiheit erreichen, soll eine demokratische Lebensweise alle Poren der Gesellschaft durchdringen und in der Folge allen Inkludierten eine Heimstätte bieten. Diese soll ein Ort des Eingebunden-

---

17 Vgl. Forst 2011 in der Einleitung.
18 Vgl. Pufendorf, zitiert nach Forst 2011, S. 66.

seins, der Identifikation und Integrität sein. Mit anderen Worten gefasst und die Mikro- sowie die Makroebene zusammengedacht, als Subjekt kann ich erst ein gesundes Verhältnis zu mir entwickeln, indem ich über die Gewissheit verfüge, mich *für mich* im richtigen Ort zu befinden, in dem ich willkommen bin und in meinem Subjektsein anerkannt werde, und ich das Gefühl habe, an diesem Ort wirksam sein zu können. Weiterhin: Indem ich das Gefühl habe, in dem sozialen Umfeld[19] und an dem Ort, an dem ich mich aufhalte, ein Stück Heimat[20] vorzufinden, in der ich *empfangen* werde und mein Dasein »positive« Resonanz[21] erfährt, in der ich nicht *übersehen*[22] werde, kurz: in der ich dazu gehöre und mich gerade zu diesem Zeitpunkt in dem bestmöglichen sozialen Kontext, eben in *meiner* Heimat befinde. Das ist das Ziel der sozialen Integrität, die ihren Grundsatz in der *ausgewogenen Gegenseitigkeit* findet.[23]

Ähnlich verhält es sich mit der Idee der Gerechtigkeit, die nur im Kontext des Wirs und in Bezug zu Anderen ihren Sinn, ihren Inhalt und ihre Begründung generieren kann; demonstrativ ausgedrückt, geht ihre

---

19 Vgl. Baumann 2009. Baumann befasst sich in einer kritischen Weise mit dem Begriff der Gemeinschaft und der daraus gewonnenen persönlichen Identität. *»Unsicherheit und Grausamkeit«*. S. 348f.
20 Die Bedeutung der Heimat ist hier nicht in ihrem klassischen Sinne zu verstehen, sie ist anders und umfänglicher zu fassen. Die Vorstellung der Heimat zielt auf einen Ort, eine atmosphärische Begegnung oder ein Ereignis, ferner einen sozialen Kontext, allerdings mit der Bedingung, dass all diese mir meine persönliche Kohärenz verleihen. Demnach bedeutet Heimat, sich mit irgendetwas vollkommen zu identifizieren und dieses Irgendetwas als einen Teil des eigenen Selbst aufzufassen. Wenn Begegnungen und Erlebnisse in uns positive Assoziationen hervorrufen und wir mit ihnen verschmelzen, entwickeln wir ein Gefühl des Wohlbefindens, eben ein Gefühl der Heimat, das uns Wärme und Willkommen-Sein vermittelt. So kann ein schönes Stück Musik, das uns berührt, in uns unvergessliche Erinnerungen wachruft, uns kurzweilig das Gefühl der Heimat vermitteln. Heimat kann ein Ort oder eine Begegnung sein, die uns prägen und in völliger Vertrautheit immer ein Teil von uns bleiben werden können. Aber auch Urvertrauen oder unvergessliche Elementarbegegnungen (Kindheit) mit Düften, Wahrnehmungen, Orten und Ereignissen rufen stets das Gefühl der Heimat in uns hervor.
21 Vgl. Rosa 2017, Teil I.
22 Vgl. Honneth 2003, *»Über die moralische Epistemologie von Anerkennung«*.
23 Pollmann 2018 diskutiert im Kapitel *6.2, »Alternativen einer Sozialphilosophie der Integrität«* und versucht zu beleuchten, inwiefern gesellschaftliche Pathologien als Folge einer Wechselwirkung von Gesellschaft (Gemeinschaft) und Individuum betrachtet werden kann. Ich hingegen befasse mich nur am Rande mit Themen der „sozialen Pathologien" und „gesellschaftlichen Fehlentwicklungen"; vielmehr stelle ich Begriffe wie: Selbsttreue, Authentizität und Rechtschaffenheit – welche in verschieden sozialen Sphären unterschiedlich identisch wirken – ins Zentrum meiner Konnotation der Integrität.

Darstellung nur in der Intersubjektivität auf. Sogar im Verhältnis zu mir selbst kann ich nur deshalb gerecht (ausgewogen) agieren wollen, weil ich durch meine Sozialisation vielfältige Verhaltensregeln und Normen verinnerlicht habe, die mir stets als Bewertungsfolie der Moral vorliegen. Nicht von ungefähr spricht man in manchen Fällen von moralischer Pathologie.[24] Primär ist dies der Fall, wenn bestimmte Individuen oder gar soziale Gruppen die disponiblen gesellschaftlichen Normen weder verstanden haben, noch sie adäquat anwenden können. Dies würde implizieren, dass die Subjekte nur schwer ihre persönlich-psychische Integrität erlangen werden, wenn sie die codierte Moralvorstellung der Gesellschaft, in der sie leben[25], nicht nachvollziehen und entsprechend anwenden können. Auch die Ansprüche der Gerechtigkeit würden sich in diesem Falle nicht leicht zur Geltung bringen können. Aufgrund dessen konnotiere ich den Begriff der Gerechtigkeit in einer Weise, die meinen zentralen Begriff, nämlich den Begriff der *ausgewogenen Gegenseitigkeit* präziser herleitet, der bei der Ausführung meiner Gedanken als Symbiose der Integrität und Gerechtigkeit aufzufassen ist. Die Illustration des Begriffes der ausgewogenen Gegenseitigkeit soll zeigen, warum er in der vorliegenden Arbeit als der Inbegriff der Gerechtigkeit verstanden wird.

Für die Allegorie der Ausgewogenheit habe ich die klassische Balkenwaage im Sinn, weil ihre lateinische Bedeutung vieles von dem offenbart, was ich mit der Idee der Gerechtigkeit assoziiere. Die Balkenwaage wurde im Lateinischen mit dem Begriff der *libra* (libare = im Gleichgewicht, schwebend, halten, schwingen) benannt und symbolisierte in allen Hochkulturen Gerechtigkeit, Wahrheit, Weisheit, Gesetz und Ordnung. Das Ansinnen der sozialen Ausgewogenheit wird deshalb durch das Bild der Waage zu verdeutlichen versucht, weil die Waage sich um eine Mittelachse symmetrisch schwingend bewegt und dabei versucht, zwischen einem Gewicht und einem Gegengewicht Balance zu halten. Man kann darin einiges hineininterpretieren, so z. B., dass in der Bewegung der Waagschalen eine Entscheidungsfindung zu ersehen ist, die ihre Zeit benötigt und in der kurzweilig die eine Seite mehr Gewicht anzeigt, obgleich das Endziel doch die Ausgewogenheit bleibt. Indessen teilt uns die Art des Schwebens mit, dass man im Leben Durchhaltevermögen und Geduld benötigt, um eine Last balancieren zu können, die nicht endlos sein darf. Bezüglich der sozialen Integrität wäre die Balance deshalb von Bedeutung, weil

---

24 Vgl. Honneth 2013, S. 206f.
25 Wobei durch die Globalisierung alle Gesellschaften heute über eine große Gemeinsamkeit der moralischen Vorstellungen verfügen und die Partikularität der Moralvorstellung allmählich verebbt.

nur ein Gleichgewicht zwischen dem körperlichen und dem mentalen Zustand in eine umfassende Integrität münden würde. Es ist zwar nicht von der Hand zu weisen, dass die Balkenwaage aus unserem Alltag verschwunden ist, weil sie durch linear quantifizierende Wiege- und Maßsysteme ersetzt wurde, die unser Denken von der Beziehung zu einem integralen Zentrum abkoppelt und es mit segmentierter Aufrechnung und Aufspaltung konfrontiert. Aber auch das ist ein Sinnbild der Moderne und verweist darauf, dass wir in unserem sozialen Leben Gefahr laufen, keinen moralisch-ethischen Bezugspunkt mehr zu haben, an dem wir uns in Krisensituationen orientieren könnten. An dieser Stelle sei an Aristoteles und seinen Begriff der »Billigkeit« erinnert. Aristoteles ist der Auffassung, dass das Gerechte und das Billige ihren Inhalten nach sehr nah beieinanderstehen, aber dennoch unterschiedliches ausdrücken. »Es ist also Gerechtes und Billiges dasselbe, und während beide wertvoll sind, ist das Billige das Höherstehende von beiden«.[26] Durchaus hat die Vorstellung der *ausgewogenen Gegenseitigkeit* eine gewisse Inhaltsnähe zu dem, was Aristoteles unter Billigkeit ausführt, ein grundsätzlicher Unterschied besteht dennoch darin, dass er deshalb den Begriff der Billigkeit über den der Gerechtigkeit ansiedelt, weil die Billigkeit über die allgemeine Bestimmung (Gesetz) hinaus für Ergänzung des Gesetzes sorgen kann. »Es gibt manches, was durch ein Gesetz zu treffen unmöglich ist, so dass es einer Spezialbestimmung bedarf. Denn für die Behandlung des Unbestimmten ist auch der Maßstab unbestimmt, wie bei der auf Lesbos üblichen Bauweise auch das Richtscheit, das von Blei ist«.[27] Ferner muss betont werden, dass die pluralistischen Gesellschaften der Moderne gänzlich anders funktionieren; nach dem die individuelle Freiheit massiv an Bedeutung gewonnen hat, indem die Menschen als Architekten ihres eigenen Selbst agieren und sie sich selbst entwerfen müssen, hat die Vorstellung der *ausgewogenen Gegenseitigkeit* anders generiert zu werden. Die fortschreitende Individualisierung hat den Individuen den Boden unter den Füßen weggezogen, die Losgelöstheit von den herkömmlichen Werten und von der himmlischen Moral erfordert eine gänzlich andere Art des Selbst- und Fremdbezugs. Ausgewogene Gegenseitigkeit ist prozesshaft und kann nur diskursiv zu einem höherstufigen Prinzip der Gerechtigkeit avancieren. Adorno trifft den Kern dieser modernen Entwicklung zutreffend, in dem er sagt: »Wir mögen nicht wissen, was das absolut Gute, was die absolute Norm, ja auch nur, was der Mensch oder das Menschliche ist und die Humanität sei, aber was das Unmenschliche

---

26 Vgl. Aristoteles 2016, S. 145.
27 Vgl. ebd., S. 146.

ist, das wissen wir sehr genau«.[28] So ähnlich verhält es sich mit der Idee der Gerechtigkeit, denn in meiner Akzentuierung geht es nicht um die völlige Gleichheit, um ausschließlichen Verdienst oder um nummerische Güterumverteilung, vielmehr geht es mir um das Unbestimmte, um das nicht leicht Fassbare, aber dennoch das Essenzielle der Gerechtigkeit; um Formen der wechselseitigen Annahme, Behandlung und Achtung.

Ich halte die Idee der *ausgewogenen Gegenseitigkeit* als Pointe der Gerechtigkeit für überzeugend, weil sie uns einen Orientierungspunkt liefert, der keine Einseitigkeit duldet. Außerdem wird durch die Tatsache der *gegenseitigen Einbeziehung* eine Moralvorstellung generiert, die sowohl lokal als auch universal gültig sein kann. Zugegeben stellt die gegenseitige Einbeziehung eine anspruchsvolle Aufforderung dar, die reziproke Aufmerksamkeit und Perspektivübernahme voraussetzt, eben Akte, die als die Grundimpulse der Gerechtigkeit aufzufassen sind. Soll aus der bisherigen Ausführung der Grund der Gerechtigkeit herausdestilliert werden, so ließe sich sagen, dass der Grund der Gerechtigkeit und ihre Forderungen primär darin bestehen, darauf zu schauen, wie wir als Subjekte, als einbezogene Mitglieder der Gesellschaft behandelt werden, weil eine faire und ausgewogene Behandlung den Weg für tiefergehende Ansprüche der Gerechtigkeit ebnen wird. Erst in einem zweiten Schritt sollte die üblich offensichtliche Forderung der Gerechtigkeit, nämlich die der Distribution, zum Thema werden.

(II). Es gilt in einem zweiten Schritt zu veranschaulichen, an welchen sozialen Kontexten sich die Grammatik der Gerechtigkeit orientiert. Ich habe die modernen demokratischen Gesellschaften und ihre Grundstruktur im Blick, die ich mit drei klar umrissenen Sphären des Sozialen markiere. Diese sind – wie oben erwähnt – die Sphäre der persönlichen Beziehungen, die Sphäre der demokratischen Sittlichkeit und die Sphäre der modernen Marktwirtschaft. Damit soll einer philosophischen Tradition gefolgt werden, die ihren Ursprung bei G.W.F. Hegel[29] findet und bis heute wenig an ihrer Aktualität eingebüßt hat. Axel Honneth[30] ist heute einer der prominentesten Vertreter dieser Tradition.[31] Unter Umständen

---

28 Vgl. Adorno 2010, S. 261.
29 Vgl. Hegel 1986a. Siehe den dreigliedrigen Aufbau: »*Das abstrakte Recht*«, »*Die Moralität*«, »*Die Sittlichkeit*«.
30 Vgl. Honneth u.a. 1994a, 2013.
31 Aber vor Honneth gab es auch Theoretiker, die dieser Tradition und Methodik gefolgt sind. Hegel fokussiert sich bei der »Rekonstruktion« noch auf spekulative oder logische Betrachtung des Geschehens (Selbstrealisation des Geistes in divergenten Sphären). Aber auch Marx spricht im *Kapital* davon, dass die Kritik nur die Form einer Darstellung besäße. Aber sowohl Durkheim, Weber als auch Habermas wählen die individuelle Freiheit für ihre Ausgangsprämis-

können in diesem Zusammenhang zwei Einwände erhoben werden, *zum ersten*, warum ich das Strukturmodell der modernen Gesellschaften von Axel Honneth unzweifelhaft übernommen habe, und *zum zweiten*, warum ich nur *diese* drei Sphären für maßgebend halte und andere gesellschaftliche Aspekte und Dimensionen wie die der Religion, Kultur, Kunst etc. nicht aufnehme. Der Grund dafür ist wenig komplex und wie folgt: Zum *ersten* möglichen Einwand ist zu sagen, dass sich das Modell von Honneth exzellent für mein Programm und für mein Ziel eignet, um anders über die Idee der Gerechtigkeit nachzudenken, d. h. nicht so wie die dominierenden Theorien, die sich ausschließlich mit Angelegenheiten des politischen Raums (Öffentlichkeit) befassen. Mir geht es um das nicht evident Bestimmbare der Gerechtigkeit, das, was ständig und überall in sozialen Interaktionen vorzufinden ist, sich häufig im Vorraum des Politischen ereignet, aber sich nicht immer rational enträtseln lässt. Damit visiere ich jene Ungerechtigkeiten, diese im Sinne der fehlenden Ausgewogenheit, die zuvörderst gefühlt und gespürt, dann erst öffentlich skandalisiert werden. Hinzukommt, dass ich zwar strukturtechnisch ähnlich wie Honneth verfahre, aber passend zu meinem Vorhaben jene Sphären des Sozialen voranstelle, die immanent mehr Potenziale der *ausgewogenen Gegenseitigkeit* versprechen; in der Folge werde ich sie nicht wie Honneth lediglich im Hinblick auf die soziale Anerkennung analysieren, sondern wie eben erwähnt hinsichtlich der *ausgewogenen Gegenseitigkeit*. Davon ableitend komme ich zu dem zweiten möglichen Einwand, der mehr inhaltlicher Natur ist und dem ich wie folgt begegne: Erstens, da wir unsere interpersonell-weltliche Moral aus unserer Sozialisation heraus generieren, ist die Berücksichtigung der persönlichen Beziehungen grundlegend. Dieser Herausforderung der Bezugnahme ist mithilfe der Erziehungswissenschaften, der Soziologie, der Philosophie und der Psychologie am besten beizukommen. Zweitens: Ich bin genau wie John Rawls[32] der Auffassung, dass die politische Kultur der modernen Gesellschaften ein Resultat von jahrhundertelangen Auseinandersetzungen miteinander konkurrierender Weltanschauungen und Gedankensysteme ist, die mit dem Medium der Philosophie, welche die großen Zusammenhänge im Blick hat, am ehesten adäquat erfasst werden kann; weder Religion noch Kultur oder Kunst bieten uns einen derart großen Überblick, um die Struktur der säkular-pluralen Gesellschaften zu analysieren.

---

se der »normativen« Rekonstruktion. Damit soll gesagt werden, dass alle diese Autoren und Ansätze hinsichtlich ihrer Methoden große Gemeinsamkeiten hatten. Im Punkt VI der Einleitung wird vertieft auf die Methode eingegangen.
32 Vgl. Rawls 2006, §1.

EINLEITUNG

Auf der *ersten* Ebene befasse ich mich mit der Sphäre der *persönlichen Beziehungen* und differenziere diese in die Beziehungen der *Freundschaft*, der *romantischen Liebe* und die des *Familialen* aus. Die Analyse hat zuvörderst das Ideal der Freundschaft zum Gegenstand, weil es wohl die reinste Form der Freiheit und Gerechtigkeit beschwört, als Gipfel der Liebe begriffen wird und für die Gewährung der psychischen Integrität unabdingbar ist; das Ideal verbildlicht unzweideutig die *ausgewogene Gegenseitigkeit*. Es lässt keine Asymmetrie zu und illustriert die »Einheit der Seelen« der Beteiligten. Anders als Honneth hebe ich hier die immanente Ausgewogenheit hervor, die sich in der »Einheit der Seelen« offenbart; und im Gegensatz zu Derrida[33] zeichne ich die sogenannte Partikularität der Freundschaft aus, weil wir in der Bevorzugung unserer Bezugspersonen jene Emotionen zur Geltung bringen, die unsere Authentizität ausmachen. Erst im Kontext der persönlichen Beziehungen (Privatheit) generieren Menschen ihr praktisches Wissen und Verstehen der eigenen Grundemotionen.[34]

Die romantische Liebe wird in Bezug auf die Grammatik der Gerechtigkeit insofern diffuser, als dort eine stets fragile Ausgewogenheit zwischen der Verschmelzung der Beteiligten und ihrer Selbstbehauptung gelingen muss, da sonst Abhängigkeiten Dominanz erlangen und diese leicht pathologische Züge annehmen können. Folgerichtig gewinnt die Formation der familialen Beziehung noch mehr an Komplexität. Sie soll durch die Norm der *ausgewogenen Gegenseitigkeit* dafür sorgen, dass sich Prädispositionen wie Selbstlosigkeit und Solidarität, die für familiale Beziehungen essenziell sind, und stärkere moralische Ansprüche, die reziprok-gerechte Behandlung implizieren, versöhnen. Familie stellt das erste Muster der Gesellschaft dar. Dort werden mannigfaltige Interessen zur Geltung gebracht und ihre Aushandlung begründet oder manifestiert die Genealogie und die Semantik der Gerechtigkeit. Im Kontext der Aushandlung von individuellen Interessen wird gefragt werden müssen, wie sich die Mitglieder *unterschiedlich* sowie *gleich* begegnen und behandeln sollen. Gelingen die persönlichen Beziehungen fern ab von Misshandlung und Demütigung, so tragen sie grundsätzlich zu der psychischen und persönlichen Integrität der Subjekte bei und statten diese mit dem notwendigen Selbstvertrauen aus, das wiederum für das Leben in den anderen sozialen Sphären von immenser Wichtigkeit ist. Aus dem Gesagten soll die folgende These abgeleitet werden: Das Florieren der persönlichen Beziehungen, das mit der persönlichen Anerkennung, der reziproken Achtung

---

33 Vgl. Derrida 2000, »*Oligarchen: Nennen, aufzählen, auszählen, abzählen.*« S.17f.
34 Vgl. Reckwitz 2003, S. 289.

und Liebe einhergeht, entfacht ein ideales Bild eines gerechten und guten Lebens in uns, das uns ein Leben lang begleiten wird. Darauf aufbauend können wir behaupten, dass unsere Sehnsüchte und Visionen nach einer besseren Welt, d. h. unsere Intuition der Gerechtigkeit, aus dem Gelingen unserer Sozialisation entstehen. Ferner ist es die Art des Gelingens, die unser Verhältnis zum Leben im Allgemeinen und zu unserer Welt, in der wir leben, prägt. Allerdings ist die Welt, in der wir leben, nicht so einfach zu fassen, sie lässt sich durch unsere Interaktionen und durch unsere vorherrschende soziale Grammatik begreifen. Dementsprechend müssen die Subjekte die moralische Grammatik der Gesellschaft angemessen verinnerlichen und sie adäquat anwenden können. Während die moralische Grammatik der persönlichen Beziehungen mit Attributen wie Selbstlosigkeit, Zuneigung, Symmetrie und Fürsorge durchtränkt ist, lässt sich die zweite Ebene der Analyse, nämlich die Ebene der *demokratischen Sittlichkeit*, nach gänzlich anderen Maßstäben beurteilen.

Der Konstitution des Politischen geht in jeder Gesellschaft eine prägende Historie voraus, die dazu führt, dass zwar alle demokratischen Gesellschaften in ihrer Struktur viele Gemeinsamkeiten aufweisen, aber bezüglich ihrer politischen Kultur und ihres demokratischen Ethos große Differenzen offenbaren. Jedoch muss fixiert werden, dass unsere Auffassung der Demokratie als gesellschaftliche Ordnung aus dem Geiste der Idee der Freiheit geboren wurde, die wiederum für die institutionelle Prägung sowie für den Ausdruck der politischen Sitte bestimmend ist. Ergo soll der Fokus auf den drei vorherrschenden Modellen der Freiheit *(negative, positive sowie soziale Freiheit)* liegen, die historisch betrachtet aufeinander folgten und einander um wichtige Nuancen ergänzten. Sodann wird die Rahmenbedingung der demokratischen Sittlichkeit aus der Idee der Freiheit abgeleitet, um in einem nächsten Schritt zu schauen, inwiefern die Idee der Gerechtigkeit im Sinne der *ausgewogenen Gegenseitigkeit* wirkt und die Mitglieder der Gesellschaft in die wichtigsten politischen Entscheidungen einbezieht, ihnen ihre Freiheit – und zwar diese in all ihren Facetten – nicht vorenthält. Nur wenn die Demokratie ein politisches Pflichtbewusstsein des gemeinsamen Kooperierens hervorbringt und als Lebensform alle sozialen Sphären durchdringt, können die Mitglieder sich damit vollends identifizieren.[35] Anknüpfend soll die libera-

---

35 Jörke spricht in einem derartigen Kontext von dem »Versprechen der Demokratie«, das bis heute nicht erfüllt ist. »Das prozedurale Versprechen der gleichen und effektiven Teilhabe am politischen Prozess sowie das substanzielle Versprechen einer Angleichung der sozialen Lebensverhältnisse. Das erste Versprechen möchte ich als republikanisch bezeichnen, das zweite als sozialdemokratisch«. 2019, S. 24.

listische und an Atomismus angrenzende Vorstellung der Demokratie als unvollkommen desavouiert werden. Die Folgen dieser Unvollkommenheit werden im zweiten und dritten Teil des zweiten Kapitels offengelegt und im Hinblick auf die Idee der *ausgewogenen Gegenseitigkeit* einer Kritik unterzogen. Es sind Aspekte meiner Kritik des Politischen, die ihre Schatten weit vorauswerfen und auf der dritten Ebene meiner Analyse, die der *Marktwirtschaft und Sittlichkeit,* wieder zum Thema werden. Eine negative wechselseitige Einflussnahme der Sphären des Politischen und der Marktwirtschaft mündet in dem Faktum, im Wirtschaftsleben am wenigsten Stoffe der *ausgewogenen Gegenseitigkeit* vorzufinden.

Wenngleich die Anfänge des kapitalistischen Wirtschaftssystems mit moralisierenden und humanisierenden Impulsen assoziiert wurden, hat seine Entwicklung einen restlos anderen Weg genommen.[36] Ich werde versuchen, im Kontext dieser ablehnungswürdigen Entwicklung Züge und normative Urstoffe der Sittlichkeit freizulegen, aber sie würden bei weitem nicht ausreichen, um die Perspektive einer auf Kooperation basierenden Marktwirtschaft zu erörtern. Eine der Möglichkeiten, um die omnipräsente Ungerechtigkeit in der kapitalistischen Marktwirtschaft zu verringern, wäre die Durchsetzung eines *bedingungslosen Grundeinkommens,* das gegen die Desintegrität und Einschränkung der Freiheit der Subjekte wirken könnte, aber auch damit wäre die Frage der Gerechtigkeit noch nicht angemessen behandelt, weil das Ethos der *ausgewogenen Gegenseitigkeit* erst dann gelingen kann, wenn es in der Gesellschaft als Fundament der schulischen und der allgemeinen menschlichen Bildung salonfähig wird. Mit der Erläuterung dieser ersten beiden Schritte sollte teilweise klar geworden sein, welchen Pfad meine Argumentation einschlagen wird. Jedoch muss in einem *dritten Schritt* erklärt werden, inwiefern sich meine Akzentuierung von den zeitgenössischen Theorien der Gerechtigkeit unterscheidet.

(III). Ich bin der Ansicht, mit dem Begriff der *ausgewogenen Gegenseitigkeit* jenes Verständnis der Gerechtigkeit offenbart zu haben, das als zeitgemäß Bestätigung findet und dazu zahlreiche Aspekte der klassischen Theorien inkludieren kann. Die Vorstellung eines gerechten Lebens darf ihr Licht nicht nur auf das politisch-öffentliche oder das ökonomische Leben werfen, nicht nur auf Verhältnisse, die offensichtlich hervortreten und publik werden. Ein menschliches Leben findet in verschiedenen sozialen Kontexten statt, wird demzufolge das Leben in einer bestimmten Sphäre *beschädigt,* so kann es ungemein schwer sein, als Ganzes zu gelingen. Auch wenn die zeitgenössische Moralphilosophie die Fragen des

---

36 Vgl. Sedláček 2013, Teil II.

guten Lebens in den Bereich des Privaten verschoben sieht, so bin ich der Ansicht, dass sie damit nichts anderes bewirken kann, als sie sich eingestehen muss, in Zeiten des Werterelativismus (Postmoderne) ihr Feld der theoretischen Erkenntnisse zu verengen. Mit der strengen Trennung des Wertes des Gerechten und des Wertes des Guten ist insofern wenig gewonnen, als es nach wie vor unumstritten ist, dass das Gerechte gut sein kann, auch wenn es von den Involvierten nicht auf Anhieb so wahrgenommen wird. Auch wenn das Gute nicht gerecht sein sollte, so liefert es eminent wichtige Impulse für das Gerechte. Als Beispiel könnte hier die Vorstellung der persönlichen Autonomie[37] herangezogen werden, die in der Moralphilosophie als moderner Wert und als ein elementarer Baustein der Gerechtigkeit anerkannt ist und deren Sinn und Bedeutsamkeit gleichzeitig für das Alltagsleben in den Erziehungs- und Bildungsanstalten geprägt und gelehrt wird. Im Anschluss daran dient sie folgerichtig als ein großes Ideal für unsere persönliche Lebensführung. Das heißt, ein Konzept des guten Lebens würde es heute ungemein schwer haben, ohne die Zielsetzung der persönlichen Autonomie auszukommen. Negativ gewendet, wer kann heute ein heteronomes Leben als gut und gerecht bezeichnen? Wohl keiner und wenn doch, dann nur eine marginale Minderheit. Diese gegenwärtig erzeugte Unvereinbarkeit der beiden Werte hat in manchen sozialen Sphären verheerende Folgen. Ich verweise im zweiten Kapitel darauf, wie heute Politik visionslos geworden ist, wie sie nicht mehr in der Lage ist, ein politisches Programm zu generieren, das den Sinn des Lebens[38] und allgemein eine kosmische Sinnstiftung entschieden mit aufnimmt; sie hat sich zu einer Form von Verwaltung entwickelt, die immer mehr Züge der ökonomischen Logik annimmt.

Ferner als jede moralisch-politische, emanzipatorische Idee hat auch die der Gerechtigkeit ihre eigene Vorgeschichte und Entwicklung. Ein Blick auf die Historie verrät uns, wie sich ihr Bild oder ihr Ideal gewandelt hat. An dieser Stelle kann ich knapp skizzieren, wie in den vergangenen Jahrhunderten soziale und politische Bewegungen unsere Vorstellung von der Idee der Gerechtigkeit erweitert und verändert haben. Sehr häufig wurde die erste Frage der Gerechtigkeit mit Prinzipien einer legitimen bzw. gerechten sozialen Ordnung in Verbindung gebracht. Des-

---

37 Vgl. Taylor 1995. Aber auch die politische Teilnahme an demokratischer Politik ist sehr eng mit der Vorstellung eines guten Lebens verwoben. *Kapitel 2, »Auseinandersetzung ohne Artikulation.«.* Vgl. Rawls 1992, *»§ 5. Die politische Konzeption der Person«*, S. 97–105 (Personen als freie und gleiche Personen betrachtet).
38 Vgl. Taylor 1994, S. 73f. Taylor befasst sich mit dem großen Sinnverlust der Moderne.

wegen befasst sich die Politische Philosophie seit Platons *Politeia* mit akzeptablen und vernünftigen Prinzipien der politischen Herrschaft.[39] Die hierbei angewandten Ansätze und Methoden sind vielfältig. Gewiss ist es die Idee der Freiheit, die wie kaum eine andere politisch-moralische Kategorie für das ideale Bild einer modernen sozialen Ordnung und gleichzeitig als ethischer Wert für die Autonomie der Subjekte steht.[40] Die sogenannte erste Generation von subjektiven Rechten markiert das Anfangsstadium dieser Entwicklung. Es sind die liberalen Freiheitsrechte, die im 18. Jahrhundert dringlich werden und jene normative Bedeutung besitzen, »den einzelnen eine staatlich geschützte Position der bloß privaten Selbstverständigung einnehmen zu lassen«.[41] Die politischen Debatten und folglich die Institutionalisierung der politischen Teilnahmerechte im 19. Jahrhundert und die Schaffung sozialer Wohlfahrtsrechte im 20. Jahrhundert repräsentieren ebenfalls eine Etappe dieser unaufhaltsamen Evolution, die dazu führte, immer größere Ansprüche an die soziale Ordnung zu richten.[42] Während die politischen Teilhaberechte die Subjekte mit der Möglichkeit und Fähigkeit ausstatten sollen, sich aktiv an den politischen Prozessen und an der demokratischen Willensbildung zu beteiligen, um mit der Einflussnahme auf die politische Gesetzgebung für eine bestimmte Grundstruktur zu optieren[43], ist die Einführung der sozialen Rechte als ein Versuch zu verstehen, »dem einzelnen die materiellen Voraussetzungen zu gewährleisten, unter denen er seine liberalen Freiheitsrechte effektiver wahrnehmen kann«.[44] Folglich setzte sich die Überzeugung durch, mit der Institutionalisierung von Rechtsgleichheit, politischer Freiheit und der sozialen Menschenrechte[45] der Entwicklung der Idee von Gerechtigkeit inhaltlich und praktisch gerecht werden zu wollen. Auch in der jüngeren Vergangenheit handelten die meisten Gerechtigkeitstheorien von ähnlichen sozialen Problemlagen. Häufig ist es zuerst die Wesensart der sozialen Ordnung, die kritisch beäugt wird, um anschließend in einem zweiten Schritt als Ergänzung zu der ersten Frage die Subsistenzrechte in den Mittelpunkt der Debatte zu rücken. Trotz einer langen Zeit der Verdrängung der moralischen Fragen, wurde mit dem bahnbrechenden Werk von John Rawls »*Eine Theorie der Gerechtigkeit*«

---

39 Vgl. Forst 2011, »*Zur Idee einer Kritik der Rechtfertigungsverhältnisse*«. S. 13f.
40 Vgl. Honneth 2013, »*Einleitung: Gerechtigkeitstheorie als Gerechtigkeitsanalyse*«. S. 14f.
41 Vgl. Honneth 2013, S. 142.
42 Vgl. Nautz 2018, S 7f.
43 Vgl. Marshall 1992, S. 33f.
44 Vgl. Honneth 2013, S. 142.
45 Vgl. Gosepath/Lohmann 1998, »*Zur Begründung sozialer Menschenrechte*«, S. 146f.

im Jahre 1971 ein Wendepunkt in der Philosophie eingeleitet. Aus diesem Grunde kann seitdem von einer Zäsur in der Politischen Philosophie und in der Sozialphilosophie gesprochen werden. Mit ein wenig Abstand betrachtet, kann das Gewebe der vorherrschenden Theorien der Gerechtigkeit entziffert werden. Insgesamt sind es heute drei Kernelemente, welche die Basis und die Grammatik der zeitgenössischen Theorien der Gerechtigkeit formen. Mithilfe eines *prozeduralistischen Grundschemas*, das sich meist durch virtuelle Prozeduren[46] auszeichnet, sowie eines *Distributionsparadigmas*, das die als autonom vorausgesetzten Bürger*innen mehr oder weniger auf eine passive Empfangsrolle reduziert[47], und einer Art *Staatsfixierung*, die sich ihre Rolle lediglich hinsichtlich der rechtlichen Gestaltungsmacht bewusst ist und andere Bereiche nicht in den Blick nehmen kann,[48] wird die Grundstruktur der liberal-demokratischen Gesellschaften bestimmt. Ferner geht es in fast allen Theorien darum, innerhalb dieser Grundstruktur ungerechtfertigte Herrschaftsformen und tiefgreifende Machtasymmetrien vordergründig zu diagnostizieren und anzuprangern. Positiv gewendet setzen sich diese Theorien in der Quintessenz für die Etablierung von gesellschaftlichen und politischen Verhältnissen ein, die weder ökonomische Ausbeutung noch rechtliche Ungleichbehandlung zulassen.[49] Das substanzielle Ziel dabei ist, einem Leiden vorzubeugen, welches durch einen Mangel an ökonomischen Ressourcen oder durch politische Ungleichheit und soziale Marginalisierung entstehen könnte.[50]

Alle diese Ansätze haben ihre Berechtigung und berühren wichtige Punkte der Gerechtigkeit. Sie sind allerdings vorwiegend an der Distribution von Gütern zwischen bereits fertig konstituierten Akteur*innen interessiert. Sie fassen weder zahlreiche Ungerechtigkeiten, die auf der Ebene der *Subjektivierungsprozesse* und *Subjektivierungsbedingungen* von Akteur*innen angesiedelt sind, noch eine etwaige, die binnen der

---

46 Vgl. Rawls 1979, Kapitel 3, »*Der Urzustand*«.
47 Vgl. Forst 2011, »*Zwei Bilder der Gerechtigkeit*«.
48 Vgl. Honneth 2010, »*Das Gewebe der Gerechtigkeit. Über die Grenzen des zeitgenössischen Prozeduralismus*«. S. 51f.
49 Vgl. Forst 2011, »*Zwei Bilder der Gerechtigkeit*«.
50 Wobei Nancy Fraser hier als Ausnahme zu betrachten ist, denn sie macht bezüglich der Unterdrückung eine weitere Dimension auf, die sich auf die kulturelle Anerkennung bezieht, weil ihrer Meinung nach in den modernen pluralistischen Gesellschaften die Verkennung von diversen sozialen Gruppen und Ethnien auch implizit zu ihrer ökonomischen Ausbeutung führen kann. Vgl. Fraser 2003, »*Soziale Gerechtigkeit im Zeitalter der Identitätspolitik. Umverteilung, Anerkennung und Beteiligung*«.

Entscheidungsstrukturen und der *institutionellen Arrangements*, innerhalb derer verteilt wird, stattfindet.

Das Werk von Nancy Fraser und Axel Honneth, »*Umverteilung oder Anerkennung. Eine politisch-philosophische Kontroverse 2003*«, stellt das ambitionierte Anliegen dar, eine kritische Theorie der Gerechtigkeit auszuführen und dabei all diejenigen Mankos und Ungereimtheiten zu beachten, die ich an den klassischen Theorien zu beklagen habe. Trotzdem bleiben auch hier diverse unverrückbare Differenzen, die methodischer und philosophischer Natur sind, bis zum Schluss ungelöst. Nancy Fraser ist nicht restlos davon überzeugt, dass der Begriff der Anerkennung für die Fragen der Distribution gewinnbringend einzusetzen sei, Axel Honneth hingegen möchte mit seinem monistischen Ansatz der Anerkennung der Problematik der Gerechtigkeit Herr werden und sie mit einer schwachen Vorstellung des guten Lebens versöhnen. Da in der Debatte zahlreiche methodologische, politisch-philosophische Facetten zur Sprache kommen, beanspruche ich nicht, ihr umfassend gerecht zu werden, aber im Folgenden sollen die wichtigsten Positionen der Debatte knapp nachgezeichnet werden. Im Anschluss daran soll skizziert werden, wie das Konzept der ausgewogenen Gegenseitigkeit die aufgezeigten Antagonismen versöhnen kann.

Das Anregende an der Kontroverse ist, dass sowohl Fraser als auch Honneth daran interessiert sind, eine Gesellschaftstheorie zu entwerfen, in der zwei bedeutende Kategorien, nämlich die der *Umverteilung* und *Anerkennung* integriert werden. Fraser ist der Auffassung, dass die Aufgabe, eine normativ gehaltvolle Gerechtigkeitstheorie zu entwerfen, zweidimensional verfahren muss. Für sie ist es evident, dass nicht alle Formen der sozialen Missachtung mit der Hilfe der Anerkennung beseitigt werden können. Zwar können Statusprobleme – so ihr Tenor – als Anerkennungsprobleme thematisiert werden, aber Umverteilungsprobleme stellen ein sichtbares Gerechtigkeitsproblem dar und dürfen nicht mit der Vorstellung eines guten Lebens vermischt werden. Man ist gewillt zu sagen, dass Fraser den Begriff der *Ausbeutung*, der seinen Ursprung in Marx Ideen hat, immer noch für die Kritik an der ökonomischen Seite des Kapitalismus für geeignet hält und die Anerkennung hingegen für die Frage der kulturellen Identität und Differenz als zweckmäßiges Medium der Kritik erachtet. Demnach ist das Leiden, das in den modernen kapitalistischen Gesellschaften augenscheinlich zu fassen ist, auf zwei Gründe zurückzuführen. Es sind die ökonomisch-politischen Ungleichheiten, die gepaart mit dem Mangel an sozialer sowie kultureller Anerkennung die Ungerechtigkeiten exemplifizieren. Dabei stellen für Fraser die in die Öffentlichkeit angelangten sozialen Empörungen und Bewegungen (die populären Auffassungen) den Ausgangspunkt ihrer Gesellschaftskritik dar, sie versucht damit, die Frage der Immanenz und Transzendenz miteinander zu verschränken. Gleichwohl möchte sie keineswegs ihre Gesellschaftskritik als eine Kritikform der gesellschaftlichen Pathologien verstanden wissen, sie möchte nicht im Ansatz daran denken, den Beweis erbringen zu wollen, das Bild einer gesunden Gesellschaft zu zeichnen. In der Folge ist Fraser bemüht, mithilfe ihres Konzeptes der »*partizipatorischen Parität*« eine Lösung anzubieten, die aus einem deontologischen Liberalismus entspringt und die soziale Chancengleichheit als ihre oberste Maxime erachtet, um allen Gesellschaftsmitgliedern eine autonome Lebensführung ermöglichen zu können. Auch die Grundstrukturen der modernen Gesellschaften haben sich daran messen zu lassen, inwiefern sie diese besagte Chancengleichheit gewährleisten können.

Axel Honneth hingegen ist an einer kritischen Gesellschaftstheorie interessiert, die auf der Basis einer monistischen Anerkennungstheorie »alle« Formen der sozialen Missachtung in den Blick nehmen können soll. Er verfährt tendenziell anthropologisch und möchte mithilfe eines moralpsychologischen Ansatzes noch tiefer gehen und die verborgenen sozialen Leiden, die sich im vorpolitischen Raum abspielen, die nicht leicht zu greifen und noch nicht in die Diskurse der Öffentlichkeit eingeflossen sind, aufnehmen und sie als vorenthaltene soziale Anerkennung auslegen. Aber auch Umverteilungsdebatten sind für Honneth insofern Auseinandersetzungen um soziale Anerkennung, als sie darum handeln, »wie bestimmte Formen von Arbeit und Beiträge zum wirtschaftlichen und sozialen Prozess beurteilt und anerkannt werden«.[51] Darauf aufbauend arbeitet Honneth mit ethisch substanziellen Begriffen (*sinnvolle Lebensform* oder persönliche *Selbstverwirklichung* oder das *Aufgehobensein* in divergenten sozialen Kontexten). Für den Frankfurter Philosophen ist es von großer Bedeutung, wie die soziale Anerkennung in den drei besagten sozialen Sphären (Primärbeziehungen, Rechtsverhältnisse und Wertegemeinschaft)[52] fern von Misshandlung, Ausschließung und Entwürdigung gelingt, da sie jeweils stufenweise Kämpfe um Anerkennung und um die Erweiterung der persönlichen Freiheit darstellen. Ein erfolgreicher Kampf um persönlich-soziale Anerkennung versetzt die Subjekte in die Lage, ihr persönliches Selbstvertrauen, ihre persönliche Selbstachtung und Selbstschätzung zu stärken. Diese bildet die normativ-umfassende Vorstellung eines gelungenen Lebens, die in der persönlichen Selbstverwirklichung gipfelt. Trotz vieler Gemeinsamkeiten bleibt

---

51 Vgl. Forst 2011, S. 137.
52 Vgl. Fraser/Honneth 2003, S. 162 ff.

am Ende der Debatte die Unstimmigkeit zwischen diesen beiden philosophischen Strängen bestehen. Fraser ist der Auffassung, dass Honneth dem Konzept der Anerkennung zu viel aufbürdet und diese bis zur Unkenntlichkeit verzerrt.[53] Honneth hingegen betrachtet den Ansatz von Fraser insofern als inkonsistent, als sie einerseits mithilfe ihres deontologischen Ansatzes die Idee der »partizipatorischen Gleichheit« aus dem Begriff der menschlichen Person herleitet und andererseits die präsenten und die historischen sozialen Bewegungen als Bereicherung der Idee der liberalen Freiheit auslegt und diese als Bausteine ihrer Theorie einsetzt sowie sie zu rechtfertigen versucht.[54] Gewiss liefert diese Kontroverse interessante und vielschichtige Einblicke in die gegenwärtig wohl disputabelste Debatte der Politischen- und der Sozialphilosophie, weil darin die normativ anspruchsvollen Kategorien der Distribution und der Anerkennung begründet und durchdacht werden müssen, eben zwei Kategorien, die als Königskategorien der Praktischen Philosophie aufzufassen sind. Aber auch methodisch betrachtet ist diese Kontroverse eine sehr prägende, weil sie zwei traditionelle Methoden der Philosophie miteinander ins Verhältnis setzt, zwei, die eng mit den Namen von Immanuel Kant und Georg Wilhelm Friedrich Hegel verbunden sind. Man ist versucht, Frasers Vorgehensweise als eine konstruktivistische aufzufassen, die vernünftige und gut begründete Ideen als Maßstab der gerechten sozialen Verhältnisse heranzieht, somit ist ihre Orientierung an die Kantsche Methode ersichtlich. Honneth verfolgt die Hegelsche Methode der »normativen« Rekonstruktion und legt großen Wert auf die immanente Kritik und die Potenziale diverser unvollendeter ethisch-moralischer Werte. Im nächsten und letzten Schritt werde ich mich eingehend mit dem Thema der Methode befassen. Die Auseinandersetzung zwischen Fraser und Honneth wird im Verlauf meiner Arbeit lediglich als Hintergrundfolie ins Gewicht fallen. Es werden zwar viele Gedanken der besagten Debatte in die vorliegende Arbeit einfließen, aber eine explizite Auseinandersetzung zu dem Werk steht nicht zur Diskussion.

Betrachtet man meine Konzeption der *ausgewogenen Gegenseitigkeit*, dann ist eine gewisse Nähe zu Honneths Modus Procedendi nicht von der Hand zu weisen. Ich rekonstruiere wichtige Kernideen von ihm, seine Analysekategorien der Sozialphilosophie werden von mir aufgenommen und interpretiert, auch zentrale Kapitel des Werkes: »Das Recht der Freiheit« werden von mir für mein Programm rekonstruiert und gedeutet. Ich teile wichtige Elemente seiner Theorie, da ich nicht daran interessiert

---

53 Vgl. ebd., S. 228 ff.
54 Vgl. ebd., S. 298 ff.

bin, sie entscheidend zu widerlegen, vielmehr möchte ich eine Art Ergänzung vornehmen, die sozial evolutionäre Züge trägt und mit dem Begriff der *ausgewogenen Gegenseitigkeit* erfasst werden kann.

Ich bin deshalb gewillt zu sagen, mit dem Begriff der »*ausgewogenen Gegenseitigkeit*« einen kleinen Schritt über die Idee der Anerkennung hinausgehen zu können; jedoch einen normativ folgenreichen Schritt, der zeigen können soll, dass sowohl Anerkennung als auch Gerechtigkeit oder andere Werte wie die der Freiheit, Gleichheit, Würde oder Solidarität *lediglich* Bausteine sind und darauf zielen, ein evolutionäres Bild der Humanität[55] zu generieren. Zwar kann der Begriff der Humanität relativ umfassend gedeutet werden, aber er zielt vordergründig auf unsere Konstitution als Menschen ab und bietet einen klaren normativen Horizont, wie wir aufgrund unserer Verfassung sowohl unsere Zivilisation als auch unsere Sozialisation angehen sollen. Es bedarf wohl kaum fundierter anthropologischer Begründungen, um von unserer menschlichen Verletzlichkeit zu sprechen, die sowohl physischer als auch psychischer Natur sein kann. Unser Bewusstsein und unser Geist (oder die Seele) sind in diesem Punkt von zentraler Bedeutung. Das Bewusstsein versetzt uns in die Lage, die Vergangenheit über die Existenz der Gegenwart mit der Vorstellung der Zukunft zu verbinden. Dadurch sind wir mental in der Lage, diverse Entwicklungen herleiten bzw. antizipieren zu können, aber auch Ereignisse und Erlebtes in uns zu tragen, die sich auf dem Weg unserer Selbstverwirklichung als ein Hindernis erweisen können. Es ist diese Fragilität unserer Konstitution und unserer mentalen Verfassung, die stets nach einer Ausgewogenheit und nach Harmonie verlangt. Als Mensch benötigen wir einen zentralen Punkt unserer Konstitution, in der wir uns immer wieder bei uns in Harmonie treffen wollen[56], alles andere sind

---

55 Hier beabsichtige ich nicht, eine umfassende Weltanschauung des Humanismus zur Grundlage meines Konzeptes zu machen, vielmehr interessieren mich jene Impulse und Werte vom Humanismus, die seit mehreren Jahrhunderten in unsere politisch-soziale Grammatik einfließen und uns in puncto Aufklärung sowie der Erweiterung unseres normativen Horizonts bezüglich eines gelungenen (ausgewogenen) Lebens große Dienste erweisen. Dabei sind Begriffe wie Freiheit, Demokratie und Frieden von großer Bedeutung. Mit anderen Worten: Mir geht es um ein Leben, das Rahmenbedingungen (Gesellschaftsstruktur, soziales Umfeld oder allgemein die Welt, in der wir alle leben) vorfindet, in denen es in Ausgewogenheit gedeihen kann und sich selbstverwirklichen kann. Dafür sind Freiheit, Demokratie und Frieden essenziell. Habermas befasst sich auf eine interessante Weise mit der geistigen Bewegung des Humanismus. Vgl. Habermas 1986, »*I. Das Zeitbewusstsein der Moderne und ihr Bedürfnis nach Selbstvergewisserung*« S. 15f. Vgl. Habermas 2001, »*Glauben und Wissen*«, S. 23.
56 Vgl. Taylor 1995. Kapitel 3, »*Die Quellen der Authentizität*«.

EINLEITUNG

Abweichungen, die in extremer Freude oder extremen Schmerz münden können, aber letztlich nicht dauerhaft zu ertragen sind. Grundsätzlich kommt es auf der subjektiven Ebene darauf an, wie wir von unseren primären Bezugspersonen wahrgenommen werden, plakativ ausgedrückt, wie wir schrittweise konditioniert werden, um in der Folge ein eigenes Selbstbild zu generieren. Das Bild umfasst Elemente unserer natürlichen Anlagen sowie kulturelle Einflussfaktoren, infolgedessen findet in uns eine dauerhafte Aushandlung unserer Neigungen und rationalen Handlungsabsichten statt, die als der ewige Kampf um die Ausgewogenheit unseres Selbstverhältnisses aufzufassen ist. Es gibt Menschen, denen es selten gelingt, in der eigenen mentalen Verfassung (Charakter) diese besagte Ausbalancierung zu erlangen. Sie stehen sich bei der persönlichen Selbstverwirklichung häufig selbst im Weg und leiden auch offensichtlich darunter. Die modernen Erziehungs- und Bildungsanstalten setzen genau da an und bemühen sich darum, den Affekten und Stimmungsschwankungen der Kinder eine Art Stabilität und Ausgewogenheit zu verleihen, da das Fernziel die Gesellschaftsfähigkeit der Kinder sein soll. Auch wenn es Versuche geben mag, einen Erziehungs- oder Bildungsstil zu verfolgen, der nur als begleitend und weniger als schulend (konditionierend) auszulegen ist, so sind doch immer noch Menschen als Begleiter*innen tätig, die ihre eigene Konstitution darlegen und subtil Stile vorleben. Im Endeffekt kommt es in den persönlichen Beziehungen sowie in den Erziehungs- und Bildungsinstitutionen darauf an, die mentale Ausgewogenheit der Beteiligten ermöglichen können zu wollen. Diese Ausgewogenheit geht über die soziale Anerkennung hinaus. Anerkennung mag bestätigend, bejahend und identitätsstiftend wirken, aber die ausgewogene Gegenseitigkeit setzt eine Praxis voraus, die stets evolutiv ergänzt und weiterentwickelt werden muss, eine Praxis, die das Verhältnis der Subjekte zu sich selbst von innen und von außen koordiniert; in dem Eigenverhältnis müssen Emotionalität und Rationalität, intrinsische und extrinsische Motive in Einklang gebracht werden.

In der großen Gesellschaft und in den komplexen rationalen Beziehungen ist es nicht anders. Auch dort muss eine Art goldene Mitte gefunden werden, um unbeschwert am gesellschaftlichen Leben teilzunehmen, ohne an sozial-moralischen Pathologien[57] zu leiden. Damit ist nicht wenig verlangt, denn wer durch die persönlichen Beziehungen und durch die Erziehungs- sowie Bildungseinrichtungen seine mentale Ausgewogen-

---

57 Vgl. Honneth 2013, *»B. Die Möglichkeit der Freiheit«.*, Vgl. Honneth 2007, *»Eine soziale Pathologie der Vernunft. Zur intellektuellen Erbschaft der Kritischen Theorie«.*

EINLEITUNG

heit erlangt hat, kann die sozial-rationalen Verhältnisse vernünftig bewerten und seine Ansprüche entsprechend artikulieren. Die Vorstellung der demokratischen Sittlichkeit, die im zweiten Kapitel zum Gegenstand der Diskussion wird, fußt auf der Fähigkeit der Subjekte, stets auf die Ausgewogenheit der sozialen Interessen hinwirken zu wollen. Sie sollen die Demokratie derart als Lebensform annehmen, dass jedes Subjekt im Hinblick auf öffentliche Themen eine eigene kritische Stimme entwickelt und diese zur Geltung bringt. Diese innere Stimme hat den Auftrag, die soziale Evolution permanent im Hinblick auf die Ausgewogenheit der Verhältnisse zu beachten und zu bewerten. Dafür sind wieder praxisnahe politische Arenen von Bedeutung. Arenen, in denen die Bürger*innen ihre intuitiv-rationale Anordnung für ausgewogene Verhältnisse in der Gegenseitigkeit massiv stärken. Dadurch kann die Belastbarkeit der sozialen Ordnung erhöht und Krisen mit Sorgfalt und Nachhaltigkeit angenommen und gelöst werden. Nur durch eine solche Kultur, die sich an der Tugend der Ausgewogenheit (Mäßigung)[58] orientiert, können ungerecht dominierende Interessenvertretung angeprangert und zurückgewiesen werden. Einzig so ist es zu vermeiden, dass bestimmte soziale Gruppen diverse öffentliche Arenen dominieren und bei der Interessenaushandlung die angestrebte Ausgewogenheit missachten. Schaut man mit scharfem Blick hin, so ist zu ersehen, wie die Gefahr stets latent besteht, dass Ungerechtigkeiten als weiche, nicht sofort fassbare Faktoren in die Gesellschaftsstruktur einfließen und sukzessive die soziale Integrität bedrohen. Es ist diese in Demokratien schleichend eintretende Entwicklung, die aufgrund der Passivität und der Verhältnislosigkeit der Bürger*innen vonstattengeht und in Ungerechtigkeiten münden kann, welche weder von den Gerechtigkeits- noch von den Anerkennungstheorien angemessen erfasst wird, aber mit dem Konzept der Ausgewogenheit offenbart wird. Ich weise auf ein demokratisches Ethos hin, das alle sozialen Poren durchdringt, welches zwar nicht immer leicht zu fassen ist, aber oft gespürt wird und vielfach sozialem Unbehagen eine Form der Artikulation

---

58 Man ist versucht, hier an die Tugendethik von Aristoteles zu denken, vor allem an die Tugend der Mäßigung, die auch von Thomas von Aquin hervorgehoben wurde. Nach Aristoteles geht es bei der Tugend der Mäßigung darum, im täglichen Leben und bei allen Handlungen das rechte Maß auszutarieren. »Mitte ist sie als zwischen zwei Irrwegen liegend, von denen der eine ein Überschreiten, der andere ein Zurückbleiben hinter dem Maß bedeutet; sie ist es auch dadurch, dass das Verfehlen das eine Mal ein Nichterreichen, das andere Mal ein Hinausgehen über das Pflichtgemäße in Affekten wie in Handlungen bedeutet, die Sittlichkeit aber die rechte Mitte findet und innehält. Ihrem Wesen und Begriffe nach, der das bleibende gestaltende Prinzip bezeichnet, ist also Sittlichkeit das Innehalten der Mitte«. Vgl. Aristoteles 2016, S. 44.

verpasst. Die normative Forderung von Amartya Sen[59], wonach in gut funktionierenden Demokratien alle Formen des sozialen Unbehagens ernst genommen werden müssen, auch wenn sie sich im Endeffekt als unhaltbar erweisen sollten, zielt in Richtung meines Vorhabens. Das demokratische Ethos, das ich im Blick habe, wird auch den ökonomischen Bereich in Bezug auf seine Ausgewogenheit visieren und ihm eine ethische Orientierung geben wollen. Letztlich geht es um die soziale Integration, die durch die ausgewogene Gegenseitigkeit gelingen soll, diese soll durch ihre normative Brille alle Ungerechtigkeiten, die die soziale Integrität bedrohen, markieren können.

Mit dem bisher Ausgeführten möchte ich auf Desiderate klassischer Gerechtigkeitstheorien reagieren, angefangen von John Rawls bis Rainer Forst. Alle befassen sich zu sehr mit der Distribution und mit fassbaren sowie rationalen Strukturen, darüber hinaus wird die Mikroebene von allen ignoriert. Ich möchte mit dem Konzept der ausgewogenen Gegenseitigkeit eine Vermittlung zwischen Anerkennungs- und Gerechtigkeitstheorien sowie zwischen der Mikro- und Makroebene der Sozialphilosophie anstreben. Die klassischen Gerechtigkeitstheorien sind an der Verteilung von Gütern zwischen bereits fertig konstituierten Akteur*innen orientiert. Sie bekommen dadurch keine Ungerechtigkeiten in den Blick, die auf der Ebene der Subjektivierungsprozesse und Subjektivierungsbedingungen von Akteur*innen angesiedelt sind, aber auch keine Ungerechtigkeiten, die die Entscheidungsstrukturen und institutionellen Arrangements betreffen, innerhalb derer verteilt wird. Mein Ziel ist es, durch eine anerkennungstheoretische Reformulierung der Grundfragen der Gerechtigkeitstheorie umfassender über die Fragen der Gerechtigkeit und Integrität nachzudenken. Es soll dabei gezeigt werden, wie in Nahbeziehungen, in der Öffentlichkeit und in der Wirtschaft Fragen der Gerechtigkeit nicht von solchen der Subjektkonstitution und der Konstitutionsbedingungen von Lebensformen der Subjekte getrennt werden können. Die Anerkennungstheorie kann insofern von dem Konzept der ausgewogenen Gegenseitigkeit profitieren, als sie mit seiner Hilfe die Struktur- oder Makroebene der Gesellschaft besser in den Blick nehmen kann. Aber auch die Gerechtigkeitstheorie kann von dem Konzept lernen, dass sich sowohl gerechte als auch ungerechte Verhältnisse immer nur in konkreten Interaktionen zwischen konkreten Menschen (auch in Anerkennungsverhältnissen) manifestieren können. Ferner soll die Anerkennungstheorie lernen, dass diese konkreten Interaktionen selbst durch institutionelle Ordnungen gerahmt, ermöglicht und verunmöglicht wer-

---

59 Vgl. Sen 2010. Kapitel 4, »*Öffentlicher Vernunftgebrauch und Demokratie*«.

den. Präzise abgefasst: Die *ausgewogene Gegenseitigkeit* wird als ethisch-moralische Haltung zwar stets gewollt, aber sie ist und bleibt eine nicht exakt angebbare und leicht bestimmbare Forderung. Sie ist sowohl eine abstrakte als auch eine pragmatische Idee, die vernünftigerweise förderungswürdig ist und bleibt, aber sie kann nicht zu jeder Zeit und in jedem sozialen Kontext *zwanghaft* gefordert werden. Sie treibt prozesshaft jene Humanität voran, die mithilfe der großen Denkkategorien wie die der Freiheit, der Gerechtigkeit und der Solidarität vehement angestrebt wird, aber noch nicht erreicht ist. Während sie alle eine klare politisch-moralische Forderung zur Folge haben, kann die ausgewogene Gegenseitigkeit nur *geschehen* und im *Geschehen* aufgehen. Deshalb lege ich großen Wert auf menschliche Eigenschaften, die nicht erzwungen, aber lernbar sind und alle sozialen Sphären durchdringen können.

(IV). Damit meine Idee der Gerechtigkeit als zeitgemäß überzeugt, versuche ich, mithilfe der Methode der *normativen Rekonstruktion* die moralisch-politische Entwicklung der vergangenen Jahrhunderte nicht außer Acht zu lassen, weil meine Idee vor allem die »reifen Demokratien«[60] als Kontext und Ort ihrer Beeinflussung anvisiert. Damit ist nicht gesagt, dass die hier ausgeführten Ideen für andere Gesellschaftstypen bar einer Inspiration und Implikation wären. Es soll vielmehr betont werden, dass die erhobenen Ansprüche, die in diesem Zusammenhang an die soziale Ordnung adressiert werden sollen, demokratische Grundelemente und demokratisch etablierte Grundstrukturen erfordern. Anders ausgedrückt, die visierten normativen Ambitionen gehen weit über die Forderungen der Grundgerechtigkeit[61] hinaus und bedürfen einer Kultur der herr-

---

60 Ich adressiere meine Ansprüche bewusst an die reifen Demokratien. Mit dem Begriff der reifen Demokratien«, der von Ronald Dworkin (2012) entliehen ist, lässt sich meine Vorstellung von dem eben besagten Grundriss konkreter darstellen. Die reifen Demokratien sollten heute mehr zu bieten haben, als sich lediglich die Fragen der Verteilung und Umverteilung von Ressourcen zum Königsthema der Gerechtigkeit zu machen. Heute verfügen die meisten demokratischen Gesellschaften über ausreichende Ressourcen und Reichtum und auch in der Basis über eine vernünftige, etablierte Grundstruktur, um sich ein neues Verständnis von *Mitgliedschaft* der Gesellschaft zu eigen zu machen (Schindler 2017, siehe die Einleitung). Allerdings ist die Zugehörigkeit nicht in ihrem klassischen Sinne zu verstehen, wonach die Staatsbürgerschaft als ausschlaggebendes Argument für Inklusion oder Exklusion gilt. Somit ist die Vorstellung von Provinzialismus (Sen 2010, *»Menschenrechte und globale Imperative«*) und geschlossenen Grenzen fehl am Platz.
61 Vgl. Forst 2011. Forst erläutert genau, was die Grundgerechtigkeit ist und wann die maximale Gerechtigkeit angestrebt werden kann. *»Zwei Bilder der Gerechtigkeit«*.

schaftsfreien Kommunikation[62] und sozialen Anerkennung.[63] Gleichwohl halte ich es für angemessen, den Ausgangspunkt meiner Überlegungen von den persönlichen Beziehungen und von den Subjektivierungsbedingungen, die unsere Sozialität massiv prägen, zu setzen und zuvörderst diese mit den Fragen der Gerechtigkeit und des Guten zu konfrontieren. *Wer sind wir? Wer möchten wir sein? In welcher Gesellschaft wollen wir leben?* In dieser Reihenfolge und nicht anders hat die Frage der Gerechtigkeit gestellt zu werden. Damit wird ersichtlich, dass die wesentliche Frage der Gerechtigkeit nicht von der Distribution handelt, sondern von Subjektivierungsbedingungen und prädistributiven sozialen Zusammenhängen.

Für die Bewältigung dieser Aufgabe ist die Methode der *normativen Rekonstruktion* aus drei Gründen geeignet. Zum *ersten* ist die Methode dafür prädestiniert, um mit ihrer Hilfe unsere Blickrichtung auf die Grammatik sowie Ideale der moralischen Wirklichkeit von sozialen Beziehungen zu lenken. Sie ist für meine Zwecke insofern vorzüglich, als ich damit für das Erfassen der sozialen Realität den direkten Weg wähle und nicht mehr auf vernünftige Begründungsverfahren oder auf die Konstruktion von Urzuständen angewiesen bin; die anderen Methoden mögen ihre Stärken hinsichtlich der Objektivität und der gesunden Distanzwahrung zur sozialen Realität haben, aber sie können auch insofern teilweise ins Leere laufen, als zwischen ihren entworfenen Grundsätzen und der vorgefundenen Realität eine große Lücke klaffen kann. Anders formuliert distanziert sich der Ansatz, den ich wähle, von der völlig abstrakten Konstruktion eines Ideals und von einer ausschließlichen Außenperspektive, diese im Sinne der intellektuellen Kritiker*innen als gesellschaftliche Außenseiter*innen, vielmehr kann er durch seinen klaren Zugang zur sozialen Realität und seiner rekursiven Anlage die Fragen der Immanenz und Transzendenz miteinander verschränken. Mithin gibt es verschiedene Möglichkeiten, sich einen präzisen Zugang zur moralischen Wirklichkeit zu verschaffen. Mein Ansatz verdeutlicht, dass man zum ersten als Individuum selbst ein Teil der Gesellschaft ist und sich mit der Beschaffenheit der sittlichen Normen und Praktiken bestens auskennt.[64] Zum zweiten, um aus einer objektiven Perspektive heraus auf die Gesellschaft zu bli-

---

62 Vgl. Habermas 1996, »*Über den internen Zusammenhang von Rechtsstaat und Demokratie.*« S. 293f.
63 Vgl. Honneth 1994a, »*Muster intersubjektive Anerkennung: Liebe, Recht, Solidarität*«. Vgl. Honneth/Fraser 2003, »*Die Pointe der Anerkennung. Eine Entgegnung auf die Entgegnung*«.
64 Walzer zeigt drei Wege (Pfad der Entdeckung, Pfad der Erfindung und Pfad der Interpretation) der Gesellschaftskritik. Wobei er selbst letztendlich die

cken, sind es philosophische Texte, empirische Sozialwissenschaften und ästhetische Medien, die die moralischen Grundsätze der modernen Gesellschaft – welche aus einem Komplex oder aus der Koexistenz der ungleichen Weltanschauungen hervorgetreten sind – angeben und deuten.

Die Grammatik der sozialen Beziehungen ergibt sich gemeinhin aus den institutionalisierten sozialen Praktiken und Normen. Ferner sind die besagten Institutionen jene, die für die Reproduktion der Gesellschaft eine zentrale Rolle einnehmen. Hinzukommt, dass die normativen Ideale immer in den jeweiligen sozialen Sphären immanent angelegt sind. Es liegt in der Natur der Sache, dass Normen und Werte als Maßstab der Handlungen stets nach ihrer Veredelung streben, sie werden durch die soziale Erfahrung und Vernunft den Gipfel ihrer Entwicklung erreichen wollen. Dies nimmt sehr oft die Form eines Ideals an und kann zwar häufig nicht wie selbstverständlich realisiert werden, aber es manifestiert einen evidenten Horizont. Es darf nicht unerwähnt bleiben, dass sich die Grammatik und die genannten sozialen Praktiken auf lange Sicht gesehen wechselseitig bedingen und verändern. Von hier aus bedarf es eines kleinen Schrittes, um zu der Überzeugung zu gelangen, »dass die Reproduktion von Gesellschaften bis heute an die Bedingung einer gemeinsamen Orientierung an tragenden Idealen und Werten gebunden ist; solche ethischen Normen legen nicht nur von oben, als ›ultimate values‹ (Parson), fest, welche sozialen Maßnahmen oder Entwicklungen überhaupt als vorstellbar gelten können, sondern bestimmen auch von unten, nämlich als mehr oder weniger institutionalisierte Erziehungsziele, mit, woran sich der Lebensweg des einzelnen innerhalb der Gesellschaft auszurichten hat«.[65] Das Ideal, das nicht leicht zu realisieren ist und sehr viel an wechselseitigem Verständnis, Toleranz und Empathie bedarf, ist die *ausgewogene Gegenseitigkeit*. Es wacht ganz sorgsam über alle Sphären des Sozialen und bietet allen die notwendigen normativen Ressourcen eines gerechten und guten Lebens. Es beinhaltet viele andere normative Kategorien, wie die der Gerechtigkeit, Anerkennung, Freiheit, Gleichheit und Solidarität, weil diese Ideen darauf abzielen, für ausgewogene soziale Verhältnisse zu sorgen. Die klassische Vorstellung der Gerechtigkeit hat die »verbindliche und dauerhafte Absicht, jedem das Seine zu geben (Justinian, Cicero, Thomas von Aquin); im Kern ist damit die Anforderung gemeint, jede andere Person auf die ihrer Persönlichkeit angemessene Weise zu behandeln, was sowohl auf eine gleiche wie auch ungleiche

---

Gesellschaftskritik als eine kritische Interpretation deutet. Vgl. Walzer 1990, *»Drei Wege in der Moralphilosophie«*.
65 Vgl. Honneth 2013, S. 18.

Behandlung verschiedener anderer hinauslaufen kann«.[66] Auch die neueren Ansätze[67] möchten die Gerechtigkeit als Basis der sozialen Inklusion und Integration fixieren. Die Anerkennung hat ebenfalls durch die Intersubjektivität im Sinn, ein gesundes Selbstverhältnis der Individuen auszubilden.[68] Der Impuls der Gleichheit[69] zielte primär auf die Umsetzung der Rechtsgleichheit. Der normative Grund der Solidarität[70] ist die Verdeutlichung der Tatsache, dass die Individuen in der Gesellschaft aufeinander angewiesen sind und diese idealerweise inkorporieren sollen.

Der *zweite Grund* folgt aus dem ersten und ergänzt ihn. Der erste Grund wurde zum primären Grund, weil er zeigen können sollte, auf welche Art und Weise die moralische Wirklichkeit erfasst werden kann oder wie man sich Zugang zur gesellschaftlichen Realität verschaffen können soll. Schließlich soll der zweite Grund etwas mehr Präzisierungsarbeit leisten. Zudem soll er verdeutlichen, dass die erschlossene Realität auf Interpretation angewiesen ist. Allein die Tatsache, dass drei grundsätzliche soziale Sphären für die Anordnung der Grundstruktur herangezogen werden, erfordert eine überzeugende Begründung und eine genaue Erläuterung, die nur in der Interpretation aufgeht. Die normative Rekonstruktion ermöglicht diese Darstellung, weil sowohl die besagten Sphären als auch deren innewohnende Normen und Ideale schon vorliegen. Sie bedürfen allerdings sowohl eines scharfen Blickes, als auch Interpret*innen, die über die Fähigkeit verfügen, die kodifizierte Moral der Gesellschaft und ihre Grammatik zu verstehen und sie normativ zu deuten.[71] Ohne Frage ist eine gehörige Portion an Mut notwendig, um zwischen vielen moralischen Werten und Idealen separieren zu können. Die normative Rekonstruktion gestattet es, jene Normen und Ideen ins Visier zu nehmen, die das soziale Leben zu einem solchen werden lassen, es koordinieren und reproduzieren. Auf diese Weise wird der notwendige Mut aufgebracht, es wird interpretiert und dabei auf die Erfindung und Kreierung von fiktiven Zuständen verzichtet. Die Interpretation gewinnt an Dringlichkeit,

---

66 Vgl. ebd., S. 20.
67 John Rawls (Differenzprinzip), Rainer Forst (Rechtfertigungsverfahren), David Miller (drei Grundsätze: Bedarf, Verdienst und Gleichheit), Nancy Fraser (partizipatorische Parität).
68 Vgl. Honneth 1994a, »*Muster intersubjektive Anerkennung: Liebe, Recht, Solidarität*«. Taylor 1993, S. 13–78. Ikäheimo 2014, »*Vorbereitende Differenzierungen und Fragen*«.
69 Vgl. Dworkin 2011, überwiegend das 4. Kapitel: »*Politische Gleichheit*«. Honneth 2003, »*Umverteilung als Anerkennung. Eine Erwiderung auf Nancy Fraser*«.
70 Vgl. Bayertz 1998, »*Begriff und Problem der Solidarität*«.
71 Walzer argumentiert in einer ähnlichen Weise. Vgl. Walzer 1990, »*Drei Wege in der Moralphilosophie*«.

als es klar wird, dass die Vorstellung der Gerechtigkeit keine unabhängige kategoriale Größe darstellt. Sie ist eine abhängige Variable, die nicht aus sich heraus begründet und erläutert werden kann, deshalb wird sie in der vorliegenden Arbeit stets mit der Vorstellung der sozialen Integrität zusammengedacht. Sie wird erst im Kontext von institutionalisierten Normen zum Begriff, da sie dort als Maßstab für *ausgewogene Gegenseitigkeit* herangezogen wird. Buchstäblich wird an dieser Stelle deutlich, warum die Idee der Gerechtigkeit das Potenzial für die inhärente Weiterentwicklung der Normen und Ideale mitbringt. Sie trägt starke emanzipatorische Impulse in sich und lenkt die Entwicklung der sozialen Moral in Richtung abstrakter Ideale, die als Axiome für den moralischen Fortschritt notwendig sind. Gewiss kann die bisher dargestellte Gangart als eine schwache Form der Gesellschaftsanalyse aufgefasst werden.

Der *dritte Grund*, der für die Methode der normativen Rekonstruktion spricht, – neben dem geeigneten Zugang zur moralischen Wirklichkeit und dem Gewähren der Interpretation – ist der letzte Schritt der Gegenüberstellung von Anspruch und Wirklichkeit. Das Ziel der Arbeit besteht darin, Formen der ausgewogenen Gegenseitigkeit im Durchgang durch die drei besagten Sphären zu rekonstruieren und zu zeigen, wo ausgewogene Gegenseitigkeit realisiert ist, aber auch, wo sie verletzt wird. Die Methode der normativen Rekonstruktion ermöglicht es, auf die differenzierten sozialen Sphären und ihre Ideale zu schauen, um zu sehen, wo sie bis zu welchem Punkt realisiert sind. Wie oben erwähnt, ist es die interpretative Aufgabe, welche die Ideale deutet und in einer bestimmten Form auszeichnet. Die Idee der Freundschaft hat zwar seit den Schriften von Aristoteles neue Nuancen erhalten, aber ihr Ideal ist im Kern immer noch die Sehnsucht nach der Verschmelzung und Vereinheitlichung der beiden Seelen, d. h. das Verblassen des persönlichen Egoismus. In dem Zusammenhang wird nichts mehr als die *ausgewogene Gegenseitigkeit* erstrebt. Dass das Ideal selten erreicht wird und wurde, soll im Laufe der Rekonstruktion ersichtlich werden. In der romantischen Liebe sowie in familialen Beziehungen hat die moralische Grammatik in den letzten zwei bis drei Jahrhunderten völlig andere Töne angenommen. In beiden Kontexten spielt die Freiheit, im Sinne der persönlichen Autonomie, eine beachtlichere Rolle, aber auch dort kann die *ausgewogene Gegenseitigkeit* als normativer Maßstab eine klare, überzeugende und »gerechte« Orientierungsnorm liefern. In der Gesellschaft, in der gegenwärtig keine echte Alternative zur demokratischen Lebensweise vorzufinden ist, bleibt die ausgewogene Gegenseitigkeit das Ziel, welches sehr anspruchsvoll ist. Diesbezüglich muss normativ rekonstruiert werden, inwiefern die einzelnen Mitglieder auf eine ausgewogene Art und Weise in den politischen

Prozessen involviert und einbezogen werden – und zwar nicht nur in Form von Wahlbeteiligung und formeller Freiheit. Aber damit nicht genug, denn in einem weiteren Schritt muss über die Strukturen und Prozesse hinaus auch auf das Ethos (Erziehung und Kultur) der Demokratie geschaut werden, um rekursiv nachvollziehen zu können, inwiefern das Zusammenspiel der Institutionen und der Lebensweise gelingt. Mit anderen Worten kann ohne ein ausgewogenes Verhältnis zwischen dem Ethos und den Idealen der Institutionen kein politisch-moralischer Fortschritt gelingen. Die Tendenzen einer derartig negativen Entwicklung kommen vorwiegend im ökonomischen Bereich zum Vorschein.[72] Die Methode der normativen Rekonstruktion offenbart, wie groß die Diskrepanz zwischen den Idealen der Gerechtigkeit (Ausgewogenheit) und der Wirklichkeit tatsächlich ist. An dieser Stelle soll der Bogen zu den anfänglichen Ausführungen des dritten Grundes insofern geschlagen werden, als noch deutlicher gezeigt werden soll, wie sich die Methode zur Divergenz von Anspruch und Wirklichkeit verhält. Wenn mit der ersten Handlung die Wirklichkeit »erfasst« und interpretiert wurde, dann sind die Ideale der jeweiligen sozialen Sphären und Handlungen (Lebensformen)[73] immer noch der Norm der ausgewogenen Gegenseitigkeit unterworfen. Schließlich sollen in einer zweiten Handlung in Bezug zur Ausgewogenheit interpretativ korrektive und verändernde Zielsetzungen angestrebt werden. Wir müssen uns bewusst sein, dass auch die Idee der Ausgewogenheit bis zu einem gewissen Grad auf Interpretation angewiesen ist. Während im Europa des 17. und des 18. Jahrhunderts die Ausgewogenheit der sozialen Verhältnisse weniger stark an die Reziprozität gebunden war, hat sich die gegenwärtige Grammatik der Moral dahingehend verändert, dass die Ausgewogenheit nur im Verbund mit Wechselseitigkeit als moralisch überzeugende Instanz fungieren kann. Zusammengefasst kann hier festgehalten werden, dass zwar die einzelnen sozialen Bereiche und Praktiken oder Lebensformen die Ideale ihrer Veredelung in sich tragen, aber in letzter Konsequenz müssen diese sich alle an dem Metaideal der ausgewogenen Gegenseitigkeit messen lassen. In Situationen des generalisierten gesellschaftlichen Unrechts[74], in denen das Metaideal im Sinne

---

72 Vgl. Hegel 1986a, §150–151, sowie §250–256. Seinerzeit verwies Hegel auf den sittlichen Verfall, zum Beispiel so, dass die Korporationen ihre Aufgabe nicht mehr umfassend erfüllen. Heute macht Sedláček wieder darauf aufmerksam. Vgl. Sedláček 2013, »*Die Geschichte der unsichtbaren Hand des Marktes und des homo Oeconomicus*«.
73 Vgl. Jaeggi 2014, *Kapitel 5 und 6*.
74 Im Gegensatz zu Rahel Jaeggi (2014) bin ich nicht vollends davon überzeugt, dass alle Lebensformen implizite Ideale gelingenden Lebens haben, an denen

eines gerechten und guten Lebens nicht mehr wirkt, ist auch die Demokratie als Lebensform destruiert. Die ausgewogene Gegenseitigkeit soll als Metaideal die Idee der Demokratie als Lebensform vertiefen und schützen. Aber auch das demokratische Ethos hat sich für seine Verankerung und Konsolidierung an das Ideal der ausgewogenen Gegenseitigkeit zu richten. Schließlich soll das Ethos derart tiefe Wurzeln schlagen, dass es den Weg für generalisiertes gesellschaftliches Unrecht abdämmt, aber auch zeitweilig Krisensituationen übersteht. Indessen habe ich oben darauf verwiesen, dass die hier ausbuchstabierte Idee der Gerechtigkeit reife demokratische Strukturen und Kultur voraussetzt. Wird jedoch die Demokratie durch außerordentliche politisch-soziale Umstände ausgehebelt, so ist es gegebenenfalls notwendig, durch außergewöhnliche Maßnahmen die politische Entwicklung wieder auf den Pfad der Demokratie zu lenken.[75]

---

sich das reale Leben der Lebensform messen lässt. Es kommen immer wieder Situationen vor, in denen radikale Umbrüche notwendig werden und die sozialen Verhältnisse in Bezug auf die Ausgewogenheit wieder neu eingestellt werden müssen.

75 Das Handbuch: »*Radikale Demokratietheorie*« bietet interessante Einsichten in die Demokratietheorie. Vgl. Comtesse/Flügel-Martinsen/Martinsen. F/ Nonhoff 2019.

1. PERSÖNLICHE BEZIEHUNGEN UND SOZIALE INTEGRITÄT

Für die der vorliegenden Arbeit zugrunde liegende Vorstellung und Semantik der Gerechtigkeit sind gelungene persönliche Beziehungen essenziell, die fern von Erniedrigung, Missachtung und Entwürdigung vonstattengehen.[76] Die zeitgenössischen Theorien der Gerechtigkeit sind bemüht, mit Hilfe von vernünftigen und plausiblen Prinzipien, gerechte Normen für ein gerechtes soziales Miteinander zu begründen. Dabei wird, von wenigen Autor*innen abgesehen (Sen, Honneth, Nussbaum, Taylor, Young und Rosa), sehr selten von Emotionen, Affekten und persönlichen Beziehungen der Menschen wie Freundschaft, Intimbeziehungen und zum größten Teil auch familiäre Beziehungen, die sich teils durch Diskontinuitäten und teils durch Fragilität auszeichnen, Notiz genommen. Gewiss sind die modernen Gesellschaften durch rationale Institutionen, vertragliche Regelungen und Restriktionen strukturiert bzw. organisiert. Aus diesem Grunde ist es leicht, darin rationale Prinzipien zu erblicken, die nachhaltig sein können. Hingegen lassen sich in der Intimität und Privatheit, die stark geprägt sein können von Partikularität und kultureller Variabilität, nur schwer allgemeine Prinzipien ausmachen, schließlich besteht hierbei die Gefahr, auf triviale Voraussetzungen zu stoßen. Aber aus ontogenetischer Sicht werden die ersten Erfahrungen der sozialen Freiheit[77] – welche zunächst auf die Aneignung und den Erwerb der persönlichen Eigenverantwortung und schließlich auf die der sozialen Verantwortung hinauslaufen[78] – in den persönlichen Beziehungen erlebt. Noch tiefer angesetzt, die ersten und die wichtigsten reziproken Erfahrungen werden in sozialen Kontexten der Freundschaft, der romantischen Liebe und in Familien gemacht. Die Subjekte werden sich hierin bewusst, dass sie für ihre psychische Integrität, ihre triebhafte und emotionale Befriedigung sowie für zwanglose Bindungen auf Wechselseitigkeit angewiesen sind.[79] Ferner wird die persönliche Identitätsbildung sowie das notwendig-positive Selbstverhältnis in persönlichen Beziehungen gewonnen und erlebt; darüber hinaus dienen diese als jener Rückzugsort, in dem man fern von Attributen wie Leistung und sozialen Rollen-

---

76 Vgl. Honneth 1994a/b, 2003, 2013, 2015a/b. Für Honneth verkörpern Vergewaltigung, Missachtung und Entwürdigung die evidenteste Form der Verkennung, Verdinglichung und Unsichtbarkeit der Subjekte.
77 Vgl. Honneth 2013, »B. Die Möglichkeit der Freiheit«.
78 Vgl. Juul 2016, S. 83f.
79 Vgl. Tiedemann 2014, »Kommunikationsfreiheit«. S. 128f.

spielen seine Authentizität ausleben kann und sich trotzdem der nötigen sozialen Wärme, die für das Wohlbefinden unabdingbar ist, sicher sein darf.[80] Anders ausgedrückt, im Gefüge von unmittelbaren persönlichen Beziehungen darf man schlicht man selbst sein, mit allen persönlichen Stärken und Schwächen, die man aufweist, während im öffentlichen Leben die Neigung und teilweise die Notwendigkeit groß ist, sich stets von seiner besten Seite zu präsentieren. Außerdem ist man jenem Druck ausgesetzt, immer mehr zu versprechen, als man einhalten kann.[81] Genau deshalb ist in den persönlichen Beziehungen die Voraussetzung gegeben, an der eigenen Persönlichkeitsbildung zu arbeiten, diese zu erweitern und in der Reziprozität zu ergänzen bzw. zu vervollkommnen.[82] Die Gewissheit, sich auf die eigenen nahestehenden Personen verlassen zu können, deren liebevoller Zuwendung und der wohlwollenden Annahme sicher zu sein, stärkt ein Grundvertrauen in uns, das uns als handlungsfähig qualifiziert.[83] Zunächst soll auf die informelle Beziehungsform der Freundschaft, also jene persönliche Beziehung geschaut werden, die bis heute nicht als eine sich reproduzierende Institution betrachtet wird, aber schon in der Antike für die Gesellschaft und für das Gelingen eines gemeinschaftlichen Lebens eine außerordentlich wichtige Rolle spielte.[84] Nachdem sich die Freundschaft im Mittelalter überwiegend in Männerbündnissen mit politischen und gesellschaftlichen Interessen und Absichten erschöpft hatte, gewann sie ab dem Augenblick wieder enorm an Bedeutung, als sich die kapitalistische Marktwirtschaft allmählich etablierte und »das Bedürfnis nach einer Gegenwelt des privaten Rückzugs [wuchs]«.[85] Seit den Schriften der schottischen Moralphilosophen (Francis Hutcheson, David Hume und Adam Smith) basiert die normative Vorstellung von Freundschaft auf wechselseitiger Zuneigung und Wertschätzung (a). In einem zweiten Schritt beziehe ich mich auf »das Band der Liebe«[86], das sich – mit Nozicks Worten – hauptsächlich dadurch charakterisieren lässt, »ein neues Wesen in der Welt zu bilden und darzustellen, das man als ein *Wir* bezeichnen könnte«.[87] Demnach ist es die Vitalität der romantischen Liebe, die der Mensch von seiner Ich-Zentriertheit ein

---

80 Vgl. Ott 2011, argumentiert in einer ähnlichen Weise. S.3f.
81 Die klassischen Werke von Jean-Jacques Rousseau und zum Teil Erving Goffman verweisen darauf.
82 Vgl. Taylor 1993. Er argumentiert in Bezug auf Authentizität in einer ähnlichen Weise. S. 18–78.
83 Vgl. Juul 2016 in Bezug auf die Kindererziehung.
84 Vgl. Aristoteles 2016.
85 Vgl. Honneth 2013, S. 241.
86 Vgl. Nozick 1991, S. 74f.
87 Vgl. ebd., S. 84.

Stück weit entfesselt und durch ein gelungenes Zusammenspiel zweier Perspektiven ein Band der reziproken romantischen Emotionalität entstehen lässt. Die Liebe ermöglicht es, aus der Perspektive einer anderen Person auf sich zu blicken, im Optimalfall das eigene Selbstverständnis zu stärken sowie sich mit altruistischen Eigenschaften auszustatten. Mit anderen Worten, sie vermag Befähigungen und Dispositionen auszuprägen, die für eine ausbalancierte Psyche sowie eine natürliche sexuelle Triebbefriedigung unabdingbar sind (b). Schließlich ist die Familie eine ganz wichtige Sphäre dieser persönlichen Beziehungen, welche für die Sozialisation und die positive personelle Selbstbeziehung wesentlich ist und uns Menschen in ihrer gelungenen Form mit geeigneten psychologischen Ressourcen für ein gelingendes individuelles Leben ausstattet. Ihre normativ schrittweise eintretende interne Demokratisierung seit dem Mittelalter hat dazu geführt, allen ihrer Mitglieder gleichberechtigt mit Respekt und Würde zu begegnen (c). Daher ist die Institution der Familie die erste Station unserer Sozialisation, die uns mit Dispositionen wie Egalität, Respekt und persönlicher Handlungsfähigkeit vertraut macht, die später im öffentlichen Leben und für die Vitalität der Demokratie und Ideen der Gerechtigkeit unentbehrlich sind.[88] Es ist unerlässlich, schon hier die These vorauszuschicken, dass für das soeben besagte Gelingen der persönlichen Beziehungen, die auf die akkreditierten Gerechtigkeitsforderungen insistieren, eine *ausgewogene Gegenseitigkeit* grundlegend ist.

a. Freundschaftsverhältnisse und soziale Integrität

Seit der Antike und den Schriften von Aristoteles (Nikomachische und Eudemische Ethik) wird die Freundschaft als eine besondere Form der persönlichen Beziehung aufgefasst, die sich durch Eigenschaften wie Reziprozität, Vertrauen, Loyalität, Symmetrie der beiden Parteien sowie gegenseitiges Wohlwollen auszeichnet.[89] Aristoteles unterscheidet bekanntlich zwischen drei Formen der Freundschaft.[90] Bei der ersten Form handelt es sich um die Anerkennung des *moralischen Gutseins der Cha-*

---

88 Vgl. Nussbaum 2012, »*Die Demokratische Erziehung ist fast k. o*«. S. 143f.
89 Vgl. Aristoteles 2016, S. 213f. Hartmann 2020, S. 89 ff.
90 Die von mir erwähnten drei Formen sind jene, die bis heute große Aufmerksamkeit erregen. Dem damaligen Verständnis der Freundschaft geschuldet, bezeichnete Aristoteles zunächst fast alle menschlichen Beziehungen, die nicht vordergründig destruktiver Natur sind, als Freundschaft: intensive Beziehungen, Zufallsbekanntschaften, Ehen sowie Eltern-Kind-Beziehungen,

raktere, bei der zweiten Form um das *Luststreben* und schließlich bei der dritten Form um den *persönlichen Nutzen* in der Freundschaft.[91] Alle drei Formen sind auch heute in den modernen Gesellschaften in differenzierten Maßen vorzufinden.[92] Wie klassisch die Vorstellungen von Aristoteles bezüglich der Freundschaft auch sein mögen, sie sind bis heute für die Definition und Konstitution der Freundschaft maßgebend.[93] Bevor ich versuche den Beweis zu erbringen, warum die klassische Vorstellung der »wahren Freundschaft« immer noch in der Lage ist, dem Leben eine spezifische Einheit, Kohärenz und Freiheit zu verleihen, befasse ich mich kurz mit den kritischen Stimmen, welche die Auffassung vertreten, dass dank der persönlichen Flexibilität der Menschen, der Wahlfreiheit für den eigenen Lebensweg und der Kommerzialisierung der sozialen Verhältnisse in der Moderne der klassisch assoziierte Sinn der Freundschaft fragil geworden sei.[94]

Freilich, die weit vorangeschrittenen Individualisierungsprozesse und das Streben nach persönlichen Idealen wie die der Selbstverwirklichung[95] und Authentizität[96] sind evidente Merkmale der modernen Gesellschaften und können auf den ersten Blick die Bedeutung der Reziprozität und die Pulverisierung der Ich-Zentriertheit in Abrede stellen. Aber genauer hingeschaut wird deutlich, dass seit der romantischen Bewegung Ende des 18. Jahrhunderts, spätestens seit der Aufwertung des wirtschaftlichen Handels und des kapitalistischen Arbeitsmarkts Mitte des 19. Jahrhunderts das Bedürfnis nach Privatheit oder einem privaten Rückzugsort, der in persönlichen Beziehungen auffindbar ist, stetig gewachsen ist.[97] Jedenfalls verdienen es die soeben umrissenen Besonderheiten der postmodernen Gesellschaften ernst genommen zu werden, um sich eingehen-

---

vertraute Kameradschaften und schließlich Bündnisse zwischen Bürger*innen.
91 Vgl. Aristoteles 2016, S. 213f.
92 Vgl. Schmid 2014, »*Vorwort*«, S. 7f. Vgl. Honneth/Rössler 2008, S 9f.
93 Vgl. Vetlesn 2008, S.168f.
94 Vgl. Brock 2014 verweist auf Georg Simmel. »*Freundschaftsbeziehungen in selbst gewählten sozialen Kreisen (Georg Simmel)*«, S. 400–401.
95 Vgl. Honneth 1994a, 2013. Anders als Honneth tendiert Viktor E. Frankls Deutung der Selbstverwirklichung mehr in die Richtung, wie ich das Wesen der Freundschaft auffasse. »In Dienst an einer Sache oder der Liebe zu einer Person erfüllt der Mensch sich selbst. Je mehr er aufgeht in seiner Aufgabe, je mehr er hingegeben ist an seinen Partner, umso mehr ist er Mensch, umso mehr wird er selbst. Sich selbst verwirklichen kann er also eigentlich nur in den Maßen, in denen er sich selbst vergisst, indem er sich selbst übersieht« Vgl. Viktor E. Frankl, 2013, S. 18.
96 Vgl. Taylor 1993, S. 13–78.
97 Vgl. Honneth 2013, S. 237f.

der mit der angeblichen Fragilität der Freundschaft zu befassen; denn auch in der Soziologie ist umstritten, ob die Freundschaft als solche, eine soziale Institution darstellt. Der Umstand, dass sie nicht eine sich selbst reproduzierende Struktur aufweist, trägt dazu bei, »in ihrer Identität jeweils vollkommen abhängig von dem Selbstverständnis der beteiligten Personen«[98] zu sein. Gleichwohl wird in der Binnenkommunikation auf Handlungsnormen verwiesen, die der Freundschaft als solcher einen Rahmen geben. Werden zum Beispiel in der Beziehung Normen wie reziprokes Wohlwollen und Vertrauen, gegenseitige Zuneigung, Loyalität und Gleichheit verachtet, so kann meist von einer Krise in der Freundschaft gesprochen werden, die im ungünstigen Falle zu ihrer Aufkündigung führen kann.[99] Eben diese besonderen Binnenerwartungen sind es, die an sich eine Art Respektmoral oder Bindungsmoral ausdrücken und die informelle Beziehungsart der Freundschaft von den anderen Beziehungsmustern unterscheidet. Darüber hinaus sind es soziale Verhaltensmuster wie affektive Anteilnahme am Lebensschicksal der anderen und beidseitige Solidarität, die im Gegensatz zu dem von Strategie geprägten Verhältnis der Mitmenschen in der Gesellschaft der Freundschaft einen besonderen ethischen Wert verleihen.[100] Trotzt all dem wird diskutiert, ob in der flüchtigen Moderne, in der Flexibilität[101] und Schnelllebigkeit das menschliche Dasein charakterisieren, moralische Werte, die von längerer Haltbarkeitsdauer sind, die Beziehungen noch zufriedenstellend formen oder prägen können.[102] Die Frage lautet, ob Beziehungen, die auf nützlich-pragmatische Weise vonstattengehen, oder jene, die auf beidseitiger Vergnügung basieren, nicht doch dem Status der Freundschaft genügen sollten. Allerdings muss betont werden, dass diese Arten von Beziehungen sowie auch flüchtige Begegnungen und berufliche Interessensgemeinschaften, die ebenso in diesem Kontext erwähnt werden, Beziehungen sind, die insofern den Forderungen der Freundschaft nicht genügen, als sie implizit auf eine Art Instrumentalisierung der Verhältnisse hinauslaufen. Diese bergen alle auf eine bestimmte Art Abhängigkeitsverhältnisse in sich und verfolgen subjektive Ziele; aber beides kann den Ansprüchen der Reziprozität und Symmetrie niemals vollkommen gerecht werden. Genau deshalb wird auch heute zwischen diesen Ar-

---

98 Vgl. ebd., S. 238.
99 Vgl. ebd., S. 237f.
100 Vgl. Derrida 2000, S. 315f, interpretiert Aristoteles.
101 Vgl. Sennett 1998, »*Flexibilität: Die neue Strukturierung der Zeit*«, S. 57f.
102 Vgl. Brock 2014, »*Individualisierte Lebensführung zwischen Freiheit und Zwang: eine Neuinterpretation von Beck und Rosa*« S. 315f, vor allem die Vorstellung der situativen Identität verdeutlicht diesen Wandel.

ten von Begegnungen mit Zwischenabstufungen wie »echten« und »falschen«, »wahren« und »nicht authentischen« Freundschaften unterschieden.[103] Von der bisherigen Diskussion abgeleitet, kann so langsam auf die Pointe der Freundschaft und vor allem auf meine Akzentuierung, die in Bezug auf die psychische und soziale Integrität plausible Argumente liefern soll, hingesteuert werden. Es ist bemerkenswert, dass Attribute wie wechselseitige Zuneigung, Loyalität und gegenseitiges Wohlwollen sowie Vertrauen seit jeher für die normative Vorstellung oder gar die Wesensart der Freundschaft entscheidend sind und trotz radikalen gesellschaftlichen Wandels immer noch keineswegs an Bedeutung eingebüßt haben.[104] Die eben genannten Dispositionen liefern den Subjekten seit jeher eine soziale Grammatik, mit der sie »die Freundschaft als eine moralisch eigensinnige Beziehungsform von anderen Interaktionsverhältnissen abzugrenzen«[105] vermögen.

Soll etwas daraus abgeleitet werden, so muss man auf andere sehr bedeutsame soziale Funktionen hinweisen, die überwiegend in einer »gelingenden Freundschaft« aufzufinden sind. So zum Beispiel der Aspekt der kommunikativen Beratschlagung der Freund*innen. In diesem Kontext kann in gegenseitigem Vertrauen und in aller Offenheit über wechselseitige moralische Verfehlungen, fernab von radikalen Verurteilungen, diskutiert werden. Dabei spielt auch die Vervollkommnung der eigenen Persönlichkeit keine geringfügige Rolle. Aber diese zwei Aspekte erfordern ein bestimmtes Maß an persönlicher Reflexion und vor allem innerer Freiheit. Ehe ich diesen hier umrissenen Gedanken ausführe, sollte darauf geschaut werden, inwiefern die normative Vorstellung der Freundschaft zur psychischen und sozialen Integrität beitragen kann und uns reflexiv mit den Forderungen der Gerechtigkeit konfrontiert. Anliegend kreisen meine Gedanken um eine *ausgewogene Gegenseitigkeit* in der Freundschaftsbeziehung. Dazu soll in einem ersten Schritt noch einmal kurz auf die Konstitution der Beziehungsform Freundschaft eingegangen werden, hierbei wird das Ziel anvisiert, mich dem Wesen und dem Ideal der Freundschaft ein Stück weit anzunähern, um sie für eine gelungene Lebensform, welche die vorher genannte *ausgewogene Gegenseitigkeit* erfordert, auszeichnen zu können (I). Schließlich ist es von großer Bedeutung, zurückzublicken und normativ knapp zu rekonstruieren, welchen Wandel die Vorstellung der Freundschaft in den letzten Jahrhunderten

---

103 Vgl. Honneth 2013, S. 237f.
104 Vgl. Honneth 2013, S. 237f, Vgl. Schmid 2014, »*Das Glück, das in der Freundschaft zu finden ist*«, S. 33f.
105 Vgl. Honneth/ Rössler 2008, S. 144.

durchlaufen hat und warum sie heute noch in ihrer gelungenen Form für die Vorstellung eines gelungenen Lebens wichtig ist (II).

I.

In vielen bedeutenden Werken der Philosophie und Literatur wird der Beziehungsform Freundschaft etwas Heiliges angehängt.[106] Sie wird sehr stark mit Emotionalität und einer selbstlosen, reinen und bedingungslose Liebe assoziiert. Eine Art Liebe, die sich von der Leidenschaft abgrenzt und sich in ihrer kühlen Form gleichzeitig als Gipfel der Liebe auszeichnet. In der östlichen Philosophie[107], die sich bekanntlich viel stärker als die westliche Philosophie mit dem eigenen Sein befasst und introvertierter ist, wird diese besagte kühle Liebe als eine besondere »Kunst der Liebe«[108] beschrieben, die sich durch eine erreichte innere Stille und durch die Friedfertigkeit und Glückseligkeit der Beteiligten offenbart. Damit soll auch ausgedrückt werden, dass die Freundschaftsliebe doch von Vernunft geleitet wird und nicht mit Leidenschaft sowie temporären Zuständen des inneren Gefühlschaos und der Begierde im Einklang stehen kann. Mit anderen Worten, darin sollen weder biologische, chemische noch hormonelle Komponenten eine omnipotente Rolle spielen, da diese natürliche Bedürfnisse, Triebe, Asymmetrie, Abhängigkeit und Unfreiwilligkeit in sich bergen. Es scheint diese unfassbare und idealisierende Vorstellung von Freundschaft zu sein, die auch heute eine enorme Inspiration und Faszination für eben diese persönliche Beziehung bereithält. Bereits die klassische Idee von Aristoteles, wonach Freund*innen »eine Seele in zwei Körpern« seien, drückt diese edle Bedeutung und diese anmutige Symbiose der Freund*innen aus.[109] Auch die Ausführungen von Michel de Montaigne, die seine historisch bemerkenswerte Freundschaft mit Étienne de La Boétie beschreiben, sind auf derselben Ebene des Verständnisses von Freundschaft zu verorten. Montaigne expliziert den Kern der »wahren Freundschaft« folgendermaßen: »in der Freundschaft, von der ich spreche, mischen und vereinigen sie sich beide in dermaßen völ-

---

106 Vgl. Schmid 2014, »*Die Grundlage für vieles: Mit sich selbst befreundet sein*«, S. 74f. Vgl. Frankl 2012, »*U.a. Existenzanalyse des Homo religiosus*«, S. 53f. Vgl. Fromm 1981, »*Liebe zu Gott*«, S. 75f. Fromm diskutiert und vergleicht hier verschiedene Liebesformen.
107 Sie ist aber oft dem Vorwurf ausgesetzt, dadurch religiös und unwissenschaftlich zu sein.
108 Vgl. Osho 2002, »*Die drei Dimensionen der Liebe.*« S. 91f. Oder auch Fromm 1981, der so ähnlich über die »reife Liebe« spricht und so der Freundschaftsdefinition von Aristoteles nahe kommt. »*Ist Liebe eine Kunst*«, S. 11f.
109 Vgl. Aristoteles 2016, S. 213f.

liger Verschmelzung, dass sie ineinander aufgehen und die Naht, die sie verbindet, nicht mehr finden«.[110] Es ist die völlige Verschmelzung, welche die zwei Seelen in einem Körper vereint und die sich aus der Perspektive von Montaigne zur wahren Freundschaft emporhebt. Eben diese zu Recht hochgepriesene wahre Freundschaft ermöglicht den Individuen zwei ganz spezifische Arten von Freiheit.[111] Zunächst spreche ich von der *inneren Freiheit*, bei der es sich um eine Art Authentizität handelt, und schließlich ist es die *äußere Freiheit*, die aus der Symbiose hervorkommt und zur moralischen Reflexion verleitet. Der Weg zur inneren Freiheit kann nur über die Verwischung der eigenen inneren Grenzen führen, um mit der notwendigen Distanz ganz rein und in völliger Ruhe auf den eigenen Willen zu blicken und zur persönlichen Authentizität zu gelangen. Dieser innere Zustand kann nur dann erreicht werden, wenn zunächst die persönliche Fähigkeit erlangt wird, sich vom eigenen pathologischen Ego loszusagen und durch die Überzeugung vom Edelsein des Anderen die Gewissheit zu erlangen, sich auch ohne jegliches Kalkül und ohne Berechnung fallenlassen zu können. Dafür ist jene Selbstreflexion notwendig, die den höchsten Grad des Selbstbewusstseins impliziert; dies kann nur durch einen in sich hineinhorchenden Akt geschehen, mit dessen Hilfe die persönlich-menschlichen Hemmnisse diagnostiziert werden können. In diesem Zusammenhang ist Selbstreflexion eine Art Widerlegung des Determinismus, dabei geht es folglich um die Freiheit, sich entwerfen und sich transzendieren zu können. Der Mensch kann nicht ein festgelegtes Wesen mit einer klaren Bestimmung sein, vielmehr ist stets eine radikale Veränderung möglich. Wer sich der Hoffnungslosigkeit hingibt, von einem vorbestimmten Schicksal geleitet zu werden, kann sich innerlich nicht emanzipieren, oder anders ausgedrückt, nicht zur eigenen Authentizität gelangen. Die Lethargie darf niemals bis zur Seele vordringen, dafür ist der Glaube daran, dass die Existenz der Essenz vorausgehe, fundamental. Denn das Endziel, die Verschmelzung zweier Seelen, kann nur durch den Akt der Selbstaufhebung gelingen. Und zwar Selbstaufhebung in dem Sinne, dass die eigene seelische Singularität zeitweilig verloren geht und auf einer höheren Ebene mit der seelischen Singularität des Anderen eine neue Singularität in der Dualität der Körper eingehen wird.[112] In der Folge ist die wahre Freundschaft vordergründig auf die persönliche Souveränität der beiden Parteien angewiesen und die persönliche

---

110 Vgl. Derrida/de Montaigne 2000, S. 74.
111 Vgl. Honneth 2013, »*C. Die Wirklichkeit der Freiheit*«. Honneth interpretiert die gelungenen persönlichen Beziehungen komplett als freiheitsverbürgende Interaktionen.
112 Vgl. Derrida/de Montaigne 2000, S. 75f.

Freundschaftsverhältnisse und soziale Integrität

Souveränität wird nur auf der persönlichen Authentizität und Freiheit fußen können. Somit ist es nicht weit hergeholt, hier von einem neuen Souverän, dem der Seelengemeinschaft der Freund*innen zu sprechen. Montaigne spricht von Unteilbarkeit und akzeptiert lediglich die Teilbarkeit der Körper. Bei der Ökonomie der Gaben wird diese Einheit deutlich, hier verdienen Dienste und Wohltaten, die einander erwiesen werden, nicht einmal Erwähnung; Gaben und Pflichten verlieren an Bedeutung. Wenn dann trotzdem »einer zu Dank verpflichtet sein soll, dann nicht der Empfänger, sondern der Gebende«.[113] Denn beide Freund*innen sind sich doch darin einig, stets einander Gutes zu tun, und der Empfänger gibt dem Gebenden die Gelegenheit, als wahrhaft Freigiebiger das zu realisieren, was er sich wünscht. Es ist folgerichtig, dass am Ende jedem von ihnen doch alles gehöre und nichts zwischen beiden aufzuteilen sei.[114]

---

113 Vgl. Derrida 2000, S. 23.
114 Vgl. An dieser Stelle möchte ich kurz zu Derridas Vorstellung der Freundschaft Stellung beziehen. Derridas philosophische Methode, die Dekonstruktion, verleitet ihn dazu, die fest verankerte und in weiten Kulturkreisen anerkannte Partikularität der Beziehungsform der Freundschaft mit einem blinden Fleck zu konfrontieren. Seine Auseinandersetzung mit der Thematik der Freundschaft ist dann adäquat zu verstehen, wenn man seine Vorstellung der Politik (Gesetzeskraft, kommende Demokratie) nachvollzieht. Er verweist darauf, dass in den letzten Jahrzehnten eine klare Ausdifferenzierung der sozialen Sphären vonstattengegangen ist und dass diese für den Bereich des Politischen nicht sinnvoll ist. Die emphatische Exklusivität der vollkommenen Freundschaft und die Idee der zahlenmäßigen Begrenzung der Freunde führen dazu, andere implizit aus einer derartigen Beziehungsform auszuschließen. Diese Vorstellung basiert auf eine ruhende Identität, die gerne von Derrida durch eine rationalere und offenere Identität ersetzt wird, da seine Auffassung nach nur so die Vielfalt der eigenen Existenzmöglichkeiten gesehen und anerkannt wird und gleichzeitig der Respekt gegenüber den Anderen bewahrt wird. Hier ist Derrida stark von Nietzsche inspiriert und möchte nicht die Freundschaft auf ihre Singularität reduzieren, die Einzigartigkeit der Anderen hat bis zu einem gewissen Grad relativiert zu werden, da er stets im Lichte der allgemeinen Prinzipien betrachtet wird (Vgl. Derrida 2000, »Aus Freundschaft lieben: vielleicht – der Name und das Adverb«. S. 51f). Dadurch manifestiert sich in der Freundschaft eine Aporie, welche diese zu einem Muster der »kommenden Demokratie« werden lässt. Ferner ist zu betonen, dass Derrida sich auf die Aussage von Aristoteles bezieht, wonach die Freundschaft mehr darin besteht zu lieben als geliebt zu werden, demnach ist die passive Seite nicht unbedingt eine Teildefinition der Freundschaft. Diese Konzeption hat laut Derrida auf die Idee der Gerechtigkeit angewendet zu werden (für Aristoteles ist eine gelungene Freundschaft die höchste Form der Gerechtigkeit), in der Folge ist leicht zu ersehen, dass eine Seite mehr gibt und evtl. weniger empfängt, für Derrida bleibt diese „Gleichung" defizitär (Vgl. Derrida 2000, S. 25f). Für meine Perspektive spielt dieser Kritikpunkt insofern keine bedeutende Rolle, als ich nur am Rande die distributive

Gewiss, hierin erblicke ich die reinste Vorstellung von der egalitären Gerechtigkeit und von einer nicht künstlich erstrebten *ausgewogenen Gegenseitigkeit*. Eine Form der Gerechtigkeit, die weit über distributive Elemente hinausreicht und die wechselseitige Einzigartigkeit fern von jeglicher eigennützigen Kalkulation im Blick hat, sie wahrnimmt und bestätigt. Es ist eben diese Form der Gerechtigkeit, die durch die Selbstlosigkeit der Beteiligten, ihnen reziprok einen besonderen Status, den der Unverwechselbarkeit verleiht; symmetrische wechselseitige Anerkennung erreicht hier ihren Höhepunkt. Dieser Umstand hat nachdrückliche und weitreichende Implikationen, denn nur hier, in der Beziehungsform der Freundschaft, darf man durch diese erwähnte Anerkennung sich selbst treu sein, auf die eigene innere Stimme hören und eine »Freundschaft« fern von instrumenteller Beziehung zu sich selbst eingehen. Ein gelungenes authentisches Verhältnis zum eigenen Selbst, das durch eine erfüllte freundschaftliche Beziehung am ehesten ermöglicht wird, war

---

Gerechtigkeit diskutiere, darüber hinaus halte ich an der Trennung der beiden Sphären der Politik und der Freundschaft fest, da ich sonst der Freundschaft einfach zu viel aufbürden würde. Es ist offensichtlich, dass wichtige Elemente der Freundschaft (Solidarität, Kooperation, Gerechtigkeitssinn, Loyalität, Symmetrie etc.) das Feld des Politischen bereichern können, aber die Differenzierung bzw. die partikulare Seite der Freundschaft hat die essenzielle Aufgabe, Menschen jenen Rückzugsort zu gewähren, der in Zeiten der Mediatisierung und in Zeiten der persönlichen Interessenaushandlung in der Öffentlichkeit immer mehr bedroht wird; nämlich jener Rückzugsort, der sich fern ab vom Blick der Öffentlichkeit durch Emotionalität und moralische Partikularität auszeichnet. Die Absicht von Derrida, das alteuropäische Modell der Demokratie zu dekonstruieren, weil es von einem spezifischen Freundschaftsverständnis getragen wurde, ist zwar lobenswert, aber jene Freundschaft, die für Derrida durch Offenheit und Elastizität der Beziehung glänzen soll, um das „Zwischen" der Ethik und Politik zu artikulieren, geht weit über jenes Verständnis hinaus, das für mich der psychischen Integrität der Subjekte Vorschub leisten kann. Die edle Absicht Derridas, das Feld des Politischen mit mehr Solidarität, Kooperation und Hoffnung (die kommende Demokratie) zu bereichern, ist nicht in Abrede zu stellen, aber dafür ist ein spezifisches Ethos notwendig, das in der Politik immanent zu suchen wäre. In diesem Zusammenhang fokussiere ich mich nicht darauf, mit Begriffen wie Freundschaft, Brüderlichkeit oder Kameradschaft die Demokratie weiterzuentwickeln, viel mehr erachte ich ein Ethos, das seine Essenz in der rationalen sozialen Kooperation findet, als geeignet. Ein derartiges Ethos hat stets die ausgewogene Gegenseitigkeit im Blick, die als Ethos vordergründig in der Sphäre der persönlichen Beziehungen erlernt wird und dann die Interaktionen im öffentlichen Bereich bereichert oder idealerweise ihre Kultur prägt; für das Gelingen muss das Ideal der Sozialisation einige prägende Dispositionen des Kapitalismus aus dem Weg räumen. Im zweiten Kapitel (»b. Demokratisches Ethos und soziale Integrität«) gehe ich darauf ein.

Freundschaftsverhältnisse und soziale Integrität

für Rousseau[115] für die innerlich und eigenerzeugte Identität wichtiger, gar fundamentaler als jede moralische Überzeugung. Wie wir es heute in unserer Grammatik sagen würden, beide Subjekte werden durch ihre reziproke Wahrnehmung und Bestätigung einander gerecht. In der Beziehungsform der Freundschaft kann der Mensch alle Attribute, die für sein ungebrochenes Selbstverständnis wichtig sind, erfahren, um auf deren Basis eine fern von Pathologie gelingende Sozialität anzustreben, die sich dann durch eine *ausgewogene Gegenseitigkeit* auszeichnet und in gelebter Gerechtigkeit münden würde.

Den Faden meiner Argumentation wieder aufnehmend soll noch einmal kurz, aber gründlich Bezug zur Gabe hergestellt werden: Wenn ich davon spreche, dass Gaben und Pflichten an Bedeutung verlieren, dann soll nochmals präzisiert werden, dass die Freundschaft an sich und als Liebesform eine Verpflichtung darstellt, aber nicht eine Verpflichtung im juristischen Sinne, sondern ein Versprechen, das aus der Qualität der Freundschaft hervorgeht. Wie eingangs erwähnt, verkörpert eine vollkommene Freundschaft den Gipfel der Liebe, aber solange diese Liebe existiert und die seelische Einheit gegeben ist, verpflichtet diese auf eine subtile Art die Freund*innen dazu, in Vorstellungen der Ewigkeit zu denken. In dem Augenblick, in dem die Symbiose erreicht ist, ist es für den Verstand völlig unmöglich, daran zu denken, eines Tages diese Verschmelzung aufzuheben. Es ist zwar damit nicht gesagt, dass Freund*innen niemals ihre Freundschaft aufkündigen oder beenden werden, aber in der Symbiose ist schon jenes Versprechen akut, symbiotisch zu denken und zu handeln. Diese feine Verpflichtung lebt von der Hoffnung, sich so tief wie möglich auf die Freundschaftsbeziehung einzulassen, darin vollkommen aufzugehen, um die Totalität der Symbiose aufrechtzuerhalten.[116] Ohne Authentizität kann die Symbiose nicht gelingen und jene moralische Reflexion, die uns Menschen mit vielfältigen Handlungsoptionen ausstattet und uns zu der Überzeugung verleitet, der eigenen Ich-Zentriertheit zeitweilig Abbruch zu tun, nicht in Gang gesetzt werden. Letztlich geht es in der wahren Freundschaft darum, dass die beiden Parteien ihre Aufrichtigkeit erlangen, sie müssen ihre falschen Gesichter aufgeben und ihr Inneres vollkommen entblößen, um für einander als Spiegelbild zu fungieren.[117] Dann kann die Verschmelzung durch die Authentizität der beiden Parteien gelingen. Montaigne schreibt diesbezüglich: »wenn

---

115 Vgl. Taylor 1993, S. 13–78.
116 Vgl. In eine ähnliche Richtung weist m. E. Schmid 2014, »*Das Glück, das in der Freundschaft zu finden ist*«, S. 33f.
117 Martin Hecht äußert sich ähnlich, dabei verweist er auf Ideen und Gedanken von Georges Bataille. Vgl. Hecht 2014, S. 35.

man in mich dringt, zu sagen, warum ich ihn liebte, so fühle ich, dass sich dies nicht aussprechen lässt, ich antworte denn: Weil er er war; weil ich ich war«.[118] Derrida kommentiert diesen Gipfel, auf dem die Freundschaft gelingt, wie folgt: »gerade die rückhaltlos dem anderen hingegebene, die zuhöchst hetereotropische oder hetereophile Freundschaft ist im Grunde nichts anders als eine sich selbst entgegengebrachte Freundschaft«.[119] Somit schließt sich der Bogen an dem Punkt, von dem aus alles angefangen hatte: Sich erst selbst durch intensive Selbsterkundung der eigenen Authentizität bewusst werden, um zu einem höheren Grad des eigenen Bewusstseins zu gelangen; mit der Einlassung auf die symbiotische Beziehung der Freundschaft wird die innere Freiheit gewonnen, und mithilfe dieser Freiheit landet man in der Freundschaft wieder bei sich. Man hat sich durch den signifikanten Anderen auf eine wahrhaftige und reine Weise noch einmal kennengelernt und ist sich darin bewusstgeworden, dass keine andere persönliche Beziehungsart wie die der Freundschaft dazu fähig ist, die Individuen mit der absoluten Freiheit vertraut zu machen. Diese Freiheit, die »Ich« im »Wir« gewinnt, impliziert eine große moralische Verantwortung. Nicht von ungefähr ist Aristoteles der Auffassung, dass die Gesetzgeber gut beraten wären, sich mehr um den Schutz der Freundschaft als um die Gerechtigkeit zu kümmern, da – so Aristoteles – diese die Krönung der Gesellschaft bilde.[120] Dieser Gedankengang impliziert die Darstellung, dass Bürger*innen keine Schutzrechte mehr benötigen, wenn sie einander Freund sind, sind sie aber zueinander gerecht, so bedürfen sie dennoch der Freundschaft.[121]

Kurz zusammengefasst: Die innere Freiheit kann nur dadurch gelingen, sich in völliger Ruhe und Harmonie auf seine eigenen Wünsche und seinen Willen zu beziehen, eine Heimreise[122] zu sich anzutreten, sich innerlich zu erkunden, die eigene authentische innere Beschaffenheit zu erkennen und anzuerkennen, dann sich vom eigenen Ego sukzessive zu distanzieren, um die Voraussetzungen und die Fähigkeit zur Selbstlosigkeit zu erlangen, dann in einem weiteren Schritt die Freiheit zu wählen, den guten Charakter des anderen anzuerkennen und zu bewundern, weiter die Symbiose der Willen anzustreben. Letztlich entsteht die seelische Vereinigung nur dadurch, dass beide Parteien all ihre Geheimnisse offenbaren und vollendete Transparenz zutage fördern; denn alles andere

---

118 Vgl. Derrida/de Montaigne 2000, S. 75.
119 Vgl. Derrida 2000, S. 22.
120 Vgl. Aristoteles 1977, »Freundschaft«, S. 269.
121 Vgl. Eichler 2006, »Die Freundschaft der Politik«.
122 Vgl. Frankfurt 2016, »Über Liebe und ihre Gründe«. Er bezieht sich allerdings auf die Liebe, die für ihn ihren Urgrund wohl in der Selbstliebe hat.

ist nur als Politik und Machtspiel zu bezeichnen, die nicht in die Logik der Verschmelzung hineinpassen. Wie Montaigne es pointiert ausdrückt, die wahre Freundschaft lässt sich nicht auf bestimmte Aspekte oder auf eine Partikularität der Beziehung reduzieren, vielmehr »ergreift [sie] vom ganzen Menschen Besitz und beherrscht ihn uneingeschränkt«.[123] In dieser Zuspitzung von Montaigne können alle Aspekte einer idealen Gerechtigkeitsidee entdeckt werden, die im Hinblick auf ein besseres soziales Miteinander auch in den anderen sozialen Beziehungssphären interessante Impulse liefern. Schließlich hat die moderne Idee der Gerechtigkeit viel mehr als nur distributive Aspekte zu berücksichtigen. Unser Zivilisationsfortschritt wird von der Stimme getragen, dem Menschen jene soziale Behandlung zu gewähren, die ihm in seiner Verletzlichkeit, Bedürftigkeit und in seiner Endlichkeit in einer *ausgewogenen Gegenseitigkeit* mit Würde und Achtung begegnet. Infolgedessen sollten alle sozialen Kontexte sich die Ermöglichung dieses Vorhabens groß auf die Fahne schreiben. Die Freundschaft antizipiert dieses Vorhaben auf eine beeindruckende Art und Weise. Sie spendet in ihrer Einzigartigkeit, mit einer imposanten Resonanzmelodie Hoffnung für die Zukunft, sie fungiert als eine unerschöpfliche Quelle der Inspiration, sie ist ein Versprechen an die Zukunft und sie wird stets als unendlich und mit Gefühlen der Ewigkeit aufgefasst und ausgelebt. Anders kann sie gar nicht ihrem Sein oder ihrem Gelübde gerecht werden. Sie ist, solange sie ist[124], eine von den beiden Beteiligten assoziierte Welt ohne Grenzen, mit unermesslichen Möglichkeiten der Erforschung und Erkundung von sich selbst und von eben dieser unverfügbaren Welt.

Allerdings darf hier nicht unerwähnt bleiben, dass dieser ganze Akt der idealisierten Freundschaft – auf sich und das eigene Selbst blickend oder hineinhorchend, dann sich von dem eigenen pathologischen Ego zu distanzieren, um sich der Symbiose der Seelen auf einer höheren Ebene zu begeben – nicht nach einem prozessualen Schema ablaufen muss. Anders gesagt, die Zwischenschritte sind lediglich für die Verdeutlichung des inneren Freiheitsgewinns und die Vervollkommnung des eigenen Charakters im Spiegelbild seiner eigenen anderen Hälfte, des Freundes oder der

---

123 Vgl. Derrida/de Montaigne 2000, S. 82.
124 »Wie Metaphern und Kunstwerke sind die Menschen, die uns wichtig sind, letztlich unerschöpflich. Sie befinden sich immer ein Stück jenseits der Grenze dessen, was wir über sie wissen – allerdings nur so lange sie uns etwas bedeuten. Denn wo der eine von uns eine ganz neue Welt entdeckt, sieht der andere schlicht gar nichts. Oder schlimmer noch: Wo wir selbst einst eine ganze Welt zu entdecken meinten, erblicken wir jetzt nur noch ein Trümmerfeld«. Vgl. Nehamas 2017, S. 146.

Freundin, zu verstehen. Über den inneren Freiheitsgewinn hinaus, der den beiden Parteien in ihrer Persönlichkeitsentwicklung ungemein dient, soll auch auf die zweite Form der Freiheit, die *äußere Freiheit*, die durch eine gelungene Freundschaft entsteht, hingewiesen werden. Während die innere Freiheit in der Freundschaft vorwiegend dadurch gewonnen wird, sich ergiebig mit dem eigenen Selbst zu befassen und in der Freundschaft das eigene Sein zu transzendieren, ist die zweite Form der Freiheit von innen heraus nach außen, vom »Ich« zum »Wir«, zur Gesellschaft gerichtet. Die Binnenkommunikation in der Freundschaft gewährt die Möglichkeit, zwanglos und ohne große Vorurteile die eigenen Moralprinzipien immer wieder zu vergegenwärtigen und kritisch zu prüfen.[125] »In einem anderen bei sich selbst zu sein bedeutet daher in der Freundschaft, das eigene Wollen in all seiner Unschärfe und Vorläufigkeit der anderen Person ungezwungen und ohne Angst anvertrauen zu können«.[126] Genau hierin liegt die persönlich-moralische Reflexion und Entwicklung, die am Ende in die persönliche Freiheit und Handlungsfähigkeit münden wird. Die Freundschaft bietet jene Heimstätte, in der ungezwungen und ohne Angst über die eigenen eventuell moralisch normwidrigen Absichten oder gar Verfehlungen berichtet wird, allerdings ohne jene Sorge, voreilig verurteilt zu werden. Gleichzeitig geht von der Freundschaft ein sanfter, lehrreicher Druck aus, die Legitimität und die Berechtigung, die eigenen Moralvorstellungen noch einmal eingehender zu überprüfen.[127] In dem Bewusstsein, dass die Freund*innen einander nur das Beste wünschen, verlaufen solche reflexiven Kommunikationen oft zwanglos und in einer auffälligen Leichtigkeit, die häufig zur Entkrampfung und Befreiung der Beteiligten führt. Da bekanntermaßen Freund*innen um die jeweiligen Biografien bestens Bescheid wissen, können sie folgerichtig am ehesten kontextuell und semantisch zutreffend einander auf diverse moralische Entwicklungen und deren Implikationen aufmerksam machen.[128] Das Grundvertrauen, das in der Freundschaft immanent ist, liefert beiden ein kostbares Zeugnis, das stets die unfassbar feinfühligen und authentischen Empfindungen der beiden festhält, gar vor Augen führt und ihnen ergänzend ermöglicht, in der Kommunikation eine annehmbare Grammatik zu wählen. »Durch diese Gelegenheiten zum Wachstum unseres moralischen Wissens erlaubt uns Freundschaft, uns in Zeiten zu orientieren, in denen wir unsere eigenen moralischen Regeln, Werte

---

125 Vgl. Friedman 2008, S.148f.
126 Vgl. Honneth 2013, S. 249.
127 Vgl. ebd., S. 237f.
128 Vgl. Friedman 2008, S.148f.

Freundschaftsverhältnisse und soziale Integrität

und Prinzipien anzweifeln«.[129] In diesem Zweifel liegen nämlich oft verborgene Handlungsoptionen, die aber erst durch den kommunikativen Austausch in vollkommener Vertrautheit mit anerkennungswürdigen Personen (Freund*innen) herauszuschälen wären, um dann zur Entfaltung zu kommen. Zwar kann moralische Reflexion auch durch andere Quellen wie Romane, Biografien oder Autobiografien erfolgen, aber die subtile Macht der Freundschaft, die in der Fähigkeit aufzufinden ist, unfassbare Aspekte der Charaktere artikulieren zu können, wird von keiner anderen Fährte übertroffen. Aus der Freundschaftsbeziehung gewinnen beide Beteiligten jene äußere Freiheit, die als moralische Autonomie aufzufassen ist; eine Autonomie, die in ihrer Essenz dadurch Gültigkeit gewinnt, durch die originellste und vertrauenswürdigste Quelle zur Selbstvergewisserung der beteiligten Freund*innen beizutragen. Somit bieten sich die Freund*innen wechselseitig alternative Perspektiven, mit deren Hilfe sich die jeweils eigenen abstrakten Moralvorstellungen bewerten lassen. Beide Formen der Freiheit, die innere sowie die äußere, die aus der Beziehungsform der Freundschaft entspringen, sind entscheidende Ressourcen, die für die Errichtung und Umgestaltung des moralischen Seins essenziell sind[130]; sie tragen dazu bei, sich zunächst gründlich mit sich und seinen eigenen Dispositionen, Wünschen und seinem Willen zu befassen, infolgedessen mit einer gesunden Distanz zu sich, eine selbstreflexive Haltung einzunehmen. Dies soll zum Bewusstsein führen, dass die innere sowie die äußere Freiheit, die viele normative Handlungsoptionen offenbaren, nur durch die Reziprozität möglich sind. Vor allem die äußere Freiheit verdeutlicht, dass Menschen für eine reflexive Partizipation am gesellschaftlichen Leben auf gelungene partikulare persönliche Beziehungen angewiesen sind.[131] Aber auch die innere Freiheit war die Folge der subtilen Aufforderung[132] oder Initiative der anderen, auch diese ist nur durch die Reziprozität möglich. Die Freund*innen beziehen sich aufeinander und erfahren in der Folge ungemein viel über sich, sie erkennen und anerkennen sich, sie gehen ineinander hinein[133]; sie sind einander ein Spiegel, der ihnen ihre verborgenen Wünsche und inneren Grenzen offenbart, bis sie sich in der Freundschaft transzendieren und den Weg zu sich wieder finden, sodass sie sich irgendwann schon mit ver-

---

129 Vgl. ebd., S. 161.
130 Vgl. ebd., S. 148f.
131 Vgl. Nussbaum 2012, »*Bürger-Bildung: Moralische (und unmoralische) Emotionen*«. S. 43f.
132 Vgl. Fichte 2014, »*Grundlagen des Naturrechts nach Prinzipien der Wissenschaftslehre*«, S. 51f.
133 Vgl. Luhmann 2015, S. 178.

schlossenen Augen ansehen und betrachten können. Dieser Finalschritt ist die innere Freiheit, die nur durch den anderen, durch den wahren Freund möglich ist. Auch wenn die idealisierte Form der Freundschaft nicht überall und nicht in jedem Lebenszyklus vorzufinden ist, so liefert sie Menschen doch bis heute jene normative Folie, die mustergültig für eine gelingende und wahre Freundschaft steht. Deshalb wird das Ideal stets im Hintergrund agieren und die Beteiligten zu seiner Realisierung verleiten wollen; auch wenn nur Teilaspekte dessen realisiert werden sollten, ist damit die grundsätzliche Voraussetzung und das Elixier für die Persönlichkeitsentwicklung der Involvierten geschaffen.

Die partikulare und vielschichtig komplizierte ideale Vorstellung von Freundschaft trägt sehr interessante Aspekte der Gerechtigkeit in und mit sich. Gemäß dem bislang explizierten Begriff der Freundschaft wollen die zwei verschmolzenen Seelen stets das Beste für einander, für sich anpeilen. Das Wesen der von mir ausgezeichneten Freundschaft definiert sich dadurch, den Beteiligten in allen Belangen des Lebens stets gerecht werden zu wollen. Mit anderen Worten, man möchte sich ein erfülltes Leben fern von Schmerz und Leid ermöglichen; insofern haben Gefühle und Akte der Unterdrückung, Instrumentalisierung und Asymmetrie sowie Benachteiligung in der Beziehung keine Existenzberechtigung. Vielmehr können sie gar nicht ein Teil dessen sein. Finden auf ungewollte Weise oder aus unerklärlichen Gründen in der Freundschaftsbeziehung gegenseitige Gefühlsverletzungen statt, so liegt dem immanent intrinsischen Impuls in der Freundschaft nichts anderes nahe, als diese wieder zu korrigieren und der ungerechten Handlung Gerechtigkeit widerfahren zu lassen. Sonst wäre die ausbalancierte Gegenseitigkeit mehr als bedroht.

II.

Zwar sind es die überaus einflussreichen Überlegungen Aristoteles, die bis heute unsere normativen Vorstellungen von Freundschaft prägen, aber wie die Praxis dieser Beziehungsform in der Antike und im Mittelalter genau aussah, davon kann heute nur mit großer Vorsicht gesprochen werden. Fakt ist, dass zwischen der edlen und der erhabenen Vorstellung der Freundschaft in der Theorie und in deren praktischen Umsetzung eine große Diskrepanz herrschte. So waren beispielsweise nur wenige höhergestellte Frauen in der Lage, selbstbestimmt Freundschaften im erweiterten Sinne zu knüpfen und zu pflegen, wohingegen die Mehrzahl aufgrund ihrer häuslichen Verpflichtungen bzw. ständischen Reglementierungen hierzu außerstande waren. Gleichwohl teilten viele arbeitende

Männer, keineswegs nur die Sklaven, ein ähnliches Los. Es war lediglich den Männern vorbehalten, dank ihrer sozialen Stellung innerhalb der Grenzen ihres jeweiligen Standes Freundschaftsbeziehungen zu pflegen.[134]

Im Mittelalter sah es nicht viel anders aus, auch hier wurde die Freundschaft überwiegend als eine Art Männerbündnis aufgefasst, das sich weniger auf wechselseitige Zuneigung und Wertschätzung als vielmehr auf politische und geschäftliche Interessenwahrnehmung stützte und sich darin erschöpfte.[135] Obwohl die ethisch erstrebenswerten Aspekte der Freundschaft, die sich im Altruismus und Tugendhaftigkeit ausdrückten und von Aristoteles entsprechend ausgezeichnet wurden, noch präsent sein sollten, waren es pure Nutzerwägungen, die bis in die frühe Neuzeit die Basis der männlichen Freundschaft formten. Dementsprechend konnte die Sphäre der Freundschaft auch in der Antike nicht ihrem normativen Sinn vollkommen gerecht werden, da sich nicht alle Bevölkerungsschichten in diese Praxis einbringen konnten, um dadurch den Versuch zu unternehmen, ungezwungen und in reflexiver Freiheit über ihre eigene moralische Vorstellung nachzudenken und sich im Lichte der Reziprozität mehr mit den Potenzialen ihrer moralischen Handlungsfähigkeit zu befassen. Ab dem Augenblick, als der kapitalistische Markt sich zu etablieren begann und das Wirtschaftsleben die involvierten Teilnehmenden mit rationaler Kommerzialisierung und interner Konkurrenz konfrontierte, entstand das Bedürfnis nach einer anders gearteten Gegenwelt, nämlich nach privatem Rückzug. Die emotionslose und rationale Welt des Wirtschaftskapitalismus ließ die Sehnsucht nach mehr Zuneigung und Einfühlsamkeit wachsen.[136] Von nun an entstand eine völlig neue Beziehungsform, die zwar wie die familiale Bindung im Kern auf Liebe, Sympathie und wechselseitige Zuneigung basierte, aber dennoch gänzlich anders gelingt. Eine neue Form der Freundschaft, die mit der romantischen Bewegung noch mehr an Anerkennung und Form gewann und vor allem den Männern gestattete, anderen über ihre Gefühle und Emotionen zu berichten. Ohnehin war diese neue Beziehungsform lediglich noch den gebildeten und vermögenden Schichten vergönnt, aber soziologisch betrachtet bildete sie ein Vorbild für die gegenseitige Aufmerksamkeit außerhalb der Familie und Verwandtschaft und disponierte wohlwollende Anteilnahme am Lebensschicksal des Anderen.

---

134 Vgl. Nehamas 2017, S. 55f. Interessante Bemerkungen zu Adam Smiths *Vorstellung von Markt und Freundschaft*, sowie zu Carol Gilligans *Ethik der Fürsorge*, bzw. *Care-Ethik*.
135 Vgl. Honneth 2013, S. 237f.
136 Vgl. Rosa 2017, S. 353f.

In dieser »romantischen Freundschaft« gewinnen Zwiegespräche enorm an Bedeutung, darin kamen Empfindungen und Einstellungen zur Sprache, für die davor keine öffentliche Bühne existierte. Somit entstand eine völlig neue Form der Sozialbeziehung, die auch allmählich unter unverheirateten Frauen in Pensionaten und Erziehungsanstalten praktiziert wurde. Es wurden private Themen diskutiert und über wechselseitige Befindlichkeiten berichtet. Die neue Form der Freundschaft gewann deshalb so an Aufwertung, weil sie das manifestierte Bild von Männern auflöste, wonach diese in ihrem Kern robust und gefühlskontrollierend agieren. Allerdings mussten noch einmal knapp 150 Jahre vergehen, bis alle Schichten der Gesellschaft an dieser neuen Form der Sozialbeziehung partizipieren konnten. Erst nach dem Ende des Zweiten Weltkrieges, als der wirtschaftliche Aufschwung Einzug gehalten hatte und die überkommenen Geschlechterrollen abebbten, war die Möglichkeit der persönlichen Selbsterkundung auch für Frauen gegeben. Die immer fragiler werdende männliche Herrschaft in der Familie und die schrittweise eintretende Individualisierung gestatteten auch den Frauen, sich privaten Freundschaften zu widmen und interesselos, um der Freundin willen, am »Lebensschicksal der jeweils anderen Anteil zu nehmen«.[137] Honneth datiert die sechziger Jahre des 20. Jahrhundert als den Zeitpunkt, von dem aus sich in den westlichen Gesellschaften die persönliche Beziehungsform der Freundschaft schichtübergreifend etabliert hat. Demnach gehen Jugendliche schon in relativ frühen Lebensphasen Freundschaften ein und folgen den normativen Regeln. »Die Subjekte beherrschen intuitiv die normativen Regeln, dass sie sich in wahren Freundschaften wechselseitig eine dauerhafte Aufmerksamkeit für die lebensgeschichtlichen Sorgen und Entscheidungsnöte des jeweils anderen schulden, dass sie mit den entsprechenden Bekenntnissen vertrauensvoll umgehen müssen und diese daher nicht unaufgefordert an Dritte weitergeben dürfen, dass sie individuellen Krisensituationen einander mit Ratschlag und Fürsorge beizustehen haben und dass sie dem Freund oder der Freundin auch dann noch die gewohnte Anteilnahme entgegenbringen sollten, wenn dessen oder deren private Entscheidungen für sie vorläufig unverständlich bleiben«.[138] Alle diese Dispositionen, die hier in dem Zitat von Honneth die moderne wahre Freundschaft definieren, sind in den vorigen Ausführungen über die zum Teil überhöhte idealisierte Freundschaft enthalten. Vertrauen in den Freund oder in die Freundin, zwanglos über die jeweils eigenen moralischen Vorstellungen zu berichten und da-

---

137 Vgl. Honneth 2013, S. 245.
138 Vgl. ebd., S. 246.

raus fern von voreiligen Verurteilungen eigene Konsequenzen zu ziehen, kann als ein großer reflexiver Akt bezeichnet werden, der den Beteiligten unschätzbare Handlungsoptionen eröffnet. Es mussten ca. 2500 Jahre vergehen, ehe die normative Vorstellung der Freundschaft, vor allem die Bewunderung des *moralischen Gutseins der Charaktere* von Aristoteles in der breiten Gesellschaft in der Praxis Niederschlag finden konnte. Es ist eben die ethische Bedeutung der Freundschaft, die seit den Gedanken des Aristoteles bis heute für die Bedingungen eines gelungenen Lebens und für die Bedingungen der moralischen Entwicklung der Subjekte so wertvoll ist. Manche Autor*innen gehen sogar so weit, nicht mehr von Individualisierung, sondern von der Atomisierung der Subjekte zu sprechen, und halten es entsprechend für unabdingbar, gelungene persönliche Beziehungen, vor allem die der Freundschaft, als Gegengewicht zu dieser sozialen Vereinzelung zu glorifizieren. Darüber hinaus sollte inzwischen klar geworden sein, dass in Zeiten des Relativismus der Werte immer noch die rein privatistische Orientierung am Guten notwendig ist; hier geht es um Werte, welche die Essenz einer demokratisch gut und gerecht funktionierenden Gesellschaft ausmachen, nämlich gemeinsames Handeln, Toleranz und schlicht gemeinsame Willensbildung.[139] All dies kann erst dann gelingen, wenn die Subjekte wie »in der Freundschaft« fähig sind, ab und zu nicht aus rein subjektiven und egoistischen Motiven zu handeln, sondern auch fähig sind, sich in manchen politisch-gesellschaftlichen Situationen zum Wohle der Allgemeinheit zurückzunehmen.[140] Damit der Bogen zu dem am Anfang von mir ausgezeichneten Inhalten der »wahren Freundschaft« und deren Ausführung geschlossen wird, soll hier bemerkt werden, dass »wie in der jüngeren Vergangenheit, so auch heute offenbar in jedem Ansinnen, freundschaftliche Beziehungen zu instrumentalisieren, ein Verstoß gegen die normativen Praktiken der Freundschaft gesehen [wird]; und ebenso scheint nach wie vor zu gelten, dass sich Freunde unter einander ein hohes Maß an persönlicher Anteilnahme am jeweiligen Wohlergehen schulden«.[141] Allein die Semantik bzw. die Ausdrucksweise der Freundschaftsformen, welche sich vom Sinn und den normativen Erwartungen her auffallend von der »wahren Freundschaft« abgrenzen, liefern den größten Beweis, dass die normative Kraft und Geltung der wahren Freundschaft uns Menschen seit jeher bis heute sozial prägt und formt. Schließlich werden freundschaftliche

---

139 Vgl. Nussbaum 2012, »*Sokratische Pädagogik: Die Bedeutung des Argumentierens.*« S. 65f.
140 Vgl. Dewey 2003, »*Philosophie und Zivilisation*«, S. 7f.
141 Vgl. Honneth 2013, S. 251.

Beziehungen, die auf Nutzen und gemeinsamen Interessen beruhen und sich durch die Zeitlichkeit und Elastizität der Verhältnisse auszeichnen, mit Begriffen wie »Kumpanei«, »Vetternwirtschaft« und bloße »Arbeitsbeziehung« expliziert.[142] Just blicke ich auf die zweite ebenso wichtige Sphäre der persönlichen Beziehungen, die mit dem Begriff der »Intimbeziehung« gekennzeichnet werden soll; dabei wird die gegenseitige Anerkennung und Gefälligkeit im Mittelpunkt meiner Erörterung stehen. Dies mit der Absicht, im Sinne einer weiten sozialen Integrität eine *ausgewogene Gegenseitigkeit* anzustreben.

b. Intimbeziehungen und soziale Integrität

Die Sphäre der persönlichen Bindungen ist wie alle anderen Bereiche der modernen Gesellschaften klaren Ausdifferenzierungen unterworfen. Im vorherigen Kapitel habe ich über Semantik oder die Essenz der Freundschaft und über ihr Potenzial, in ihrer gelungenen Form, Menschen mit zwei Freiheitsformen auszustatten, diskutiert. Darüber hinaus wurden Dispositionen wie Loyalität, Wechselseitigkeit und Symmetrie der beiden Parteien als ein wichtiger Bestandteil der Beziehungsform Freundschaft ausgelegt, noch pathetischer sogar, ich zeichnete die idealistische Freundschaft durch die Vereinigung der beiden Seelen in dieser aus. Somit haftet dem Ideal der Freundschaft etwas Heiliges[143] an, das nicht selten auch in den Intimbeziehungen oder der romantischen Liebe Nachahmung findet.[144] Indes während die informelle Beziehung der Freundschaft weitgehend sprachlich vermittelt ist, tritt in der Intimbeziehung die Körperlichkeit hinzu, und zwar so, dass das »wechselseitige Verlangen nach sexueller Intimität und eine alles umfassende Freude an der Körperlichkeit des Partners«[145] die Intimbindung zu einer einzigartigen Institution der persönlichen Bindungen macht. Freilich darf nicht unerwähnt bleiben, dass bis zu den Anfängen des 20. Jahrhunderts[146] die romantische

---

142 Vgl. Nehamas 2017, *»Kein anderes Vorbild als sich selbst« die Herausbildung der modernen Freundschaft«*, S. 45f. Eine aufschlussreiche Rekonstruktion zum Wandel der Idee der Freundschaft.
143 Vgl. Galimberti 2006, *»Liebe und Sakralität«*, S. 31. »Es gibt wohl hier und da auf Erden eine Art Fortsetzung der Liebe, bei der jenes habsüchtige Verlangen zweier Personen nacheinander einer neuen Begierde und Habsucht, einem *gemeinsamen* höheren Durste nach einem über ihnen stehende Ideale, gewichen ist: aber wer kennt diese Liebe? Wer hat sie erlebt? Ihr rechter Name ist Freundschaft«. Nietzsche 2005, S. 481.
144 Vgl. Badiou 2015, S. 37.
145 Vgl. Honneth 2013, S. 263. Vgl. Badiou 2015, S. 37.
146 Vgl. Burkart 2014, *»Einleitung«*.

Liebe mehr oder weniger an die Institution der Ehe gekoppelt war, oder anders ausgedrückt, die Ehe an sich als Inbegriff der Liebe aufgefasst wurde, während heute Intimbeziehungen auch ganz unabhängig von der Ehe empfunden und kommuniziert werden.[147] Trotz allem Wandel, die die Semantik der romantischen Liebe in den letzten Jahrhunderten erfahren hat, bleibt jedoch eines klar und unbestritten, nämlich der Geist oder die Essenz der Liebe an sich. Damit ist ausgedrückt, dass in der Liebe ganz offensichtlich zur Geltung kommt, wie sehr wir Menschen emotional aufeinander angewiesen sind und wie sehr wir in der Liebe darum bemüht sind, durch die Vereinigung[148] mit unserem »Objekt« der Begierde ein Band der Liebe, ein neues, ein anderes von uns gezielt gewolltes[149] »Wir« zu bilden, das unseren Vorstellungen, Vorlieben und unserem Selbstverständnis entspricht; und uns darüber hinaus in unserer Einzigartigkeit bejaht und bestätigt. Sie fesselt uns auf eine bestimmte Art der Wechselseitigkeit und verpflichtet uns zu diversen normativen Handlungen; und gewährt uns ferner physische wie psychische Befriedigung.[150] Es ist eben diese Abhängigkeit in der Liebesbeziehung, die so paradox erscheint und uns auf eine spezielle Weise mit uns und unseren Wünschen, Neigungen und emotionalen Bedürftigkeit konfrontiert. Paradox ist sie, weil die Beziehung uns auf der einen Seite mit großer geistiger und körperlicher Vitalität und Geschmeidigkeit ausstattet, aber auf der anderen Seite uns vor Augen führt, wie sehr unser stets temporäres Glück, welches immer wieder erstrebt werden möchte, von dem signifikanten Anderen abhängt und wie sehr diese Abhängigkeit die Fragilität des Glücks offenbart. Wie die Semantik und die Tatsache, d.h. die Kultur der Liebe unsere Vorstellungen und Erwartungen auch von Zeit zu Zeit verändert und geformt haben mögen, so läuft doch die ganze Logik des unordentlichen Gefühls der Liebe darauf hinaus, uns mit unserem »Liebesobjekt« zu vereinen und darin uns reziprok in unserem Dasein zu ergänzen. Genau wie die Beziehungsform der Freundschaft ist auch die romantische

---

147 Vgl. Illouz 2014, S. 57f.
148 »Der andere ist nötig, aber in tiefer Liebe verschwindet der andere. Wenn ihr zwei Liebende beobachtet, könnt ihr sehen: Sie sind zwei und zugleich eins. Das ist das Paradox der Liebe, und das ist auch ihre Schönheit. Sie sind zwei, gewiss, sie sind zwei; aber sie sind auch nicht zwei, sie sind eins. Solange dieses Einssein nicht eintritt, ist Liebe nicht möglich«. Vgl. Osho 2002, S. 69.
149 Wobei hier Freiwilligkeit ein Stück weit relativiert werden muss, schließlich sind doch biologisch-hormonelle Komponenten am Werke, die den Mensch dazu veranlassen, gar zwingen, triebhaft Intimbeziehungen nachzugehen, was hierbei freiwillig ist, ist der Umstand, dass geschlechtsreife Menschen die Möglichkeit haben, ihr Objekt der Begierde auszusuchen.
150 Vgl. Honneth 1994a, S. 148f., 2008, S. 55f.

Liebe für unsere Identität, unser Selbstverständnis sowie einen positiven Selbstbezug grundlegend.[151] Beide Arten von Beziehungen prägen unsere Persönlichkeit und haben somit großen Einfluss auf unsere psychische und soziale Integrität. Insofern soll nun in einem ersten Schritt zur sozialen Grammatik oder zur Artikulierung des Ideals der romantischen Liebe Bezug genommen werden, um sie für unsere Persönlichkeitsentwicklung und unser Wohlergehen[152] auszuzeichnen. Hierfür ist die Kategorie der Anerkennung – ergänzt durch den Begriff des »*Blickes*« – am besten geeignet, um damit zeigen zu können, in welcher Weise uns die reziproke Zuneigung mit einem notwendigen Maß an Selbstvertrauen ausrüstet, um uns in unserem alltäglichen Leben oder als Gesellschaftswesen verschiedene Handlungsoptionen zu erschließen (I). Ferner ist von Bedeutung in einem zweiten Schritt normativ knapp zu rekonstruieren, wie sich der Begriff der Liebe in den letzten Jahrhunderten gewandelt hat und welche Bedeutung dieser Wandel für die menschliche psychische und ihre physische Integrität impliziert. Schließlich werden die heutige Instabilität und Fragilität der Liebesbeziehungen auf zwei gänzlich gegensätzlichen Weisen interpretiert. Während die eine positiv gestimmte Ansicht dabei auf die Freiheit und die authentische Selbsterkundung der Passionen und Wünsche der Individuen[153] verweist und die Zerbrechlichkeit der Liebe damit erklärt, allein die wechselseitige Zuneigung sei heute für Liebesbeziehungen ausschlaggebend, visiert die kritischere Ansicht die Konstitution der modernen Gesellschaften und tadelt die Kommerzialisierung der persönlichen Beziehungen[154] (II). Für die von mir anvisierte Idee der Gerechtigkeit kann es nur darum gehen, offenzulegen, wie die wechselseitige Zuneigung als offenkundigste und notwendigste Form der menschlichen Vereinigung uns Menschen ein Stück weit von unserer Ichbezogenheit löst und unseren Blick für den signifikanten Anderen öffnet, gar schärft und auf ein Verhältnis der *ausgewogenen Gegenseitigkeit* zielt. Schließlich besteht die elementarste Forderung der Gerechtigkeit darin, den Anderen wahrzunehmen und als Person anzuerkennen. Gewiss erfordert dies ein bestimmtes Maß an sozialer Sensibilität, mit der unser Blick und unser Bewusstsein für die menschliche Verletzlichkeit und Bedürftigkeit scharf genug bleiben.

---

151 Vgl. Delany 2008, S. 105f.
152 Vgl. Nozick 1991, S. 74f.
153 Vgl. Honneth 2013, S. 252f.
154 Vgl. Baumann 2017, »*Das Muster der Beziehungen zwischen Kunden und Waren wird zum Muster der Beziehungen zwischen Menschen*«, S.11. Vgl. Illouz 2014, »*Als die Liebe auf den Markt traf*«, S. 52f.

Intimbeziehungen und soziale Integrität

I.

Heute sind die Diskussionen darüber, was die Liebe eigentlich an sich sei, sehr differenziert. Verschiedene wissenschaftliche Disziplinen versuchen zu ergründen, wie positive Gefühle und Zuneigung entstehen und wo der Ursprung der geschlechtlichen Liebe liegt. Die Antwort darauf ist ebenfalls vielfältig, ob Hirnforschende, Verhaltensforschende, Evolutionstheoretiker*innen, Biolog*innen, Psycholog*innen oder Philosoph*innen, alle haben ihre Meinungen und Theorien.[155] Für mich ist wichtig, auf zwei Komponenten zu achten, welche die Meinungsverschiedenheiten mehr oder weniger auf einen Nenner bringen. Es sind die psychologischen und die sozialen Aspekte der Liebe, die durch die Zivilisation eine bestimmte Form angenommen haben und mich beschäftigen; vor allem weil auch alle anderen Disziplinen sich darin einig sind, dass die sozialen und die kulturellen Prägungen menschliche Gefühle und die Semantik der romantischen Liebe maßgeblich beeinflussen. So ist etwa der Psychotherapeut Michael Mary der Ansicht, dass der Ursprungsort, gar Urgrund der Liebe in der Liebe zwischen Mutter und Kind liegt. Hierbei geht es um die Gefühle der Geborgenheit und des Aufgehobenseins, die durch die Erfahrung der grundlegendsten Verbundenheit sowie der emotionalen und psychischen Nähe zur Mutter erlernt und verinnerlicht werden. Es ist diese prägende Form der Intimbeziehung, die später auch im Erwachsenenalter stets gesucht und angestrebt wird.[156] Ergänzend dazu ist der Philosoph Stanley Greenspan[157] der Meinung, dass die Wiege der Entwicklung von Sprache und Kultur in der Mutter-Kind-Beziehung[158] liegt. Somit nehme auch ich an, dass das elementarste Gefühl der Innigkeit (Liebe) anfänglich durch die Mutter-Kind-Beziehung erlernt, entfacht oder erfahren wird, aber dann später die Sozialisation und die Kultur ihr differenziert codierte Semantiken verleiht.[159] Eben diese besagte Mutter-Kind-Beziehung spielt auch in den anerkennungstheoretischen Ansätzen der Philosophie eine bedeutende Rolle.[160] Für Honneth ist eine gelungene und von Anerkennung geprägte Beziehung des Kindes zu seiner primären

---

155 Vgl. Illouz 2021, »Einleitung: Von der Wahl zur Nichwahl«, S. 11f.
156 Vgl. Hurrelmann/Quenzel 2016, »Jugend als Lebensphase«, S. 9f.
157 Vgl. Greenspan/Shanker 2007, »Die Entwicklungsstufen von Gruppen, Gesellschaften und Kulturen«. S. 320f.
158 Damit ist nicht ausschließlich nur die biologische Mutter oder nur die Mutter gemeint, sondern die primäre Bezugsperson des Kindes.
159 Vgl. Luhmann 2015, »Liebe und Ehe: Zur Ideologie der Reproduktion«. S. 183f. Luhmann verweist ausführlich darauf, wie sich die Semantik der Liebe von Epoche zu Epoche gewandelt hat.
160 Vgl. Honneth 1994a, S. 148f. Benjamin 2004, »Die erste Bindung«.

Bezugsperson der entscheidende Grund dafür, wie im Erwachsenenalter Freundschafts- sowie Liebesbeziehungen unbeschwert und fern von Pathologien gelingen können.[161] Honneth bezieht sich auf Hegel und versteht unter Liebesbeziehungen alle Primärbeziehungen, »soweit sie nach dem Muster von erotischen Zweierbeziehungen, Freundschaften und Eltern-Kind-Beziehungen aus starken Gefühlsbindungen zwischen wenigen Personen bestehen«.[162] Wesentlich an der Anerkennung auf dieser Ebene ist, dass die Subjekte durch die reziproke Erfahrung liebevoller Zuwendung jeweils wissen, in ihrer Emotionalität aufeinander angewiesen zu sein[163]. Wie Hegel es pointiert ausdrückt, geht es auf dieser Ebene des Interaktionismus darum, »Seinselbstsein in einem Fremden«[164] zu begreifen.

Für die Illustration der Anerkennung auf dieser grundlegenden Stufe sind Interpretationen von zahlreichen psychologischen Theorien[165] – in denen gezeigt wird, wie der Säugling verschiedene Stufen seiner Entwicklung durchläuft – notwendig. Aus den Theorien soll die Erkenntnis gewonnen werden, wie die Entwicklungsphasen in einer gelungenen Form vonstattengehen, damit das Kind später als ein *selbstbewusstes* Subjekt, das sich der absoluten Abhängigkeit von der Mutter bewusst geworden ist und sich allmählich emanzipiert hat, in der Gesellschaft ankommt. Somit wird die Bedeutung der Intersubjektivität praktisch schon ab den ersten Lebenstagen erfahren und verinnerlicht.[166] Jedenfalls wird der Prozess der Emanzipation von der primären Bezugsperson nicht ohne Konflikte ablaufen. Aber die Konflikte, die sich in der Form von »Zerstörung« und »Ablösung« von der Mutter äußern, haben ihren Sinn; denn nach dem sechsten Lebensmonat muss das Kind – so Honneth – die Mutter als eine

---

161 Vgl. Honneth 1994a, S. 148f., Ikäheimo 2014, S. 139f. Was in diesem Zusammenhang von so exorbitanter Bedeutung ist, ist der Umstand, dass das Kind in einer gelungenen Beziehung zu seiner primären Bezugsperson das notwendige Selbstvertrauen erwirbt, dank dessen er später mit großer Offenheit und Unbeschwertheit anderen Menschen begegnet, sich auf sie einlässt und entsprechend auch Beziehungen eingehen kann.
162 Vgl. Honneth 1994a, S. 153.
163 Vgl. Ricoer 2006, »*Die wechselseitige Anerkennung*«, S. 196f. Benjamin 2004, »*Die erste Bindung*«, S. 29f. Honneth 1994a, S. 148f, Hegel 1967. S. 17f.
164 Vgl. Hegel 1967, S. 17.
165 Vgl. Spitz 1976, »*Vom Säugling zum Kleinkind. Naturgeschichte der Mutter-Kind- Beziehungen im ersten Lebensjahr*«. Vgl. Bowlby 2006, »*Bindung. Eine Analyse der Mutter- Kind- Beziehung*«. Vgl. Stern 1979 »*Mutter und Kind. Die erste Beziehung*«. Vgl. Winnicott 2006, »*Die Theorie von der Beziehung zwischen Mutter und Kind*«, S. 47. Vgl. Winnicott 2018, »*Träumen, Phantasieren und Leben*«, S. 49f. Das ganze Buch liefert einen interessanten Einblick in die Thematik.
166 Vgl. Benjamin 2004, S. 21f.

Intimbeziehungen und soziale Integrität

Person, die außerhalb von ihm steht, begreifen und sich von der Mutter-Kind Symbiose lösen. Auf diesem Wege wird dann die Mutter vom Säugling nicht mehr als ein Objekt ausschließlich für die eigene Bedürfnisbefriedigung aufgefasst, sondern das Kind wird allmählich begreifen und anerkennen müssen, dass auch die Mutter eine selbstständige Person oder ein Wesen mit eigenen Bedürfnissen und eigenem Recht ist. Indem das Kind mit der Zeit der mütterlichen Liebe sicher wird, gelangt es zu einem Vertrauen in sich selbst; dieses führt dann zu dem Bewusstsein, sorglos mit sich allein zu sein. Diese Art der Selbstbeziehung, die zu einem elementaren Vertrauen zu sich selbst führt, »geht jeder anderen Form der reziproken Anerkennung sowohl logisch als auch genetisch voraus: jene Grundschicht einer emotionalen Sicherheit nicht nur in der Erfahrung, sondern auch in der Äußerung von eigenen Bedürfnissen und Empfindungen, zu der die intersubjektive Erfahrung von Liebe verhilft, bildet die psychische Voraussetzung für die Entwicklung aller weiteren Einstellungen der Selbstachtung«.[167]

Freilich, die wechselseitige Anerkennung der beiden Parteien, nämlich die der Mutter und des Kindes und das Bewusstsein, sich von ihrer Symbiose zu einer reziproken Autonomie zu entwickeln, liefern uns nur die ersten grundsätzlichen Erkenntnisse für die immer komplexer und fragiler[168] werdende romantische Liebe. Es ist sinnfällig, dass ein gewisses Maß an Selbstvertrauen, das auf der ersten Ebene der menschlichen Interaktionen gewonnen wird, für gelungene persönliche Bindungen unabdingbar ist, aber sobald das Kind die große weite Welt, die Gesellschaft, betritt, kommen noch andere Komponenten hinzu, anhand derer eine individuelle, aber von diversen gesellschaftlichen Normen umhüllte Vorstellung der Liebe gewonnen und ihre Realisierung angestrebt wird. Bevor ich auf das Band der Liebe im Erwachsenenalter und die Vereini-

---

167 Vgl. Honneth 1994a, S. 172. Honneth bezieht sich hier auf John Bowlby: »*Das Glück und die Trauer: Herstellung und Lösung*«, 1982. Auch Benjamin 2004 argumentiert ähnlich. »*Intersubjektivität*«, S. 24f.
168 Mitunter kann die Fragilität der Liebe wie folgt erklärt werden: Um eine Liebensbeziehung einzugehen, braucht es die Vereinbarung von zwei Personen. Aber um die besagte Vereinbarung zu brechen, nur eine Person. Somit leben beide Seiten in ständiger Angst, ohne eigene Zustimmung ausgetauscht zu werden. Wird darüber hinaus eine Beziehung mit vollkommener Hingabe eingegangen, dann ist der *Blick* von der geliebten Person sehr bedeutsam, weil man sich in den Blicken der geliebten Person behutsam-aufmerksam wahrnimmt und sich dadurch das eigene Bild manifestiert. Aber sobald der *Blick* der liebenden Person nicht mehr als Spiegel fungiert, weiß man nicht mehr, wer man ist, man verliert zum Teil die eigene Identität, die eigene Seele und plötzlich ist alles durcheinander.

gung zweier sich Liebender, die sich als ein neues Wesen, ein neues »Wir« begreifen werden, eingehe, wird ein Blick auf jenen emotionalen Zustand geworfen, der häufig als romantischste Form aller Liebesarten betrachtet wird, aber am besten durch ein temporäres »Verliebtsein« etikettiert werden kann.[169] Verliebtheit setzt leidenschaftliche Emotionen frei, sie ist wie ein fieber- und rauschhafter Zustand, als wäre man von allen Sinnen verlassen, man agiert oft wild, unbewusst und befindet sich in einem Verhältnis der Selbstvergessenheit. Verliebtheit ist eine Phase der Ekstase, die häufig großen Sinnestäuschungen unterworfen ist und relativ schnell von der Realität und der Bewusstheit eingeholt wird.[170] Aspekte und Züge solcher Begegnungen können für eine gelungene Liebesbeziehung sinnvoll, gar entscheidend sein, aber sie müssen in eine Stufe der Vertrautheit übergehen, die bekanntlich zunächst das Überdauern der Zeitlichkeit voraussetzt. Erst wenn der Rausch, die Raserei und das innere Glühen nachgelassen haben und im vollen Bewusstsein der Beteiligten der *Blick* der Aufmerksamkeit für den jeweils anderen scharf bleibt, wird ein Band der Liebe anvisiert. Anders ausgedrückt, Liebe kann dann überhaupt beginnen zu wachsen, wenn dieser soeben beschriebene hektische, fieberhafte Drang nach Intimität und Sexualität nachgelassen oder gar sich gelegt hat; dann entsteht allmählich Liebe, sie wird sodann feiner und etappenweise tiefer.[171] In der Terminologie der Anerkennungsidee ausgedrückt, geht es dabei um den »beständigen« *Blick* für die geliebte Person. Sie wird und darf nicht ansatzweise übersehen werden, vielmehr hat sie im Mittelpunkt zu stehen, aus diesem Grund wird sie dauernd von dem *inneren* sowie dem *äußeren Blick* fest anvisiert sein.[172] Der innere Blick ist im Grunde unsichtbar und wird mit Empfindsamkeit und Sensibilität

---

169 Oft wird die pure Lust (Verliebtheit) als eine blinde Leidenschaft beschrieben, während die Liebe als die Ausstrahlung eines stillen, friedvollen, meditativen Herzens gedeutet wird, da diese – so die Argumentation – weder mit Biologie, Chemie noch mit Hormonen etwas zu tun hat.
170 Vgl. Galimberti 2006, *»Liebe und Sexualität«*, S. 39f und *»Liebe und Einfühlung«*, S. 163f. Frankfurt 2016, *»Über Liebe und ihre Gründe«*, S. 40f.
171 Vgl. Comte-Sponville 2015. »Jede Leidenschaft umfasst ein wenig Illusion, Unbewusstes, Träumereien? Deshalb ist die Paarbeziehung, wenn sie glücklich ist, etwas so Besonderes: weil wir lernen, die Illusion zu überwinden, die Wahrheit des anderen zu lieben und nicht die Träume, die wir uns von ihm gemacht haben, weil sie uns jeden Tag die Möglichkeit gibt, bewusst und freiwillig – zumindest teilweise – die Person zu wählen, die unser Unbewusstes möglicherweise schon vor uns gewählt hat – weil diese Beziehung die Leidenschaft in Handlung verwandelt« ebd. S. 56/57.
172 Vgl. Galimberti 2006 legt nuanciert Wert auf den Begriff des »Blickes«, S. 22f. Ebenso Schmid 2014 »Glück ist der *Blick des Freundes von außen* auf mich«, S. 44.

gegenüber der geliebten Person assoziiert, und der äußere Blick manifestiert sich darin, dass die beiden Seiten sich eine ähnliche Körperhaltung samt intersubjektiv nachzuvollziehender Zeichensprache aneignen. Nozick trifft den Kern der romantischen Liebe, indem er sagt, »Liebe, romantische Liebe, ist der *Wunsch*, mit dieser besonderen Person ein *Wir* zu bilden, das Gefühl oder vielleicht der Wunsch, dass dieser Mensch der Richtige ist, um mit ihm ein *Wir* zu bilden, und auch der Wunsch, der andere möge im Hinblick auf einen selbst ebenso empfinden. [...] Dieser Wunsch wohnt dem Wesen der Liebe inne, glaube ich; er ist ein wichtiger Teil dessen, worauf Liebe gerichtet ist«.[173] Aber wie jedes andere soziale Band enthält auch das Band der Liebe weitreichende zarte Verantwortlichkeiten und Erwartungen, die in einer unerlässlich-speziellen sozialen Grammatik kommuniziert werden. Heute äußern sich diese normativen Erwartungen der romantischen Liebe in Begriffen wie rückbezügliche Autonomie und wechselseitiges Wohlergehen.[174] Demzufolge ist die romantische Liebe genau wie die Freundschaftsliebe mit feinen Vernunftaspekten behaftet.[175] Schließlich müssen die soeben erwähnten Erwartungen oder Bedürfnisse erst einmal intersubjektiv und nach Vernunftregeln subtil oder vorsätzlich kommuniziert und anerkannt werden. Nur wenn mit völliger Bewusstheit, fern von exaltiertem Zustand und emotionalen Pathologien[176], das Band der Liebe eingegangen wird, kann die Souveränität und das Wohlbehagen der beiden Parteien wechselseitig ersehnt werden. Infolgedessen sind es der innere und der äußere Blick, die für das Gelingen der beiden Ansprüche eine zentrale Rolle spielen. Der innere Blick steht exemplarisch für das Gefühl der Zuverlässigkeit und der »Dauerhaftigkeit«, das eine Art Sicherheit, die sich darin ausdrückt, die geliebte Person gegenüber allen anderen zu bevorzugen, vermittelt. Der äußere Blick ergänzt und kommuniziert oft diese Tatsache. Zunächst sind zwei Aspekte erwähnenswert, die die Bedeutung des inneren Blicks exemplifizieren. Der innere Blick ist am besten mit der empfindsamen Seite der eigenen Persönlichkeit aufzufassen, die bei anderen für das Gefühl der Sicherheit und »Beständigkeit« sorgen kann. Gleichzeitig sorgt diese besagte Seite dafür, dass man selbst seine eigene Kongruenz anblicken

---

173 Vgl. Nozick 1991, S. 76.
174 Vgl. ebd., S. 76f.
175 Vgl. Badiou 2015, S. 71.
176 Es hat schon Tradition, Liebe als Mysterium zu beschreiben, wie ein Wunder, das weder zu erklären noch zu begründen sei. Aber auch andere symbolische Bilder wie »Liebe sei eine Art Krankheit«, »Liebe sei Wahnsinn, und Liebe lege in Ketten« verdeutlichen, dass Verliebte sich oft auf absolut irrationale und infantile Art verhalten haben. Vgl. Luhmann 2015, S. 30/31.

kann. Die Geliebten werden durch den inneren Blick einander vermittelt, anhaltend, sich auch bei räumlicher Trennung wechselseitig (innerlich) im Blick zu behalten.[177] Dieser Akt kann auch als tiefes Vertrauen zueinander verstanden werden. Man liebt sich, schätzt sich und ist trotz räumlicher Distanz im Inneren aufmerksam genug, einander im Gefühl und im Blick zu behalten oder in Gedanken beieinander zu sein. Dieser höchste Grad der Sensibilität und Einfühlungsgabe ist die Folge dieser Gefälligkeit, die ihren Ursprung in der Schärfe des inneren Blicks hat und zur Stabilität des Bandes der Liebe beiträgt. Erleidet die geliebte Person einen schweren Schicksalsschlag, sei es in Form von eigener oder familiärer Krankheit oder persönlicher Ermattung (Krise), oder wird sie in der Öffentlichkeit bloß gestellt, unfair und ungerecht behandelt, so leidet die andere Partei genauso mit, das Leiden der Liebespartner*in wird am eigenen Leibe verspürt.[178] Der zweite Aspekt betrifft deren *neue* »gemeinsame« Identität, die durch die vereinte Erfahrung und die seelische Verschmelzung entsteht. Diese neue Identität äußert sich darin, dass beide Seiten eine neue, gänzlich andere psychische Haltung annehmen. Obendrein ergänzen oder beeinflussen sie ihre jeweiligen emotionalen Dispositionen. Weiterhin werden die sich Liebenden in der Intimität durch den inneren Blick die Vorlieben und Neigungen voneinander erkunden, kennenlernen und bestätigen. Damit fallen auch hier die inneren Grenzen weg und beide Parteien können sich in dem Bewusstsein, dass das wechselseitige Vertrauen und die gegenseitige Bestätigung vorhanden sind, fallen lassen und ein positives Selbstverhältnis zu sich gewinnen. Es ist das geheimnisvolle Wissen, welches die Geliebten über ihre jeweiligen Vorlieben, Neigungen und Triebe aufspüren, teilen und sich gegenseitig darin mehr oder weniger bestätigen, das dem inneren Blick für das Band der Liebe huldigt. Deshalb wird der innere Blick mit Gefühlen der partikularen Sensibilität assoziiert, schließlich kommt es doch in einer romantischen Beziehung darauf an, oft lediglich mit Gefühlsregungen zu kommunizieren, emotionales Unwohlsein und Unbehagen der Geliebten zu spüren und entsprechend darauf zu reagieren. Dieser Bezugsrahmen geht sogar so weit, immanent die eigene Empfindsamkeit zu stärken, um die emotionalen Wechselfälle der geliebten Person anzunehmen, nachzuempfinden und durch angemessene, passende Haltung in ihr, emotional positive Zustände wie Freude und Wohlbehagen zu entfachen, die be-

---

177 Hier spielt unterschwellig der Wunsch nach Treue zueinander eine Rolle. Vgl. Badiou 2015, 44f.
178 Vgl. Nozick 1991, »*Das Band der Liebe*«. Vgl. Baumann 2017, »*Liebe und Geschlecht. Partnerwahl: Warum wir das Lieben verlernen*«, S. 15.

kanntermaßen ein erhebliches Maß an Kenntnis über- und Vertrautheit miteinander erfordert. In den bisherigen Ausführungen ging es überwiegend darum, zu zeigen, wie bedeutend die Aufmerksamkeit in einer Liebesbeziehung ist, wie der innere Blick diese manifestiert und dabei immer wieder die Fragilität[179] der Liebe abschwächt.

Indes ist der *äußere Blick* genauso von Bedeutung. Dieser hat die Funktion, durch bestimmte Mimik und Gestik oder spezifisch eigene, reziprok entwickelte Grammatik zu verdeutlichen, einander dauernd subtil im Blick zu behalten, füreinander immer wieder zu optieren und sich gleichzeitig mit Blicken diese Botschaft zu übermitteln. Hierbei spielt das Gefühl der Einzigartigkeit eine zentrale Rolle, in der Folge ist der Wunsch danach stark, in den Blicken der geliebten Person als eine einzigartige Persönlichkeit gesehen zu werden. Durch diese Binnenkommunikation wird eine gemeinsame Welt (Identität) erschaffen, in der wechselseitig für das eigene Wohl und Glück gesorgt wird. Beide wollen in der gemeinsamen Welt[180] geistig wie körperlich aufgehen und einander in ihrer persönlichen Entwicklung unterstützen bzw. ergänzen.

Bis hierhin habe ich von jenen Aspekten der romantischen Liebe gesprochen, die dem Ideal der Freundschaft ziemlich nahe kommen. Aber wie eingangs erwähnt, kommt in der Intimbeziehung die Körperlichkeit hinzu, welche diese von der Freundschaftsliebe abgrenzt.

In der körperlichen Liebe treffen und vereinigen sich der innere und der äußere Blick. Nirgends wird wie bei der körperlichen Liebe die Aufmerksamkeit derartig vollkommen eingefangen. »Die intensivste Art und Weise, in der wir zu einem anderen Menschen in Beziehung treten, ist der sexuelle Kontakt«.[181] Zeitig soll vorausgeschickt werden, dass hier nur jener Akt von Sexualität Gegenstand der Diskussion ist, der als Resultat reziproker Liebe und gegenseitiger Zuneigung erfolgt. »Nur geteilte Lust und gegenseitige Liebe verleihen der Sexualität ihren höchsten oder, was auf dasselbe hinausläuft, menschlichsten Wert«.[182] Wesentlich für dieses Urteil ist der Umstand, dass die Sexualität sowohl unseren Geist als auch unsere Physiologie berührt. Demnach sind für uns käuflicher Sex und Instrumentalisierung der körperlichen Liebe nicht von Belang, diese würden erstens den Rahmen der Arbeit sprengen und zweitens nichts zur Erhellung unseres Vorhabens beitragen. In einer Liebesbeziehung, in der beiderseitige Konzilianz ihren höchsten Grad erreicht, hat die ge-

---

179 Vgl. Fromm 1981. Für Fromm ist die erotische Liebe vielleicht die trügerischste Form der Liebe. »*Erotische Liebe*«, S. 64f.
180 Vgl. Badiou 201, S. 39f.
181 Vgl. Nozick 1991, S. 66.
182 Vgl. Comte-Sponville 2015, S. 43/44.

genseitige Freude am Sex eine selbstbestätigende Funktion. Hierin lernen sich die Liebenden auf eine gänzlich andere Art kennen, sie nehmen sich körperlich wahr, es ist kein Raum und keine Möglichkeit mehr für die abgefeimte oder unbewusste Unsichtbarkeit vorhanden. Dabei verbinden sich Egoismus und Altruismus, Lust und Wohlwollen, Begehren und Großzügigkeit, sowie Gier und Dankbarkeit.[183] Die Folge davon ist die völlige Verschmelzung[184], die liebenden Personen entblößen sich vollkommen, sie erblicken einander in ihrer intimsten, zerbrechlichsten und nacktesten Erscheinungsform. »Nicht nur den anderen erkennt man tiefer in der körperlichen Liebe. Man erkennt sein eigenes Ich besser, wenn man erfährt, wozu es fähig ist: Leidenschaft, Liebe, Aggression, Verletzlichkeit, Herrschsucht, Verspieltheit, infantile Lust, Freude. Die Tiefe der anschließenden Entspannung ist ein Maß für die Fülle und Stärke der gemeinsamen Erfahrung und ein Teil von ihr«.[185] Auch beim ungezwungenen Experimentieren im Liebesakt erschafft man sich eine eigene gemeinsame Welt, man kommuniziert leiblich miteinander, man drückt Gefühle und Vorlieben aus, die nicht mit sprachlichen Mitteln in ähnlich gelingender Weise kommuniziert werden können. Allerdings sind der innere sowie der äußere Blick auch hier ausdrucksvoll, sie müssen feinfühlig und scharfsinnig genug sein, um die zarten Bedürfnisse der Partnerin/des Partners wahrzunehmen und auf sie einzugehen. Auf diesem Schauplatz ist es wichtig, kreativ zu sein, zu bleiben bzw. zu werden, um sich jeweils auf neue Entdeckungen einzulassen und in neue seelisch-körperliche Regungen zu begeben. Werden diese feinfühligen und scharfsinnigen Dispositionen angeeignet, können in einer Liebesbeziehung über Jahre hinweg tiefliegende und verborgene Neigungen des Partners/der Partnerin entdeckt werden. Der Grund, warum sich manche Paare über Jahrzehnte hinweg immer noch sexuell begehren und interessant finden, verdankt sich jener Kreativität und Feinfühligkeit, die beide Seiten mitbringen. Die Finalisierung des Liebesaktes wird im Orgasmus seinen Niederschlag finden. Aber dieser »ist nicht einfach nur eine erregende Empfindung«.[186] Vielmehr ist der Übergang zum sexuellen Höhepunkt

---

[183] Vgl. Nozick 1991, »*Sexualität«,*« *Das Band der Liebe«*, S. 66f. Comte-Sponville 2015. »*Was ist Sexualität?«*, S. 12f.
[184] »Intimität ist der Begriff für die Verschmelzung des Glücks zweier Liebender, die darin besteht, dass das Glück für beide in genau den gleichen Handlungen liegt. Dies ist nur möglich, wenn die Zeit ausgeschaltet wird, wenn jeder dem folgt, was der Moment ihm eingibt. Jeder Versuch, Wissen und Erinnerung heranzuziehen, lähmt das Erleben« Vgl. Luhmann 2015, S. 176. Luhmann bezieht sich diesbezüglich auf Stendhal.
[185] Vgl. Nozick 1991, S. 68.
[186] Vgl. ebd., S. 71.

Intimbeziehungen und soziale Integrität

eine Art leibliche Kommunikation, die unseren Blick oder unsere Sinne fesselt und uns eine zarte Botschaft übermittelt. Die Körper und ihre Ausdrucksweisen signalisieren und symbolisieren bestimmte Aussagen, zum Beispiel wie vital der/die Partner*in und wie tief die seelisch-körperliche Verbindung ist.[187] Dabei können soziale und psychologische Einflüsse dahinschwinden, beide Seiten können ihrer Natur nachleben, der Mann kann der Frau seine »Macht«, Stärke und körperliche Vitalität, kurz seine Wildheit zeigen, genauso kann die Frau auf ihre Art durch das Fauchen, Zischen, Kratzen und Knurren ihre Wildheit zeigen und antworten.[188] Die Asymmetrie der Geschlechter findet ihren Ausdruck und verliert bei der Verschmelzung gleichzeitig ihre typische Bedeutung. Die Gerechtigkeit findet hier ihren Höhepunkt. Jede der beiden Parteien bekommt das Ihre, was notwendig ist. »Warum sollen wir nicht demjenigen Gutes erweisen, der es uns erweist und dem wir es gerne zurückgeben, der Lust erfährt an unserer Lust und dessen Lust zu der unseren wird?«[189] Fast nirgendwo und in keinem Kontext der sozialen Beziehungen können Gerechtigkeitselemente so evident für sich sprechen und sich so verbildlicht offenbaren; die angesprochene *ausgewogene Gegenseitigkeit* realisiert sich hier in ihrem schärfsten Punkt.

Wie schon anfänglich betont, sind es die Supplemente wie Selbstständigkeit und wechselseitiges Wohlergehen, die gegenwärtig die Semantik der romantischen Liebe prägen. Die völlige und konsequente Aufmerksamkeit und Feinfühligkeit der Liebespartner*innen, der stets präsente Blick, innerlich wie äußerlich, dient dazu, in einer Liebesbeziehung für das gegenseitige Wohlergehen zu sorgen. Mustergültig hierfür ist, jene Aussicht zu fixieren und zu genießen, von der geliebten Person aufmerksam und liebevoll betrachtet zu werden, diese zeitliche Symbiose kann nur durch die romantische Liebe ermöglicht werden.[190] Einander feinfühlig als Person anzunehmen, in der Unverwechselbarkeit anzuerken-

---

187 Vgl. Shusterman 2006. »Der Sexualakt stellt eine kognitive Erfahrung da, die Wissen vom eigenen Körper und Geist und auch von Körper und Geist der Sexualpartner vermittelt«, S. 16.
188 Vgl. Nozick 1991, S. 70f. Wobei hier auch Liebespaare mit unterschiedlichsten sexuellen Orientierungen all diese erwähnten Eigenschaften zur Geltung bringen können; körperliche Vitalität können beide oder verschiedene Geschlechter für sich beanspruchen und ausleben. Darüber hinaus können beim Sexualakt Stärke und Machtdemonstration von allen Beteiligten abwechselnd ausgehen.
189 Vgl. Comte-Sponville 2015, S. 77.
190 Oft wird diese Art von Betrachtung auch zwischen Eltern und Kindern praktiziert.

nen[191] und in ihren Wünschen, Neigungen und ihrem Willen zu bestätigen, hierin liegt die Quelle des positiven Selbstbezugs und die Aneignung eines notwendigen Maßes an Selbstvertrauen, das für die Konstitution des Personseins und der Identität wesentlich ist. Die völlige seelische wie körperliche Verbundenheit mündet darin, sich selbst im Anderen wiederzuerkennen, den Anderen als Spiegelbild seines eigenen Selbst zu betrachten. »Die tiefe Befriedigung der Übereinstimmung mit einem anderen Menschen ist also nicht – oder nicht nur – im Sinne einer Triebbefriedigung zu verstehen, sondern im Sinne von Kooperation und Anerkennung«[192]. Durch diesen Akt der Anerkennung geschehen zwei sehr interessante Dinge, die den Kern der Intersubjektivität ausmachen. Zunächst werden sich die beiden Parteien ihrer selbst und ihrer Neigungen im Verhältnis zum Anderen vergewissern und dann feststellen, dass die Bemühung um die Anerkennung, d. h. um sich absolut zu setzen, sehr temporär ist und sie alsbald mit dem elementaren Paradoxon – für die eigene Unabhängigkeit doch auf die Anerkennung des Anderen angewiesen zu sein – konfrontiert. Dieses Spannungsverhältnis macht immer wieder die Fragilität der Liebe deutlich. In der Folge werden Autonomie und Abhängigkeit immer ein Begleitaspekt der Liebesbeziehung bleiben. Deshalb lebt eine regsame Intimbeziehung von der stetigen Spannung, die sich in der Bewegung der Anerkennung ausdrückt, welche von Subjekt zu Objekt und wieder zurückfließen wird.[193] Sind irgendwann in der Beziehung die Verhältnisse derartig geregelt, dass aus der wechselseitigen Anerkennungsbemühung handfeste Herrschaftsansprüche resultieren, dann kann die Beziehung pathologische Züge annehmen und die Fesseln der Liebe können lediglich durch Zwang und Abhängigkeit bestehen bleiben. Sogar noch dramatischer: Wird die völlige Kontrolle über den Anderen beansprucht, so wird seine Identität und sein Wille zerstört, dann existiert der Andere nicht mehr, um uns anzuerkennen, infolgedessen ist auch kein anderer mehr da, den wir begehren könnten. Letztlich ist damit die eigentliche Erwartung an die romantische Liebe unterminiert, die heute auf der Freiwilligkeit und einer Art Symmetrie (Demokratisierung der persönlichen Beziehungen) beruht. In der Folge wird die normative Erwartung an die romantische Liebe einen Bruch erleiden, womit auch

---

191 Vgl. Baumann 2017, »*Liebe und Geschlecht. Partnerwahl: Warum wir das Lieben verlernen*«, S. 11f. Vgl. Schmidt 2015 argumentiert in einer ähnlichen Wiese. S. 73f.
192 Vgl. Benjamin 2004, S. 39.
193 Vgl. Benjamin 2004, »*Herr und Knecht*«. S. 67f, sowie »*Das Begehren der Frau*«. S. 103f.

die Gerechtigkeit nicht mehr wirkt und zumindest zeitweilig stumm gestellt ist.

Zum Schluss fasse ich meine Gedanken kurz zusammen und beziehe mich bündig auf die Begriffe »Autonomie« und »Wohlergehen«. Wie schon mehrfach betont: Es ist der »*Blick*«[194], der in einer Liebesbeziehung eindeutige Signale der Aufmerksamkeit, Liebe und Fürsorge aussendet, das notwendige Maß an Sensibilität für die geliebte Person ausstrahlt und ihr damit signalisiert, sie sei eine einzigartige Person, die es verdient, stets im Blick[195] der Aufmerksamkeit zu bleiben. Mitunter wird der scharfe und sensible *Blick* jede Art von Unwohlsein und Unbehagen der geliebten Person wahrnehmen und entsprechend darauf reagieren. Hierin liegt die intrinsische Bemühung um das Wohlergehen des Partners/der Partnerin in einer Liebesbeziehung. Damit sollte der Kern der romantischen Beziehung offenbart sein, weil nur in der Liebe oder durch die Liebe die eigene einzigartig partikulare Geltung bewusst wird oder man sich von seiner psychischen Beklemmung löst. Dies verdeutlicht, dass die eigene Geltung und der eigene Selbstwert nur durch Interaktionen zu gewinnen und zu stärken sind und nur die romantische Liebe diese am eindrucksvollsten gewährt. Aber auch die Tatsache, dass es in einer gelungenen Liebesbeziehung keinerlei Hierarchie der Beziehung geben darf, vermittelt ein ungeheures Gefühl von Freiheit und Autonomie, man möchte doch im Glück des Anderen das eigene Glück finden. Darüber hinaus habe ich darauf verwiesen, dass die romantische Beziehung sich durch eine unablässige Spannung zwischen Selbstbehauptung und Anerkennung auszeichnet; aber letztlich die beiden Beteiligten auf die wechselseitige Anerkennung angewiesen sind, die in einer gelungenen Beziehung – wo die obige Spannung ausbalanciert ist – gewährt werden muss, um die beiden Parteien mit einer erheblichen Portion Selbstvertrauen auszustatten. Begründetes Selbstvertrauen, das durch bedeutsame Interaktionen gewonnen wird, gestattet den Individuen daher große Handlungsoptionen und schärft zugleich ihre Sinne für ein gerechtes Miteinander.

---

194 »Jemanden zu lieben *heißt*, ihn mit offenen Augen und wissendem Blick zu sehen« Vgl. Illouz 2011, S. 48. Dieses Zitat kommt unserer Vorstellung von der Bedeutung des Blickes für die romantische Liebe ziemlich nahe.
195 Der Begriff des *Blickes* ist hier in einem weiten Sinne zu verstehen, d. h. es ist damit nicht gesagt, die geliebte Person stets bildlich und visuell zu visieren, vielmehr soll es heißen, dass die beiden Protagonist*innen füreinander einen nicht austauschbaren und fixen Lebenspunkt darstellen. Sie können sich auch im Stillen hören und gleichmütig miteinander kommunizieren.

II.

Die Verfassung der Sozialform der romantischen Liebe hat in den letzten Jahrhunderten diverse Wandlungsprozesse durchlaufen. Ihre heutige Grammatik gründet auf Dispositionen wie Aufmerksamkeit und Demokratie, d. h. Toleranz und große Offenheit der Beteiligten. Heute sind wohl die wechselseitige Zuneigung und das sexuelle Begehren die einzig entscheidenden Gründe, um autonom mit einer selbstgewählten Person ein Band der Liebe einzugehen. Die Tendenz dieser Entwicklung setzte in Europa erst in der zweiten Hälfte des 18. Jahrhunderts ein. Davor waren religiöse und soziokulturelle Gegebenheiten sowie die ehemals vorherrschende Vorstellung vom Besitz und Eigentum des Mannes für das Bild der Liebe maßgebend, diese haben den Geist der Intimbeziehungen derart geformt, dass darin die Möglichkeit der Gleichheit der Verhältnisse nicht ohne Weiteres zur Entfaltung kam. Es dauerte bis weit in das 18. Jahrhundert hinein, bis in England »mit durchaus rationalistischen und psychologisch sensiblen Analysen [...] in einer ersten Reformbewegung die prinzipielle Gleichheit der Gatten und die Gründung der Ehe auf Liebe, Vernunft und wechselseitige Achtung herausgearbeitet«[196] wurden. Diese Entwicklung hat wohl deshalb in England ihren Anfang genommen, weil sich dort im Zusammenhang mit der sich durchdringenden Geldwirtschaft zwei bedeutende Aspekte, welche die Semantik der Liebe prägten, verflüssigten. Zunächst war die zunehmend funktionale Differenzierung der sozialen Bereiche von Bedeutung. Die klassische Vorstellung, wonach der Mann sein Eigentum, Haus, seinen Besitz und seine Frau und Kinder liebte, d. h. die persönlichen Bindungen mit Besitzvorstellungen verknüpfte, verlor an Plausibilität. Zweitens wurde im Zuge dieser Entwicklung zum ernsthaften Thema, dass die Ehe nicht ausschließlich dazu bestimmt war, für die physische Reproduktion der Menschheit zu sorgen. Nicht von ungefähr wird diese soeben nachskizzierte Entwicklung von der vormodernen zur modernen Form der Partnerwahl als ein Übergang zum affektiven Individualismus beschrieben. Gleichzeitig färbten auch Aspekte der modernen Ökonomie auf die romantische Liebe und sexuelle Beziehungen ab.[197] »Eine der wichtigsten Transformationen der sexuellen Beziehungen in der Moderne besteht in der engen Verflechtung des Begehrens mit der Ökonomie und der Frage des Werts, einschließlich des Selbstwerts einer Person«.[198] Gewiss hat es

---

196 Vgl. Luhmann 2015, S. 164.
197 Vgl. Luhmann 2015, »*Romantische Liebe*«, S. 163f.
198 Vgl. Illouz 2011, S. 113.

auch in der Antike und im Mittelalter leidenschaftliche Beziehungen und Verhältnisse in Form von sexuellen Affären und homosexuellen Bindungen gegeben, aber keine dieser verzückten Liebschaften schaffte es, sich als ein institutionelles Muster durchzusetzen. »Es musste sich bei ihnen vielmehr um strikt regulierte Ausnahmen oder Abweichungen von den offiziellen Regeln handeln, welche für den sexuellen Verkehr vorsahen, dass er sich nur in gesellschaftlich legitimierten, eheförmigen Zweierbeziehungen abzuspielen hatte, die zudem strikt in Standesgrenzen eingebunden waren und auf ökonomischen Erwägungen der Familienvorstände beruhten«.[199] Diese mittelalterliche Auffassung bzw. dieses Bild von der Liebe hatte sogar bis spät in das 17. Jahrhundert eine mächtige Wirkung, da bis dato die Eltern bei der Verheiratung ihrer Söhne und Töchter stark kalkulatorisch, d. h. auf langfristige Vorteile der eigenen Verwandtschaftsgruppe bedacht, vorgingen.[200] Die damals vorherrschende Idee hinter diesem konventionellen Vorgang lautete, dass sich die positiv notwendigen Gefühlseinstellungen, die für eine harmonisch funktionierende Ehe unerlässlich seien, erst durch den legitimierten Geschlechtsverkehr zwangsläufig einsetzen würden.

Erst gegen Ende des 18. Jahrhunderts wird die Architektonik der Intimbeziehung durch den affektiven Individualismus mit der individuellen Freiheit assoziiert. Hegel ist einer unter vielen Philosophen, der in seiner »Rechtsphilosophie« die Basis der Ehe in gegenseitiger Zuneigung und Entfaltung erblickte.[201] Es kann allerdings auch gegen Ende des 18. Jahrhunderts noch nicht von der freien Liebe und sexuellen Entfaltung der beiden Geschlechter gesprochen werden. Während die Männer im Lichte des öffentlichen Gesellschaftslebens und durch ihre Aufgabe, für das Einkommen der Familie zu sorgen, stärker in den Genuss der Freiheit kamen, waren die Frauen durch ihre Rollenzuschreibung mit den Obliegenheiten des Haushaltes und der Kinderbetreuung beschäftigt und konnten, ihrer sozialen Lage bedingt, ihre Bedürfnisse nicht ungezwungen und frei artikulieren.[202] Ergänzend dazu kam es im Laufe des 19. Jahrhunderts so weit, dass sich die Institution der halboffiziellen Konkubine herausbildete, die den wohlhabenden Männern aus höheren

---

199 Vgl. Honneth 2013, S. 253.
200 Vgl. Illouz 2011, S. 319. »Er oder sie wog die Kriterien Höhe der Mitgift, persönlicher oder familiärer Vermögensstand und Leumund, Bildung und Familienpolitik ab«.
201 Vgl. Hegel 1986a, § 161-169.
202 Vgl. Schmid 2010, »*Aus sich herausgehen, dem Leben Sinn geben: Ekstatisches Menschsein in Beziehungen*«. S. 84f verweist auf die Zwänge und klassische Rollenverteilung der Geschlechter.

Gesellschaftsschichten erlaubte, auch außerhalb der Ehe ihrer sexuellen Befriedigung nachzugehen. Dieser Umstand war mehr oder weniger der Gesellschaft geduldet; allerdings zum Leittragen vieler alleinstehender Frauen aus vermögensarmen Familien, die den gut begüterten Männern, mit der Hoffnung auf Zusatzeinkommen und soziales Ansehen, ihre sexuellen Dienste anboten.[203] Allerdings änderte sich die Semantik der Liebe durch die romantische Bewegung dahingehend, dass die Empfindsamkeit reflexiv gedacht und kommuniziert wurde. Die Steigerung der eigenen Empfindsamkeit führte dazu, reflektierter darüber nachzudenken, wie man wirklich und im Innersten für den anderen da sein soll. Insofern mündete die Reflexivität der Empfindsamkeit darin, ein entsprechendes Gefühl zu bejahen oder zu erwidern. Begründete Liebe auf Eigenschaften wie Reichtum, Schönheit, Jugend und Tugend wurde fragil, da man nicht mehr daran festhalten wollte, sich lediglich durch Sehen, Hören und Sagen zu verlieben; es sollte auf die Individualität und Authentizität der Beteiligten ankommen. »Dennoch kommt es in der Romantik noch nicht zu der an sich denkbaren *Demokratisierung* der Liebe im Sinne einer für alle gleichermaßen bereitgehaltenen Möglichkeit«.[204] Die Asymmetrie der Geschlechter hatte immer noch Bestand, wie Luhmann es pointiert rekonstruiert, der Mann liebte das Lieben und die Frau liebte den Mann, dadurch liebten zwar die Frauen tiefer und ursprünglicher, aber zugleich auch gebundener und weniger reflektiert. Die Sexualität gestaltete sich schrittweise freier und was früher als frivole Liebschaft verunglimpft wurde, war in der Intimbeziehung nicht mehr unwesentlich. Die Ehe, die nicht durch die Gleichstellung der Teilnehmenden glänzte, verkörperte die Liebe an sich.[205] Für Fichte war es evident: Ehe ist Liebe und Liebe ist Ehe, so sah er zumindest in seinem Naturrecht das Verhältnis von Liebe und Heirat.[206]

Was die Intimbeziehung anbelangt, markiert das 19. Jahrhundert wiederum eine interessante Übergangsperiode. Die normative Vorstellung von der Ehe, in der sich die Freiheit und Gleichheit der Geschlechter manifestierte, hatte sicherlich Einfluss auf die Gesellschaft. Aber die traditionellen Rollenbilder agierten immer noch im Hintergrund und erschwerten die ersten ernstzunehmenden Emanzipationsversuche der Frauen. Viele große, sozialpsychologisch interessante und wirkungsmächtige Romane der literarischen Epoche »Realismus« illustrieren expressiv die

---

203 Vgl. Honneth 2013, »*Intimbeziehungen*«, S. 252f.
204 Vgl. Luhmann 2015, S. 175.
205 Vgl. ebd., S. 163f.
206 Vgl. Fichte 1979, »*Grundreiß des Familienrechts*«, S. 298f.

ersten Unabhängigkeitsbemühungen der Frauen.[207] Derartige Versuche waren es, die die bereits institutionalisierte »romantische Liebe« auch für Frauen und sexuelle Minderheiten zu Geltung brachten und im »Laufe des 20. Jahrhunderts zu einer schrittweisen Demokratisierung der Institution der rein gefühlsbestimmten, gesetzlich uneingeschränkten Intimbeziehung geführt haben«.[208] Die allmähliche Macht der Werbung und des Konsumismus mit romantischen Konnotationen sowie die Entstehung des Rendezvous führten zu einer zunehmenden Emanzipation der Sexualität.[209] Ab den 1920er-Jahren waren es das Auto, das Kino, die Freizeitaktivität, die Restaurantbesuche, die Tanzlokale, die Motels und der Tourismus, die den jungen Menschen erlaubten, sich Nischen und anonyme Orte für die Romantik und Zweisamkeit zu suchen und den argwöhnischen Augen der Eltern zu entkommen. »Der Besuch solcher Unterhaltungsorte wie Kinos, Tanzpaläste und Vergnügungsparks befriedigte das Bedürfnis und das Verlangen nach Privatheit und Intimität«.[210] Dennoch war die Aufrechterhaltung einer Liebesbeziehung nicht selten eine kostspielige Angelegenheit, die nicht für jeden zu leisten war. Unter den Männern aus der Arbeiterklasse war die Angst groß, sich den Preis eines Rendezvous nicht leisten zu können, gleichzeitig war es in bestimmten Teilen der Arbeiterklasse nicht unüblich, wenn Frauen die Einladung von Männern zu bestimmten Vergnügungen (Theaterkarten, Drinks, Vergnügungspark usw.) mit kleinen sexuellen Gefälligkeiten belohnten.[211] Schon da waren die Tendenzen jener Kritikpunkte sichtbar, die heute vielfach mit der Kommerzialisierung der Intimbeziehungen betitelt werden.[212]

---

207 Siehe etwa »*Effi Briest*« von Theodor Fontane, »*Madame Bovary*« von Flaubert, »*Anna Karenina*« von Leo Tolstoi, »*Erste Liebe*« und »*Frühlingsfluten*« von Ivan Turgenjev und »*Die Dame mit dem Hündchen*« von Anton Čechov. Laut Luhmann wird der literarischer Roman im 19. Jahrhundert zu jenem Medium, in dem die Liebe reflektiert wird. Vgl. Luhmann 2015 erwähnt die Funktion des literarischen Romans für die Liebe. »*Passion: Rhetorik des Exzesses und Erfahrung der Instabilität*«, S. 71f.
208 Vgl. Honneth 2013, S. 257.
209 Vgl. Illouz 2014, S. 87f.
210 Vgl. ebd., S. 88.
211 Vgl. Illouz 2014, »*Allein in der Öffentlichkeit*«, S. 78f.
212 Die Soziologin Eva Illouz geht in ihrem Buch: »*Der Konsum der Romantik 2014*« der Frage nach, was aus dem Ideal der romantischen Liebe, wonach grundsätzlich marktkapitalistische Elemente keinen Zugang zu ihr hatten, geworden ist. Mithilfe von empirischen Materialien kann sie belegen, dass seit den 1930er-Jahren Konsumation und Romantik zusammen gedacht und gelebt werden. Mittlerweile gehen die Romantisierung der Waren und die Versachlichung der Liebe Hand in Hand. Trotzdem hat der Versuch weiterhin bestand, sich als Paare in jene Schwellenzustände zu versetzen, die sich von der Ökonomisierung des Alltags abheben. Letzten Endes kann an der These

PERSÖNLICHE BEZIEHUNGEN UND SOZIALE INTEGRITÄT

Nachdem sich die Semantik der Liebe dahingehend gewandelt hatte, dass sich Rendezvous und andere gangbare Rituale der Liebe in der Öffentlichkeit der ersten drei Jahrzehnte des 20. Jahrhunderts etabliert hatten, verzögerten die beiden Weltkriege erst einmal diesen Befreiungsprozess, was jedoch Frauen und homosexuelle Paare nicht davon abhielt, außereheliche Affären einzugehen und diverse Lebensgemeinschaften zu bilden.[213] Nach dem Zweiten Weltkrieg und dem wirtschaftlichen Aufschwung der 1960er-Jahre im Westen sowie einer Serie von sozialen Kämpfen und Konflikten gelangte der Individualisierungsprozess zu seinem Gipfel. Infolgedessen wurde der soziale Spielraum für die Artikulation der persönlichen Bedürfnisse um einiges ausgeweitet. Eine Reihe von rechtlichen und sittlichen Reformen dokumentierte die besagte Demokratisierung[214], die Profiteure dieser Entwicklung waren abermals die Frauen und sexuelle Minderheiten. Nun hat seit den 1960er-Jahren die romantische Beziehung stark individualistische Züge angenommen, lediglich die Wechselseitigkeit ist für ihr Gelingen ausschlaggebend. Dies kommt auch in der Sexualität zur Geltung, so hat zum Beispiel der Begriff »Perversion« in den letzten Jahrzehnten massiv an Bedeutung verloren. Solange die beteiligten Personen auf freiwilliger und autonomer Basis zueinanderfinden und ihre sexuellen Neigungen reziprok billigen, sind etliche Praktiken akzeptabel.[215] Gleichwohl wird diese Offenheit oft mit dem negativen Beiklang der Permissivität akzentuiert. Schließlich kann man konstatieren, dass der Urgrund oder gar der Geist der romantischen Liebe, nämlich freiwillige, auf wechselseitiger Zuneigung basierende persönliche Bindungen einzugehen, in den modernen Gesellschaften

---

    festgehalten werden, dass die postmodernen Subjekte in einer dauerhaften Spannung zwischen zwei miteinander unvereinbaren Beziehungshaltungen leben; auf der einen Seite ist der Drang nach dem sexuellen Ausleben ihrer Neigungen und auf der anderen Seite der Wunsch und die therapeutische Arbeit an der Dauerhaftigkeit und Verfestigung ihrer Beziehung, die dem romantischen Ideal entsprechen soll.
213 Vgl. Illouz 2014, S. 80f.
214 Später werden diese Veränderungen unter den Namen der *sexuellen Revolution* subsumiert. Entscheidende Punkte dabei waren: die Legalisierung der Empfängnisverhütung, das Verbot der Homosexualität wird in den meisten westlichen Ländern aufgehoben, die rechtliche Gleichstellung der Frauen wird bewirkt, die Ehescheidung wird rechtlich flexibilisiert und auch die Kindererziehung wird fern von einer autoritativen Art angegangen. Vgl. Sievers 2008: Aufsätze die von sozialen Bewegungen, Empörung und Protesten handeln; von Rudi Dutschke angefangen bis hin zu Herbert Marcuse und Jürgen Habermas, alle liefern interessante Ansichten und Perspektiven zur 1968er-Bewegung.
215 Vgl. Honneth 2013, »*Intimbeziehungen*«, S. 252f.

Intimbeziehungen und soziale Integrität

bis zu beachtlichen Teilen realisiert wurde. Heute haben konventionelle Normen nicht mehr die Kraft früherer Tage, um persönliche Bindungen aufrechtzuerhalten. Die Flexibilität der modernen Lebensweise hat auch die Sphäre der persönlichen Beziehungen und vor allem der Liebesbeziehungen durchdrungen.[216] Die Wahl- und Handlungsmöglichkeiten der Individuen sind erstaunlich vielfältig und diese Demokratisierung der intimen Verhältnisse erfordert zunächst einmal eine Phase der Anpassung und Neuorientierung, die manchen permissiv erscheinen könnte.

Die Kritik bezüglich der Kommerzialisierung der »Liebe« ist schon relativ alt. Vielleicht ist Friedrich Engels der erste Denker, der die Elemente der kapitalistischen Wirtschaftsweise und deren Einflüsse auf die Intimbeziehungen radikal erörterte. In seiner berühmt gewordenen Studie »*Der Ursprung der Familie, des Privateigentums und des Staates*« *von 1884*[217] kritisiert Engels vehement, dass die Institution der Familie von der griechischen Antike bis zum bürgerlichen Zeitalter starke Beifügungen der Abhängigkeit der Frau manifestiere. Er befasst sich mit dem Urgrund der Liebe und war der Auffassung, dass die »Liebesehe« schlicht eine heuchlerische Illusion figuriere und kaum auf Gefühle als vielmehr auf Klassenzugehörigkeit basiere. Diese Kritik wird zu Ende gedacht und im »*Kommunistischen Manifest*«[218] mit Karl Max noch einmal konsequenter ausgearbeitet. Beide Autoren waren der Auffassung, dass lediglich in einer kommunistischen Gesellschaft, in der kein Privateigentum und daraus folgendes Gewinnstreben eine Rolle spielen, die Familie und die Liebe frei von Herrschaftsverhältnissen und Interessenbeziehungen zu ihrem eigentlichen Sinn und ihrer Bestimmung gelangen können. Die Schiene dieser philosophischen Richtung hält an der Kommerzialisierungskritik fest, es waren späterhin Denker der Frankfurter Schule, wie Herbert Marcuse[219] oder Erich Fromm[220], welche die Marxsche Kritik mit der Freudschen Lehre verbanden und die besagte Kritik in leicht modifizierter Weise erneuerten. Marcuse plädierte dafür, dass das erotische Verlangen von den psychischen Anforderungen des kapitalistischen Produktionssystems abgekoppelt werden müsse. Fromm ergänzte Marcuse, indem er monierte, dass die moderne Liebe mit den gleichen Begriffen der kapitalistischen Ökonomie erfasst und kommuniziert werde. Für Fromm war das moderne Ehepaar mit einem fortschritt-

---

216 Vgl. Hochschild 2002, »*Vorwort zur deutschen Ausgabe von Arlie Russell Hochschild*«, S. 1XIXf.
217 Vgl. Engels 2016, »*II: Die Familie*«, S. 22f.
218 Vgl. Marx/Engels 1989, S. 38f.
219 Vgl. Marcuse 1973, »*Triebstruktur und Gesellschaft*«.
220 Vgl. Fromm 1981, S. 142f.

lichen Arbeitsteam zu vergleichen. Beide Autoren waren sich darin einig, dass die Liebe in der Gesellschaft einen Ehrenplatz verdient hätte, aber die moderne Ökonomie die Herzlichkeit deformiert hätte. Weiterhin halten einige postmoderne Soziolog*innen an diesem Kritikpunkt fest und beklagen die Kommerzialisierung und Verdinglichung der persönlichen Beziehungen und vor allem die der romantischen Liebe.[221] Baumann macht die Ursache der Fragilität und der von kurzer Dauer geprägten heutigen Liebesbeziehungen daran fest, dass das Konsumverhalten bis in die Sphäre der Intimität durchgedrungen ist und man relativ schnell seine Partner*innen austauschen will und kann.[222] Mit anderen Worten, Beziehungen, die einem nicht mehr ausreichend Vergnügung bereiten, oder Beziehungen, die Mühe und Selbstverzicht erfordern, werden als freiheitseinschränkend aufgefasst und kurzerhand beendet. Ohne Frage ist es erstrebenswert, dass die Gesellschaft hier ein feinfühliges Sensorium dafür entwickelt, die Privatsphäre dahingehend zu schützen, dass diverse immaterielle menschliche Werte gedeihen können. Einstellungen wie Fürsorge und Liebe, Solidarität und affektive Anerkennung sind Dispositionen, die uns Menschen ein ungeheures Maß an Selbstliebe, Vitalität und auch Empathie für andere verschaffen. Ein geglücktes Leben kann und wird nicht ohne gesunde Emotionalität und psychische Integrität, die überwiegend in den partikularen Beziehungen erreicht werden kann, vonstattengehen. Negativ gewendet, die Deformierung der Psyche und ihre Instabilität sind Gift für ein autonom geführtes Leben. Die normative Vorstellung von einer gerechten und annehmbaren Gesellschaft kann ohne die feste Überzeugung der Autonomie der Subjekte nicht weiterhin ihre treibende Kraft entfalten. Aber wie schon mehrfach betont, ist die Autonomie auf ein elementares Selbstbewusstsein und die persönliche Erkundung der eigenen Präferenzen für das Leben angewiesen, die nur in unmittelbaren intimen Beziehungen gewonnen werden.

Der Frankfurter Sozialphilosoph Axel Honneth schaut etwas optimistischer auf den normativen Wandel der Liebessemantik und begrüßt die schrittweise Demokratisierung der Liebessphäre dahingehend, dass gesellschaftliche Zwänge und konventionelle Normen nicht mehr die normative Folie für Intimbeziehungen bilden.[223] Dank dieses Wandels können heute auch Frauen und Homosexuelle wie selbstverständlich ihre eigenen Liebesvorstellungen artikulieren und für ihre Wünsche und

---

221 Vgl. Baumann 2017, Illouz 2014.
222 Vgl. Baumann 2017, »*Liebe und Geschlecht. Partnerwahl: Warum wir das Lieben verlernen*«, S. 11f.
223 Vgl. Honneth 2000, »*Zwischen Gerechtigkeit und affektiver Bindung. Die Familie im Brennpunkt moralischer Kontroversen*«

Ziele in die Offensive gehen. Die Gesellschaft kann mit bemerkenswerter Toleranz damit umgehen, dass sich neben heterosexuellen Paarbeziehungen auch homosexuelle Lebensgemeinschaften als eine neue legitime Sozialform etabliert haben.[224] Demgemäß werden gegenwärtig persönliche Bindungen ausschließlich auf der Basis wechselseitiger Zuneigung eingegangen und es ist den Individuen selbst überlassen, sich in diesem sozialen Feld neu zu orientieren und in völliger Freiheit neue Praktiken für eine gelungene Liebesbeziehung zu erproben.

Nun im nächsten Schritt meiner Analyse der persönlichen Beziehungen beschäftige ich mich mit der Institution der Familie und visiere dabei wichtige Urgründe einer *ausgewogenen Gegenseitigkeit* an; zuletzt stellt die Familie eine entscheidende Verbindungsbrücke zur Öffentlichkeit dar und trägt analog einiges zur Ausbildung prinzipieller Gerechtigkeitsnormen bei.

c. Familie und soziale Integrität

In den bisherigen Ausführungen wurde der Begriff der Gerechtigkeit vorsätzlich nicht exklusiv und selbstständig eingesetzt. Bei den beiden Formen der persönlichen Beziehungen, d. h. die der *Freundschaft* und die der *romantischen Liebe*, wurde für ihr jeweiliges Gelingen auf Idealvorstellungen und normative Prinzipien verwiesen, die eine substanzielle Auffassung der Gerechtigkeit, diese im Sinne der *ausgewogenen Gegenseitigkeit*, in sich bergen. Indes verkörpert die Familie in ihrem klassischen Sinne viel offensichtlicher als die beiden bisherigen Beziehungsformen eine soziale Institution. Aus diesem Grunde wird sie trotz ihres offensichtlichen Strukturwandels in den letzten 50–70 Jahren weiterhin als ein zentraler und wichtiger Baustein, gar als der Kern oder als das kleinste Element der modernen Gesellschaft betrachtet.[225] Folgerichtig wird die Familie in großen moralischen Kontroversen näher in die Sphäre der zivilen Gesellschaft gerückt und für weitere Verrechtlichung geöffnet; damit wird sie aber auch in ihrer Konstitution immer mehr nach der Vorstellung der politischen Gerechtigkeit beurteilt.[226] Der soeben angedeutete Strukturwandel, die allmähliche Auflösung der klassischen Auffassung des normativen Zusammenhanges zwischen Liebe und Familie[227]

---

224 Vgl. Juul 2016, S. 7f. Vgl. Rosa 2017, S. 344.
225 Vgl. Brock 2014, »*Aushandlungsprozesse innerhalb von Partnerschaft und Familie*«, S. 419f. Vgl. Ott 2011 »*Familie in der modernen Gesellschaft*«, S. 44f.
226 Vgl. Karrer 2015, »*U.a. Familie als soziales Feld*«, S. 24f.
227 (Liebe ▶ Heirat/Ehe, Ehe ▶ Zusammenleben, Zusammenleben ▶ Kinderzeugung). Dieses Schema ist nicht mehr zwingend selbstverständlich.

und die hohe Scheidungsrate[228], die emotionale Fragilität und psychische Instabilität nach sich ziehen, führen dazu, dass die Mitglieder der Familie mit diversen subjektiven Rechten ausgestattet werden müssen. Aber genau an diesem Punkt verliert die Familie im Vergleich zu den beiden vorher erläuterten persönlichen Beziehungen bis zu einem gewissen Grad an Privatheit. Deshalb werden ab nun der Begriff der Gerechtigkeit bzw. ähnlich konnotierte Begriffe verstärkt zum Vorschein kommen. Anbindend an das vorherige Kapitel muss vorangestellt werden, dass trotz der angerissenen Kritikpunkte, die im Zusammenhang mit dem Strukturwandel der Familie geäußert wurden, heute weder soziale, kulturelle, religiöse noch ökonomische Zwänge für die Gründung einer Familie von einschneidender Bedeutung sind.[229] Die zunehmende Autonomie der Subjekte und die gesellschaftliche Toleranz gegenüber der pluralen Lebensformen haben dazu geführt, dass gegenwärtig »die moralische Identität moderner Familien von Formen der wechselseitigen Fürsorge und Liebe abhängig ist«.[230] Wie im vorherigen Kapitel deutlich illustriert, wird seit ca. 200 Jahren die romantische Liebe als das Ideal moderner Liebesbeziehungen aufgefasst. Es sind ausschließlich die authentischen Gefühle und Emotionen, die als Triebfeder der romantischen Liebe und Ehebeziehungen fungieren.[231] Die Tragweite dieser Vorstellung wird von Robert A. Johnson wie folgt dargestellt: »Die romantische Liebe ist das größte Energiesystem in der westlichen Psyche [...] Sie hat in unserer Kultur die Religion als das Forum ersetzt, auf dem Mann und Frau Sinn, Transzendenz, Ganzheit und Ekstase suchen«.[232] Diese Vorstellung der romantischen Liebe wurde im vorausgehenden Kapitel partiell, d. h. lediglich in Bezug auf zwei Sich-Liebende, ausgiebig diskutiert, aber ihrem normativen Reservoir nach fungiert sie auch gleichzeitig als der Hauptgrund der modernen Eheschließung und Familiengründung; nun gilt es, hier detaillierter diese Potenzialität unter die Lupe zu nehmen.

Indessen fallen im Kontext der moralischen Behandlung der Familie alsbald zwei prägende, aber einander kontradiktorische Argumentationslinien ins Auge, die ihren Ursprung in den philosophischen Gedanken von Immanuel Kant und Georg Wilhelm Friedrich Hegel haben

---

[228] Vgl. Rosa 2013, S. 25. Rosa bezieht sich auf (Laslett, Peter: »*Social Structural Time*« *1988:33).*
[229] Vgl. Mary 2001, »*Beziehung heute*«, S. 46f.
[230] Vgl. Honneth 2000, »*Zwischen Gerechtigkeit und affektiver Bindung. Die Familie am Brennpunkt moralischer Kontroversen*«.
[231] Vgl. Mary 2001. Wobei Mary das Ideal der romantischen Liebe als illusionär bezeichnet, weil es – so Mary – viel verspricht, aber all seine Facetten der Liebe nicht zu verwirklichen sind.
[232] Vgl. Johnsen, Robert A. 1988, S. 11.

und bis heute die öffentlichen Diskussionen über die Familie beeinflussen.[233] Während Kant die Ehe als eine Vertragsbeziehung zwischen zwei autonomen Subjekten interpretierte, fasste Hegel das Band der Ehe als eine Gefühlsgemeinschaft auf[234], die dank der wechselseitigen Liebe der Beteiligten eingegangen werden soll. Da Kants Ideen im Zusammenhang mit seiner Autonomielehre zu verstehen sind, muss betont werden, dass es ihm vordergründig darum geht, den Umstand zu meiden, dass sich in der sexuellen Beziehung die Subjekte einander als Objekte ihrer Begierde auffassen. Für den Königsberger Philosophen war diese Konstellation mit den »Rechten der Menschheit« nicht kompatibel, schließlich sollen die Subjekte einander niemals als bloßes Mittel für irgendwelche Zwecke verwenden.[235] Der Ehevertrag ist für Kant eine Art Bürgschaft, welche die beiden Vertragspartner*innen dazu veranlasst, erstens einander als autonome Subjekte zu begegnen, und zweitens soll gerade diese Begegnung implizieren, den Inhalt des Vertrages mit reziproken Rechten und Pflichten zu konzipieren, damit im Endeffekt der Respekt vor der wechselseitigen moralischen Autonomie gewahrt bleibt.[236] Allein die Zusicherung der gegenseitigen Rechte erlaubt, einander wechselseitig als Eigentum zu begreifen.[237] Das klingt hier zwar paradox, aber wie schon erwähnt, die Kerngedanken von Kant kreisen um seine Autonomieidee und diese haben weitreichende Geltungen. Würden wir seine Ideen in die heutige Semantik der Liebe übersetzen, so könnten wir sagen, indem zwei selbstständige Personen einander als Vertragspartner*innen anerkennen, wissen beide sehr genau, worauf sie sich einlassen, nämlich darauf, auch in bestimmten Momenten des Liebeslebens als Objekt der Begierde wahrgenommen zu werden. Allerdings hat die Vorstellung des Vertrags, der sicherlich einen religiös christlichen Ursprung hat, zwei bedeutende Konsequenzen. Erstens wird damit ausgesagt, dass in der Ehebeziehung bei der Verletzung der persönlichen Rechte eine äußere Instanz (rechtliche Instanz) herangezogen werden kann, jedoch ist damit die interessante Frage verbunden, inwiefern, wann und bei welchen persönlichen Rechtsverletzungen die Sphäre der Privatheit für die Verrechtlichung geöffnet werden muss. Dieser Aspekt des Ehevertrags hat gewiss direkt oder indirekt großen Einfluss auf das Bild der heutigen Familie, der spä-

---

233 Vgl. Honneth 2000, »Zwischen Gerechtigkeit und affektiver Bindung. Die Familie im Brennpunkt moralischer Kontroversen«, S. 193f.
234 Vgl. Hegel 1986a, S. 307f.
235 Vgl. Kant 1956, Band IV, »Metaphysik der Sitten, Rechtslehre«, S. 389f, § 24–27.
236 Vgl. ebd., S. 389f, § 24–27.
237 Vgl. Honneth 2000, »Zwischen Gerechtigkeit und affektiver Bindung. Die Familie im Brennpunkt moralischer Kontroversen«, S. 193f.

ter bei der *Gleichstellungsidee* der Ehepartner*innen und der Ermöglichung eines *geschützten Raumes* für die Kinder bis zu einem gewissen Alter eingehender erläutert wird. Aber auch die zweite Implikation des Ehevertrags scheint interessant zu sein, denn nur wenn zwei autonome Subjekte einander als solche anerkennen und diesen Vertrag eingehen, ist für sie der Weg geebnet, sich gegenseitig als Objekte ihrer sexuellen Begierde betrachten zu dürfen. Diese Gedanken weisen auf die sexuelle Treue in der Ehe hin[238], die von den monotheistischen Religionen, allen voran vom Christentum herstammt und auch Kant beeinflusste. Es ist diese normative Vorstellung von der Ehe, die bis heute enorme Wirkung hat, denn auch gegenwärtig spielen seelische und sexuelle Treue in einer Ehebeziehung eine nicht unerhebliche Rolle.[239] Anders gedeutet, Kant geht es mit dem Vertrag um Zuverlässigkeit in der Beziehung, da scheinbar Gefühle und Emotionen diese niemals so recht garantieren können. Gemäß der Autonomievorstellung von Kant sollte jedes (heiratsreife) Individuum prüfen, wissen und Verzicht üben können oder die eigenen Neigungen kennen, um überhaupt die Möglichkeit einer Eheschließung in Erwägung zu ziehen.[240] Es mag heute wie selbstverständlich klingen, aber der springende Punkt des Vertrags, der darin liegt, die Ehe als lediglich menschlich irdische Angelegenheit zu sehen, veranschaulicht, was für eine anspruchsvolle Autonomievorstellung Kant zu seiner Zeit lieferte. Er begriff die Ehe nicht mehr als einen von Gott gestifteten Bund, vielmehr sind es einzig die Subjekte, die auf der Basis ihrer Selbstständigkeit ihren Willen in eine Übereinkunft einfließen lassen und festhalten wollen sollen.

Gleichwohl spielt für die Konstitution der modernen Familie keine entscheidende Rolle mehr, ob eine Ehe in ihrem herkömmlichen Sinne eingegangen wird oder nicht. Die heutigen Familien weisen verschiedene Facetten auf, ob mit oder ohne Ehevertrag, wichtig ist, dass die emotionale Fürsorge und psychische Integrität der Mitglieder gewährleistet wird, d. h. es ist wichtig, dass das Familienleben harmonisch und kooperativ verläuft und dass ihre Mitglieder sich darin entfalten und die primären Bezugspersonen dem Kind eine gelungene Kindheit gestatten. Somit ge-

---

238 Vgl. Kant 1956. Das Eherecht § 26.
239 Vgl. Jellouschek 2016, S. 150 ff.
240 Gegen diese allzu starke Forderung und Erwartung an die Ehe hat man im Zuge der individuellen Autonomiegewinnung und beim Verblassen der religiösen und moralischen Normen sowie der Tatsache, dass Beziehungen lediglich auf die wechselseitige emotional positive Empfindungen basieren können, die Idee der seriellen Monogamie (Mary 2001, »*Serielle Partnerschaft*«, S. 215) entwickelt, d. h. Heirat und Treue auf Zeit.

Familie und soziale Integrität

lange ich zu dem Einwand, den Hegel gegenüber Kant vorbringt und als eigenes Gefühlsmodell dem Kant'schen Rechtsmodell gegenüberstellt.

In Hegels Überlegungen zur Familie spielt die Terminologie der Anerkennung eine zentrale Rolle. Dabei nimmt er viel gründlicher Bezug auf die Emotionalität und die natürliche Bedürfnisnatur der Subjekte, die auf Bestätigung angewiesen sind und lediglich durch intersubjektive Zuwendung und Fürsorge zu ihrer Anerkennung gelangen können. Insofern ist die Quelle aller moralischen Einstellungen in der Familie lediglich Liebe und Zuwendung, in der rationale Rechtsansprüche und Pflichterwartungen nicht Oberhand gewinnen dürfen sollen.[241] Schließlich ist es die Aufgabe der Familie, individuelle Wünsche und Bedürfnisse der einzelnen Mitglieder wahrzunehmen und sie teils nach ihrer Artikulation und teils schon vorher zu befriedigen. Diese Postulate zielen auf das Einfühlungsvermögen und dessen inhärente Eingebung der innerfamilialen Gerechtigkeit, welche die normative Empfindung der ausgewogenen Gegenseitigkeit erfasst. Daher, sobald die innerfamiliale Beziehung durch den Austausch von Rechten und Pflichten geordnet wird, ist nach Hegel die moralische Substanz des familialen Lebens zerstört.[242] In Bezug auf die Gerechtigkeit ist das Modell von Hegel insofern musterhaft, als er die Sphäre der Familie und die des Privaten anders als den öffentlichen Bereich bewertet und dabei viel Wert auf eine Kooperationsart legt, in der die individuellen Bedürfnisse, die nicht allein materiell sein können, als Maßstab heranzieht. Gelungene Beziehungen können und dürfen sich nicht vordergründig in Forderungen der Verteilung von Gütern und Rechten erschöpfen. Vielmehr spielen Faktoren wie individuelle Anerkennung, Gefälligkeit und Zuwendung, kurz die Vorstellung der ausgewogenen Gegenseitigkeit eine zentrale Rolle. Demnach dreht sich die zentrale Frage darum, wie ich als Vater, Mutter und Kind die anderen, die einzelnen Familienmitglieder, unterschiedlich gleich behandele; mit anderen Worten, wie kann ich den einzelnen Mitgliedern gemäß ihrer Natur oder ihrer Persönlichkeit, als Eltern, Kind, Ehefrau oder Ehemann gerecht werden? Es sind derartige Gerechtigkeitsansprüche, die in hohem Maße Sensibilität, Einfühlsamkeit und zum Teil Selbstlosigkeit erfordern und überwiegend im familialen Leben oder persönlichen Beziehungen anzutreffen sind.[243]

Die heutige Lage der Familie prüfend, kann festgestellt werden, dass die Befürchtungen von Kant, wonach in der Ehe stets die Gefahr lau-

---

241 Vgl. Hegel 1986a, § 159.
242 Vgl. ebd., § 161.
243 Vgl. Rosa 2017, S. 341f. Rosa hat dabei Resonanzfähigkeit im Sinn.

ert, einander als sexuelles Objekt zu instrumentalisieren, durchaus an Plausibilität verloren haben.[244] Infolge der kulturellen Emanzipation der letzten zwei Jahrhunderte wird die Sexualität heute großzügig ausgelebt und kommuniziert, dabei kommt es lediglich darauf an, auf was genau sich die Beteiligten einigen; vorab hat die Sexualität auffallend ihre moralisch verwerflichen Züge verloren. Trotzdem hat die Rechtsidee von Kant erhebliche Wirkung gehabt und kann für mein Programm in diversen Hinsichten zur Ergänzung des Gefühlsmodells von Hegel beitragen. Der kulturelle Wandel und die wachsende Autonomie der Individuen haben in den letzten Jahrhunderten dazu geführt, dass auch die Familie sich für eine punktuelle Verrechtlichung öffnen muss.[245] Was diesbezüglich später thematisiert wird, ist die physische sowie psychische Integrität der Familienmitglieder und die Integration der Familie als solcher. Deshalb haben diese beiden philosophischen Stränge der beiden moralischen Orientierungen so eine kolossale Bedeutung. Heute haben sich die Familienmitglieder auf der einen Seite als Rechtspersonen (Kant) zu achten und auf der anderen Seite als einzigartige Subjekte (Hegel) anzuerkennen[246], aber beide Ebenen sind nichts anderes als berechtigte Erwartungen an ein gutes Leben – dies in erheblichem Maße im Sinne der ausgewogenen Gegenseitigkeit – und der gerechtfertigten Forderungen der Gerechtigkeit.

Ich werde mich im Folgenden mit drei klar definierten normativen Grundsätzen befassen, die zusammengenommen das Idealbild der modernen Familie konstituieren. Dazu werden die Kernideen von Kant und Hegel im Kontext der zeitgenössischen Debatten diskutiert (I). Darin soll die noch anhaltende Bedeutung der familialen Beziehungen für die liebevolle Zuwendung und die Sozialisationsaufgabe der Kinder zum Vorschein kommen. Schließlich soll normativ skizzenhaft rekonstruiert werden, wie sich das Bild der Familie in den letzten Jahrhunderten gewandelt hat; d. h. welche Stationen sie durchlaufen musste, um jene Entwicklung zu nehmen, lediglich auf reziproker Liebe zu basieren, das Prinzip der Gleichstellung der Ehepartner*innen anzuvisieren und schließlich den Kindern eine geschützte und liebevolle Kindheit ermöglichen zu wollen; kurz, um alle Beteiligten mit jener Gerechtigkeitsgrammatik, die substanziell im Sinne der ausgewogenen Gegenseitigkeit aufgefasst wird, vertraut zu machen (II).

---

244 Vgl. Honneth 2000, »Zwischen Gerechtigkeit und affektiver Bindung. Die Familie am Brennpunkt moralischer Kontroversen«.
245 Vgl. Habermas 1981, Bd. II, S. 522 ff.
246 Vgl. Honneth 2000, »Zwischen Gerechtigkeit und affektiver Bindung. Die Familie am Brennpunkt moralischer Kontroversen«.

Familie und soziale Integrität

I.

Die Sphäre der Familie ist dadurch gekennzeichnet, dass über die zwei sich Liebenden hinaus mindestens eine dritte Person, nämlich das Kind, hinzutritt.[247] Während früher die Familie als solche noch mehr Mitglieder, nämlich die Großeltern oder erwachsene unverheiratete Geschwistern umfasste, nehmen heute Familien mit nur einem Elternteil beständig zu. Zudem ist in den letzten Jahren »die Patchworkfamilie mit ›deinen‹, ›meinen‹ und unseren Kind(ern) hinzugekommen, und auch der geschiedene Vater oder die geschiedene Mutter, die nur gelegentlich mit den eigenen Kindern zusammenleben, bilden in psychologischer wie existenzieller Hinsicht zweifellos eine Familie«.[248] Hinzu kommt, dass heute homosexuelle Paare, ob mit oder ohne Adoptivkinder als Familie bezeichnet werden.[249] Die traditionelle und klassische Vorstellung der Familie, die sich vor etwa zweihundertfünfzig Jahren ausgebildet hat, wird allerdings auch heute noch als das vorherrschende Modell und als Normalfall betrachtet.[250] Nichtsdestoweniger ist die angesprochene traditionelle Kernfamilie, die sich durch die starre Rollenverteilung und dem ehelichen Versprechen »bis der Tod uns scheidet« auszeichnete, schon in der vorvergangenen Generation mehr oder minder rissig geworden.[251] Dabei wird oft der Eindruck erweckt, als würde »die Rolle der oder des Alleinerziehenden weder ein soziales Unglück noch ein romantisches Fiasko«[252] darstellen.

Im Folgenden werden die drei im Ansatz angedeuteten Grundsätze thematisiert, die sich in den letzten circa zwei Jahrhunderten in diskursiven Anerkennungs- und Rechtfertigungskontexten durchgesetzt haben und das Bild der modernen Familie prägen.

Es bedurfte *erstens* der *Romantisierung der Liebesbeziehungen*, um die Ehe allmählich fern von religiösen, sozialen, ökonomischen sowie kulturellen Bezugsgrößen anzustreben und einzugehen.[253] Nach diversen politisch-sozialen Bewegungen[254] in den letzten Jahrhunderten, ist

---

247 Vgl. Karrer 2015, »*Familie*«, S. 21f. Vgl. König 1998 S. 162 ff.
248 Vgl. Juul 2016, S. 7.
249 Vgl. Nave-Herz 2019, »*Familienformen in Deutschland*«, S. 14f, sowie »*Homosexuelle Partnerschaften mit Kindern*«, S. 128f.
250 Vgl. Honneth 2013, »*Familien*«, S. 277f.
251 Vgl. Juul 2016, S. 7.
252 Vgl. ebd.
253 Vgl. Luhmann 2015, »*Romantische Liebe*«, S. 163f.
254 Vgl. Romantisierung der Liebesbeziehung, »Menschenrechtsansätze«, »feministische Denkbewegungen« (Löw/Mathes 2005) und die »sexuelle Revolution« der 1968er-Jahre.

heute die Vorstellung etabliert, Ehebeziehungen lediglich aufgrund von positiven Gefühlen und der wechselseitigen Zuneigung einzugehen.[255] Jedes Individuum hat ausreichend Zeit, persönliche Liebeserfahrungen zu machen, eine genaue Vorstellung vom eigenen zukünftigen Leben zu gewinnen, sich den eigenen authentischen Weg der persönlichen Selbstverwirklichung auszusuchen, und dabei die Möglichkeit, eine Eheschließung oder Familiengründung in Erwägung zu ziehen oder auch nicht. Die Möglichkeit, über jene individuelle Freiheit zu verfügen, selbstständig den eigenen Lebensweg zu finden, ist zunächst eine nicht zu unterschätzende Errungenschaft der modernen Gesellschaften, aber damit geht schon die Frage einher, inwiefern eine Ehebeziehung letztlich als freiheitverbürgend oder gar als Freiheitseinschränkung aufgefasst wird. Zu Beginn des 19. Jahrhunderts wurde neben der Romantisierung der Liebesbeziehungen verstärkt auf die strikte Arbeitsteilung in der Familie verwiesen und diese als Freiheitsgewinn der Beteiligten begriffen.[256] Die Mutter hatte »alle Verantwortung für die emotionale Betreuung der Kinder und die Hausarbeit zu übernehmen [...], während der Vater außerhäuslich für den Erwerb des Familieneinkommens zuständig wurde«.[257] In der kooperativen Aufgabenteilung sollten alle Beteiligten ihre gebührende Anerkennung erfahren. Infolgedessen wurde aufgrund der wechselseitigen Rollenverpflichtung der Mitglieder die Familie als eine zentrale Wirkungsstätte der Freiheit aufgefasst[258]; die Mutter hatte die Möglichkeit, ihr emotionales Bedürfnis gegenüber ihrem Ehemann und den Kindern zu befriedigen, der Vater erfuhr für seinen Einkommenserwerb die öffentliche und innerfamiliale Anerkennung und schließlich genossen es die Kinder, unter der Aufsicht und liebevollen Zuwendung der Eltern zur individuellen Selbstständigkeit heranzuwachsen und als solche in der Gesellschaft anzukommen.[259] Hingegen wird heute nicht selten bezüglich Liebesbeziehungen von der Freiheitseinschränkung der Mitglieder gesprochen. So schreibt Schmidt »die Liebe ermöglicht Berührung auf allen Ebenen und eine starke Erfahrung von Sinn, aber für das Optimum an Bindung, die sie herstellt, müssen die Liebenden Einschränkung ihrer Freiheit in Kauf nehmen, die sie lange nicht wahrnehmen oder aber gerne hinnehmen, bis plötzlich einer erschrickt«: »Wo bleibt

---

255 Vgl. Mary 2001, »Psychisch- emotionale Partnerschaft«, S. 51f.
256 Vgl. Schleiermacher 1806, »Während die Männer philosophieren, haben die Frauen das Fest liebevoll vorbereitet«.
257 Vgl. Honneth 2013, S. 279.
258 Vgl. Hegel 1986a, § 158–181.
259 Vgl. Honneth 2013, »Familien«, S. 277f.

meine Freiheit?«[260] Kant lässt hier grüßen. Weil nicht selten der berechtigte Einwand erhoben wird, ob es nicht leichtsinnig sei, die Ehe, die so viel Verantwortung nach sich zieht[261], lediglich auf der Basis von einem stürmischen, spontanen und unberechenbaren Gefühl wie der Liebe zu gründen? Es ist zwar offensichtlich, dass die heutigen Ehen nicht mehr zweckrational lediglich die Versorgung der Familie und die Aufzucht der Kinder im Sinn haben, sondern sich vielmehr die Befriedigung der emotionalen Bedürfnisse auf die Fahne geschrieben haben. Aber war es nicht eben diese Fragilität der Leidenschaft und der Liebe, die Kant Unbehagen bereitete, weswegen er ihr durch den Vertrag Einhalt gebieten wollte? Die vorherigen Generationen haben wohlüberlegt und im Horizont verlässlicherer Normen als der Emotionalität versucht, durch einen seriösen und rationalen Anspruch an die Institution der Ehe für stabilere Verhältnisse zu sorgen. Gleichzeitig muss betont werden, dass solche konventionellen, religiösen und kulturellen Normen, die oft absolutistisch aufgefasst wurden, in beträchtlichen Maßen zur Deformierung vieler Menschen beigetragen haben.[262] Derzeit ist es normativ schwer denkbar, ohne reziproke Liebe ein Band der Ehe anzuvisieren.[263] Es ist zwar möglich, dass Ehen, die von diversen konventionellen Normen motiviert werden, länger halten; es hat sich aber im Grunde die Vorstellung etabliert, dass man für ein gelingendes Leben nicht auf das Jenseits blicken darf. Der moderne Mensch hat schon verinnerlicht, dass für das Nacheilen des persönlichen Glücks jedem lediglich ein bestimmter Zeitraum zur Verfügung steht; bleibt das persönliche Glück im Diesseits auf der Strecke, so ist die Hoffnung nicht mehr da, dies im Jenseits zu erfahren. Ob hier egoistische Züge stark zum Vorschein kommen oder nicht, ist schwierig zu beantworten, aber eines

---

260 Vgl. Schmid 2010, S. 58.
261 Vgl. Oppenheimer 1988. 94. Bd.: S. 563–591.
262 Vgl. Taylor 1993, S. 13–78. Nussbaum 2014, S. 215–216.
263 Zwar dominiert seit fast zwei Jahrhunderten zunehmend das Ideal der romantischen Liebe die Semantik der Ehebeziehungen, aber nicht selten wurden in der Geschichte epochale Ideale durch neuere und stärkere ersetzt. Rückblickend kann gesagt werden, dass es die innere Zerrissenheit der Menschen war, die durch die konzeptuelle Trennung, d. h. die Trennung von Gefühl und Verstand, von Glauben und Wissen, von Natur und Geist, von Gott und Mensch, von Liebe und Vernunft, von sinnlicher und geistiger Liebe und die von Mann und Frau, die mit der Aufklärung und die zunehmende Rationalisierung der Wissenschaften und Philosophie einherging, das Bedürfnis nach »Synthetisieren« und Romantisieren erweckte. Das Ideal der Romantik sollte die Zerrissenheit heilen und all die kategorialen Trennungen wieder aufheben. Vgl. Rosa 2017, »XI. Die moderne als Geschichte gesteigerter Resonanzsensibilität«, S. 601. Allerdings versucht Rosa, daraus eine bestimmte Form der Kritik abzuleiten, die als ihre Lösung die Resonanzfähigkeit hervorruft.

scheint gewiss zu sein; ziemlich oft handeln die Ehepaare nach persönlichen Präferenzen und beenden die Ehebeziehung, in der die Realität nicht mehr mit dem Ideal der romantischen Liebe Schritt halten kann.[264] Dieser Umstand zieht allerdings eine wichtige Gerechtigkeitsfrage nach sich. Nämlich wie gerechtfertigt ist es, wenn die Erwachsenen dem eigenen persönlichen Glück folgen und dabei das Glück der Kinder weniger ernst nehmen. Zwar versucht der moderne Staat, dieser Entwicklung Rechnung zu tragen und durch bestimmte politische Maßnahmen der Verwahrlosung[265] von Kindern entgegenzuwirken, gleichwohl leiden zahlreiche Kinder seelisch an den Folgen der elterlichen Trennung. Darüber hinaus haben nicht selten die alleinerziehenden Mütter mit finanziellen Engpässen zu kämpfen.[266]

Rückblickend kann gesagt werden, dass Hegels Gedanken doch zu stark von romantischen Zügen durchwoben sind, er versucht, durch die Modifizierung der Anerkennungsordnung der bürgerlichen Gesellschaft die Sphäre der Privatheit von derjenigen der demokratischen Sittlichkeit zu trennen. Deshalb spricht er bezüglich der Ehe von einem Band der Liebe, das sich durch Wechselseitigkeit und Verschmelzung zweier Individuen auszeichnet und welches am Ende zu einer höherstufigen Einheit führen wird. Hierbei ist nicht gesagt, dass Hegel die Autonomiegedanken von Kant vollständig ignoriert, vielmehr ist er der Ansicht, dass die Ehe nicht auf ein bloßes Rechtsverhältnis reduziert werden darf.[267] Einem derartigen Vertragsverhältnis haftet Hegel zufolge etwas Zufälliges an, weil sich die Beteiligten nur noch negativ aufeinander beziehen und im Konfliktfall auf ihre rechtlichen Ansprüche beharren. Schließlich soll die Familie eine besondere Lebenswelt darstellen, in der kaum ein Mitglied übersehen und verkannt werden darf, ohne dass dabei die persönliche Leistung der einzelnen Mitglieder eine signifikante Rolle spielen soll.[268] Gewiss, heute gibt es Tendenzen, nach denen auf die persönlichen Leistungen der Familienmitglieder geblickt wird und diese mit Gerechtigkeitsideen assoziiert werden, aber es sind meist Ideen, die zu sehr ökonomisch mo-

---

264 Vgl. Mary 2001, »Das Elend der modernen Beziehungsideale«, S. 54f.
265 Vgl. Habermas 1981, Bd. II. S. 522 ff.
266 Vgl. Timm 2004, »3.5 Familienpolitik«, S. 28–29. Vgl. Iris Marion Young 2008 thematisiert das Verteilungsparadigma. »Gerechtigkeit, Geschlecht und Sexualität«, S. 316f.
267 Vgl. Hegel 1986a §161. Vgl. Kleingeld/Anderson 2008, »Die gerechtigkeitsorientierte Familie. Jenseits der Spannung zwischen Liebe und Gerechtigkeit«. Darin wird zu Ehe-Vertrag und kalkulierenden Individuen Bezug genommen.
268 Vgl. Achenbach 2014, »Fürsprache für die Familie. Ein philosophischer Versuch«, S. 17f. Vgl. Hegel 1986b, §192, » II. Die Moralität«, S. 62.

tiviert sind und die Essenz der privaten Sphäre entweder übersehen oder schlicht ignorieren.[269]

Indes »nähert sich die [heutige] Familie jenem Typus einer sozialen Beziehung an, den Anthony Giddens als ›rein‹ bezeichnet hat«.[270] Das bindende Element dafür ist die bloße Existenz positiver Gefühle.[271] Dadurch haben die Individuen zwar an persönlicher Entscheidungsfreiheit (hinzu)gewonnen, aber mit der Gründung der Familie und dem Hinzukommen der Kinder muss die Individualität im Zusammenhang mit Bindung und Verzicht gedacht und kommuniziert werden. Den gesamten kulturellen wie familialen Wandel der letzten zwei Jahrhunderte berücksichtigt, ist die moderne Familie auf die beiden moralischen Orientierungen angewiesen, die ihren Ursprung in den Ideen von Kant und Hegel haben.

Derweil ist und bleibt die Familie jener Lebensraum, in dem man Dispositionen wie Solidarität, gegenseitige Rücksicht, Treue und Verlässlichkeit lernt, indes alles Eigenschaften, die für das Funktionieren einer Demokratie unerlässlich sind. In dem Punkt sind die Ideen von Hegel von großer Bedeutung, da positive Gefühle und Emotionalität bis zu einem gewissen Alter für das Überleben und die Entwicklung des persönlichen Selbstvertrauens der Kinder essenziell sind. Wurde das Band der Liebe ebenfalls fern von anderen Zwängen und lediglich auf der Basis der reziproken Liebe eingegangen, so können die Kinder davon nur profitieren und eine harmonische Kindheit genießen. Die ausgewogene Gegenseitigkeit ist damit gewährleistet und Ungerechtigkeitsgefühle bleiben marginal. Damit gehen zwei fundamentale Forderungen der Gerechtigkeit einher, zunächst sind harmonische Zustände in der Familie für die Gewährleistung der physischen und psychischen Integrität aller Beteiligten grundlegend und zweitens können die vollkommene Aufmerksamkeit und die Existenz scharfer individueller Sensoren für die Sensibilität dazu führen, die individuellen emotionalen Bedürfnisse wahrzunehmen und zu befriedigen. Beide Ansprüche sind Grundtendenzen der Gesinnung eines gelungenen Lebens. Aber auch Kants Ideen implizieren eine be-

---

269 Vgl. Kleingeld/Anderson 2008, »*Die gerechtigkeitsorientierte Familie. Jenseits der Spannung zwischen Liebe und Gerechtigkeit*«. Beide diskutieren kurz diesen Umstand.
270 Zitiert nach Honneth 2000, S. 198.
271 Robert Johnson sieht dieser Umstand kritisch: »Denn romantische Liebe ist nicht gleichbedeutend mit ›jemanden lieben‹. Sie bedeutet eigentlich ›Verliebtsein‹. Das ist ein sehr spezifisches Phänomen. Wenn wir verliebt sind, glauben wir, dass wir den Sinn des Lebens gefunden haben, so wie er sich durch einen anderen Menschen offenbart. Wir haben das Gefühl, endlich ein Ganzes zu sein, endlich die fehlenden Teile unserer eigenen Person im anderen gefunden zu haben«. Vgl. Johnson 1988, S. 12.

stimmte Denkweise der Gerechtigkeit, welche die individuelle Autonomie der Subjekte im Kern hat. Denn, »überall dort, wo ein Familienmitglied in seiner persönlichen Integrität bedroht ist, müssen Rechte einen Raum bereitstellen, in den dieses Mitglied sich zu seinem eigenen Schutz zurückziehen kann«.[272] Womit Honneth völlig recht hat; gleichzeitig impliziert dieser Umstand für eine perspektivische Gerechtigkeitsidee weitreichende Konsequenzen, die aber Honneth wiederum im Kontext dieser Debatte nicht konsequent ausbuchstabiert. Indes ist gegenwärtig die Tendenz nicht übersehbar, dass die persönliche Autonomie relativ schnell individualistisch-egoistische Züge annimmt. Dieser Umstand führt dazu, dass häufig innerhalb der Familien in simplen Konfliktfällen der direkte und weniger beschwerliche Weg zu rechtlichen Instanzen gesucht wird und dadurch die Kultur des Binnendiskurses und der Konfliktlösung vernachlässigt wird. Das Phänomen, sich bei verhältnismäßig nicht allzu großen familialen Differenzen relativ schnell auf die sicherste Seite, nämlich die rechtliche Regelung, begeben zu wollen, beschädigt familiale Beziehungen, die aber auch im Falle einer Trennung trotzdem in irgendeiner Form Bestand haben müssen. So wie der berühmte Spruch es besagt, ist man einmal Eltern geworden, so bleibt man für immer Eltern; aber bei der partikularen Instrumentalisierung der rechtlichen Möglichkeiten müssen der rationale und vernünftige Austausch, der bei Familienbeziehungen (auch nach einer Trennung) immer vorhanden sein sollen, krachend scheitern. Daraus deduzierend, je öfter familiäre Differenzen auf der Basis von wechselseitigem Respekt und Achtung gelöst werden, umso eher kann eine Familie zusammenwachsen. Darüber hinaus ist dann auch die Wahrscheinlichkeit groß, dass die Gerechtigkeit im Sinne einer *ausgewogenen Gegenseitigkeit* zur Geltung kommt. Familien, die diese Forderungen ernst nehmen, legen großen Wert auf die persönliche Integrität ihrer Mitglieder. Letztlich ist es evident, dass gewollte vernünftige Konfliktlösung innerhalb der Familie wechselseitigen Respekt und diskursive Gleichheit der Beteiligten erfordert. In diesem Zusammenhang kann sich die Gerechtigkeit dann erst bemerkbar machen, wenn alle Involvierten sich dieser einsichtsvollen Grammatik bedienen und an gerechten und fairen Lösungen interessiert sind.

Damit gelange ich zu dem *zweiten* normativen Grundsatz der modernen Familie, nämlich das Prinzip der *Gleichheit*. Derweil befasse ich mich stärker mit der Gleichstellung (Gleichwürdigkeit) der Geschlechter als mit der politisch konnotierten Bedeutung der Gleichheit, welche die Gleichheit vor dem Gesetz zum Ausdruck bringt. Die Gleichstellungsidee in der

---

272 Vgl. Honneth 2000, S. 209.

Familie und soziale Integrität

Ehe sagt viel mehr aus, als auf den ersten Blick wahrnehmbar wird. Darin ist eine substanzielle Vorstellung von einem gelingenden Leben auf der Basis von ausgewogener Gegenseitigkeit verborgen, die jahrhundertelange soziale und kulturelle Emanzipation erforderte. Grundsätzlich hat die Idee der rechtlich-politischen Gleichstellung in der Gesellschaft und dann die Ausweitung dieser Vorstellung mit all ihren Deutungen und spitzfindigen Einflüssen auf das Eheleben, historische, moralische, politische und kulturelle Dimensionen, die allesamt unter dem Begriff der Selbstverwirklichung der Subjekte subsumiert werden können. Der Kern dieser Aussage insistiert auf mehr Freiheitsgewinn der Individuen.

Wie soeben erwähnt, war im 19. Jahrhundert die Arbeitsteilung innerhalb der Familie institutionalisiert und wurde nicht ausdrücklich als Freiheitseinschränkung aufgefasst. Der Ehemann hatte durch seine berufliche Tätigkeit für das Einkommen der Familie zu sorgen, die Ehefrau übernahm die Fürsorge und die emotionale Befriedigung der Familie. Durch diese strikte Arbeitsteilung hatte der Ehemann in familialen Angelegenheiten, vor allem in Bezug auf sensible Zukunftsfragen, gegenüber seiner Ehefrau mehr Bestimmungsmacht. Die klassische Vorstellung, wonach der Mann als einziges Besitztum der Familie auch über das Wohl und Wehe der Familie verfügt und entscheidet[273], wirkte augenscheinlich. Es ist erstaunlich, dass der Soziologe Talcott Parsons noch zur Mitte des 20. Jahrhunderts, fast ein Jahrhundert nach Hegel, in seiner Familiensoziologie den normativen Kern der familialen Beziehung, genau wie der Autor der *Grundlinien der Philosophie des Rechts*, in einem Verhältnis von komplementären Rollenverpflichtungen erblickt. Denn auch er sieht die Rolle der Ehefrauen einzig in der Fürsorge und in der Hausarbeit. Was im Ansatz bei Parson neu erscheint, ist, dass er immerhin ein symmetrisches Muster der wechselseitigen Fürsorge und Anteilnahme anvisiert.[274] Freilich haben in den 60er-Jahren des vergangenen Jahrhunderts zwei interessante gesellschaftliche Entwicklungsprozesse, nämlich die der kulturellen und die der feministischen Initiative, das Bild der Familie dramatisch verändert. Deren Reflex zielte mehr oder weniger auf die Gleichheit und Ausgewogenheit der Beziehung in der Ehe ab. Als die erzieherischen und versorgenden Aufgaben der Kinder zunehmend an gesellschaftliche Einrichtungen (Kindergarten, Schule, Sozialstaat) delegiert wurden und daraus ableitend den Müttern der Weg zum Arbeitsmarkt[275] geebnet wur-

---
273 Vgl. Timm 2004, »*Partnerwahl*«, S. 12.
274 Vgl. Parson 2003. Er bezieht sich auf die amerikanische Gesellschaft. »*Wirtschaft und gesellschaftliche Gemeinschaft*«, S. 147f.
275 Vgl. Timm 2004, liefert ausführliche Daten dazu. »*3.3. Frauen am Arbeitsmarkt*«, S. 20f.

de, gewannen sie erheblich an persönlicher Freiheit. Demnach drängten die Mütter teils aus intrinsischen Motiven und teils motiviert durch das Streben nach sozialem Status und öffentlicher Anerkennung exorbitant auf den Arbeitsmarkt.[276] Während davor, zumindest in der Mittelschicht, einzig der Ehemann durch seine Arbeitstätigkeit die gesamte Familie zu versorgen hatte und somit die klassische Rollenverteilung innerhalb der Familie als akzeptabel hingenommen wurde, veränderte die neue Entwicklung allmählich diese starre und konservative Vorstellung. Folglich mussten neue Verhaltensmuster und eine andere Art der kooperativen Handlungen diskutiert und erprobt werden. Es musste innerhalb der Familie ausgehandelt werden, wie die anstehenden Aufgaben gerechtfertigt oder zufriedenstellend für alle Beteiligten erledigt werden. Somit gewannen Dispositionen wie Diskursivität und reflexive Perspektivübernahme mehr an Bedeutung. Die neue Vorstellung, die es den Frauen ermöglichte, ihre Rolle und ihre Identität nicht lediglich als fürsorgende Mutter zu sehen, konfrontierte die Ehemänner mit einer davor nie dagewesenen Herausforderung, nämlich anzuerkennen, dass auch die Ehefrauen zu dem Einkommen der Familie beitragen konnten und, noch ersichtlicher, ganz offen die Fragen der gerechteren Güterverteilung und Erbschaftsregelung zum Thema machten.[277] Darüber hinaus klagten die Frauen die Mitwirkung ihres Ehepartners bei aller Hausarbeit ein und gewannen bezüglich des Mitspracherechts bei familialen Angelegenheiten massiv an Einfluss. Die Machtverhältnisse zwischen Vater und Mutter verschoben sich stark. Infolgedessen verlor der Vater an Autorität und jene Stellung, die ihm seit der romantischen Bewegung zuteilgeworden war. Eine genauere Ausführung dazu folgt im zweiten Teil dieses Kapitel bei der Rekonstruktion (II).

Dieses oben kurz nachgezeichnete Bild der modernen Familie hilft uns, weiter zu zeigen, wie es sich seither verändert hat, wie das Prinzip der Gleichheit sich prozessual herausdestillierte und zu seiner gesellschaftlichen Legitimität gelangte. Seit den 1960er-Jahren sind feministische und kulturell-emanzipatorische Bewegungen darum bemüht, das Gleichheitsprinzip fordernd umfassender zu begründen.

Auch die elterliche Erziehung hat sich seit den 1960er-Jahren von der Fixierung auf »Befehl« und »Gehorsam« hin zu verhaltensorientierten Erziehungsstilen gewandelt. Dabei spielen die Gleichwürdigkeit der Kinder und andere Aspekte wie die Entwicklung und Herausbildung der eigenen

---

276 Vgl. Honneth 2013, »*Familie*«, S. 277f. Vgl. König 2006 S. 2014 ff. Analysiert die anfänglichen Tendenzen dieser Entwicklung.
277 Vgl. Timm 2004, »*3.4. Sozialstaat*«, S. 24–30.

Persönlichkeit eine grundlegende Rolle.[278] Mithin verfügt die heutige Familie, also die nachfolgende Generation, über einen höheren Grad an reziproker Rücksichtnahme, sie verfügt über das notwendige Maß an Sensibilität, das die individuellen Bedürfnisse stärker respektiert. Die Folge davon ist mehr Gleichheit und größere Ausgewogenheit der Ansprüche innerhalb der Familie.[279]

Der flüchtig umrissene Wandel von Erziehungsstilen des Befehls und Gehorsams hin zur Diskursivität und Resonanz der subjektiven Anerkennung haben zu mehr innerfamilialer Demokratie geführt. Gleichwohl ist dieser zweite normative Grundsatz immer noch am ehesten umkämpft und umstritten. Zahlreiche Theorien der Gerechtigkeit, die überwiegend feministisch motiviert sind, befassen sich mit der Gerechtigkeit innerhalb der Familie und plädieren dafür, die institutionalisierte Ehe in ihrer bisherigen Form grundlegend infrage zu stellen.[280] Es sei, so die vorherrschende Meinung, offensichtlich, dass in der Ehe vornehmlich die Ehemänner die großen Profiteure seien und die Ehefrauen immer noch eine Menge Unrecht und Ungleichheit über sich ergehen lassen müssen. Iris Marion Young etwa kritisiert vehement das distributive Paradigma der vorherrschenden Gerechtigkeitstheorien. Das Verteilungsparadigma ins Visier genommen und »auf [das] feministische Problem angewandt, rückt diese Perspektive Fragen der Chancengleichheit, der Verteilung von Posten, Aufgaben, ökonomischen und sozialen Ressourcen zwischen Männern und Frauen in den Vordergrund, übersieht oder vernebelt aber viele Gerechtigkeitsprobleme zwischen den Geschlechtern, die nicht so offensichtlich distributiver Natur sind«.[281] Die Idee der Gleichstellung schöpft aus derartigen Thesen ihre Rechtfertigung und ihre Motivation. Es ist ungemein schwierig, eine optimale Lösung für gleiche Aufgabenteilung, für gleiche Verantwortungsübernahme, Lasten und Vorteile in der Familie zu finden. Auch eine rechtliche Regelung kann hier wenig Abhilfe schaffen. Hier und da wird schon von einem Privatvertrag zwischen den Beteiligten gesprochen, und zwar derart, dass beide Parteien von Beginn an festlegen sollten, wie die Aufgaben und Verpflichtungen für die Familie gerecht verteilt werden sollen. Allerdings sind persönliche Beziehungen stets entwicklungsoffen und facettenreich und können nicht ohne Weiteres Gegenstand von vertraglichen Vereinbarungen wer-

---

278 Vgl. Juul 2016, *»Bewusste Gegenseitigkeit«*, S. 42f.
279 Vgl. Karrer 2015, *»Das Verhältnis der Generationen in der Familie«*, S. 210f.
280 Vgl. Iris Marion Young 2008, *»Gedanken über Familien im Zeitalter von Murphy Brown. Über Gerechtigkeit, Geschlecht und Sexualität«*, S. 313f.
281 Vgl. Iris Marion Young 2008, S. 319.

den.[282] Menschen, die zusammen leben, vor allem in der Familie, verpflichten sich subtil oder aus intrinsischen Motiven dazu, füreinander zu sorgen und die gemeinsamen Kinder aufzuziehen. Persönliche Beziehungen sind vielseitig und bringen unvorhersehbare Entwicklungen und Veränderungen mit sich, deshalb können sie ungemein schwer auf der Basis von Rationalität, bewusster und wohlüberlegter Kalkulation, im Sinne von Geschäftsbeziehungen und Verträgen koordiniert werden. Perspektivisch betrachtet, kann in vielen Familien unmöglich vorausgeahnt oder vorausgesagt werden, wie die Lebenssituation ihrer Mitglieder und ihre materiellen Voraussetzungen in der nahen und fernen Zukunft aussehen werden. Ebenso verhält es sich hinsichtlich der Gefühle oder ihrer Verhältnisse zueinander. Es sind solche Unvorhersehbarkeiten und Unbeständigkeiten, die Hegel im Blick hatte, als er Vertrag als das Medium der Gerechtigkeit innerhalb der Familie ablehnte. Genau wie Iris Marion Young zutreffend erläutert, sollte die Auffassung des Vertragsdenkens für die persönlichen und familialen Beziehungen als unzulässig, gar als unmoralisch betrachtet werden. »Während der Vertrag Beziehungen als Ergebnis ausdrücklicher und freiwilliger Vereinbarungen auffasst, sind Familienbeziehungen oft nicht gewählt«[283]. Auch wenn sie zu irgendeinem Zeitpunkt gewählt wurden, haben sie doch irgendwann emotionale Abhängigkeiten und Rollen hervorgebracht, die anfänglich nicht ansatzweise zu erwarten waren. Zweifelsohne ist die Gleichheitsidee oder die Gleichwürdigkeit in der Familie von großer Bedeutung, weil sie sich im Kern gegen Unterdrückung (physische und psychische Gewalt inbegriffen) und Ungleichbehandlung richten und weil sie Respekt und Achtung einfordert. Unterdessen kann die rechtliche Gleichstellung eventuell in dramatischen Fällen Abhilfe schaffen und die Kultur der familialen Beziehungen positiv beeinflussen, aber im Hinblick auf die Gerechtigkeit in der Familie sind andere Elemente vordergründig. Das Recht kann Rechte gewähren oder durchsetzen, aber es wird niemals Liebe, Zuwendung, Gleichwürdigkeit, Aufmerksamkeit, kurz die ausgewogene Gegenseitigkeit erzwingen. Das Recht kann bei der Beendigung einer Ehe, bei der Kinder im Spiel sind und leiden müssen, oder beim Zerfall einer Familie eine gute Schutzfunktion einnehmen, aber es kann schwer Familien zusammenhalten. Gewiss enthält die Gleichheitsidee Vernunftelemente, die aber nicht für vertragliche Vereinbarungen taugen, zum Beispiel, wenn alle Beteiligten akzeptieren und anerkennen, aufeinander angewiesen zu

---

282 Vgl. Iris Marion Young 2008, »*Gedanken über Familien im Zeitalter von Murphy Brown. Über Gerechtigkeit, Geschlecht und Sexualität*«, S. 313f.
283 Vgl. Iris Marion Young 2008, S. 334.

sein, wenn sie die logische Rolle der Familie darin erblicken, einander zu ergänzen, einander bedingungslos zu unterstützen, einander temporäre Passivität bei der Bewältigung der Familienaufgaben zu gestatten und wenn sie bei emotionalen Abhängigkeiten der einzelnen Mitglieder entsprechend reagieren. Kurz: Wenn die einzelnen Mitglieder, das Faktum, dass das Familienglück und das Glück des Einzelnen einander bedingen, verinnerlicht haben und sich dessen vollkommen bewusst werden, dann liegt es nahe, vernünftigerweise Verantwortung zu übernehmen und alle Beteiligten gemäß ihrer Natur anzunehmen. Derartige Elemente werden oft gerne umgesetzt und kultiviert, da alle Beteiligten sich darin einig sein können, nur durch Respekt und Achtung die emotionale Stabilität und die Stärkung des Familienbandes zu gewährleisten. Deshalb kann auch in der Familie zeitweilig Ungleichheit geduldet werden, denn ihre logisch immanente Reziprozität verdeutlicht, dass sich die Rollen und emotionalen Abhängigkeiten stets verschieben oder variieren können. Deshalb ist sporadische Selbstlosigkeit ein wichtiges Element, das im Laufe eines Familienlebens immer wieder gefragt sein wird. Womöglich kann kein Vertragswerk eine derartige Disposition kultivieren, geschweige denn sie garantieren. Damit wird immer deutlicher, dass die Gleichheitsidee starke kulturelle und sozialisatorische Züge in sich trägt. In der Sozialisation geht es unter anderem darum, affektive Attribute wie Spontaneität und Unberechenbarkeit der einzelnen Mitglieder anzunehmen und zu versuchen, diese idealerweise gewinnbringend, d. h. im Sinne der gesamten Familie und der Gemeinschaft, zu kanalisieren. Dieser Umstand erlaubt es, die Natur und die subjektiven Besonderheiten der Einzelnen entsprechend anzuerkennen und jeder Person jene Stellung zu gewähren, die ihrem Wesen entspricht, für sie angebracht und gerechtfertigt erscheint; auf diese Weise kann die Selbstwirksamkeit gestärkt und die Gleichwürdigkeit substanziell gewonnen – und die ausgewogene Gegenseitigkeit exquisiter kultiviert werden.

Der kulturellen Entwicklung wurde Rechnung getragen, als im Juni 2017 in der BRD im Parlament dafür gestimmt wurde, auch homosexuelle Ehen gesetzlich anzuerkennen. Im Paragraf 1353 des Bürgerlichen Gesetzbuches (BGB) wird die Ehe zwischen gleichgeschlechtlichen Personen wie folgt als Gesetzestext festgehalten: »Die Ehe wird von zwei Personen verschiedenen oder gleichen Geschlechts auf Lebenszeit geschlossen«.[284] Die treibende Kraft hinter dieser Entwicklung ist der kulturelle Fortschritt und die profundere Akzeptanz der persönlichen Freiheit, den

---

284 Der Verweis auf »*Lebenszeit*« klingt zwar immer noch traditionell und altmodisch, aber hat lediglich eine symbolische Bedeutung.

Individuen zu ermöglichen, selbstwirksam den eigenen persönlichen Lebensweg wählen zu können. Darüber hinaus scheint die Überzeugung durchgesickert zu sein, dass neben heterosexuelle Ehen gleichgeschlechtliche Paare genauso zur Stärkung wichtiger Dispositionen wie Solidarität und Loyalität beitragen können sowie fähig sind, Sozialisationsaufgaben zu leisten.[285]

Damit gelange ich zu meinem *dritten* normativen Grundsatz, nämlich die Ermöglichung einer *beschwerdefreien Kindheit* in der Familie. Mit dem Verweis auf diesen dritten Grundsatz wird *erstens* die Sozialisationsaufgabe der Eltern anvisiert und *zweitens* die gegenwärtig privilegierte soziale Lage, den Kindern überhaupt eine Kindheit ermöglichen zu können, erläutert. Gleichzeitig gehe ich historisch betrachtet einen Schritt zurück und markiere den Beginn der 1960er[286]-Jahre als einen einschneidenden Wendepunkt des modernen Erziehungsstils, als die autoritative Erziehungsmethode so radikal infrage gestellt wurde und die neue normativ leitende Idee der Erziehung auf mehr Respekt, Anerkennung und Gleichwürdigkeit der Kinder drängte.[287] Wenn ich hier nach einem passenden und umfassenden Begriff suche, der diese Wende oder diese Entwicklung adäquat zu beschreiben versuchen würde, dann könnte womöglich der Begriff der Demokratie am ehesten zutreffen; mit anderen Worten, bei der besagten Entwicklung ging es um die Demokratisierung der familialen Beziehung.[288] Als der altbewährte Erziehungsstil, der um »Befehl« und »Gehorsam« kreiste, vehement in Zweifel gezogen wurde, setzte sich die Ansicht schrittweise durch, dass Kinder nicht mehr mit Zwang auf ein bestimmtes Ziel hin konditioniert werden sollen. Bei den vorherigen Generationen waren die meisten Werte der Erziehung entweder moralischer oder religiöser Natur. Anders ausgedrückt; in der Erziehung hatten weder Pluralismus noch Relativismus Sinn und Raum, die Eltern hatten bezüglich ihrer erzieherischen Aufgaben große Klarheit

---

285 Vgl. Rosa 2017, »*I. Die Familie als Resonanzhafen in stürmischer See*«, S. 344.
286 Obwohl die Vorstellung, dass Kinder für ihre körperliche und geistige Entwicklung einen geschützten Raum der Kindheit benötigen, sich schon im Laufe des 18. und 19. Jahrhunderts herauskristallisierte, wurde in der Bundesrepublik Deutschland erst im Jahr 1960 ein gesetzliches Verbot der Kinderarbeit in der Landwirtschaft veranlasst. Allerdings gab es schon im Deutschen Reich 1903 ein Kinderschutzgesetz für Heimarbeit.
287 »Eine breite Diskussion über die Bedeutung von Freiheit, Demokratie und Selbstbestimmung in der Erziehung setzte in den 60er Jahren ein. Seither wurde dieses Gedankengut unter den Schlagworten ›antiautoritäre Erziehung‹ und ›soziale Gleichwertigkeit‹ in alle sozialen Schichten getragen«. Vgl. Largo 2000, S. 346.
288 Vgl. Honneth 2013, »*Familie*«, S. 277f.

und Sicherheit. Heute ist es für moderne Familien nicht ganz so simpel, denn sie müssen, die bestmögliche Entwicklung der Kinder im Sinn, viele traditionelle Erziehungswerte aufgeben. Die heutigen Erziehungsaufgaben werden mit den Kindern zusammen erlernt, d. h. die Kinder sollen und werden in den Erziehungsprozess einbezogen. Sie sollen sich selbstwirksam[289] wahrnehmen, beeinflussen die Eltern und werden bei diversen familialen Entscheidungen von den Eltern angehört und bei der Entscheidungsfindung einbezogen, sie zählen etwas und sollen bei wichtigen Zukunftsfragen der Familie nicht einfach übergangen werden, sie gehören ganz anders als früher zu der Familie und spielen bei der Idee der ausgewogenen Gegenseitigkeit, diese im Sinne der Gerechtigkeitsförderung eine ernsthafte Rolle. Es ist zwar nicht so, dass die Eltern nicht mehr über die notwendige Macht und Autorität verfügen, um ihre Kinder im Alltag zu leiten, im Leben zu begleiten und zu erziehen, vielmehr ist die Machtvorstellung eine andere, sie äußert sich mehr und mehr in der Diskursivität, Kooperation und Verhaltensorientierung der Eltern.[290] Die traditionelle Erziehungsvorstellung, welche die Gehorsamkeit und Unterwerfung der Kinder bezweckte, hat ihre Legitimität eingebüßt und gänzlich an Akzeptanz verloren; heute ist es allgemein anerkannt, dass physische sowie psychische Gewalt[291] keinen Respekt, sondern Angst[292] erzeugen. Einzig die persönliche Glaubwürdigkeit der Eltern kann ihnen ihre Autorität verleihen; dies ist allerdings nicht unbedingt ein Phänomen der elterlichen Erziehung, sondern es ist ein Phänomen unserer Zeit, in der Kinder und Erwachsene immer mehr den Respekt vor den Machthaber*innen verlieren.[293] Infolgedessen hat die Forderung nach Gleichwertigkeit und Gleichberechtigung in allen Sphären des sozialen Lebens Wurzeln geschlagen. Deshalb wird es in Bezug auf Kinderleben nicht selten als Erfolg bewertet, die psychische und die existenzielle Härte früherer Generationen in der Erziehung (Schule wie Familie) überwunden zu haben. Anstelle von Kontrolle und Anpassung haben Werte wie

---

289 Vgl. Mierau 2020, »*Selbstwirksamkeit erfahren*«, S. 40f.
290 Vgl. Juul 2017, »*Gespräch und Verhandlung*«, S. 67f.
291 Darunter sind Lächerlichkeit, Kritik, Sarkasmus, Heruntermachen und üble Nachrede hinter dem Rücken des Kindes oder Ignoranz zu verstehen. Vgl. Juul 2017, »*Dürfen Eltern schelten?*«, S. 50f.
292 Angst wird oft als die Quelle vieler psychischer Pathologien bezeichnet. Vgl. Lelord/Andre 2014, »*Die ängstlichen Persönlichkeiten*«. Auch die soziologische Betrachtung von Rosa 2017 ist interessant; er verweist darauf, dass Angst Menschen mehr zu einer repulsiven Haltung zur Welt führt. Vgl. auch Nussbaum 2014, S. 190 ff.
293 Vgl. Juul 2017, »*Macht- Macht und Verantwortung*«, S. 13–22.

Entwicklung, Anerkennung[294] und Verantwortlichkeit stark an Bedeutung hinzugewonnen. Eben jene Werte, die für unser heutiges Verständnis von Demokratie, Gleichstellung und Gerechtigkeit von eminenter Bedeutung sind.[295] Aber auch diese politisch-moralischen Kategorien kreisen um Reziprozität, Resonanz, Gleichwertigkeit, Nähe und Gemeinsamkeit. Durch die Nähe und eine gesunde Eltern-Kind-Bindung[296] sollen die Kinder die absolute Fürsorge und Achtsamkeit ihrer Eltern genießen und trotzdem von Aufgaben und Problemen, die ihre Psyche belasten könnten, verschont werden. Die diskursive Vorgehensweise bei der Erziehung (Sozialisationsaufgabe) ermöglicht den Kindern mehr Freiheit. Ab einem gewissen Alter können die Kinder bei vielen Fragen wie ein gemeinsames Urlaubsziel, ein Schulwechselwunsch, Wohnortwechsel, Sport- oder Kulturvereinswechsel oder Umzug etc. zumindest mitdiskutieren, auch wenn es ihnen bisweilen an Erfahrungswerten für die Beurteilungen derartiger Entscheidungen fehlt, sie werden zumindest von den Eltern befragt und angehört.[297] Ferner ermöglicht der Wandel in der Erziehung jenen geschützten Raum der Kindheit, der für die Persönlichkeitsbildung und für die physische sowie psychische Integrität der Kinder so bedeutsam ist. Im Kern geht es dabei um die Unbeschwertheit in der Kindheit. Es ist heute noch in vielen Teilen der Erde nicht üblich, dass Kinder nicht dazu verpflichtet werden, zum finanziellen Einkommen der Familie beitragen zu müssen. Ob bei körperlich schweren landwirtschaftlichen Arbeiten, in der Textilindustrie oder als Soldat, Kinder haben gezwungenermaßen mitzuwirken und können ihre Kindheit nicht ausleben.[298] In den wohlgeordnet wohlhabenden Gesellschaften wurde aufgrund der politischen Stabilität und des ökonomischen Wohlstands die Erziehungspers-

---

294 Vgl. Honneth 1994a, S. 148f. Er beschreibt sehr einleuchtend und plausibel, wie die Anerkennung zwischen der primären Person und dem Kleinkind auf der Basis von Wechselseitigkeit von den ersten Lebensmonaten an vonstattengeht und wo die Gefahren lauern, die eine gelungene Anerkennung verhindern könnten.
295 Vgl. Nussbaum 2012, »*Sokratische Pädagogik: Die Bedeutung des Argumentierens*«, S. 73f.
296 »Die Qualität der frühen Bindungserfahrung bestimmt maßgeblich die künftige Beziehungsgestaltung im Leben. Wenn ein Kind *Vertrauen* entwickeln konnte, dass es von seinen früheren Bezugspersonen gehalten, verstanden und versorgt wird, so kann es meist auch im weiteren Leben vertrauensvolle Beziehungen eingehen«. Vgl. Reuster-Anderssen 2015, S. 55.
297 Vgl. Hurrelmann/Andresen/Schneekloth 2013, »*Das Wohlbefinden der Kinder in Deutschland*«, S. 277f.
298 Vgl. Pogge 2011. Thomas Pogge, der sehr viel zum Thema »Globale Gerechtigkeit« schreibt, liefert bezüglich Kinderarbeit sehr interessante Daten und Fakten.

pektive stärker auf eine Gewährung der Kindheit gelenkt. Kants Ideen an dieser Stelle wieder aufgreifend muss betont werden, dass in solchen Gesellschaften die rechtliche Grundlage dafür geschaffen wurde, im Falle von Kindesmisshandlung, Verwahrlosung und grober Vernachlässigung, den staatlichen Institutionen zu erlauben, einzugreifen und dem Kind rechtlichen Schutz zu gewähren. Schließlich soll die Kindheit jene Phase des Lebens implizieren, in der sich ein Kind in einem geschützten Raum, nach Möglichkeit fern von den Sorgen, Problemen, Nöten und sogar von der Sexualität der Erwachsenen entwickeln darf und fürsorglich von seinen Eltern begleitet wird.[299] Negativ gewendet geht es dabei um die Vermeidung der Kinderquälerei, um die Vorbeugung und Verhinderung physischer sowie psychischer Pathologien. Eben dieser geschützte Raum soll Kindern ermöglichen, sich als Person zu bejahen, sich als selbstwirksam, als handlungsfähig und als wertvoll zu erachten und zu fühlen. Dann ist die Wahrscheinlichkeit groß, dass sich das Kind als individuelle Person behauptet und ein Teil der Gesellschaft wird, »ohne nur [ein] Rädchen im Getriebe zu sein«[300]. Gelingt diese von mir als positiv gedeutete Entwicklung, so hat sie mindestens in zwei Hinsichten weitreichende Folgen. *Erstens* ist dann die Wahrscheinlichkeit gegeben, dass Kinder, die ihre Kindheit gemäß den von mir skizzierten Inhalten verbringen, später als selbstbewusste und versierte Bürger*innen die zukünftige Gesellschaft positiv gestalten können. Schließlich visiert das Ideal und die insistierte Vorstellung des neuen Erziehungsstiles eine relativ unbeschwerte Kindheit an, die sich durch die liebevolle Zuwendung und Fürsorge der Eltern auszeichnet. In dieser soll des Weiteren den Kindern auch die größtmögliche, altersgerechte Freiheit[301] eingeräumt werden. Derartige Sozialisationsattribute stärken und prägen naheliegenderweise gewisse menschenfreundliche Dispositionen. Im Endeffekt kann gesagt werden, wer eine unbeschwerte Kindheit durchleben durfte, kann bezüglich der Vorstellung von einem gelungenen Leben nicht verhältnislos bleiben.[302] Es kann vermutet werden, dass solche heranwachsenden Kinder eine vage Vorstellung von einem guten Leben gewinnen können und sich in Bezug auf soziale Ungerechtigkeit und Unterdrückung schneller empören und

---

299 Vgl. Winterhoff 2017, »*Die verschollene Kindheit*«, S. 33f.
300 Vgl. Winterhoff/Thielen 2010, S. 173.
301 Vgl. Hurrelmann/Andresen/Schneekloth 2013. Auch die Diskursivität in der Familie, die Achtsamkeit in Bezug auf ihre Bedürfnisse, gewährt den Kindern persönliche Entfaltung und Freiheit. »*Das Wohlbefinden der Kinder in Deutschland*«, S. 277f.
302 Ein Kind, das in Freiheit aufwächst, nimmt »auf die Rechte und das Glück der anderen Menschen Rücksicht und bemüht sich, mit ihnen in Frieden zu leben, in dem es sie begreift«. Vgl. Largo 2000, S. 349.

ihrem Unbehagen Ausdruck verleihen werden. *Zweitens*, verläuft die Kindheit einigermaßen in Harmonie, so kann man mutmaßen, dass die davon profitierenden Kinder empathiefähiger sind und größeres Interesse für eine ausgewogene Gegenseitigkeit aufbringen können. Sie verfügen dann über das Vermögen, sich einfühlend und mitfühlend auf andere Menschen einzulassen und gleichzeitig responsiv zu agieren. Erfahren die Kinder in ihrer Kindheit ausreichend Zuwendung, so sind die Aussichten darauf mindestens positiv, später mit der eigenen Herkunftsfamilie und den Großeltern in liebevoller Beziehung zu stehen.

Das heutige Bild der Familie ist erst dann frei von Verzerrung nachvollziehbar, wenn ich die Stationen ihres Wandels der letzten Jahrhunderte unter die Lupe nehme und kurz nachzeichne, wie kulturelle Einflüsse und Emanzipationsinitiativen der Frauen, beides von einer nebulösen Vorstellung der Gerechtigkeit geleitet, es im Kern immer wieder verändert haben. Die hierbei zum Vorschein kommenden Wiederholungen werden in Kauf genommen, denn der Sinn dieser Rekonstruktion besteht darin, einen Schritt zurückzutreten, um die Gegenwart besser zu verstehen und das darin immanente Kritikpotenzial normativ freizulegen.

II.

Das Bild, das uns von der Familie im *späten Mittelalter und in der frühen Neuzeit* vorliegt, ist zwar diffus, doch das als historisches Wissen Überlieferte beweist, dass das männliche Geschlecht mit der Unterstützung von Religion und Kirche die vorherrschende Position in der Gesellschaft innehatte. Nur die Männer und die Jungen ab etwa zwölf Jahren aufwärts waren frei, mündig, geschäftsfähig, rechtsfähig und regierungsfähig.[303] Die Hauptfunktion der Frau bestand darin, für gesunde – am zweckmäßigsten – männliche Nachkommen zu sorgen. Deshalb stelle ich »*die moderne Familie*« in den Mittelpunkt meiner knappen Rekonstruktion. Es musste einiges an Zeit vergehen (Ende des 18. Jahrhundert), bis sich das Bild der modernen Familie allmählich herausbildete. Denn nachdem sich die zweckmäßige und nutzenorientierte Vorstellung von der Ehe pulverisierte und die Romantisierung der Liebesbeziehungen triumphierte, wurde in der Familie großer Wert auf emotionale Zuwendung und Au-

---

303 Vgl. Vogt-Lüerssen 2001, »*Die Ehe*«, S. 102–111, sowie »*Die Bewohner einer mittelalterlichen Stadt*«, S. 159. Vgl. Ariès 1978, alle drei Teile liefern interessante Einsichten (»*I: Die Einstellung zur Kindheit, II. Das Schulleben, III: Die Familie*«). Vgl. Stearns 2002 liefert interessante Aufhellung über die Kindheit und das Kindsein in der Menschheitsgeschichte.

thentizität der Mitglieder gelegt. »Das familiale Zusammenleben musste sich zunächst in einem langgezogenen, vom Bürgertum vorangetriebenen Prozess von all den Personen lösen, die nicht zur Trias von Vater, Mutter und Kind gehörten«.[304] Fortan war es die affektive bzw. intensive Gefühlsbindung, welche die Beziehung in der modernen Familie ordnete. Diese ist mehr oder minder jene normative Vorstellung, die sogar Hegel oder Schleiermacher am Ende des 18. Jahrhunderts von der Familie als zentraler Wirkungsstätte der sozialen Freiheit generieren. »Die Freiheit des einen Familienmitglieds sollte hier in den Freiheiten der anderen Familienmitglieder ihre Bestätigung und Erfüllung finden«.[305] Die klare Rollenteilung der Familienmitglieder sollte diese Reziprozität ermöglichen und jedem Einzelnen zu mehr Freiheit verhelfen: Die Mutter erfuhr ihre soziale Anerkennung dadurch, dass sie die emotionale Zuwendung ihres Ehemannes und die der Kinder befriedigte, wohingegen der Vater als öffentliche Person, der sich auf dem Felde der Einkommensgenerierung in der großen weiten Welt draußen zu beweisen hatte, die bewundernde Anerkennung der Ehefrau und der Kinder erfuhr, die normative Tragweite der ausgewogenen Gegenseitigkeit war zu der Zeit offensichtlich anders geprägt. Das Leben der Kinder änderte sich insofern, als sie durch mehr Aufmerksamkeit und emotionale Zuwendung der Eltern zu ihrer individuellen Selbstständigkeit gelangen und die Aufgaben, die von der Gesellschaft vorgegeben waren, bestens zu erfüllen versuchten. Aber im Großen und Ganzen hatte diese Vorstellung mit der klaren Arbeitsteilung immer noch etwas Mittelalterliches an sich: Zwar war die Romantisierung der Liebesbeziehungen sehr weit fortgeschritten, doch blieb immer noch eine Art Unbehagen an der Konstitution der Familie wahrnehmbar. Die ästhetische Kunst in Form von Romanen verdeutlicht das Bild. Die Schriften von Ibsen, Flaubert, Tolstoi und Turgeniev zeigen, wie die Frauen allmählich Missmut über ihre Rolle äußerten. Sie stellten die männlich dominierte Beziehungsmoral, das Recht des Ehemannes, über das Familieneinkommen zu verfügen und die ihm zustehende Autorität über sensible Zukunftsentscheidungen der Familie alleine zu bestimmen, zunehmend infrage und prangerten diese an.[306] Es wurde deutlich, dass die Frauen sich dabei um ihre Handlungsfähigkeit und um mehr Autonomie bemühten. Obwohl es unangebracht erscheint, schon hier von einer progressiven Politisierung der Frauen zu sprechen, so muss darauf hinge-

---

304 Vgl. Honneth 2013, S. 279.
305 Vgl. ebd., S. 280.
306 Vgl. Fraser 2009 deutet diese allmähliche Veränderung an. »*Feminismus, Kapitalismus und die List der Geschichte*«, S. 481f.

wiesen werden, dass bereits im Jahre 1865 die erste organisierte Frauenbewegung, der »Allgemeine deutsche Frauenverein« (ADF), der sich für Frauenrechte (Recht auf Arbeit, Bildung und Frauenwahlrecht) einsetzte, gegründet wurde.[307] Dennoch änderten sich die sozialen Verhältnisse der Frau auch in der Folgezeit nicht grundlegend, so baute doch in der Mitte des 20. Jahrhunderts der Soziologe Talcott Parsons[308] seine Familiensoziologie auf den Vorstellungen und Prämissen auf, mit denen Hegel[309] schon zu Beginn des 19. Jahrhunderts auf die Konstitution der modernen Familie geblickt hatte. Auch Parsons sieht den normativen Kern der Familie in einem Verhältnis der komplementären Rollenverpflichtungen, »welches den Ehefrauen einseitig alle Fürsorge und Hausarbeit aufdrängt, den Ehemännern hingegen die Aufgabe des außerhäuslichen Erwerbs des Familieneinkommens zuschreibt«.[310] Wobei nicht außer Acht gelassen werden kann, dass Parsons und auch andere Soziolog*innen[311] zu der Zeit die klaren Rollenverpflichtungen von Vater und Mutter kritisch betrachteten und dadurch die Potenziale der wechselseitigen Fürsorge und Anerkennung innerhalb der Familie als gefährdet ansahen. Aus diesem Grunde ist es wieder Parsons, der schon den sich anbahnenden erneuten Strukturwandel der Familie anvisierte und als dessen Grund den wachsenden Funktionsverlust[312] ausmachte, da – so Parsons weiter – immer mehr erzieherische und versorgende Aufgaben der Familie an gesellschaftliche Einrichtungen (Kindergarten, Schule und Sozialstaat) delegiert wurden.[313] Diese Entwicklung wird deshalb als erwähnenswerter Strukturwandel der familialen Verhältnisse aufgefasst, weil sich die Rollen der Familienangehörigen massiv änderten. Die Eltern wurden von der erzieherischen Methode der Konformität befreit und vor allem die Ehefrauen und Mütter verfügten über mehr Zeit, um sich mehr mit sich und mit ihrem Dasein und ihrem sozialen Status zu befassen. Wie Parsons richtig feststellte, konnten sich die Ehefrauen und Mütter nicht mehr mit ihrem bisherigen sozialen Status zufrieden geben und drängten aus intrinsischer Veranlassung heraus auf den Arbeitsmarkt. Aber auch die Erziehung der Kinder nahm einen anderen Gang. Waren bis dato strenge Dis-

---

307 Vgl. Stoehr 1990, »*"Herz und Gehirn" der Frauenbewegung: Der Allgemeine Deutsche Frauenverein in den 1980er Jahren*«, S. 9f.
308 Vgl. Parsons 1964, »*Struktur und Funktion der Kernfamilie*«, S. 110f.
309 Vgl. Hegel 1986a, § 158–181.
310 Vgl. Honneth 2013, S. 282.
311 Vgl. König 1978, »*Die Bestimmung der Familie durch die Gesellschaft*«, S. 22f.
312 Vgl. König 1978, »*V. Das Problem des Funktionsverlust*«, S. 69f. Vgl. Parsons 1976 S. 110 ff.
313 Vgl. Wurzbacher 1968b, »*II: Einfluss auf politische Entscheidungen*«, S. 103f. Vgl. Schmidt 2002, »*Das soziale Umfeld von Familien*«, S. 31f.

ziplin und soziale Konformität, die überlegenen Normen der Erziehung, so sollten nun emotionale Zuwendung und diskursive Verhandlungen zur Selbstständigkeit der Kinder beitragen. Deshalb ist »an die Stelle einer elterlichen Fixierung auf »Befehl« und »Gehorsam« [...] eine Bevorzugung von verhandlungsorientierten Erziehungsstilen getreten, weil sie der Eigenpersönlichkeit der Kinder Rechnung tragen und damit der Herausbildung ihres freien Willen dienen«.[314] Während jahrhundertelang der Grundsatz vorherrschend war, die selbstständigen Impulse der Kinder zu brechen und durch Konditionierung[315] zu sozialer Konformität zu nötigen, erfahren im Zuge des Wandels die kindlichen Willensabsichten, auch wenn diese nicht immer mit den dominierenden Erziehungsnormen der Gesellschaft übereinstimmen, mehr Akzeptanz und Wertschätzung. Es ist naheliegend, dass diese Veränderung von weitaus größerer Bedeutung ist, als es auf dem ersten Blick erscheinen mag. Die moderne Familie verändert sich in ihrem Beziehungsgefüge wesentlich. Die eben geschilderte Wertevorstellung von der Erziehung der Kinder hat auch einen immensen Einfluss auf die gesamtfamiliale Beziehung; diese zeichnet sich immer mehr durch intersubjektive Diskursivität und Gleichheit aus.[316] Um die eben nachgezeichnete Metamorphose der persönlichen Beziehungen für meine Zwecke verwendbar zu machen, sollte ich den Wandel vornehmlich so deuten, dass es darin ausdrücklich darum geht, allen Familienmitgliedern mehr Handlungsspielraum zu gewähren und vor allem die Kinder dahingehend zu unterstützen, später mit einer eigenen, autonomen Persönlichkeit der Gesellschaft gegenüberzutreten. Im Kern geht es darum, dass sie in der Familie die Kultur der Diskussion und des Meinungsaustausches verinnerlichen, sich als Handelnde begreifen, die auch soziale Wirkung erzielen können. Eben dieser Habitus wird später die Vorstellung von subjektiver Handlungsfähigkeit und die Vorstellung der vollwertigen Mitgliedschaft implizieren. Da wir in der Historie damit gut vertraut sind, dass die Effekte von Symbolkomplexen nicht so einfach verdrängt und vernichtet werden, sollte ich erwähnen, dass die fest umrissenen Rollen des Vaters und der Mutter bis in die 1960er-Jahre immer noch wirkmächtig waren. Die Vaterrolle war auf Dauer so konstituiert und institutionalisiert, dass nur er die gesellschaftlichen Werte verkörperte und er diese in der Binnenkommunikation der Familie zum Aus-

---

314 Vgl. Honneth 2013, S. 284.
315 Vgl. Elias 1997, Band II, »*Der gesellschaftliche Zwang zum Selbstzwang*«, S. 323f.
    Vgl. Nave-Herz 2004, »*Ein historischer und zeitgeschichtlicher Rückblick über die Ehe und Familie*«, S. 37f.
316 Vgl. Nave-Herz 2004, »*Die Sozialisationsfunktion*«, S. 88f.

druck brachte.[317] Dagegen wurde die Mutter zumeist auf ihre Rolle als Fürsorgende und Liebevolle reduziert und ihre Bewertung als gute Mutter lediglich daran gemessen. Als in den 1950er-Jahren die Frauen zunehmend auf den Arbeitsmarkt drängten und der Wirtschaftsaufschwung[318] sein Übriges dazu beitrug, lösten sich die errichteten dogmatischen Bilder vom Vater und der Mutter langsam auf. Nach der romantischen Bewegung, als die Zweck- und Nutzenehe unzeitgemäß wurde und die Idee der gefühlsbestimmten Liebe obsiegte, kann die Verflüchtigung des traditionell familialen Abhängigkeitsverhältnisses der 1950–1960er-Jahre als die zweite wichtige Bewegung gedeutet werden. Die Institutionalisierung der familialen Gleichheit schritt unaufhaltsam voran und keine ideologische Barriere konnte diesem Wandel im Wege stehen. Das heißt aber noch lange nicht, dass die angestrebte Gleichberechtigung der Frau und des Ehemannes reibungslos und in Harmonie vonstattenging, sicher war der Schritt vom »Patriarchat zur Partnerschaft«[319] mit erheblichen innerfamilialen Spannungen und Konflikten verbunden. Es waren vor allem Männer, die mit dem Verlust ihrer Funktion als Familienvorstand nicht leicht zurechtkamen und mit dem Anerkennungsverlust ihres sozialen Status konfrontiert wurden.[320] Wie aus zahlreichen soziologischen Studien hervorgeht, führte die Verflüssigung der alten Rollenverteilungen und die neue Vorstellung von der individuellen Selbstverwirklichung der Frauen in den 1970er-Jahren zu einer erhöhten Scheidungsrate.[321] Die erste Konsequenz dieser Veränderung konnte nicht zuletzt darin erkannt werden, dass auch das Gesetz dem eingetretenen Wandel Rechnung trug und die Scheidungsprozesse erleichterte.[322] Die sich gemächlich etablierende Auffassung von einer pluralisierten Gesellschaft erlaubte, den konventionellen Verhaltenskodex für die Ehe infrage zu stellen. Folglich wurden gemeinsame Kinder nicht mehr als unüberwindbares Hindernis für eine beidseitig oder auch einseitig gewollte Scheidung betrachtet. Nichtsdestoweniger war normativ gewollt, dass beide Elternteile sich abwechselnd und zeitversetzt kooperierend um das Wohl der Kinder kümmerten. Ergo änderte sich die Definition der Familienbeziehung dahingehend, dass sie mehr um die gemeinsame Sorge der Eltern kreiste. Dies war insofern bedeutsam, als in dem traditionellen Kleinfamilienbild die fürsorgliche Betreuung beinahe ausschließlich der Mutter überlassen wurde.

---

317 Vgl. Timm 2004, »*3.1 Partnerwahl*«, S. 12.
318 Vgl. Vgl. Timm 2004, »*Frauenbild, Emanzipation und Gleichstellung*«, S. 38f.
319 Vgl. Schmidt 2002, »*Geschlechterbeziehungen und Familie*«, S. 140f.
320 Vgl. Honneth 2013, »*Familie*«, S. 277f.
321 Vgl. ebd.
322 Vgl. Mitterauer 2009, S. 102 f.

Die daraus resultierende Dreiecksbeziehung (Eltern-Kind-Beziehung) änderte die scheinbar zweifelsfreien Strukturen und verpflichtete den geschiedenen Vater dazu, sich mehr mit der Emotionalität des Kindes und mit seiner Sozialisation zur Selbstständigkeit zu befassen. Diese Veränderung führte dahin, dass die moderne Familie sich um eine bis dahin unbekannte Form erweiterte. Wenn zwei Partner*innen jeweils ihre Kinder aus der vormaligen in die neue Beziehung einbringen, dann entstehen, wie schon anfänglich erwähnt, die sogenannten Patchwork-Familien.[323] Diese familiale, zur Kooperation gezwungene Gemeinschaft umfasst neue Mitglieder, die mit Halbgeschwistern oder Stiefgeschwistern etc. beschrieben werden; sie verlangt eine enorme emotionale Elastizität und Offenheit von den Kindern und große Toleranz von den Elternteilen. Damit ist allerdings nicht gesagt, dass der besagte Wandel unaufhörlich Richtung Gleichberechtigung und reibungsloser innerfamilialer Kooperation führt, schließlich sind die Versuche weiterhin vorhanden, zu der alten dominierenden Vorstellung, wonach Vater und Mutter einander ergänzende und fixe Rollen hatteh, zu tendieren.[324] Wenn man sich die normative Verheißung der Romantik in Erinnerung ruft, der zufolge durch die romantische Liebe die Beziehung der Familienmitglieder derart dirigiert wird, dass jedem Einzelnen seine Subjektivität und Individualität gemäß seiner Persönlichkeit und emotionalen Bedürftigkeit gewährt wird, dann stellt man fest, dass sich der eingetretene Wandel – in emotionaler Hinsicht – auf dem besagten Entwicklungspfad der Romantik befindet. Die Folgen davon sind nicht unbedeutend, denn die althergebrachte Vorstellung, wonach die Mutter durch ihre liebevolle Zuwendung und Emotionalität den Kindern und ihrem Ehemann gegenüber schlicht ihrer natürlichen Bestimmung folgte, kann nicht mehr aufrecht erhalten bleiben. Auch der Vater schränkt sich immer mehr ein, um in der frühen Lebensphase seines Kindes Betreuungsaufgaben zu übernehmen und durch spielerische Zuwendung eine innige und vertrauensvolle Beziehung zu seinem Kind aufzubauen, sodass auch nicht mehr ausschließlich in der Mutter die primäre Bezugsperson gesehen werden kann. Damit ist an die Stelle der steifen Rollenteilung eine Art Arbeitsteilung der Eltern getreten. Die sich nun etappenweise herausdestillierte partnerschaftliche Sozialbeziehung zeichnet sich durch die normative Idee aus, einander als ganze Person mit der jeweiligen differenzierten Bedürftigkeit Liebe entgegenzubringen. Diese Art von Liebe soll den Beweis liefern, einander in der jeweils eigenen Besonderheit anzunehmen und anzuerkennen. Es ist

---

323 Vgl. Juul 2016, S. 7f.
324 Vgl. Honneth 2013, »*Familie*«, S. 277.

eben die Anerkennung und Bestätigung sowie Bejahung der persönlichen Besonderheit, welche die individuelle Freiheit steigert und gerade den persönlichen Beziehungen jene voluminöse Bedeutung beilegt. Aber wie jede Entwicklung hat auch »diese Reinigung der modernen Familie von all den in sie von außen hineinragenden Rollenzumutungen«[325] ihre Schwächen. Wenn Emotionen und freiwillige persönliche Bindungen als Basis für Zugehörigkeit fungieren und nicht mehr bestimmte rollenförmige Verpflichtungen diese manifestieren, dann ist es naheliegend, dass die Fragilität des Sozialverbands massiv zunimmt.[326] Anderseits liegt es auf der Hand, dass heute lediglich emotionale Zuneigung und reziproke Bejahung Ehepaaren und Familien zu einer langandauernden, gesunden und gelungenen Beziehung verhilft und das persönliche Band zusammenhält. Dieser Umstand kann genau mit der Konstellation verglichen werden, die gegen Ende des 18. Jahrhunderts eine klare Rollenteilung der Eltern sowie ihre wechselseitige Ergänzung umfasste und welche von Hegel und Schleiermacher als die Verwirklichungsstätte der sozialen Freiheit aufgefasst wurde. Heute sind es die Gleichberechtigung und die diskursiv kooperierende Art der Eltern[327], welche die familialen Beziehungen ordnen, dabei im Kern weniger auf konventionellen Normen und viel mehr auf reziproker Liebe beruhen und zur sozialen Entfaltung führen. Mit anderen Worten ist es in dem Kontext die normative Vorstellung von Handlungsfähigkeit, die als soziale Entfaltung und Möglichkeit der individuellen Selbstverwirklichung ausbuchstabiert wird. Resümiere ich die bisherige Rekonstruktion, bleibt festzuhalten, dass sich der familiale Wandel dadurch auszeichnet, sich stets schrittweise Richtung Demokratisierung ihrer Binnenverhältnisse entwickelt zu haben. Dieser etappenmäßige Wandel der familialen Beziehungen hat dazu geführt, dass die emotionale Zuwendung und die liebevolle Fürsorge der Eltern dem eigenen Kind gegenüber stets zugenommen haben. Die sozioökonomische Entwicklung und die Erfahrung der politischen Demokratisierung der letzten Jahrhunderte sowie unser wachsendes Verständnis dafür, die Individuen in ihrer eigenen Autonomie zu bestärken, haben diesen Wandel ermöglicht und unterstützt. Die jüngere Generation hat allmählich begreifen müssen, dass Kinder für eine unbeschwerte Kindheit – befreit von der Verpflichtung, zum wirtschaftlichen Einkommen der Familie beitragen zu müssen – einen geschützten physischen und psychischen Raum

---

325 Vgl. Honneth 2013, S. 301.
326 Vgl. Wurzbacher 1958, der die strukturellen Veränderungen der Familie so ähnlich deutet, unter anderem »*Der sozialpädagogische Auftrag der Familiensoziologie*«, S. 242f.
327 Vgl. Nave-Herz 2013. S. 207 ff.

benötigen. Der autoritäre Erziehungsstil hat nach den 1960er-Jahren seine Legitimität eingebüßt, die Egalität und die Einbeziehung der Ehefrauen und der Kinder haben innerhalb des familialen Lebens zugenommen oder sind gar eine Selbstverständlichkeit geworden. Konsequenterweise sind Theorien der Anerkennung aus den Erziehungswissenschaften nicht mehr wegzudenken. Die normative Vorstellung, die sich hinter diesem skizzierten Wandel verbirgt, ist die Bemühung darum, allen Familienmitgliedern den Status eines vollwertigen Mitgliedes zu verleihen. Es sind demnach die Demokratisierung der Familie und das Erziehungsmodell, wonach jedes Mitglied es verdient, aufgrund seiner Zugehörigkeit als ein unverwechselbares Individuum behandelt zu werden, die als Triebkräfte dieser Entwicklung fungierten. Die angedeutete Handlungsfähigkeit äußert sich offenkundig in innerer und äußerer Freiheit. Innere Freiheit bedeutet, von den primären Bezugspersonen ohne Zwang und in vollkommener Harmonie derart begleitet zu werden, dass man sein eigenes Inneres ohne Angst und Zwang der Deformierung erkunden kann. Hier ist nichts weiter als die persönliche Authentizität und persönliche Entfaltung gemeint. Äußere Freiheit richtet sich an die sozialen Institutionen und ist von ihnen abhängig. Sie dürfen nicht freiheitseinschränkend wirken und die Selbstwirksamkeit der Individuen retardieren. Ich habe die Heimstätte der Privatheit und Intimität bisher so aufgefasst, dass sie stets zu einem Mehr an innerer Freiheit und einem gesunden Selbstverständnis der heranwachsenden Kinder beigetragen hat. Dies ist das Ergebnis der moralisch-politischen sowie erzieherischen Entwicklung der letzten Jahrhunderte. Aber wie sind gegenwärtig die sozioökonomischen Beschaffenheiten der modernen Gesellschaften unter diesen Gesichtspunkten zu bewerten? Werden den Familien Hindernisse – im Sinne der Ungerechtigkeit und sozialen Integrität – in den Weg gelegt? Der moderne Staat hat sinnvollerweise diverse familiäre Interaktionen verrechtlicht, was notwendig ist, um zum Beispiel im Falle von Kinderverwahrlosung, Vergewaltigung oder Misshandlung intervenieren zu können.[328] Andererseits ist es offensichtlich, dass »der politische Liberalismus, dessen Prinzipien das normative Selbstverständnis unserer Gesellschaften bis heute prägen, die ganze Sphäre der Familie und Kindererziehung stets am Rande [hat] liegen lassen«.[329] Ihre Bedeutung für die politisch-moralische Reproduktion der demokratischen Gesellschaft wurde stets ignoriert. Dabei wird vollkommen außer Acht gelassen, wie sehr ein vitales demokrati-

---

328 Vgl. Honneth 2000, »Liebe und Moral. *Zum moralischen Gehalt affektiver Bindungen*«.
329 Vgl. Honneth 2013, S. 313.

PERSÖNLICHE BEZIEHUNGEN UND SOZIALE INTEGRITÄT

sches Gemeinwesen auf kooperations- und handlungsfähige Individuen angewiesen ist.[330] Es ist heute allgemein anerkannt, dass die psychische Stabilität und Integrität nur innerhalb von intakten, vertrauensvollen und deliberativ-egalitären Familien erworben werden kann. Folglich sollte es sich die Politik zur Aufgabe machen, Familien mit allen möglichen Mitteln dahingehend zu unterstützen, dass sie möglichst wenigen ökonomischen Barrieren ausgesetzt werden. Alle modernen wohlhabenden Gesellschaften verfügen über genügend wirtschaftliche Ressourcen[331], um alle Familien in eine wirtschaftlich sorgenfreie Situation zu versetzen. Da die Familie für eine nachhaltig funktionierende Demokratie derart wichtig ist, um mit ihrer Hilfe die moralischen und demokratischen Verhaltensregeln eingeübt in die nächste Instanz (öffentliche Willensbildung) hinüberzutragen, sollte sich diese Bedeutung in der Sozialpolitik oder in »politisch-ökonomischen Maßnahmen niederschlagen, die es all ihren Mitgliedern erlaubt, zwischen den verschiedenen Funktionsbereichen ohne wirtschaftliche Benachteiligung mühelos hin- und herzuwechseln«.[332] Schon Durkheim bezeichnete die Institution der Familie als ein »sekundäres Organ des Staates«[333]; dieser Aspekt verdient heute wieder eine größere Aufmerksamkeit, vor allem wenn es darum geht, Menschen zur Demokratie zu erziehen[334], damit sich die modernen Gesellschaften nicht mehr ernsthaft mit dem Begriff der »Postdemokratie«[335] und ähnlich konnotierten Begriffen befassen müssen.

Damit gelange ich zu einem Zwischenkapitel, wohl einer Art Exkurs, der mit Bedacht das Thema der persönlichen Beziehungen und politischen Öffentlichkeit miteinander in Verhältnis setzt.[336] Bei diesem Anschluss ist mir wichtig, auf Einwände zu reagieren, die gegen meine bisherige Ausführung gerichtet sein könnten, ich sie aber bisher nicht im ersten Kapitel habe stimmig verorten und diskutieren können. Überdies hinaus liefert mir der besagte Einschnitt eine Art Vorbereitung auf das, was im zweiten Kapitel behandelt wird; denn dort steht der Begriff der Demokratie und das Verständnis der modernen Staatlichkeit in Bezug auf die ausgewogene Gegenseitigkeit und ein zwangloses Füreinander – dies

---

330 Vgl. Nussbaum 2012, »*Die lautlose Krise*«, S. 15f. Vgl. Nussbaum 2021, »*Eine Gesellschaft mit hohen Zielen: Gleichheit, Inklusion, Verteilung*«, S. 177f.
331 Vgl. Schindler 2017, S. 18f.
332 Vgl. Honneth 2013, S. 313.
333 Vgl. Durkheim 1973, »*Einige Bemerkungen über die Berufsgruppen*«, S. 41f.
334 Vgl. Joas 2000, »*Der Philosoph der Demokratie: Dewey*«.
335 Vgl. Crouch 2013.
336 Lesenswert ist der Aufsatz von Günter Burkart 2001: »*Die Familie in der Zivilgesellschaft: Treuhändler gemeinschaftlicher Wert?*«, der in diese Richtung argumentiert.

in einer anderen Form als in der Sphäre der persönlichen Beziehungen – im Mittelpunkt meiner Diskussion.

d. Das Ich und die Anderen

Die Sozialisation oder gelungene partikulare Beziehungen zu den primären bzw. bevorzugten Personen können einflussreiche Schritte zu einer vielversprechenden Vergesellschaftung der Subjekte einleiten. Mit anderen Worten, es sind geglückte Beziehungen in den kleinsten Zellen der Gesellschaft, die unserem heutigen Verständnis nach auf Liebe, wechselseitige Anerkennung und Respekt basieren und uns im Hinblick auf eine legitime und gerechte soziale Lebenswelt mit klaren normativen Ideen versehen. In diesem Kontext ist Adornos Vorstellung über die Liebe bemerkenswert. Er ist der Auffassung, dass der Mensch in der Vorstellung einer gelungenen Liebesbeziehung stets seine Sehnsucht nach einer besseren Welt zu stillen versucht.[337] Viel basaler ausgedrückt: Um im sozialen Leben zu bestehen, um beglückende Beziehungen aufzubauen und um Freunde zu haben, muss jeder Mensch in erster Linie im Kontext der persönlichen Beziehungen sich selbst entwickeln, stets an seiner Persönlichkeit feilen und nicht darauf hoffen bzw. warten, dass andere sich derart verhalten, um ihn zufrieden und glücklich zu machen.[338] Folglich wird im Zusammenhang des eigenen persönlichen Entwicklungsprozesses auch Einfluss auf die Gestaltung der aparten sozialen Umwelt genommen. Dadurch wird das »Ich«, die eigene Individualität in der Beziehung zu den signifikanten »Anderen« in reflexiver Reziprozität gewinnen[339], um die Fähigkeit zu erlangen, seine soziale Welt mit einer Vorstellung der *ausgewogenen Gegenseitigkeit* in Verbindung zu bringen. Damit sollte hinreichend geklärt sein, warum gelungene persönliche Beziehungen in den drei von mir markierten Sphären für die gelungene Sozialität so essenziell sind und – ihrer Genese nach – den Lebensverhältnissen im öffentlichen Raum vorausgehen.

---

337 Vgl. Adorno 2015, S. 2018, »*Geliebt wirst du einzig, wo du schwach dich zeigen darfst, ohne Stärke zu provozieren*«. Auch interessant von James: »Für wahre Liebende wirken gegenseitiges Verlangen und geteilte Wesenszüge [...] wie ein Zauber, denn sie nähren ein Gefühl der Ehrfurcht. Die beiden Menschen sind vom Leben begeistert. Ihre heißblütige Liebe entzündet ihre Leidenschaft nicht nur für einander, sondern für das Leben an sich [...]. Wahre Liebende wollen wissen, was Liebe ist: Sie gewährt neue Einblicke, sie lässt intensiver leben, und sie wirft bedeutende Fragen auf«. Vgl. James 2010, S. 50.
338 Vgl. Winterhoff 2017, »*Die verschollene Kindheit*«, S. 33f.
339 Vgl. Mead 1973, »*Teil: III: Identität*«, S. 177f.

PERSÖNLICHE BEZIEHUNGEN UND SOZIALE INTEGRITÄT

Bislang bin ich in meiner Ausführung stets von idealen Vorstellungen ausgegangen und habe darauf verwiesen, wie Ideale persönliche Beziehungen sphärenspezifisch prägen und leiten können. Dies geschah allerdings mit dem Bewusstsein, dass Ideale nicht im luftleeren Raum existieren und nicht nur in ihrer Abstraktheit glänzen, sondern metaphorisch gesprochen, sie stets durch die Kapillaren der praktischen Erfahrung und sozialen Faktizität hindurchfließen. Mithin jedes Mal, wenn die Faktizität mit Krisentendenzen oder mit Pathologien konfrontiert wird, gar in eine Art Sackgasse gerät, wird sich die Hoffnung auf eine Veränderung in Form von Idealen erheben und auf ihre Geltung drängen. Der indische Philosoph, Dichter und Komponist Rabindranath Tagore ist der Auffassung, dass eben die Vorstellung eines realistischen Menschenbildes, das die kreative Vision eines fernen Ziels in sich trägt, den Mensch von anderen Lebewesen unterscheidet. »Es ist eine Beleidigung seines Menschseins, wenn der Mensch nicht ein bestimmtes Bild von seinem idealen Selbst, von seiner idealen Umgebung in sich wachruft, das in seiner Außenwelt zu reproduzieren sein Auftrag ist«.[340] Die Idee des Sozialismus ist ein historischer Beleg dafür, wie Ideale, die nicht einmal im Ansatz praktische Erfahrung vorweisen, bewundernswerte soziale Kräfte entfachen, große Massen elektrisieren und mobilisieren können; keine der monotheistischen Religionen war in der Lage, sich so rapide wie die Idee des Sozialismus auf dem gesamten Globus zu verbreiten. Jene normativen Prinzipien der Gerechtigkeit, die eng mit dem Namen des Sozialismus assoziiert wurden, waren so vielversprechend und so verheißungsvoll, dass man dafür politisch-gesellschaftliche Revolutionen initiiert hat. Auch wenn die normative Kraft der Idee des Sozialismus mittlerweile verebbt ist, hat doch diese Erfahrung gezeigt, dass hoffnungsvolle Ideale den Menschen – in Bezug auf Veränderungen – Flügel verleihen können.

Von idealen Illustrationen, die als Abglanz des praktischen Lebens fixiert wurden, getrieben, habe ich die Bedingungen eines gelingenden Lebens in den Sphären der »Freundschaft«, der »romantischen Liebe« und der »familialen Beziehungen« hinlänglich analysiert. Nun wende ich mich kurz der anderen Seite des Ideals zu und schaue darauf, was für Gefahren oder Fehlentwicklungen eintreten können, wenn die besagten Beziehungen sich nicht zum Ideal hin, sondern vielmehr davon fortbewegen. In dem Zusammenhang setze ich mich mit einigen Kritikpunkten auseinander, die sich grundlegend mit der Existenz und Bedeutung der drei von mir klar umrissenen sozialen Sphären befassen.

---

340 Zitiert nach Nussbaum 2014, S. 180.

Freundschaftsbeziehungen werden heute in den modernen Gesellschaften als ein hohes Gut erachtet. Wer nicht über gelungene und subjektiv zufriedenstellende Freundschaftsbeziehungen verfügt, scheint ein ernsthaftes soziales Problem zu haben. Zu diesem Zwecke betrachtet die philosophische Tradition die Freundschaft als ein wesentliches »Element eines guten Lebens, als reinen Segen und als moralisches Gut«.[341] Ein wesentlicher Grund für diese Sichtweise besteht darin, dass der Großteil der Beziehungen in anderen sozialen Kontexten instrumentelle Züge trägt und diese Beziehungen vorsätzlich oder auch instinktiv als Mittel zum Zweck benutzt werden. »Denn von allem, was Menschen sich schenken können, wüsste ich nichts Heiligeres, wonach man streben, nichts Nützlicheres, wonach man trachten könnte [...] Das ist so wahr, dass es hier auf Erden für einen Freundlosen kaum eine Freude gibt«.[342]

Gleichwohl wird auch die Freundschaft von der modernen Moralphilosophie wegen ihrer *Partikularität* massiv kritisiert. Der wohl stärkste Einwand betrifft die »nostalgischen« Züge (Altruismus, Sentimentalität) der idealisierenden Freundschaft, die sich mit den Prinzipien der Universalität nicht mehr vereinbaren lassen. Deshalb, so der Einspruch, verfüge die Freundschaft nicht über jenen normativen Horizont, um für die Grundlegung einer Politik der Demokratie dienen zu können.[343] Somit gerate die Freundschaft aufgrund ihrer Einseitigkeit, Ausschlusstendenz und Bevorzugung mit der zeitgenössischen Moralphilosophie in Konflikt. Das Prinzip der parteilichen Fürsorge, das in der Freundschaft grundsätzlich wirkt, kann weder mit der Idee der Menschenrechte noch mit den Gerechtigkeitsprinzipien, die im öffentlichen Raum wirken, kompatibel sein. Gewiss hat auch die Freundschaft genauso wie alle anderen sozialen Beziehungen Züge, die ins Negative umschlagen können. C. Staples Lewis verweist zu Recht darauf, dass Freundschaft auf der einen Seite eine Schule der Tugend, aber auf der anderen Seite auch eine Schule der Laster sein kann.[344] Um diese lasterhafte Seite der Freundschaft ein Stück weit zu entkräften, muss bemerkt werden, dass seit Aristoteles der Gedanke, demnach nur gute Menschen Freunde sein können, in der Philosophie der Freundschaft tiefe Wurzeln geschlagen hat. Demzufolge können schlechte Menschen keine Beziehung der Freundschaft eingehen. Mehr noch, es wird daraus abgeleitet, dass gute Freunde keine schlechten Menschen sein können. Gemäß dieser Auffassung kann eine

---
341 Vgl. Nehamas 2017, S. 112.
342 Vgl. Rieval von Aelred 1939, S. 36.
343 Vgl. Derrida 2000, »*Das wiederkehrende Freund (Im Namen der »Demokratie«)*«. S. 152f.
344 Vgl. C. P. Lewis 1986, S. 123f.

PERSÖNLICHE BEZIEHUNGEN UND SOZIALE INTEGRITÄT

Freundschaft niemals Schaden verursachen oder Ungerechtigkeiten hervorbringen, sie ist sogar auf eine bestimmte Weise universell, denn sie vereint die Menschen, sie kennt kein Alter, keine sozialen Schichten, keine Nationalitäten und keine differenten Kulturen.[345] Also sind für eine gelungene Freundschaft Tugendhaftigkeit und eine klare Idee des Guten bestimmend. Nichtsdestotrotz widmet die moderne Moralphilosophie ihre Aufmerksamkeit der anderen, nämlich der lasterhaften Seite der Freundschaft und betont, dass die Absicht der legitimen Bevorzugung in der Freundschaft und ihre starke Tendenz der Ausgrenzung moralisch fragwürdig seien. Aber der Reihe nach. Die hier geäußerte Kritik ist augenscheinlich eine Kritik, die dem politischen Liberalismus eigen ist. Überspitzt dargestellt, geht der Liberalismus »davon aus, dass die Identität des Individuums weitgehend unabhängig von zwischenmenschlichen und sozialen Beziehungen ist«[346]. Deshalb seien auch die Gerechtigkeitsgrundsätze überall und in verschiedenen Gesellschaftstypen mehr oder weniger identisch. Diese individualistische Sichtweise spricht für sich, denn mit dem Prinzip der Universalisierung verlieren persönliche Beziehungen, die das Band der Gemeinschaft[347] beleben können, stark an Bedeutung, dabei wird eine Verzerrung des Menschenbildes in Kauf genommen. Es wird kaum Rücksicht auf das Gefühl der Unverwechselbarkeit des Einzelnen genommen, das nur in partikularen Beziehungszonen gewonnen und bestätigt werden. Weiterführend: Warum soll das Gefühl der Fürsorge nicht auch im öffentlichen Raum von Bedeutung sein?[348] Der israelische Universalhistoriker Yuval Noah Harari[349] verweist zu Recht darauf, dass die Demokratie als soziale Ordnung sehr stark auf Emotionen und auf die innere Stimme der Gesellschaftsmitglieder angewiesen ist, da sehr viele soziale Normen, überwiegend durch ihren emotionalen Charakter in der Gesellschaft Anklang finden und als Basis eines demokratischen Ethos fungieren. Gewiss kann es Situationen geben, in denen die moralischen Werte der Fürsorge und Unparteilichkeit miteinander kollidieren, aber gerade in dem Beziehungsgeflecht der Freundschaft geht es um lediglich zwei Seiten und nicht um diverse Gruppen oder um zahllose Menschen. Hier soll in Erinnerung gerufen werden, dass es in der Freundschaftsidee, die ich auszeichnete, nur zwei Parteien geben

---

345 Vgl. Nehamas 2017, »*Ein Freund ist ein anderes Selbst*«- *die aristotelischen Grundlagen*«, S. 23f.
346 Vgl. Nehamas 2017, S. 61.
347 Vgl. Bedorf/Hermann 2016, »*Das Gewebe des Sozialen. Geschichte und Gegenwart des sozialen Bandes*«, S. 11f.
348 Vgl. Nussbaum 2021, »*Wie Liebe für Gerechtigkeit wichtig ist*«, S. 567f.
349 Vgl. Harari 2018, S. 385f.

kann, also nur zwei Freunde (oder eine kleine Menge von Menschen). Reicht der Kreis über zwei Personen hinaus, so handelt es sich um Beziehungen, die andere Formen als die der Freundschaft annehmen. Etwa Beziehungen, die durch einen Nutzenkalkül[350], gemeinsame Interessen oder den gemeinsamen Zeitvertreib gekennzeichnet sind und relativ leicht die Grenzen der moralischen Partikularität sprengen können. Sie sind in der Konsequenz in moralischen Konfliktsituationen für unparteiische Evaluierung fortwährend offen.

Wohingegen die Freundschaftsbeziehung, so wie ich sie fasse, die Authentizität der Person betont, sich durch ihre Einzigartigkeit hervorhebt und kein anderes Vorbild als sich selbst kennt, ferner den Beteiligten ein Gefühl der Unverwechselbarkeit vermittelt, kurzum, sie stiftet und bestätigt eine persönliche Identität. Welche Moralvorstellung auch immer diese Einzigartigkeit in Abrede stellt, kann der Existenz unseres Eigenbildes (Identität) nicht gerecht werden und zieht eine ungerechtfertigte Behandlung der Individuen nach sich. Auch wenn die normative Tragweite des Begriffs der Würde sich in universalistischen Prinzipien erschöpft sieht, so kann er nicht gegenüber der Einzigartigkeit der Subjekte (Differenz) verhältnislos bleiben[351], vielmehr verdient die Einzigartigkeit und die Selbstbezogenheit der Individuen vor allem in privaten Sphären eine würdevolle Achtung. Von der würdevollen Achtung ausgehend und auf der Mikroebene betrachtet, sind Beziehungen, die auf praktischen Nutzen und Vergnügen gründen, lediglich Beziehungen, die sich von dem von uns ausgezeichneten Ideal der Freundschaft distanzieren. Die von mir in den Mittelpunkt der Debatte gerückte Freundschaft weist als zentrale Merkmale die wechselseitige Liebe und die inhärente Absicht auf, einander Gutes zu wünschen und zu erweisen, weil die Beteiligten so sind, wie sie sind. Meinem Verständnis nach lässt die Essenz der Freundschaft gar keinen Raum für Egozentrismus, für Gier nach persönlicher Bereicherung sowie Asymmetrie der Verhältnisse, somit auch keinen Raum für ungerechte Tendenzen in der Beziehung. Andere Beziehungsmuster, die für sich in Anspruch nehmen, den Titel der Freundschaft zu

---

350 Vgl. Boltanski/Chiapello 2003, S. 67f. wonach in dem Netzwerkkapitalismus viele Beziehungen wegen Vermehrung diverser Kapitalsorten (Wirtschaftskapital, Humankapital und Sozialkapital) gesucht, gefunden und eingegangen werden. Aber wie schon mehrfach erwähnt, können opportunistische Absichten nicht auf Dauer der normativen Idee der Freundschaft gerecht werden.
351 Vgl. Taylor 1993, der bezüglich der »Politik der Differenz« ähnliche Ansichten äußert.

tragen[352], aber entweder auf die gegenseitige Instrumentalisierung oder einseitige Abhängigkeiten (sie können auch pathologische Neigungen aufweisen) basieren, verdienen in meinen Augen kaum die Bezeichnung der »Freundschaft«. Überdies würden derartige Bezugnahmen, die durch Supplemente wie Asymmetrie und Unterwerfung als solche existieren, früher oder später in groben Ungerechtigkeitsverhältnissen münden und sich hoffnungslos graduell auf ihre Auflösung hinbewegen.

Nun visiere ich die Sphäre der *romantischen Liebe* an und schaue auf drei Aspekte, die jeweils auf eine bestimmte Weise latent oder zeitweilig offen Ungerechtigkeiten in der Liebe anklagen. Zunächst blicke ich auf die tendenziell der Liebe immanente Ungerechtigkeit als solche, also auf die zur Liebe gehörende negative Kritik. Es soll darauf geschaut werden, ob Liebe, in der Form, wie ich sie gedeutet habe, Ungerechtigkeiten nach sich zieht.

In einem nächsten Schritt werfe ich einen Blick darauf, inwiefern der Kapitalismus als Gesellschaftssystem zu der Verdinglichung der persönlichen Beziehungen beigetragen hat. Zum Schluss nehme ich kurz Bezug zu einem soziologischen Kritikpunkt, demnach heute noch milieuspezifische Chiffren für Liebesbeziehungen von Bedeutung sind, über die die Eliten der Gesellschaft klare Ausgrenzungen praktizieren; ergo haben demokratische Elemente doch nicht überall Einzug gehalten.

In der *romantischen Liebe* ist die völlige Freiheit der Subjekte nicht mehr so wie in der Freundschaft gegeben; Abhängigkeiten, seien es emotionale, materielle oder psychische, können sublim am Werke sein. Dennoch verspricht die heutige Vorstellung von der romantischen Liebe mehr Freiheit als Einschränkung. Schließlich wirken kulturelle, traditionelle und religiöse Einflüsse nicht mehr zwanghaft und normieren nicht mehr

---

352 Zum Beispiel verweisen Boltanski/Chiapello (2003. S. 493f) darauf, dass im Netzwerkkapitalismus Freundschaftsbeziehungen überwiegend aus strategischen Gründen, also für den Zugewinn des persönlichen Sozialkapitals gesucht und eingegangen werden; aber aus meinen bisherigen Ausführungen sollte hinlänglich klar geworden sein, dass derartige Beziehungen nicht in den Rahmen meiner Definition der Freundschaft hineinpassen. Freilich ist die Tendenz, aus jeder Beziehungsart eigene persönliche Vorteile ziehen zu wollen, nicht zu übersehen. Gleichzeitig insistiere ich auf die nicht erschöpften Impulse der Freundschaft, welche die Partikularität und die Unverwechselbarkeit der Person (der Freunde) manifestieren und stelle dabei fest, dass diese noch lange nicht erloschen sind. Es ist schwer vorstellbar, dass alle Beziehungsarten, inklusive der Freundschaft, sich nach dem Muster der Interaktionen auf dem ökonomischen Feld aufstellen. Wäre dies jedoch in verstärktem Maß der Fall, so würden große Aspekte unseres »Menschseins« deformiert werden, gar verloren gehen.

die Liebesgrammatik auf eine dogmatisch-schematische Art.[353] Dies führt dazu, dass die Subjekte heute wie selbstverständlich in der Liebe wohl das größte soziale Experimentierfeld sehen und ihren Passionen nachgehen.[354] Aber auch in der Liebe können Züge oder Tendenzen der Ungerechtigkeit existieren. Primär soll vorausgeschickt werden, dass die Aspekte der Partikularität und Bevorzugung in der Liebe nicht als Absichten der Ungerechtigkeit ausgelegt werden können, da die Liebe sich nur durch diese besagten Dispositionen auszeichnet und zu dem wird, was man als romantische Liebe – mit ihrer spezifischen Wirkungsweise für die Identität der Beteiligten – bezeichnet. Ich habe weiter oben versucht, die Semantik einer gelungenen Liebesbeziehung mit den Begriffen der *Anerkennung* und dem des *Blickes* zu analysieren. Was dabei von Bedeutung ist, ist die Spannung zwischen der völligen Symbiose und der Selbstbehauptung der Beteiligten, die dann im optimalen Falle die reziproke Anerkennung nach sich ziehen würde. In einer Liebesbeziehung kann aber Anerkennung temporär auch eine negative Wendung annehmen, indem bei persönlichen Differenzen eine Seite die andere bewusst ignoriert, ihr die notwendige Aufmerksamkeit vorenthält und sie aus dem Blick verliert oder ihr mit einem strafenden oder enttäuschenden *Blick*[355] irgendeine Botschaft übermittelt. Gewiss, dies geschieht als eine Form der persönlichen Bestrafung oder als Indiz der Bewusstwerdung und Signalisierung für die Nichteinhaltung gemeinsamer Normen der Beziehung, die aber temporäre Schmerzen verursachen kann. Es wurde zwar konstatiert, dass in der Liebe diverse Abhängigkeiten als normal oder vielmehr als ein der Liebe zugehöriges Phänomen aufgefasst werden, aber diese dürfen nicht in Pathologien münden. Indem sich eine Seite in der Beziehung komplett selbstverleugnend oder ihre eigenen Bedürfnisse als sekundär wahrnimmt, ihre Aufgabe lediglich in der vielfältigen Befriedigung der anderen Seite und in der Harmoniebewahrung in der Beziehung erblickt, ist der Schritt hin zur Pathologie nicht mehr weit weg. Obwohl diese Aspekte starke Tendenzen der Ungerechtigkeit stützen, können sie meinem präferierten Ideal der Liebe nach nicht von Dauerhaftigkeit sein. Sie würden zeitweilig als eine starke Belastung für persönliches Glück und parteiliche Zufriedenheit wahrgenommen werden und sie werden die eigenmotivierte Selbstwirksamkeit unterminieren, aber über kurz oder lang müssen sie sich der modernen normativen

---

353 Vgl. Rosa 2013, »*2. Die Beschleunigung des sozialen Wandels*«, S. 25.
354 In eine derartige Richtung weist auch die Argumentation von Mary 2016, »*Persönliche Aussichten*«, S. 228f.
355 Vgl. Sartre 2014, »*IV. Der Blick*«, S. 457f.

Folie der Liebesromantik beugen, die auf Reziprozität und wechselseitige Fürsorge und Aufmerksamkeit beruht. Schlägt die Entwicklung jedoch eine andere Bahn ein, so werden derartige Beziehungen wegen ihrer immanenten Ungerechtigkeit zum Scheitern verurteilt sein oder sie werden in persönliche Pathologien enden, wo sie dann nur mit externer Hilfe, sei es von Freunden, Großfamilien oder Psycholog*innen einen anderen Lauf nehmen können.

Ein anderer Kritikpunkt, der die Ungerechtigkeit in der Liebe anklagt, ist der, welcher mit der mittlerweile nicht unbekannten *Kapitalismuskritik* eng verbunden ist, der zufolge alle zwischenmenschlichen Beziehungen nach dem Muster der Wirtschaftslogik starke Tendenzen der Verdinglichung aufweisen. Diese Kritik visiert die rationale Berechenbarkeit des Kosten-Nutzen-Kalküls der interpersonalen Verhältnisse und die von ihr hervorgebrachten egoistischen und selbstzentrierten Individuen an, die unterschwellig die Spielarten der Ökonomie auf die Sphäre der persönlichen Beziehungen übertragen und sich in nahezu jeder zwischenmenschlichen Interaktion rational, kühl und herzlos ausrechnen, was dabei für einen persönlich herausspringt.[356] Keinesfalls sollte diese Kritik übersehen werden, wobei es naheliegender wäre, sie mit der Hilfe anderer sozialphilosophischer Kategorien wie Selbstentfremdung und Selbstverlust tiefgründiger zu analysieren. Analog zu den Ausführungen zur Freundschaft laufen auch hier die besagten kapitalismuseigenen Attribute auf die Instrumentalisierung der Verhältnisse hinaus und können relativ schnell diagnostiziert werden; in erster Linie, weil sie die Bedingungen eines gelingenden Lebens anfeinden, das seinen Antrieb in der Selbstbestimmung und Selbstwirksamkeit der Subjekte ausfindig macht. Ferner bin ich bei der Analyse der romantischen Liebe mit Vorsatz so verfahren, dass ich ihre normativen Impulse derart herausdestilliert habe, um ihr zwar eine vage, aber anspruchsvolle Definition zu verleihen. Eine Definition, die nicht gänzlich geschlossen ist, aber auch nicht jeder Art von Beziehung die Möglichkeit einräumt, mit der romantischen Liebe assoziiert werden zu dürfen. Auch die Begriffe der *Anerkennung* und des *Blicks* haben ihr Übriges dazu beigetragen, um die Liebe nicht als einen rein exaltierten Zustand, gar als etwas märchenhaft Mythisches zu deuten. Um in der Argumentation schlüssig zu bleiben: in früheren Generationen, genauer gesagt in der Epoche der Romantik, sollten des Öfteren ausschließlich Leidenschaften und emotionale Fantasien das Gefühl der Liebe beflügeln und definieren, aber ob es dem Einzug der rationalen

---

356 Vgl. Baumann 2017, »*Liebe und Geschlecht. Partnerwahl: Warum wir das Lieben verlernen*«, S. 11f. Vgl. Kuchler/Beher 2014, »*Liebe als Tausch*«.

Erklärbarkeit der Welt (Verwissenschaftlichung der Welt) oder dem Siegeszug der kapitalistischen Kultur geschuldet ist, unsere moderne Vorstellung der romantischen Liebe hat unzweifelhaft starke Züge der Rationalität angenommen. Rationalität wird in dem Sinne verstanden, dass die Subjekte nicht mehr mit guten Gründen einsehen können/wollen, in einer Liebesbeziehung essenziell und dauerhaft Opfer zu bringen oder nach einer gescheiterten Liebe sich über längere Zeit hinweg Liebesentzug oder sexuelle Enthaltsamkeit aufzuerlegen. Dagegen wurde in früheren Zeiten allein wegen Schwärmereien und fantastischer Gefühle für die unerreichbare »geliebte Person« zuweilen eine lebenslange Selbsttreue und Enthaltsamkeit praktiziert.[357] Die Selbsttreue bedeutete, dass man sich den eigenen authentischen Liebesgefühlen ganz sicher war, diese absolut setzte und ihnen auch treu bleiben wollte. Begriffe wie persönliche Bestimmung oder Schicksal füllten die Semantik der Liebe. Heute haben Liebesbeziehungen eine andere Struktur angenommen, die einerseits einen Freiheitsgewinn verspricht, aber andererseits tatsächlich die Ersetzbarkeit der geliebten Personen dokumentiert. Die Erwartungen an eine Liebesbeziehung sind unmissverständlich klar, jede Person versucht ihre eigene persönliche Erfüllung zu finden, entsprechend sind die Erwartungen unverkennbar. Werden diese nicht erfüllt, so schaut man sich nach Alternativen um. Genau an dem Punkt könnte man Aspekte der Rationalität erblicken, aber ob sie dann mit Gerechtigkeitsfragen in Verhältnis gesetzt werden, ist nicht eindeutig zu klären. Weil nicht belegbar ist, ob tatsächlich alleinig kapitalistische Dispositionen unsere gegenwärtige Kultur der Liebe in eine Art »Deformierungsbahn«[358] gelenkt haben. Wenn diese Frage mit Ja zu beantworten wäre, dann müsste man sich ausmalen, wie eine Kultur der Liebe fern von Deformationen der eigenen Urpassionen (Selbstentfremdung) in einem anderen Gesellschaftssystem aussehen könnte. Diesen komplexen Fragen kann ich an dieser Stelle nicht nachgehen. Ich will aber zumindest daran erinnern, dass ich im Rahmen meiner Rekonstruktion der Intimbeziehung offengelegt habe, dass in früheren Generationen ganz andere Barrieren, die nicht unbedingt eine kapitalistische Tönung trugen, nämlich kulturelle und religiöse

---

357 Viele historische Romane liefern uns dafür interessante Dokumente. Vgl. Dostojewski (»Weiße Nächte«, »Arme Leute«), Goethe (»Die Leiden des jungen Werthers«) oder Turgenjew (»Erste Liebe«, »Frühlingsfluten«).
358 Vgl. Illouz 2014, S. 33f. In Anlehnung an Erich Fromms Analyse der Beziehung zwischen Kapitalismus und Liebe verweist sie darauf, dass Liebe in den modernen kapitalistischen Gesellschaften eine starke Tendenz zur Konsumation aufweist.

Normen, für eine gelingende Liebesbeziehung als Einschränkung wahrgenommen wurden.

Ein dritter Kritikpunkt, der die Intimbeziehung und Gerechtigkeit zueinander ins Verhältnis setzt, ist *soziologischen* Ursprungs und verweist auf soziale Milieus und ihre sozialen Spezifikationen. Darin kommt zur Geltung, dass zum Beispiel die Eliten der Gesellschaft für sich genommen eine geschlossene Gesellschaft darstellen und auch in Bezug auf Liebesbeziehungen mit starken Ausschlusskriterien operieren. Mit diesem Punkt ist die begrenzte Heiratsmobilität in den unterschiedlichen Milieus angesprochen. Eine Studie des Statistischen Bundesamts (Mikrozensus Wiesbaden)[359] dokumentiert, dass in Deutschland über 63 % der Paare einen ähnlichen Bildungshintergrund besitzen. Die Gründe hierfür sind uns hinlänglich bekannt, die Menschen möchten heute auch in der Liebe überwiegend eine Art Symmetrie der Verhältnisse herstellen, einander auf Augenhöhe begegnen. Die Rationalität hat auch hier Einzug gehalten, man kalkuliert und berechnet, nur wenige Menschen riskieren, es darauf ankommen zu lassen, sich ökonomisch und gesellschaftlich auf eine niedrigere Ebene zu begeben. Überspitzt kann dieses Phänomen wie folgt beschrieben werden: Die Villenbesitzenden bleiben unter sich und die Hartz-4-Empfänger*innen ebenso.

Die Liebe schafft es scheinbar nur selten, die Grenzen der sozialen Milieus zu überwinden; auch das Internet und seine anfänglich groß umjubelten Demokratisierungsmöglichkeiten haben die Erwartungen nicht erfüllt. Im Gegenteil, die virtuelle Welt hat sich insoweit offenkundig an die reale Welt angepasst, als dass sie alle milieuspezifischen Wünsche aufnimmt und befriedigt. Bestimmte Online-Partnerbörsen oder Partneragenturen sind derart konzipiert, dass sie von vorneherein einkommensschwächere potenzielle Mitglieder ausschließen. In der Konsequenz fungieren auch hier die sogenannten Kapitalsorten und der mit ihnen implizierte Habitus als Ausschlusskriterium. Es ist in diesem Kontext zunächst nebulös, wie man präzise auf Ungerechtigkeiten zielen kann, schließlich habe ich die Entscheidungsfreiheit für die Wahl des Liebesobjekts als ein Phänomen der Modernen mehrfach normativ ausgezeichnet. Deshalb kann es ein schweres Unterfangen werden, im Namen der Gerechtigkeit die Forderung nach der Steigerung der Liebesmobilität

---

359 Vgl. Ergebnisse des Mikrozensus 2017. »Fast zwei Drittel der Paare haben das gleiche Bildungsniveau. Die meisten Menschen in Deutschland wählen eine Partnerin oder einen Partner mit gleichem Bildungsniveau. So hatten 2017 bei 63 % der 20,7 Millionen Paare in Deutschland die Lebensgefährten einen gleichen oder ähnlichen Bildungsabschluss«. Vgl. Mikrozensus 2017, S. 1: »*Gleich und gleich gesellt sich gern*«.

innerhalb der differenzierten Milieus in der Gesellschaft zu stellen. Gerechtigkeit nimmt in diesem Zusammenhang einen viel komplexeren Umfang an, die Wurzel des Übels, wenn ich es einmal so sagen darf, liegt viel tiefer: Wie konnte es nämlich dazu kommen, dass die Grundstruktur der Gesellschaft derart grobe Ungleichheiten der sozialen Verhältnisse zulässt? Warum sind die Binnenkommunikation und die Interaktionen zwischen den sozialen Milieus so undemokratisch? Wie ungerecht ist es, wenn diverse Kapitalsorten (Wirtschaftskapital, Humankapital und Sozialkapital) auf eine opportunistische Weise in anderen sozialen Sphären andere fragwürdige, illegitime Vorteile nach sich ziehen.[360] Mithin kann diese Gerechtigkeitsfrage nicht isoliert und milieuspezifisch betrachtet werden, vielmehr ist es ein gesamtgesellschaftliches Problem, das in vielerlei Hinsichten die Bedingungen eines gelingenden Lebens untergräbt. Offensichtlich ist unsere Grundstruktur derart beschaffen, dass sie radikale Ungleichheiten zulässt, und unsere Kultur manifestiert diese Art des sozialen Miteinanders. Im nächsten Kapitel werde ich das Problem im Zusammenhang mit dem demokratischen Ethos diskutieren müssen. Aber wenn ich hier kurz innehalte und auf die normativen Ideale der persönlichen Beziehungen und den Grad ihrer Institutionalisierung schaue, dann muss ich resignativ feststellen, dass sie nicht überall und nicht in allen Sphären des Sozialen vollkommen verwirklicht sind. Ungerechtfertigte Asymmetrien sind Ausdruck davon, dass die Realisierung der besagten Ideale immer noch einen weiten Weg vor sich hat, der zu gehen sein wird. Moralischer Fortschritt in Form von politisch-sozialen Bewegungen könnte in der Hinsicht Abhilfe leisten.

Nun, wie sieht es in der Institution der *Familie* aus? Ich habe im vorherigen Kapitel über auffallend positive Tendenzen und klare Fortschritte der familialen Beziehungen diskutiert. Gesichtspunkte wie wechselseitige Gleichbehandlung in Beziehungen, die gegenseitige Perspektivübernahme der Familienmitglieder, die sich in einer rücksichtsvollen und einfühlsamen reziproken Annahme äußerte, sowie die Ermöglichung einer gelingenden, fern von Gewalt und Not vonstattengehenden Kindheit wurden gründlich umrissen. Dabei darf nicht unerwähnt bleiben, dass der Wandel der sozioökonomischen Rahmenbedingungen in den letzten 150 Jahren seinen Anteil an dieser positiven Entwicklung hatte. Freilich wurde in der Rekonstruktion deutlich darauf verwiesen, dass ich nicht das klassische Familienbild der konventionellen Gesellschaften als Muster der Familieninstitution deduziere, vielmehr sind heute verschiedene Formen des familialen Zusammenlebens gleichermaßen möglich

---

360 Vgl. Walzer 2006, »*Sphären der Gerechtigkeit*«.

wie wirklich. In der Essenz geht es mir jedoch darum, offenzulegen, dass die unnachahmlichen Solidaritätsbekundungen in der Familie eben diese nach wie vor zu einer beachtlichen sozialen Institution machen, die – neben der Befriedigung der emotionalen und psychischen Bedürfnisse – eine ganz wichtige Aufgabe der Sozialisation übernimmt, die das Bild der künftigen Gesellschaft massiv prägen kann. Auch wenn heute staatliche Institutionen mehr und mehr gewisse Aufgaben der Sozialisation übernehmen möchten oder zum Teil sollten, so kann doch keine öffentliche Institution der Befriedigung der emotionalen Bedürfnisse, die auf die Ermöglichung einer ausgiebigen Gegenseitigkeit hinzielt, vollkommen gerecht werden. Die bedingungslose emotionale und persönliche Annahme und die des Öfteren stille, mit Gestik und Mimik kommunikative Interaktion bedürfen häufiger temporärer Selbstlosigkeit (Opferbereitschaft) der Eltern. Diese kann als Ausdruck der Liebe aufgefasst werden, die fähig ist, gravierende Hindernisse und massives Leiden des sozialen Lebens und Alltags, die beide im Laufe einer Biografie unweigerlich auftreten werden[361], zu überstehen und zu überwinden. Die von mir ausgezeichnete tendenziell gesteigerte Sensibilität und Demokratisierung innerfamilialer Beziehungen kann als Folge oder als schrittweise Verwirklichung des normativen Prinzips der gelungenen familialen Beziehungen aufgefasst werden. So gesehen soll die Familie als jener sozialer Raum vorgestellt werden, der bei der gesteigerten Rationalität und Berechenbarkeit der sozialen Verhältnisse sowie der beklagenswerten Unpersönlichwerdung der sozialen Beziehungen in diversen Sphären, diejenige Aufgabe erfüllen soll, die ihr seit Jahrhunderten zugeteilt worden ist. Die Aufgabe besteht darin, ihren eigenen Mitgliedern den Status der Unverwechselbarkeit zuzusprechen, sie in ihrer Einzigartigkeit anzuerkennen, und einander bis zu einem gewissen Grad im Prozess der Persönlichkeitsentwicklung selbstlos zu begleiten. Ferner gehört dazu, gemeinsame zeitliche oder phasenbedingte Ziele anzustreben, die nur fern von Egozentrismus realisiert werden können. Die Erziehung der Kinder durch die Eltern soll ihre Befähigung zur Selbstbestimmung und zur persönlichen Freiheit stärken. Jeder in der Familie soll in seiner Rolle als Vater, Mutter (Erziehungsperson) und Geschwister seine Erfüllung finden können.

---

361 So zum Beispiel die anfängliche Unbeholfenheit der Kinder in frühen Lebensjahren (Kindheit) oder die persönliche Entwicklung im Pubertätsalter (Jugend), später, wenn sich der Kreis schließt und im Alter die körperlich, emotionale Angewiesenheit; auch im Falle von Krankheiten und Todesfall kann kaum eine öffentliche Institution wie die Familie Trost spenden und aufbauend wirken.

Das Ich und die Anderen

Indes heißt das noch lange nicht, dass die normativen Ideale der familialen Beziehungen sich haben vollkommen verwirklichen lassen. Genau deswegen werde ich nun im Folgenden zwei Kritikpunkte prüfen, die ich für diskussionswürdig halte. Der *erste* Punkt hat einen *politischen Charakter* und wird von Michael Foucault in einer Vorlesung[362] bezüglich der drei Formen und Künste des politischen Regierens auf einigen wenigen Seiten abgehandelt. Dabei versucht er, in seiner Rekonstruktion diese Formen des politischen Regierens zu diskutieren, und vergleicht eine der Formen mit der Rolle des Vaters, der innerhalb der Familie die Leitung oder die Führung übernehmen soll und diese auf eine vorbildliche Art und Weise zu praktizieren hat. Er soll als guter Familienvater durch die Führung seine Frau, seine Kinder und seine Dienstbot*innen leiten. Darüber hinaus soll er das Vermögen (Ökonomie) der Familie zur Blüte bringen. Um diese Form der Familie im Kontext des Politischen zu verorten, verwendet Foucault den Begriff der Ökonomie, die er als »die mustergültige Verwaltung der Individuen, der Güter und Reichtümer«[363] auslegt. Foucault bezieht sich auf Rousseau und setzt in seinem Sinne den Begriff der Ökonomie mit der Vorstellung der weisen Führung gleich, imaginiert also den Vater als aufmerksame und handlungsfähig-umsichtige Person, die es bestens versteht, die Geschicke der Familie zu leiten. »Denn es ist tatsächlich die Führung der Familie, die jener Kunst des Regierens, die man sucht, am besten entspricht: eine der Gesellschaft immanente Macht (der Vater ist Teil der Familie), eine Macht über die *Dinge* und nicht über das Territorium, eine Macht mit mannigfaltigen Finalitäten, die alle den Wohlstand, das Glück, den Reichtum der Familie betreffen, eine friedliche, umsichtige Macht«.[364] Allerdings verweist Foucault schon darauf, dass dieses Bild oder diese Vorstellung des guten Regierens, das die Vaterrolle als Vorbild hat, im Laufe des 17. Jahrhunderts im Zuge der sich steigernden Rationalität und der Ergründung der Vertragstheorien stark an Bedeutung verliert. Die verstärkende Komplexität des politischen Regierens führt dahin, dass der Begriff der Ökonomie immer mehr umfassen soll, und ihre vorherige Bedeutung, die mit der *Ökonomie* der Familie assoziiert wurde, brüchig wird. Somit – hier kommt die Pointe, die ich im Zusammenhang mit der Familie diskutieren wollte – wird die Rolle der Familie in der Gesellschaft oder im Kontext der Politik anders gedeutet. Die eben erwähnte Rationalisierung und die komplex werdende Verwaltungstechnik des politischen Regierens sowie die demografische Expansi-

---

362 Vgl. Foucault 2006, S. 134 ff.
363 Vgl. ebd., S. 143.
364 Vgl. ebd., S. 155 Fußnote.

on mit der aufkommenden Bevölkerungsproblematik weisen der Familie in der Bevölkerung eine niedrigere Ebene zu. Die Familie ist nicht mehr ein Modell für das Regieren, sondern sie ist ein privilegiertes Segment, das für Themen des Sexualverhaltens, der Demografie, der Kinderzahl oder der Konsumation zuständig sein soll. Foucault erblickt geradezu hierin eine Instrumentalisierung der Familie. Seit Mitte des 18. Jahrhunderts wird die Familie nach Foucaults Dafürhalten instrumentalisiert, wenn es um Kampagnen gegen die Sterblichkeit, um Eheschließung oder um Vakzinationen geht, stets wird die Familie adressiert und benutzt. Nun ist es nicht leicht, diese Kritik im Kontext meines Vorhabens und meiner Argumentation angemessen zu behandeln. Gleichwohl kann der Umstand benannt werden, dass die Institution der Familie schon ihre Reproduktionsaufgabe in der Gesellschaft erfüllt, die an sich nicht etwas Verwerfliches darstellt oder mit Instrumentalisierungszügen in Verbindung gebracht werden kann. Dass der demografische Wandel mitunter Regierungen dazu veranlasst, durch mehr Anreize und eine familienfreundlichere Politik für Bevölkerungswachstum zu sorgen, ist auch legitim, schließlich sind derartige Maßnahmen das Ergebnis ausgiebiger Gesellschaftsanalysen und sollen einer fundierten Zukunftsdiagnose dienen. Auch die Benutzung der Familie für diverse Impfproben etc. greift zu kurz, schließlich sind diese Versuche für uns Menschen gedacht (sie sollen durch exakte und durchdachte Kontrollen lediglich gute Absichten verfolgen) und sollen perspektivisch betrachtet der Menschheit dienen, dass sich aber Menschen immer in familialen Beziehungen befinden, ist nicht zu vermeiden. Foucault umreißt das Thema der Familie und ihre Instrumentalisierung auf einigen wenigen Seiten, deswegen liegt es mir fern, ihn darauf festzunageln und seine Ansichten bezüglich der Familie hierauf zu reduzieren. Trotzdem sind es nicht wenige Stimmen, die in eine ähnliche Richtung argumentieren. Die Kritik, der nach die Institution der Familie politisch ausgenutzt wird und subtil politischen Zwecken dient, mag interessant sein, aber solange sie mehr Freiheit als Einschränkung bietet, solange sie das Solidaritäts- und Gemeinschaftsgefühl stärkt und atomistischen Entwicklungstendenzen entgegenwirkt, mag sie auch für andere Zwecke dienlich sein, aber diese würden dem eigentlichen Sinn und der Existenzberechtigung der Familie nicht im geringsten Einhalt bieten. Anders und noch komplexer gedacht, solange die herrschende politische Macht als ein Ausdruck des Volkswillens gilt, solange ihre Legitimität auf die Anerkennung der Gesellschaft basiert, warum sollte sie dann nicht über das Recht verfügen, die Familie als eine ihrer wichtigsten Zellen zu betrachten? Eine Wechselwirkung zwischen der politischen Macht und der Institution der Familie war immer da, nicht von ungefähr sind innerfamiliale

Beziehungen in autoritären Staaten nicht sonderlich demokratisch. Auch meine eigene Rekonstruktion verdeutlicht, dass sich sowohl die politisch-moralische als auch die familialen Entwicklungen in den letzten Jahrhunderten tendenziell hin zur Demokratie entwickelt haben. Demnach hängen die beiden Entwicklungen eng miteinander zusammen: Wird die staatlich-gesellschaftliche Organisation demokratischer, so wird auch die Familie davon beeinflusst. Ebenfalls gilt: Basieren familiale Beziehungen auf Werten wie Respekt, Diskursivität und wechselseitiger Anerkennung, so werden die zukünftigen Bürger*innen der Gesellschaft diese Konstellation als Vorbild betrachten und sich für eine ähnliche soziale Konstitution einsetzen wollen. Letztlich kann gesagt werden, dass eine vom Volk legitimierte demokratische Ordnung schwerlich dazu in der Lage sein kann, die Institution der Familie dauerhaft für bestimmte vom Volk nicht gewollte politische Zwecke zu instrumentalisieren. Dass aber nicht demokratische Regierungen oder – zugespitzt ausgedrückt – autoritäre Staaten dies sehr wohl beabsichtigen, ist naheliegend, schließlich ist derartigen Regimes für den eigenen Machterhalt vieles willkommen. Dies gilt selbstredend auch in Bezug auf eine subtile oder bewusst praktizierte Politik der Instrumentalisierung der Familie.

Der *zweite*, auffallend starke Einwand bezüglich der familialen Beziehungen weist eine klare Stoßrichtung auf und wird der Art und Weise meiner Rekonstruktion mit der klaren Tendenz des Fortschritts skeptisch gegenüberstehen. Man kann mir vorwerfen, ein nahezu idealisierendes Bild der Familie nachgezeichnet zu haben. Indes komme ich nicht umhin, in der Entgegnung dieses Einwandes einen Anschluss an die Antwort meiner ersten Frage herzustellen, da die Entgegnung auf die beiden Einwände und Kritiken auf das Gleiche hinausläuft und deren Aufklärung eng miteinander verflochten ist. Die Stimmen, welche heute die Dringlichkeit der Familiengründung zweifelnd betrachten, sind nicht zu überhören. Für die Ziele der Selbstverwirklichung und eines erfüllten Lebens wird nicht zwingend die Existenz einer Familie vorausgesetzt – so die Hauptaussage. Auf der Mikroebene betrachtet mögen solche Argumente eine gewisse Plausibilität aufweisen, dessen ungeachtet spielt die gesellschaftliche Reproduktion nach wie vor eine immense Rolle, ich kann diesbezüglich insofern von der List der Natur oder Vernunft sprechen, als die Existenz der Kinder für ihre Eltern nach wie vor eine ungeheure Freude und Erfüllung bietet.[365] Wer in seinem Leben viel Zuneigung und Liebe erfahren hat und diese weiterhin in sich spüren möchte, wer

---

365 »In der Familie werden soziale Beziehungen als Ort des Austausches authentischer Kommunikation und persönlicher Zuwendung gelebt, die als Ressource

sich lieben kann, wer inwendig an einem subtilen Fortbestehen des eigenen Ichs interessiert ist, kann nicht vermeiden, früher oder später dem Kinderwunsch zu verfallen. Mit anderen Worten, wer genug Selbstliebe in sich trägt, wird fast zwangsläufig an Familiengründung und Kindererziehung[366] interessiert sein. Darüber hinaus, solange Menschen auf der Erde leben, solange wir unsere Menschlichkeit wie heute deuten, d. h. unsere Sozialität auf Intersubjektivität gründen und nicht an roboterähnliche Wesen glauben möchten, wird die Form der heutigen Familie mehr oder weniger weiterhin erhalten bleiben. Dass diese von Zeit zu Zeit dem Wandel und diversen Modifizierungen unterworfen sein wird, ändert nichts an ihrem Grundmotiv. Ich habe bisher mehrfach erwähnt, dass für mich das klassische Bild der Familie nur eine Art Orientierung bietet und nicht als absoluter Maßstab für gelingende und gerechte familiale Beziehungen herangezogen werden kann. In der Geschichte der Menschheit wurde hin und wieder für andere Formen der familienähnlichen Konstellationen plädiert, weil man die Familie als solche für den Urort der Unterdrückung und Repression ausgemacht hatte.[367] Aber in den letzten ca. 250–300 Jahren konnten sich all diese Modelle nicht durchsetzen, weil auch die Familie mit dem besagten politisch-moralischen Fortschritt mehr oder weniger Schritt hielt und sich gerechter und offener oder – mit anderen Worten – demokratischer hat konstituieren wollen. Ganz radikal ausgedrückt, auch geklonte »Menschen« werden auf soziale Nähe, Wärme und Emotionalität angewiesen sein, die nur »Menschen« bieten können, so sind dann jene versorgenden Menschen als Bezugspersonen oder als *Familie* zu bezeichnen.

Just sollte dieses Zwischenkapitel über die Berücksichtigung jener Kritikpunkte, die im ersten Kapitel zu kurz kamen, eine Brücke zur Analyse der politischen und Öffentlichkeitsebene schlagen. Zumal im Kontext der Familie Kritikpunkte diskutiert wurden, die mit den Themen der Politik eine gemeinsame Schnittstelle darstellen.[368] Folglich sind damit Inhalte oder Kritikpunkte gemeint, die nur dann adäquat erörtert werden können, wenn die Sphäre der Familie und die des Politischen zusammenhängend betrachtet werden. Beiliegend spricht vieles dafür, den Begriff der Freiheit ins Zentrum der Debatte zu stellen.

---

gelingender, individueller Entwicklungen zu betrachten sind«. Vgl. Huinink 2016, S. 330.
366 Muss nicht notwendigerweise ein eigenes biologisches Kind sein.
367 Hier sei an die Gedanken von Charles Fourier im 19. Jahrhundert und auch an die Gedanken vom indischen Denker Osho im 20. Jahrhundert erinnert.
368 Vgl. Jaeggi/Celikates 2017, S. 12.

2. FREIHEIT UND IHRE NORMATIVE TRAG-WEITE FÜR DIE HERAUSBILDUNG DER MODERNEN STAATLICHKEIT

Die Frage der politischen Macht ist wohl die grundlegendste Frage der Gerechtigkeit. Sie wird seit Platons *Politeia* in der politischen Philosophie vehement diskutiert. Im Zentrum der Debatten stehen verschiedene Konzeptionen des Politischen, die sich jeweils aus ihrer Perspektive heraus für vernünftige und gerechtfertigte Prinzipien der legitimen oder gerechten Ausübung der politischen Herrschaft interessieren. »Vor diesem Hintergrund zeigt sich, dass in Fragen der Gerechtigkeit die *Macht* das wichtigste aller Güter ist, ein wahrhaftes »Hypergut«, dessen man bedarf, um eine gerechtfertigte Grundstruktur überhaupt erst zu etablieren und aufrechtzuerhalten«.[369] In der Folge geht es hierbei um nichts weniger, als um die Organisationsform einer Gesellschaft, die unser Leben, unsere Vorstellung eines gerechten Miteinanders[370] und unsere Idee eines gelungenen Lebens feinziseliert, tiefgreifend beeinflusst und prägt. Hartmut Rosa bringt diesen Umstand in den modernen Gesellschaften buchstäblich und praxisbezogen wie folgt auf den Punkt, in unserer sozialen Welt »werden [...] die Grenzen politischer und gesetzlicher Regulierung immer weiter verschoben bis in die Kapillaren des Privatlebens. Nicht mehr nur von der Wiege bis zur Bahre, sondern von Stammzellen über Embryonen und Leihmütter bis hin zur Bestattung und Verwertung der Leichname bildet menschliches Leben inzwischen einen Gegenstand politischer Steuerung«.[371] Aber war die politische Einflussnahme nicht stets so umfassend? Haben wir etwa verdrängt, dass wir uns allein durch unsere Sozialität immer in einem politischen Leben befinden? Oder wird etwa, vor allem in den wohlgeordnet-wohlhabenden Gesellschaften, die Bedeutung der Politik und politischen Entscheidungen kleiner geredet als sie ist, da vermutlich in vielen Zonen des Lebens stets die Macht der wirtschaftlichen Sphäre hervorgehoben wird (dazu später mehr). Freilich ist es zunächst wichtig, darauf zu schauen, wie seit früheren Tagen versucht wird, die Konzeption des Politischen in Bezug auf die Gerechtigkeit zeitgemäßer und umfassender zu gestalten.

---

369 Vgl. Forst 2011, S. 147.
370 Vgl. Rawls 2006, S. 187. Rawls hat die Vorstellung einer befriedigenden sozialen Welt im Blick und verweist dabei auf J. S. Mill, der diesbezüglich über den institutionellen Rahmen hinaus auch von »Nationalcharakter« spricht.
371 Vgl. Rosa 2017, S. 713.

FREIHEIT UND IHRE NORMATIVE TRAGWEITE

Es waren und sind stets Konzepte der rein ideellen oder abstrakten Vernunftkonstruktionen, ja Vertragskonstruktionen und welche, die aus der Empirie und der gesellschaftlichen Realität heraus normative Prinzipien destillieren, am Werke, um die bestmögliche, mit Rawls gesprochen, Grundstruktur einer Gesellschaft zu bestimmen. Wie divergierend die Denkmodelle des gesellschaftlichen Organisationsmodus auch sein mögen, steht für mich jener politische Inhalt im Vordergrund, der die *Mitbestimmung, Mitgestaltung* und die *Selbstwirksamkeit*[372] der Bürger*innen zulässt und fördert. Anders ausgedrückt: Für mich ist nur jene politische Ordnung statthaft, die zwei wesentlichen Prinzipien des neuzeitlichen moralischen Miteinanders zur Genüge Vorschub leistet. Zwei Prinzipien, die in der Ideengeschichte der politischen Emanzipation und Geistesgeschichte stets sorgsam die Vorstellung der politischen Demokratie vorangetrieben haben.[373] Es sind die Prinzipien der *Allgemeinheit* und *Reziprozität* von sozialen Rechtfertigungsverhältnissen.[374] Es lässt sich anhand diverser langwieriger politischer und sozialer Bewegungen und Anerkennungskämpfe[375] klar rekonstruieren, wie sie stets als Keime der Vorstellung eines besseren gesellschaftlichen Miteinanders, auf die Egalität (Ausgewogenheit) der sozialen Verhältnisse ansteuernd, über ein ungeheureres kritisches Potenzial verfügten, latent agierten und politische Entwicklungen vorangetrieben haben. Das Prinzip der *Allgemeinheit* ist nichts anderes als die Essenz der Idee der *menschlichen Würde*[376] *und Achtung*, die dem zweiten Prinzip, nämlich dem der *Reziprozität*, den Weg bereitete oder dieses aus sich heraus als die Idee der *politischen Gleichheit* ableitete und akzentuierte. Erfahrungsgemäß hat die Idee der Menschenwürde über ihr nicht immer klar umrissenes Verständnis (auf Vernunft und Rationalität der Subjekte basierend oder mit dem Konzept des Personsseins assoziiert) hinaus, andere, umfassendere moralische Facetten angenommen, die politische Relevanz ausweisen. Die besagten umfassenden Aspekte zeichnen einen Kernbestand an Rechten aus, die sich beginnend mit dem Persönlichkeitsschutz über die politische Teilnahme bis zur Forderung der materiellen Sicherheit[377] erstrecken.

---

372 Vgl. Arendt 1994. Sie verweist darauf, wie politisches Handeln und Freiheit einander bedingen oder voraussetzen. »*Freiheit und Politik*«, S. 201f.
373 Vgl. Sen 2010.
374 Vgl. Forst 2011, »*Zur Idee einer Kritik der Rechtfertigungsverhältnisse*«, S. 13.
375 Vgl. Die Werke Honneths etwa liefern klare Beispiele hierfür. Dazu das Kapitel: »*Herrschaft und Knechtschaft*« von Hegel 2006, bietet bis heute ein enormes Potenzial für das Thema der Anerkennung.
376 Vgl. Tiedermann 2006.
377 Vgl. Gosepath/Lohmann 1998, »*Zur Begründung sozialer Menschenrechte*«, S. 146f.

FREIHEIT UND IHRE NORMATIVE TRAGWEITE

Das zweite Prinzip, das sich mit dem Begriff der Reziprozität ausdrückt und zur Geltung bringt, ist der Kern der politischen Gleichheit und hat seinem Ursprung in der Idee der Menschenwürde. Die Schriften von Jürgen Habermas, Axel Honneth und Charles Taylor liefern wertvolle Zeugnisse davon[378], wie im Kontext der sozialen Kämpfe um die gleiche Achtung und Anerkennung die Rechtssphäre dahingehend revolutioniert wurde, dass die quasi rechtlichen Kategorien der Standes- sowie Feudalordnung wie »Ehre« überholt und anfänglich durch den Begriff des Status und später durch die gleiche Achtung ersetzt wurden.

Die politisch-moralische Geltung dieser Prinzipien führte dahin, dass heute einzig die Akzeptanz der Menschenwürde und die umfassenden Menschenrechte einer sozialen Ordnung ihre Legitimität verleihen.[379] Werden in manchen Gesellschaften diverse soziale Gruppen oder Schichten bei politischen Fragen, die deren Zukunft wesentlich beeinflussen können, übergangen oder schlicht ignoriert, so spricht man von evidenter Verletzung der Menschenwürde.[380] Indes tragen beide Prinzipien sowohl prozedurale als auch substanzielle Gesichtspunkte der Gerechtigkeitsidee in sich. Beide Prinzipien sind sowohl für das institutionelle Arrangement eines demokratischen Systems (dieses in seiner rationalsten Form) und seiner strukturellen Funktionsweise als auch für wichtige ethische Fragen in Bezug auf das Gute von immenser Bedeutung. Mit anderen Worten, die politisch-moralische Entwicklung, die ich hier ins Visier nehme und auf welche ich meine Idee der Gerechtigkeit aufbaue, basiert auf der Vorstellung einer umfassenden Demokratie, die über die bloße Organisationsstruktur hinaus die Bedingungen eines gelingenden Lebens begünstigt und erschließen lässt; eben eine Demokratie, die unzählige Quellen der schöpferischen Kreativität für die Verfolgung individueller persönlicher Selbstverwirklichung liefern kann. Im Zentrum dieser Grammatik soll die Selbstwirksamkeit der Subjekte stehen.

Die Beschaffenheit und die Akzeptanz der sozialen Ordnung soll sich nicht nur daran bemessen lassen, wie sie Abhängigkeiten verschiedenster Art minimiert, gar beseitigt, sondern daran, inwiefern sie die Bedingungen der Selbstwirksamkeit der Individuen fördert und stärkt. Ob in der Sphäre der persönlichen Beziehungen, im öffentlichen Raum oder im Kontext der Wirtschaftsbeziehungen, stets ist die Fähigkeit oder das Ge-

---

378 Vgl. Vor allem Honneth 1994, 2018, Taylor 1993, 1996, 2002.
379 Vgl. Forst 2015, »Legitimität, Demokratie und Gerechtigkeit. Zur Reflexivität normativer Ordnungen«, S. 186f. Vgl. Derrida 2003 S. 48 ff.
380 Vgl. Forst 2011, der eine ähnliche Argumentation entfaltet. »Der Grund der Kritik. Zum Begriff der Menschenwürde in sozialen Rechtfertigungsordnungen«, S. 119f.

fühl der Selbstwirksamkeit für eine zuträgliche Sozialität essenziell. So ist man im Bereich der persönlichen Beziehungen auf die wechselseitige Anerkennung angewiesen, um über das notwendige Maß an Selbstvertrauen[381] zu verfügen und sich als handlungsfähig zu begreifen. Wird man im gegensätzlichen Fall mit dem Gefühl der Verkennung und Unsichtbarkeit[382] konfrontiert oder fühlt sich in seiner Unverwechselbarkeit nicht angenommen, so bleibt das Gefühl der Selbstwirksamkeit stets fragil. Die Symmetrie und die reinste Freiheit in der Freundschaftsbeziehung, die verstärkte Tendenz, die religiöse, traditionelle und kulturelle Einflussnahme in der Intimbeziehung verebben lassen zu wollen, und der Antrieb der innerfamilialen Demokratisierung, all diese Entwicklungsabsichten implizieren individuelle Handlungsfähigkeit und die Erprobung diverser potenzieller Möglichkeiten der Selbstverwirklichung. Dies geschieht in einem Kontext der Intersubjektivität, die sehr stark von den moralischen Prinzipien der *Allgemeinheit* und *Wechselseitigkeit* geprägt ist. Auch in der Politik verhält es sich nicht anders, nur hier nehmen die sozialen Beziehungen komplexere und rationalere Züge an. Offenkundig müssen bei politisch relevanten Entscheidungen die Prinzipien der Allgemeinheit und Reziprozität einsichtig zur Geltung kommen, darüber hinaus ist es noch wichtiger, dass die Akteure sich als die Wirksamen dieser Geltung begreifen. Politische Entscheidungen haben sich stets als unmittelbare Wirkung der Betroffenen kommunizieren zu lassen.

In der modernen Welt zeichnen sich zwar die divergenten sozialen Sphären durch eine spezifische Eigenlogik und kennzeichnende Funktionsweisen aus, daher hat auch die Politik eine eigene Sphäre, aber sie ist gleichzeitig wohl der wichtigste und einflussreichste Teil des sozialen Lebens und so sollte sie auch mitten in der Gesellschaft behandelt, diskutiert und evaluiert werden. Politik und politische Macht dürfen sich insofern nicht verselbstständigen, als die Mitglieder der Gesellschaft sie als ein außergesellschaftliches, abstraktes und unbeeinflussbares Phänomen wahrnehmen.[383] Politische Arenen sollten mitten in der Gesellschaft, dort, wo sie hingehören, angesiedelt werden. Der Weg hin zu politischen Entscheidungen muss noch transparenter und noch greif-

---

381 Vgl. Honneth 1994. »Muster intersubjektive Anerkennung: Liebe, Recht, Solidarität«, S. 148. Vgl. Fraser/Honneth 2003, »*Die Pointe der Anerkennung. Eine Erwiderung auf die Entgegnung*«, S. 271f.
382 Vgl. Honneth 2003, »*Unsichtbarkeit. Über die moralische Epistemologie von »Anerkennung*«, S. 10f.
383 Vgl. Crouch 2013.

barer (praxisnah) gesehen und gespürt werden. Das Resonanzgespür[384] für politische Themen ist sehr wichtig, aber die modernen Demokratien scheinen hinsichtlich dessen taub und indifferent zu agieren. Politik kann erst dann mit Leben gefüllt werden, wenn sie als die unmittelbare Handlung[385] der Betroffenen wahrgenommen wird. So betrachtet ist der Aufschrei nach der Selbstwirksamkeit der Subjekte in der Politik nichts anderes als das Verlangen nach Antworten[386], die geliefert und derart an die Bürger*innen adressiert werden sollen, dass sie sie wiederum beeinflussen, verändern und modifizieren können. Verständlicherweise haben diese Forderungen stets den Prinzipien der Allgemeinheit und Reziprozität Rechnung zu tragen. Auch in der Sphäre der Wirtschaftsbeziehungen ist der Drang nach Selbstwirksamkeit groß. Zahlreiche Werke der klassischen Ökonomie[387] veranschaulichen, wie der Mensch darin aufgeht und sich in der Herstellung oder Hervorbringung seiner eigenen Werke (was auch immer diese sein mögen) verwirklicht sieht. Mit anderen Worten, sie verdeutlichen, wie die Selbstwirksamkeit in die eigene persönliche Erfüllung mündet und diese wiederum bestenfalls verstärkt (dazu mehr im dritten Kapitel).

Die Arbeiten von zeitgenössischen Denkern wie Jürgen Habermas, Axel Honneth, Rainer Forst und zuletzt Hartmut Rosa zeigen auf eine bemerkenswerte Weise, wie die von mir hervorgehobenen moralisch-politischen Prinzipien der *Allgemeinheit* und *Reziprozität* sich in Terminologien oder Konzepten der *kommunikativen Freiheit*[388], *sozialen Anerkennung*[389], *Rechtfertigung der sozialen Verhältnisse*[390] und *sozialen Resonanzbeziehungen*[391] entfalten und gleichzeitig Leitgedanken für die Bedingungen der Selbstwirksamkeit der Subjekte liefern können. Gezielt darauf verwiesen, geht es allen Autoren darum, Bedingungen eines fairen und gerechten Miteinanders zu erschließen und zu formulieren, aber zugleich auch Absichten oder Tendenzen eines gelingenden Lebens, jeweils auf ihre Art, zu bestärken.

---

384 Vgl. Nussbaum 2021. Sie hantiert zwar mit dem Begriff der *Liebe*, aber zielt in Richtung Resonanz und positivem Echo von Politik und Gesellschaft in Wechselwirkung. »*Wie Liebe für Gerechtigkeit wichtig ist*«, S. 567f.
385 Vgl. Arendt 1994, »*Freiheit und Politik*«, S. 201f.
386 Vgl. Rosa 2017.
387 Vgl. Herzog/ Honneth 2014, »*Einleitung: Die Verteidigung des Marktes vom 18. Jahrhundert bis zur Gegenwart*«, S. 13f.
388 Vgl. Habermas 1998, 1986, 1981,
389 Vgl. Honneth 2018, 2015 a, 2015b, 2013, 2010, 2007, 2003, 2001, 2000, 1994a/b.
390 Vgl. Forst 2015, 2011
391 Vgl. Rosa 2017, 2016.

FREIHEIT UND IHRE NORMATIVE TRAGWEITE

Im Zuge der Entfaltung und Ausbuchstabierung meiner Idee der Gerechtigkeit werde ich im Verlauf der Arbeit die Werke der gerade erwähnten Autoren ausführlicher diskutieren.

Das vorliegende Kapitel setzt sich aus drei Teilen zusammen, die sich aufeinander beziehen und sich bezüglich der Idee einer kooperativen Demokratie und Gerechtigkeit ergänzen. Zunächst soll in einem ersten Schritt die Frage der politischen Grundordnung diskutiert werden. Da sich moderne demokratische Gesellschaften durch ihre Offenheit und Toleranz gegenüber unterschiedlichen Lebensformen und Fragen der persönlichen Lebensführung auszeichnen und da meinem Verständnis nach, demokratische Gesellschaften sich nicht vorwiegend durch nationalistische Konstitutionen und territoriale Markierungen definieren sollten, nimmt die politische Grundordnung im Zusammenhang mit der Gerechtigkeitsidee eine zentrale Stellung ein.

Der Begriff »Verfassungspatriotismus« wurde einst von Jürgen Habermas[392] geprägt und wird von mir wieder derart aufgegriffen, dass tatsächlich nur politische Inhalte, die den Prinzipien der Allgemeinheit und Reziprozität genügen, darin Eingang finden sollten. Mir geht es dabei darum, von einer Grundordnung zu sprechen, die von einer Verfassung getragen wird, welche im Kern eine umfassende Demokratievorstellung aufweist. Eine Verfassung, die sich durch die moralischen Prinzipien der Allgemeinheit und Reziprozität begründet und ihre Rechtfertigung findet und demgemäß allen Staatsbürger*innen Schutz, Sicherheit und gleichzeitig Freiheit gewährt. Eine Verfassung, die durch ihre demokratischen Inhalte und die Verkörperung einer liberalen Weltauffassung beeindruckt und durch die Inkorporierung der besagten Prinzipien von den Mitgliedern mit Leben gefüllt werden kann. Eine politische Verfassung, die im Hinblick auf die Gerechtigkeit variabel und veränderungsfähig sein soll, die dem moralisch-politischen Fortschritt Rechnung trägt und soziale Inklusion sowie soziale Integrität gewährt bzw. stärkt. Zu diesem Zwecke werde ich eine normative Rekonstruktion der Idee der Freiheit und der damit zusammenhängenden politisch-moralischen Entwicklung der letzten Jahrhunderte vornehmen, um zu veranschaulichen, wie sich die normative Idee der Hintergrundgerechtigkeit, die den Prinzipien der Allgemeinheit und Reziprozität genügen soll, hat herausdestillieren kön-

---

392 »Entgegen einem weit verbreiteten Missverständnis heißt ›Verfassungspatriotismus‹, dass sich Bürger die Prinzipien der Verfassung nicht allein in ihrem abstrakten Gehalt, sondern konkret aus dem geschichtlichen Kontext ihrer jeweils eigenen nationalen Geschichte zu Eigen machen«. Vgl. Habermas 2005, S. 111.

nen. Dabei wird von zentraler Bedeutung sein, darauf zu schauen, wie sich das Verhältnis der Subjektivität und politischen Ordnung, d. h. das Verhältnis von sozialer Integration und Systemintegration dahin entwickelt hat, die demokratische Sozialordnung als alternativlos betrachten zu müssen (a). In einem zweiten Schritt versuche ich, die Frage des demokratischen Ethos zu diskutieren. Demokratie soll schließlich die Kunst des ständigen Fortschritts der eigenen Prinzipien in sich bergen[393], sie soll als Lebensform wandelbar und kritikfähig sein, sie soll durch ihre Offenheit in der Entwicklung dynamisch bleiben und den Menschen Potenziale der politischen Visionen in Aussicht stellen. Die Historie zeigt uns, dass verschiedene politische Ideologien ungeheure Kraft der Zukunftsgestaltung entfalten konnten, warum soll demokratisches Ethos, das seine Essenz in der herrschaftsfreien Diskussion und der Akzeptanz der beiden Prinzipien der Allgemeinheit und Reziprozität hat, nicht derartig unseren Blick auf die Ferne lenken können (b)? Allerdings muss dafür einiges geleistet werden. Über die demokratische Erziehung[394] hinaus sind politische Arenen notwendig, die der Politik ihren eigentlichen Ort wiedergeben. Politik soll in vielfältigen Arenen wieder im Zentrum der Gesellschaft und des politischen Lebens stehen. Sie soll wieder dorthin zurückkehren, wo sie ihren Ursprung hatte, nämlich unter den Menschen und mitten in der Gesellschaft, dort soll sie diskutiert, gestaltet und kritisch gewürdigt werden. Die gegenwärtig tendenziell stille, stumme, starre und kalte Politik muss wieder mit demokratisch visionären Inhalten und Ideen gefüllt werden und ihr muss neues Leben eingehaucht werden. Der Begriff der Demokratie, mit dem immanent eine nuancierte Vorstellung eines gelingenden Lebens oszilliert, ist zu anspruchsvoll, um nur in einem festen Arrangement von Institutionen und Prozeduren aufzugehen. Mit anderen Worten, die rationale Form der politischen Demokratie kann nicht allein solch ein Vorhaben (Selbstverwirklichung) realisieren, vielmehr benötigt sie vitale moralische Antriebe, die durch Diskursivität und reflexiver Reziprozität in politischen Arenen und Zonen auf soziale Resonanzverhältnisse hinwirken (c).

a. Politische Grundordnung und soziale Integrität

Die Geschichte der politischen Emanzipationsbewegungen verdeutlicht, dass sie stets implizit oder auch explizit darauf abzielten, die Grundord-

---

393 Vgl. Derrida 2003, »*Der letzte der Schurkenstaaten: Die »kommende Demokratie«, zum öffnen zweimal drehen*«, S. 123f.
394 Vgl. Nussbaum 2012.

nung der Gesellschaft derart strukturieren zu wollen, dass die Hintergrundgerechtigkeit und die Humanisierung des Politischen sukzessive gewährleistet wird. Eben deshalb bin ich der Ansicht, dass die Hintergrundgerechtigkeit, welche die politische Verfassung und die grundlegenden politisch-sozialen Institutionen umfasst, der erste Referenzpunkt der Gerechtigkeit im Allgemeinen darstellt.[395] »Soziale Institutionen definieren und regeln Eigentumsfragen, die Arbeitsteilung, sexuelle und familiäre Beziehungen sowie den politischen und wirtschaftlichen Wettbewerb. Sie legen fest, wie kollektive Vorhaben eingeleitet und ausgeführt, wie Konflikte beigelegt und auch wie soziale Institutionen selbst geschaffen, modifiziert, gedeutet und durchgesetzt werden«.[396] Die Versuche in der Historie, eine moralisch angemessene Grundordnung hervorbringen zu wollen, waren zahlreich und vielfältig. Bevor hier kurz auf die wichtigsten Emanzipationsbewegungen eingegangen wird, sollte zunächst erwähnt werden, dass ich nicht von einer graduell-positiven politischen und moralischen Entwicklung ausgehe, und keine positivistische Geschichtskonzeption anpreise. Selbstredend gab es in der Historie Kuriosa und politische Vorkommnisse, die sich mitten in gehobenen Zivilisationen ereigneten und mehr einen Rückschritt als einen Fortschritt exemplifizierten.

Indes zogen barbarische Zustände[397], wie die Naziherrschaft in Deutschland, politische Konsequenzen nach sich, die unser Verständnis von Sozialität, von einer rechtfertigungsbedürftigen politischen Herrschaftsform und der Menschenwürde in einer gewissen Weise veränderten. Auch wenn heute in vielen Teilen der Erde die Einhaltung der Menschenrechte nicht über Lippenbekenntnisse hinausreicht, haben große politische Katastrophen – wie die Ermordung von 11 Millionen Menschen im Holocaust, die verhungerten 30 Millionen Menschen bei Maos »Großem Sprung nach vorne« und die zum größten Teil willkürlich getöteten 11 Millionen unter der Regie von Stalin, dazu die 2 Millionen Menschen, die ihr Leben durch die Rote Khmer verloren, und die Tötung der 800.000 in Ruanda[398] – verdeutlicht, wie dringend universale Dokumente wie die *Allgemeine Erklärung der Menschenrechte* von 1948 waren und sind. Aber noch tiefer angesetzt, epochale Ereignisse wie die religiösen Bürgerkriege des 16. und 17. Jahrhundert in Europa, die amerikanische Unabhängigkeitserklärung 1776 und die Französische Revolution 1789 sind von grundsätzlicher Bedeutung, da sie teils evident und folgerichtig und teils

---

395 Vgl. Rawls 1979, »*Der Urzustand und die Rechtfertigung*«, S. 34f.
396 Vgl. Pogge 2011, S. 45.
397 Vgl. Horkheimer 2003, S. 35f.
398 Vgl. Pogge 2011, S. 125f.

verzwickt, gar vage von der Intuition getragen wurden, die Verletzung der menschlichen Würde anzuprangern. Ihre normativen Impulse zielten darauf, durch eine zeitgemäße Art und Weise das Verhältnis zwischen der modernen Staatlichkeit und ihren Bürger*innen zu bestimmen. Ernst Bloch hat augenfällig darauf verwiesen, dass bei verschiedenen historischen Kämpfen gegen ungerechtfertigte politische Herrschaft der Sinn und Inhalt der Menschenwürde als emanzipatorische Initiative eingesetzt wurde.[399] Diese sollte – so Bloch – den »aufrechten Gang« der Subjekte initiieren und einfordern, damit ihre Geltung jeder Art von sozialer Erniedrigung und Beleidigung ein Ende bereitet. Sich gegen soziale Erniedrigung und Beleidigungen zu wehren und zu erheben, die Empörung darüber als eine emanzipatorische Kraft für ideelle Entwicklung und soziale Bewegungen fruchtbar zu machen, waren stets Mosaiksteine, die den Weg für große epochale politische Ereignisse ebneten.

In dem Augenblick, in dem die politische Idee dahingehend reift, massenhaft für die Existenz der bestehenden Verhältnisse nach gerechtfertigten Gründen zu fragen, gar sie zu fordern, sind zeitig einsichtige Ideen der Freiheit virulent geworden. Ob Freiheit im Sinne der Nichteinmischung[400], Nichtbeherrschung[401] oder Freiheit für die Ermöglichung von Bedingungen und Voraussetzungen der subjektiven Selbstwirksamkeit, alle diese Vorstellungen laufen letztlich auf die Eingebung hinaus, in der Gesellschaft derart behandelt werden zu wollen, dass man diese als hinreichend begründet und intuitiv gerecht empfindet und einsieht. Mit andern Worten, ohne als Subjekt über die persönliche Autonomie zu verfügen, sich selbst als Teilarchitekt*in der sozialen Ordnung begreifen zu können, laufen diverse Gerechtigkeitsideen mehr oder weniger ins Leere. Für die Etablierung der Hintergrundgerechtigkeit, so lautet die moderne politische Parole, sind autonome Subjekte essenziell, die sich als selbstwirksame Akteur*innen begreifen können sollen, um ihre soziale Ordnung nach eigenen Vorstellungen zu modellieren und sie als das eigene Werk zu begreifen.[402] Die Reichweite dieser Auffassung ist insofern nicht

---

399 Vgl. Bloch 1977, »*Tod und Scheinleben eines staatsbürgerlichen Naturrechts*«, S. 151f.
400 Vgl. Nozick 2011, »*Verteilungsgerechtigkeit*«, S. 217f.
401 Vgl. Pettit 2017, S. 453f.
402 »Seit der frühen Neuzeit wurden eine Reihe von freiheitstheoretisch relevanten Problemen und Fragestellungen herausgearbeitet, die auch heute noch von großer Bedeutung für die Freiheitsdiskussion sind: Wie das Verhältnis zwischen staatlichen Autoritäten und denjenigen, die ihnen unterworfen sind, beschaffen ist, wie politische und rechtliche Institutionen wirken und wo die Grenzen staatlicher Macht liegen sowie die Frage, welche Möglichkeiten der Teilhabe oder Beeinflussung von Regierungshandeln bestehen, wurde

zu unterschätzen, als im Falle ihrer Verwirklichung, die Voraussetzungen für soziale Integration und die Entwicklung der notwendigen Loyalität der Bürger*innen gegeben wäre. Allerdings musste, wie schon oben erwähnt, die Menschheit in der Geschichte so einige politische Katastrophen und Wendungen erfahren, bis wir heute so selbstverständlich von »demokratischen« Elementen sprechen und unsere Vorstellung von einer gerechten sozialen Ordnung im Spiegel dessen betrachten dürfen.

Indes haben sich in den letzten Jahrhunderten drei Formen der Freiheit *(negative (I), reflexive (II)* und *soziale Freiheit (III))* entwickelt und durchgesetzt, deren normative Tragweite heute die Grundstruktur des modernen demokratischen Staates bestimmt. In diesem Zusammenhang habe ich mich stark an Axel Honneths Werk *»Das Recht der Freiheit«* orientiert, werde aber versuchen, seinen Ansatz kontextuell kritisch zu reflektieren und zu bewerten.

I. Negative Freiheit und die rudimentären Umrisse der modernen demokratischen Staatlichkeit

In ganz knapper Form rekonstruiert, führt die Entstehungsgeschichte oder die Aufnahme der *negativen Freiheit* in die Grammatik unserer Sozialität auf die religiösen Bürgerkriege des 16. und 17. Jahrhunderts zurück. Ihrer philosophisch inhaltlichen Bestimmung nach wird sie grundsätzlich als Freiheit *von etwas*, z. B. Freiheit von staatlichen Zwängen und Regelungen, welche die Freiheit des Individuums einschränken könnten, oder auch als Freiheit von eingrenzenden sozialen Normen verstanden.[403] Die Ausbildung dieser Form der Freiheit wurde von Thomas Hobbes maßgeblich beeinflusst und hatte seit der zweiten Hälfte des 17. Jahrhunderts bis in die heutigen Gesellschaften hinein große Anhänger*innen. Sie hat sich als ein wichtiges Element des demokratischen Denkens etabliert. So ist sie »ein originäres und unverzichtbares Element des moralischen Selbstverständnis der Moderne«[404] geworden. Nicht von ungefähr waren zahlreiche Philosophen wie John Locke, Adam Smith oder auch John Stuart Mill, die von einem positiven Menschenbild ausgingen, der Auffassung, dass gesellschaftliche Harmonie und Fortschritt nur mit der Gewährung eines großen Privatbereiches zu erreichen seien.

---

maßgeblich unter dem Titel der ›Freiheit‹ erörtert«. Vgl. Schink 2017, S. 13. Vgl. Habermas *1989, »Ist der Herzschlag der Revolution zum Stillstand gekommen? Volkssouveränität als Verfahren. Ein normativer Begriff der Öffentlichkeit?«*, S. 7f.
403 Vgl. Berlin 1995, *»Zwei Freiheitsbegriffe«*, S. 197f.
404 Vgl. Honneth 2013, S. 58.

Ihnen ging es um einen Bereich, in dem keine staatliche Autorität Zutritt haben darf.[405] Der Schutz dieses privaten Bereiches hat weitreichende Implikationen und ist im Hinblick auf ein gelingendes Leben von enormer Bedeutung. So ist den Subjekten die Freiheit gewährt und das Recht vergönnt, sich bei Bedarf vorübergehend aus dem öffentlichen Leben zurückziehen zu können und ohne äußere Einschränkung, gar in der Abwesenheit von Zwang, ihre eigenen Motive des Handelns zu prüfen, um »nach Belieben« verfahren zu wollen, allerdings mit dem Bewusstsein, ihren Mitbürger*innen ebenfalls das gleiche Recht einzuräumen.[406] Zwar wurde die Idee der negativen Freiheit später vom philosophischen Existenzialismus (Sartre)[407] sowie vom Libertarianismus (Nozick)[408] weiterentwickelt und ein Stück weit radikalisiert, aber die Idee handelt in der Quintessenz weiterhin von der Abwesenheit von äußeren Hindernissen. Auch wenn die normative Idee der negativen Freiheit allein nicht dazu ausreicht, ein angemessenes Verhältnis zwischen der staatlichen Macht und persönlichen Souveränität zu bestimmen, und ihre unzureichende substanzielle Qualität sowie ihre prinzipiell nicht vorhandene Außenbeurteilung, von Autoren wie Charles Taylor[409] kritisiert wird, ist doch festzuhalten, dass sie ihrem Urgrund nach »dem Streben nach individueller Besonderung ein Recht verliehen hat«.[410]

Vermutlich ist es nicht weit hergeholt, wenn man behauptet, dass im Kontext der Geburt dieser grundsätzlichen Stufe der subjektiven Freiheit und ihrer stufenweisen Verrechtlichung, der Nährboden für die Idee der Menschenwürde bearbeitet und vorbereitet wurde. Es kann sich nämlich äußerst wohltuend anfühlen, über die Freiheit oder das Recht zu verfügen, zumindest vorübergehend aus dem öffentlichen Leben auszutreten und sich fern vom wertenden Blick der Anderen mit ruhigem Gewissen einzig auf sich selbst beziehen zu dürfen. Diese soziale Konstellation hat weitreichende Implikationen und setzt für ihr Gelingen starke gegenseitige gesellschaftliche Resonanz und reziprokes Verständnis voraus. Dem Subjekt wird dabei die Möglichkeit eingeräumt, sich für seine persönlichen Handlungen, solange diese nicht andere einschränken, nicht rechtfertigen zu müssen. Auf diese Weise werden die individuellen Interessen (das Recht) der Subjekte anerkannt und gebilligt, so wie Margalit Avishai[411] es zutref-

---

405 Vgl. Berlin 2017, »Der Rückzug in die innere Zitadelle«, S. 90f.
406 Vgl. Wellmer 1993, »Freiheitsmodelle in der modernen Welt«, S. 15f.
407 Vgl. Sartre 2014, Teil 1–3.
408 Vgl. Nozick 2011.
409 Vgl. Taylor 2017, »Der Irrtum der negativen Freiheit«, S. 163f.
410 Vgl. Honneth 2013, S. 50.
411 Vgl. Margalit 1999, »Rechte als hinreichende Bedingungen für Achtung«, S. 58f.

fend sagt: Auch Rechte sind Interessen, allerdings Interessen besonderer Art, die angemessen berücksichtigt werden müssen. Damit sollte nicht von den Schwächen dieser ersten, mitunter nebulösen oder kargen Vorstellung der Freiheit abgelenkt werden, vielmehr war es von Bedeutung, auf ihre Urintention zu verweisen, die zu Recht unsere Sympathien instinktiv erweckt und genießt. Auch Axel Honneth macht aus gutem Grund zu Recht auf die Mängel der negativen Freiheit aufmerksam, da – so der Frankfurter Sozialphilosoph – die ursprüngliche Vorstellung bestimmend bleibt, »den Subjekten einen geschützten Spielraum für egozentrische, von Verantwortungsdruck entlastete Handlungen zu sichern.«[412] Allerdings sollte Honneth nicht aus den Augen verlieren, dass heute durch die neoliberalen Einflüsse den Subjekten im Namen der Autonomie eher zu viel als zu wenig Verantwortung aufgebürdet wird. Auch wenn heute die Debatten der postmodernen Soziologie allmählich verebbt sind, so haben sie doch auf wunde Punkte hinweisen können, die mit dem neoliberalen Einfluss einhergingen und die eigenwillige Subjektivierung bewirkten. Daher wurde nicht selten davon gesprochen, dass die Moral privatisiert wurde, dass die großen Wahrheiten nicht mehr wie selbstverständlich existieren und dass auch die Politik das große Losungswort der Autonomie so deutet, nicht mehr große Visionen für kollektive politische Gesinnungen generieren zu wollen, geschweige denn zu können.[413] Die Pathologien, die im Zuge der Verantwortungsüberfrachtung zutage treten, sind nicht zu übersehen, sie degradieren viele Subjekte dazu, in diesem großen Wirrwarr unentschlossen und starr diversen politisch-gesellschaftlichen Problemen verhältnislos gegenüber stehen zu müssen. Anders ausgedrückt, die normative Folie der negativen Freiheit hat den modernen Subjekten die Möglichkeit eröffnet, sich bei Bedarf temporär lediglich auf sich selbst beziehen zu können und von ungerechtfertigter, willkürlicher Macht nicht dazu veranlasst zu werden, gegen den eigenen Willen handeln zu müssen. Schon hier sind Tendenzen zu spüren, die den Subjekten erlauben sollen, ihre eigene Wirksamkeit zu erkennen, auch wenn sich die Wirksamkeit hier lediglich darin äußert, die Subjekte zu einer zeitweiligen Passivität zu verhelfen, so bleibt sie doch eine Wirksamkeit, die in gewissem Rahmen eine Art Freiheit ankündigt und gewährt, die wiederum ein bestimmtes Maß an Selbstbewusstsein imaginiert. Auch wenn der Begriff der Freiheit weiterhin aufgedröselt werden muss und ihre negative Bestimmung alleinig nicht dazu ausreicht, eine angemessene

---

412 Vgl. Honneth 2013, S. 47.
413 Vgl. Baumann 2009, »*Moralität in moderner und postmoderner Perspektive*«, S. 15f.

Vorstellung der Freiheit zu kreieren, so hat ihre Triebkraft den Subjekten gleichwohl ein vernünftiges Werkzeug in die Hand gegeben, um mit ihrer Hilfe eine immer komplexere und umfassendere Vorstellung der individuellen Freiheit zu internalisieren, die von den demokratischen Verfassungen im Laufe der Zeit aufgenommen werden musste.

Indessen hatten die verheerenden religiösen Bürgerkriege viele weitere Veränderungen des Sozialen bewirkt, aber mir geht es hier einzig darum, darauf zu verweisen, dass langfristig betrachtet diese die Festigung des Parlamentarismus und die Herausbildung der Demokratie in England herbeiführten. Bis hierhin habe ich herausarbeiten können, dass sich die Idee der negativen Freiheit an die Außengrenze des Leibes der Subjekte richtet, d. h. sie versucht gegen ungerechtfertigte Macht und Einmischung der äußeren Kräfte Schutz zu gewähren. Zwei Stoßrichtungen dieser Idee der negativen Freiheit sind unverkennbar, auf der einen Seite müssen sich die Subjekte *wechselseitig* einander dieses Recht der Nichteinmischung einräumen und auf der anderen Seite hat die politische Macht derart konzipiert zu sein, in ihren Befugnissen ebenfalls auf Schranken der nicht gerechtfertigten Einmischung zu stoßen. Aber sie hat gleichzeitig über Sanktionsmittel zu verfügen, um die Bürger*innen vor einer gegenseitigen willkürlichen Zwangsausübung zu schützen. Schon bei diesen ersten Schritten kann man registrieren, wie die Konturen einer Ordnung, die nach zeitgenössischem demokratischen Maßstab über eine primitive Gerechtigkeitsvorstellung verfügt, im Entstehen begriffen waren. Die Vorstellung der negativen Freiheit zielt implizit auf die ausgewogene Gegenseitigkeit, weil sie als jener Abwehrmechanismus ins Leben gerufen wird, der die ungerechtfertigte Einmischung, die sowohl persönlicher als auch politischer Natur sein können, Einhalt gebietet; sie markiert einen grundsätzlichen Schritt zur Herstellung der sozialen Harmonie. Sie ist eine Reaktion auf politisch-soziale Phänomene[414] der Vergangenheit, die durch ihre Intoleranz ausgewogene Verhältnisse nicht haben zulassen wollen.

II. Reflexive Freiheit und die Bedeutung der individuellen Autonomie und Authentizität

Die zweite Form der Freiheit, die mitunter komplexer und umfassender wirkt, ist die der *reflexiven Freiheit*. Während die negative Freiheit vornehmlich Freiheit von Einmischung der Anderen bedeutete und ent-

---

414 Religionskriege, absolutistische Staatsformen, gesellschaftlich fest verankert und unelastische Normen.

sprechend nach außen gerichtet war (auf den äußeren selbst blickend, d. h. auf die Abwesenheit von Eingriffen und Einmischungen, die von außen auf mich gerichtet werden[415]), wird die reflexive Freiheit als eine Art Selbstbeziehung der Subjekte aufgefasst, die auf ihre Eigenart und Originalität insistiert. Jedoch wirft diese Auffassung profundere Fragen auf, nämlich wie soll die Besonderheit, mehr noch die Authentizität des eigenen Selbst nachvollzogen werden und weshalb soll daraus abzuleiten sein, als Individuum frei zu sein. Diese komplexe und umfassende Frage drängt nach nichts weniger als nach der Differenzierung zwischen autonomem und heteronomem Handeln. Es ist Jean-Jacques Rousseau, der einen starken Spürsinn für die Semantik der Freiheit besitzt und diese ganz anders als die negative Freiheit akzentuiert.

Für Rousseau ist es vollkommen ungenügend, eine Handlung schon als frei auszulegen, sobald sie in der äußeren Welt, ohne auf Widerstände zu stoßen, ausgeführt wird. Für den Autor des berühmten *Gesellschaftsvertrags* kann keine umfassende Vorstellung der Freiheit ohne die Rückbeziehung auf den eigenen Willen generiert werden. Diese noch nicht vollständig ausgereiften Gedanken der Autonomie werden erst drei Jahrzehnte später von Immanuel Kant systematisch in Angriff genommen und überzeugend ausbuchstabiert. Schon für Rousseau steht außer Frage, dass der »Drang der bloßen Begierde« nicht eine freie Handlung nach sich zieht. Vielmehr gelten Handlungen erst dann als frei, wenn sie im Rahmen von vereinbarten Gesetzen, die man sich gegeben hat, vollbracht werden.[416] Damit legt Rousseau den Grundstein für zwei Stränge der Freiheitsidee, die kaum unterschiedlicher sein können, aber beide simultan unsere Freiheitssemantik bis heute massiv beeinflussen. Für mein Ziel ist es von Bedeutung, hier kurz innezuhalten und darauf zu verweisen, wie ein modernes Bild des Subjekts im Entstehen zu begreifen ist und davon abgeleitet die Umrisse einer sozialen Ordnung markiert werden. In einem nächsten folgerichtigen Schritt kann es nur darum gehen, auf der Basis der gewichtigen Autonomievorstellung, nach der Bestimmung jener politischen Macht zu spähen, die diese Entwicklung angemessen aufnimmt und ihr gerecht werden kann. Schon hier sind gerechtigkeitsrelevante Elemente am Werke, die die politische Entwicklung in Richtung der Französischen Revolution vorangetrieben haben. Ergo sind zahlreiche Denker*innen der Auffassung, dass der Gesellschaftsvertrag

---

[415] Taylor unterscheidet zwischen der negativen und positiven Freiheit in der Weise, dass er die negative Freiheit als reinen »Möglichkeitsbegriff« und die positive Freiheit als den »Verwirklichungsbegriff« definiert. Vgl. Tyalor 2017, »*Der Irrtum der negativen Freiheit*«, S. 163f.
[416] Vgl. Rousseau 1977, »*Vom bürgerlichen Stand*«, S. 22–23.

von Rousseau neben dem »*vom Geist der Gesetze*« von Montesquieu der Wegbereiter des modernen demokratischen Denkens war. Zwar war sich Rousseau hinsichtlich der Bestimmung eines freien Willens und der negativen Wendung davon, nämlich der Willensschwäche, weder in »*Emile oder über die Erziehung*« noch im »*Gesellschaftsvertrag*« ganz im Klaren, aber der Aspekt der Selbstgesetzgebung und die daraus resultierende Freiheitsvorstellung wird von den zwei besagten Strängen derart aufgenommen, dass sie auf zwei fast gegensätzliche Weisen der Reflexivität der individuellen Freiheit doch eine klare Struktur verpassen. Der erste Strang ist stark mit den Namen von Immanuel Kant und der zweite stark mit dem von John Gottfried Herder verbunden.[417]

Für Kant ist die transzendentale Vorstellung der Freiheit, wonach der Mensch über das Vermögen verfügt, sich selbst Gesetze seines Handelns zu geben, maßgebend. Für den Königsberger Philosophen war das faktische Wollen ein klares Indiz dafür, dass der Mensch zur Freiheit befähigt ist und sich nicht lediglich von seinen konkreten persönlichen Neigungen leiten lassen kann, da sonst diese das bloße Wollen torpedieren würden. Schließlich darf der freie Wille, wie schon Rousseau angedeutet hatte, niemals Sklave diverser irrationaler Neigungen und Laster werden.[418] Eben dieser Wille kann laut Kant nichts anderes, als sich an vernünftigen Gesetzen zu orientieren. Sobald der Einzelne nach dem Grundsatz des eigenen Handelns fragt, muss er sich für seinen Maßstab der Beurteilung an der möglichen Verallgemeinerbarkeit dieses Grundsatzes orientieren. Es liegt in der Natur der Sache, dass sich dann das Subjekt dieses Prinzip zu eigen machen kann, indem es annimmt, dass auch andere vernünftige Wesen diesem Grundsatz folgen werden.[419] Wir begegnen hier den zwei wichtigen Prinzipien der *Allgemeinheit* und *Reziprozität*, auf die ich eingangs verwiesen habe. In anerkennungstheoretischer Perspektive gedeutet, werden die Subjekte durch intrinsische Motivation dazu getrieben, einander als Vernunftbegabte anzuerkennen, dadurch können sie auch leichter den nächsten Schritt vollziehen, um dazu zu gelangen, selbst niemals anders zu verfahren als so, dass sie selbst wollen können, ihre eigene Maxime als allgemeines Gesetz aufzufassen. Das Prinzip der Gesetzmäßigkeit als Richtschnur der eigenen Handlung verhilft den Subjekten

---

417 Vgl. Honneth 2013, »*Die reflexive Freiheit und ihre Gerechtigkeitskonzeption*«, S. 58f.
418 Vgl. Rousseau 2010.
419 Vgl. Kant 1956, »*Von der populären sittlichen Weltweisheit zur Metaphysik der Sitten*«, S. 33f.

zur Einstellung der universellen Achtung.[420] Kant vollzieht den nächsten Schritt und formuliert in seiner berühmten Zweckformel des kategorischen Imperatives bündig den moralischen Ertrag seiner Freiheitsidee wie folgt: »Handele so, dass du die Menschheit, sowohl in deiner Person, als in der Person eines jeden anderen, jederzeit zugleich als Zweck, niemals bloß als Mittel brauchst«.[421] Die Pointe der Freiheit liegt bei Kant darin, nur dann erst frei sein zu können, wenn das eigene Handeln am moralischen Gesetz orientiert wird, das ein Produkt des eigenen Willens ist. »Als ein vernünftiges, mithin zur intelligiblen Welt gehöriges Wesen kann der Mensch die Kausalität seines eigenen Willens niemals anders als unter der Idee der Freiheit denken; denn Unabhängigkeit von den bestimmenden Ursachen der Sinnenwelt [...] ist Freiheit. Mit der Idee der Freiheit ist nun der Begriff der *Autonomie* unzertrennlich verbunden, mit diesem aber das allgemeine Prinzip der Sittlichkeit, welches in der Idee allen Handlungen *vernünftiger* Wesen ebenso zum Grunde liegt, als das Naturgesetz allen Erscheinungen«.[422]

Für die Zwecke der Gerechtigkeit oder besser gesagt, der Hintergrundgerechtigkeit des Politischen, ist durch die Rekonstruktion insofern sehr viel gewonnen, als wir nachvollziehen können, wie die Subjekte sich ihre Freiheit vorstellen können sollen, und wie dabei die Prinzipien der Allgemeinheit und Reziprozität in zweifacher Hinsicht eine ausschlaggebende Rolle übernehmen. Einmal bezüglich der intersubjektiven Anerkennung der moralischen Zurechnungsfähigkeit der Subjekte, die in dem Kontext in die Idee der allgemeinen Gesetzmäßigkeit mündet, und das andere Mal ist dadurch eine klarere Einsicht gewonnen, sich eine derartige soziale Ordnung vorstellen zu können, die das Prinzip der universellen Achtung anerkennt und einhält. Schon hier sind der reinen Idee nach normativ anspruchsvolle Erwartungen an die moderne Staatlichkeit gestellt, die naheliegenderweise erst viel später Eingang in die politischen Verfassungen gefunden haben. Mitunter kann die Französische Revolution als eine rudimentäre Verkörperung oder als ein Versuch der praktischen Umsetzung dieser Vorstellungen gelten.[423] Aber schon vorher hatte die amerikanische Unabhängigkeitserklärung 1776 Zeugnis davon abgeben können, wie im Namen der Freiheit und mithilfe der Empörung gegen politische

---

420 Die Idee der *universellen Achtung* kann als jene Quelle aufgefasst werden, woraus die Anerkennungsidee entspringt. Die Grundidee der Intersubjektivitätsphilosophie Fichtes und Hegels nehmen wohl da ihren Anfang. Vgl. Honneth 2018, S. 160f.
421 Vgl. Kant 2007, S. 62.
422 Vgl. ebd., S. 89.
423 Vgl. Rawls 2002, S. 425 ff.

Politische Grundordnung und soziale Integrität

Unterdrückung, soziale Kräfte mobilisiert werden können und wie die politischen Verfassungen der Moderne mit Rückgriff auf demokratische Elemente der antiken griechischen Poleis und Hypothesen der Aufklärung konzipiert werden *müssen*, um den obigen Anforderungen, insbesondere der universellen Achtung der Menschenwürde, gerecht werden zu können.

Derweil gehe ich einen Schritt zurück und blicke auf die zweite Ideenlinie der Freiheit, die für das Verständnis von individueller Autonomie und *Selbstverwirklichung* nicht weniger von Bedeutung ist und mit dem Namen von Johann Gottfried Herder eng verbunden ist. Die Authentizitätsgedanken von Herder fanden in den letzten Jahrzehnten vorzugsweise in Theorien der Anerkennung große Beachtung.[424] Sie sind deshalb so interessant, weil sie vor allem im Zusammenhang der Debatten über den moralischen Universalismus eine Sonderrolle einnehmen und uns jene Spalte des Durchblicks eröffnen, bei aller Verallgemeinerung auch auf die Differenz der Subjekte zu achten und dieser mit Würde zu begegnen. Jedoch interessiert mich erst einmal, was Herder unter dem Begriff der Freiheit verstanden hat und in welcher Weise er von Rousseau beeinflusst wurde. Kant verstand unter reflexiver Freiheit jenen Prozess der rationalen Selbstgesetzgebung, die immanent die moralische Pflicht implizierte, alle anderen Subjekte in der gleichen Weise als autonome Wesen zu behandeln.[425] Für Herder ist die Reflexivität der Freiheit eher darin begründet, in einem langgezogenen Prozess der Selbstbezogenheit, die eigenen authentischen Wünsche und Absichten aufzusuchen, um diese im Medium der öffentlichen Sprache verwirklichen zu versuchen. Herder vertritt die feste Meinung, dass jedes Individuum eine unverwechselbare Seele besitzt, die durch entsprechende Pflege (als Analogie zum lebenden Organismus) schrittweise wachsen und gedeihen kann. »Je tiefer jemand in sich selbst, den Bau und Ursprung seiner edelsten Gedanken hinabstieg, desto mehr wird er Augen und Füße decken und sagen: Was ich bin, bin ich geworden«.[426] Was hierbei offensichtlich zum Vorschein kommt, ist, dass beide Autoren, sowohl Kant als auch Herder, im Anschluss an Rousseau für ihre Freiheitsvorstellung die Reflexivität priorisieren, die bei der negativen Freiheit ein Abstinenzdasein genießt. Auch wenn beide Autoren in ihrem Verfahren und bezüglich des Endziels verschiedene Positionen vertreten, so sind sie jedoch beide darin einig, dass die negative Bestimmung der Freiheit deshalb undurchdringlich

---

424 Vgl. Taylor 1993, Honneth 2013 und Ikäheimo 2014.
425 Vgl. Kersting 1993, »*Die juridische Gesetzgebung der Vernunft*«, S. 124f.
426 Vgl. Zitiert nach Honneth 2013, S. 66.

und dünn sei und zu kurz greift, weil sie nicht bis zum Bereich der Ziel- und Zwecksetzung durchdacht ist. Der freie Wille ist zwar bei beiden Philosophen grundlegend, da das Subjekt erst wirklich frei sein kann, wenn es sein Handeln auf »Absichten und Zwecke beschränkt, die von jeder Beimengung von Zwang gereinigt sind«.[427] Dennoch darf nicht aus dem Blick geraten, dass Kant und Herder für die Bewältigung der Aufgabe, die Freiheit von jeder Art von Zwang zu bereinigen, zwei gänzlich verschiedene Wege einschlagen. Kant beharrt auf der rationalen Gesetzgebung, die vom Verständnis des Gefühls der Achtung abgeleitet wird. Achtung ist für Kant auch ein natürliches Gefühl, aber ein Gefühl von besonderer Machart, ein Gefühl, das anders als alle anderen Gefühle, die von unserer Bedürfnisnatur gedrängt und geleitet werden, durch unsere Vernunft bewirkt wird. »Allein wenn Achtung gleich ein Gefühl ist, so ist es doch kein durch Einfluss empfangenes Gefühl, sondern durch einen Vernunftbegriff *selbstgewirktes* Gefühl und daher von allen Gefühlen der ersteren Art, die sich auf Neigung oder Furcht bringen lassen, spezifisch unterschieden. [...] Eigentlich ist Achtung die Vorstellung von einem Wert, der meiner Selbstliebe Abbruch tut«.[428]

Herder hingegen verweist auf die Entdeckung der eigenen authentischen Wünsche, um fern von äußeren Zwängen diesen nachgehen zu können und sich selbst als Individuum zu verwirklichen. Im Endeffekt geht es Kant um die rationale Selbstbegrenzung der Subjekte und Herder um deren persönliche Selbstfindung. Auch wenn die transzendentale Autonomievorstellung von Kant mit der Zeit eine intersubjektivitätstheoretische Wende erfahren hat, so bleibt doch seine Leistung für das Verständnis der universellen Achtung, individuellen Autonomie und modernen demokratischen Staatlichkeit unbestritten groß. Ähnliches gilt für Herder, obwohl kurz nach seinem Tod, seine Idee des sogenannten fixen Persönlichkeitskerns, mit dem Verweis darauf, dass die Sozialisation als solche doch Erhebliches beeinflussen und bewirken kann, in Zweifel gezogen wurde. Damit war dann auch die Vorstellung, der nach die Wahrheitsfindung einzig im Inneren der Subjekte aufzusuchen sei, nicht mehr haltbar. Nichtsdestoweniger ist die Idee der Authentizität, vor allem die Unverwechselbarkeit der Subjekte, bis heute nicht vollkommen erloschen und bietet interessante Ansätze für die Vorstellung der Differenz und Einzigartigkeit der Subjekte, auch wenn diese Einzigartigkeit in intersubjektiven Verhältnissen gewonnen wird. Sie liefert uns zumindest

---

427 Vgl. Honneth 2013, S. 67.
428 Zitiert nach Honneth 2018, S. 142–143.

einen normativen Anhaltspunkt für die eigene Persönlichkeitsbildung und -entwicklung. Was mich allerdings im Kontext der bisherigen Rekonstruktion interessierte, war die Herausbildung des Menschenbilds, das in der Moderne im Entstehen zu begreifen ist und stark säkulare Züge trägt: Das Verständnis, das auf die Freiheit im Sinne der Nichteinmischung, auf die reflexive Freiheit im Sinne der Autonomie (Willensfreiheit) und die Befolgung der eigenen authentischen Wünsche und Prinzipien sowie auf die wechselseitige Anerkennung und die universelle Achtung (Menschenwürde) angewiesen sein soll.[429] Säkular soll hier bedeuten, dass die Art des menschlichen Zusammenlebens lediglich Produkt und Gegenstand menschlicher Entscheidungen ist und keine göttliche Macht dem Menschen eine entsprechende Ordnung[430] begründen und lenken kann. Ferner besagt dies, dass der Mensch allmählich begreift, sich und seine Ordnung in Interaktionen mit anderen zu entwerfen. Er ist im Sinne der Autonomie dafür bestimmt, wirksam zu werden und das eigene Schicksal in seine Hände zu nehmen. Mit anderen Worten, allein er selbst ist für sein irdisches Glück verantwortlich. Der Blick auf die Manifestierung des Menschenbildes, das nicht deterministisch gedacht werden kann, verleitet uns dazu, zu überlegen, welche Form von sozialer Ordnung und politischer Macht unsere Vorstellung vom Menschsein, so wie wir es gesehen und gedeutet haben, am angemessensten Rechnung trägt. Schon die etablierte Idee der negativen Freiheit und die universelle Achtung oder noch genauer ausgedrückt die Selbstgesetzgebung als Ausdruck des freien Willens, dazu die epochalen Ereignisse wie die amerikanische Unabhängigkeitserklärung und die wohl wirkungsmächtigste politische Revolution, nämlich die Französische[431], markieren eine radikale Wende im politischen Denken und liefern Anregungen, unsere Sozialität gänzlich anders zu denken. Hegel würde schon hier Tendenzen und Potenziale

---

429 Vgl. Wellmer 1994, »*Freiheitsmodelle in der modernen Welt*«, S. 15f.
430 Vgl. Grimm 1991 deutet und skizziert die Entwicklungen der modernen politischen Verfassungen so ähnlich, indem sie – so Grimm – versuchten, diese Vorstellung des irdischen Glücks entsprechend in sich aufzunehmen. Weiterhin vertritt Grimm die Auffassung, dass die Verwirklichung dieser Idee erst in der jüngeren Geschichte und »mit der Erschütterung des Glaubens an die göttliche Einsetzung und Ausformung weltlicher Herrschaft« einsetzte. S. 37.
431 »Die Uhren, die dem kollektiven Gedächtnis den Takt schlagen, gehen in Frankreich und Deutschland jeweils anders. Während dort liberale und sozialistische Deutungen der Revolution das Selbstverständnis der Nation bestimmt haben, standen bei uns, nach dem ersten Enthusiasmus der Zeitgenossen, die ›Iden von 1789‹ stets unter dem Verdacht ihrer terroristischen Konsequenzen«. Vgl. Habermas 1989, S. 7–8.

der Freiheit erkennen, die im Hinblick auf die Idee der Gerechtigkeit von besonderer Bedeutung wären. Aber der nächste Schritt, der nach Hegel dann folgen müsste, ist, diese Potenziale derart *rational* zu denken, dass wir ihre Existenz oder die vorgegebene soziale Welt in Gedanken so erfassen, dass wir sie nach und nach als eine Lebensform im Rahmen politischer und sozialer Institutionen sehen können.

Gewiss war die Menschheit schon sehr lange vor der Französischen Revolution mit demokratischen Elementen vertraut[432], dennoch ist die Inspirationskraft der Französischen Revolution für die Idee der demokratischen Rechtsstaatlichkeit erheblich groß. »Demokratie und Menschenrechte bilden den universalistischen Kern des Verfassungsstaates, der aus der Amerikanischen und in der Französischen Revolution in verschiedenen Varianten hervorgegangen ist. Dieser Universalismus hat seine Sprengkraft und Vitalität bewahrt, nicht nur in den Ländern der Dritten Welt und im sowjetischen Herrschaftsbereich, sondern auch in den europäischen Nationen, wo im Zuge eines Identitätswandels dem Verfassungspatriotismus eine neue Bedeutung zukommt«.[433] Habermas streift in diesem Zitat relativ viele Aspekte, die von großer Bedeutung sind. Die modernen politischen Werte wie die Universalisierung der Menschenwürde (Menschenrechte), reziproke Achtung und soziale Anerkennung, welche die Selbstbestimmung der Subjekte zur Folge haben sollten, sind Werte, die sich im Zuge der Freiheitsdebatten haben herausdestillieren können, sie gaben synchron eine klare Antwort darauf, wie die modernen politischen Verfassungen zu konzipieren seien. Der Begriff des Verfassungspatriotismus wird hier von Habermas mit dem Verweis darauf erwähnt, dass die modernen Gesellschaften nicht mehr durch eine Monokultur soziale Integration bewirken und soziale Identität stiften können.

Aber später muss ich mich mit der Multikulturalität und zeitgemäßen politischen Verfassungen sowie mit der Einbeziehung aller Gesellschaftsmitglieder eingehender auseinandersetzen. In der Folge sollen die Verfassungen der modernen demokratischen Staaten die politischen Entwicklungen der letzten Jahrzehnte berücksichtigen und somit noch einmal in Bezug auf die Gerechtigkeit durch integrative Partizipation die normative Idee des Verfassungspatriotismus neu beleben.

Daraufhin geht die reflexive Freiheit hinsichtlich der Idee der *ausgewogenen Gegenseitigkeit* einen Schritt weiter und befasst sich einerseits mit der Authentizität der eigenen Person, um in reiner Harmonie und ausgewogen mit sich selbst umzugehen; dafür ist die Erkundung der

---

432 Vgl. Sen 2010, »*Die globalen Ursprünge der Demokratie*«, S. 355f.
433 Vgl. Habermas 1989, S. 9–10.

eigenen wahren Wünsche und Neigungen und der eigene Umgang damit grundlegend, andererseits ist die Vorstellung der Rationalität genauso von Bedeutung, weil die Ausgewogenheit nicht allein durch die Innenperspektive und im Umgang mit der eigenen Person erzielt werden kann, sondern dafür die Außenperspektive und die Intersubjektivität genauso von Bedeutung ist. Schließlich sind die Subjekte angehalten, im Bereich des Politischen zu kooperieren, um die ausgewogene Gegenseitigkeit auf einer abstrakteren Ebene *passieren* zu lassen.

Nun werde ich in einem nächsten Schritt eine knappe normative Rekonstruktion der dritten Form der Freiheit, nämlich der *sozialen Freiheit*, vorlegen, um in diesem Zusammenhang zeigen zu können, wie sich die Idee der Freiheit sukzessive weiterentwickelte und dabei im Kontext der Positivierung des Rechtssystems im 17. und 18. Jahrhundert in Europa für die Rechtfertigung und Begründung der drei Rechtskategorien *(liberale Freiheitsrechte (18. Jhd.), politische Teilhaberechte (19. Jhd.) und soziale Rechte (20. Jhd.)*[434] sorgte.

III. Soziale Freiheit und die Konturen der reflexiven Demokratie

Wir haben gesehen, dass sowohl der *negativen* als auch der *reflexiven Freiheit* primär eine individualistisch-monologische Vorstellung und Selbstvergewisserung der eigenen Ziele und Wünsche vorausging, während die soziale Freiheit auf diverse soziale Institutionen und somit auf eine direkte oder über Umwege stattfindende Intersubjektivität angewiesen ist. Wenngleich Jürgen Habermas und Karl Otto Apel[435] überzeugend gelungen ist, die soziale Freiheit mit einem kommunikationstheoretischen Modell zeitgemäß und fern von metaphysischen Annahmen zu deuten, so gehen doch die Ursprünge der Idee der sozialen Freiheit auf Hegel und seiner Kritik an der negativen sowie reflexiven Freiheit zurück.[436] Hegel verwirft nicht jene Vorstellung, wonach die reflexive Freiheit bestimmte Ziele, die fern von äußeren Zwängen und autoritären Instanzen gewonnen und auf den Begriff gebracht werden, zu garantieren scheint, vielmehr denkt er einen entscheidenden Schritt weiter und verweist auf die Bedingungen der Möglichkeit ihrer Realisierung. Damit nimmt Hegel die äußere Wirklichkeit, welche die objektive Freiheit zur Geltung bringen kann, in den Blick. Schon hier werden wir mit einer ungeheuren Komplexität eines Verständnisses der Freiheit konfrontiert, die die Sphäre des In-

---
434 Vgl. Marschall 1992, S. 32f.
435 Vgl. Habermas 1981, Karl-Otto Apel 2002, 1988, 1973.
436 Vgl. Hegel 1986a, Rawls 2002, S. 425ff.

dividuellen verlässt und nach gänzlich anderen Maßstäben der Beurteilung verlangt. Während die Subjekte wie selbstverständlich in ihr eigenes Inneres hineinhorchen können und so zum Teil und zumindest zeitweise in völliger Isoliertheit ihre eigenen Ziele, Vorhaben und Präferenzen entdecken oder gewinnen können, werden sie im Kontext der sozialen Freiheit vor die Aufgabe gestellt, insofern eine rational anspruchsvolle Leistung erbringen zu müssen, als dass sie auf die Verkörperung jener Freiheiten hinarbeiten müssen, die sowohl individuelle als auch rational intersubjektive Aspekte vereint. Hegel möchte durch die für ihn sicher freiheitsverbürgenden Institutionen der Freundschaft und der Liebe exemplifizieren, wie diese Vereinigung gelingen kann. Die soziale Freiheit in der äußeren Sphäre ist deshalb von Bedeutung und so umfassend, weil man hier nicht einseitig in sich ist, »sondern man beschränkt sich gern in Beziehung auf ein Anderes, weiß sich aber in dieser Beschränkung als sich selbst. In der Bestimmtheit soll sich der Mensch nicht bestimmt fühlen, sondern indem man das Andere als Anders betrachtet, hat man daran erst ein Selbstgefühl«.[437] Zwar scheint diese Aussage starke emotionale Beimengungen zu enthalten, aber im Kern geht es Hegel darum zu verdeutlichen, wie durch diverse soziale Institutionen ermöglicht wird, dass sich die Subjekte derart aufeinander beziehen, dass sie ihr Gegenüber als Anderen ihrer selbst begreifen können. Der mittlerweile berühmte Satz von ihm, den ich im Kontext der Rekonstruktion der romantischen Liebe schon erwähnt habe, indiziert sehr pointiert, wie diese Art der Freiheit, oder heute würden wir sagen, diese Art des sich Fallenlassens intersubjektiv gelingt, nämlich nur das »Bei-sich-selbst-Sein im Anderen« kann uns von der Isolation und der reflexiven Freiheit von der äußeren Welt befreien. Grundsätzlich spielt die Kategorie der wechselseitigen Anerkennung von Beginn an für Hegel eine zentrale Rolle, er orientiert sich an der Anerkennungsvorstellung, die Fichte vor ihm mit dem Begriff der *Aufforderung* umrissen hatte.

Ich beabsichtige hier nicht, ausführlich Fichtes Anerkennungsverständnis zu rekonstruieren, was just im Kontext der Freiheit für mich von Bedeutung ist, sind vor allem Fichtes Reflexionen über die notwendigen sozialen Bedingungen der Selbstbewusstwerdung der Subjekte als freie Vernunftwesen. Fichtes Primärziel in seinen *Grundlagen des Naturrechts* ist es, ein System von Rechten und institutionellen Strukturen zu begründen, das die Vorstellung eines Bewusstseins der Subjekte als freie Vernunftwesen voraussetzt.[438] Schon mit dem vorausgehenden Satz ist zu

---

437 Vgl. Hegel 1986a, § 7. Zusatz, S. 57.
438 Vgl. Fichte 1979, § 3.

erspähen, wie Fichte sich Sozialität, d. h. das wechselseitige Verhältnis des Individuums und der Gemeinschaft, ausmalt. Auf der ersten Stufe ist es wichtig zu wissen, dass das Subjekt sich erst dann als frei und handlungsfähig begreifen kann, wenn es die Welt als etwas erfährt, das für den Vollzug seines Vorhabens (Tätigkeit) Widerstand leistet. Das Subjekt ist laut Fichte einerseits ein Bewusstseinsobjekt, das vom Subjekt verschieden ist und anderseits das Subjekt selbst[439]; gleichwohl »beinhaltet das Objekt eine spezielle Form der Repräsentation der freien Subjekttätigkeit, die ihm von außen präsentiert wird«.[440] Die Repräsentation hat in der Weise verfasst zu sein, dass sich das Subjekt diese als etwas von ihm Unabhängiges auffasst, die wiederum auf das Subjekt wirkt und es beeinflusst. Um seiner selbst als Subjekt bewusst zu werden, oder mit anderen Worten, um eine Person zu werden, muss man erst in Erfahrung bringen, »wie auf einen selbst als Person und nicht wie ein bloßes Ding eingewirkt wird«.[441] Darüber hinaus hat die inhaltliche Repräsentation des Subjekts unbestimmt zu sein. Schließlich bedeutet frei zu sein, nicht durch irgendetwas bereits bestimmt zu sein. Folglich darf das Subjekt nicht durch einen klar umrissenen Inhalt oder gar eine klare Bestimmung repräsentiert werden. Es ist diese Art der Repräsentation, die Fichte vor Augen hat und sie als *Aufforderung* zur Freiheit durch ein anderes freies Vernunftwesen ergründet.[442] Die Keime jener Vorstellung, die als soziale Freiheit betitelt werden, sind schon hier angelegt, da die Freiheit nur durch die Intersubjektivität erfahrbar und gewonnen werden kann. Bereits der Versuch, von den Monologen und dem selbstbezogenen Akt der Freiheit (negative und reflexive) hin zur Schwelle der Intersubjektivität, verspricht einen Hauch von Vernunft. Jedenfalls geht dabei die Ichzentriertheit ein Stück weit verloren, da der Kompromiss eingegangen werden muss, die eigene Freiheit zum Zwecke der gemeinsamen Freiheit zu beschränken. Somit kann die Aufforderung zur Freiheit nur durch ein anderes freies Vernunftwesen artikuliert werden, das mit dem/der Adressat*in der Aufforderung nicht umhinkommen wird, gemeinsame Mitglieder einer »Gemeinschaft freier Wesen« werden zu wollen. In den bisherigen Ausführungen haben wir nachvollziehen können, dass mit den Ansichten von Fichte klare Konturen der Idee der sozialen Freiheit gegeben sind. Überdies zeigt der nächste Schritt, den Fichte in seiner Ge-

---

439 So auch Hegel 1986c Bd. 10. § 429: »*Das anerkennende Selbstbewusstsein*«, vertieft diese Vorstellung.
440 Vgl. Ikäheimo 2014, S. 32.
441 Vgl. Fichte 1979, § 5.
442 Vgl. Fichte 2014, »*Grundlage des Naturrechts nach Prinzipien der Wissenschaftslehre*«, S. 51f.

dankenwelt geht, warum er für mein Thema von exorbitanter Bedeutung ist. Denn eine Gemeinschaft von freien und vernünftigen Wesen kann es nach Fichte erst dann geben, wenn die Zugehörigkeit zu ihr an eine bestimmte Vorstellung des Rechtsverhältnisses gebunden ist.[443] Mit dem Schritt zum Rechtsverhältnis schließt sich der Bogen insofern, als noch einmal verdeutlicht wird, warum Freiheit und Vernunft nach Fichte so eng miteinander verknüpft sind und wie die vernünftige Freiheit nach objektiven und vernünftigen Institutionen verlangt, die die Bedingungen ihrer Ermöglichung ausmachen. »Ein Rechtsverhältnis zwischen zwei Parteien zeichnet sich dadurch aus, dass beide ihre Freiheit so beschränken, dass der andere auch frei sein kann«.[444] Daraus wird abgeleitet, dass eine Sphäre der Freiheit notwendig sei, in der die wechselseitige Begrenzung der Freiheit zu einer gemeinsamen Vorstellung der sozialen Freiheit führen können soll.

Das Vorhandensein dieser Freiheitssphäre wird von Hegel in sozialen Institutionen lokalisiert, in denen die Subjekte aufgrund deren normativer Praktiken der wechselseitigen Anerkennung gemeinsam partizipieren können sollen. Dieser Objektivität (Institutionalisierung) der Freiheit soll die Tatsache vorausgehen, dass die Subjekte zu der Überzeugung gelangen sollen, für die Verwirklichung ihrer Zielsetzungen, Wünsche und Vorstellungen auf andere Subjekte angewiesen zu sein, d. h. es ist die Ergänzungsbedürftigkeit, die bei Hegel die Voraussetzung für jene soziale Freiheit schafft, die durch reziproke Anerkennung zu realisieren wäre. Es sind eben diese Institutionen, die die allgemeinen komplementären Zielsetzungen der Subjekte in sich aufnehmen und ihnen zu ihrer Objektivität verhelfen. Wachsen die Subjekte in Institutionen auf, in denen normative Praktiken der Wechselseitigkeit verkörpert werden, werden sie bei ihrer Bildung lernen, in ihrem Verhalten primär Ziele und Anliegen zu verfolgen, die lediglich in der Reziprozität mit anderen möglich sind. Hier sehen wir die feine *Aufforderung* zu Zielen und Wünschen, die Züge der Allgemeinheit und Reziprozität in sich bergen und im Kontext der Sozialität die Subjekte mit einer Art Freiheit ausstatten, die fern von der individualistischen negativen und reflexiven Freiheit ist und ganz eindeutig betont, wie sie nur in vernünftigen Interaktionen mit anderen möglich ist. Vernünftig deshalb, weil die individuellen Zielsetzungen durch deren wechselseitige Anerkennung ihre Objektivierung in Institutionen er-

---

443 So auch Hegel 1986a Bd. 7 § 29, »Dies, dass ein Dasein überhaupt *Dasein des freien Willens* ist, ist das *Recht*« oder in § 30 »Das Recht ist etwas *Heiliges überhaupt*, allein weil es das Dasein des absoluten Begriffes, der selbstbewussten Freiheit ist«.
444 Vgl. Ikäheimo 2014, S. 34.

fahren, die wiederum stets daraufhin geprüft werden, inwieweit sie den Ansprüchen der moralischen Prinzipien der Wechselseitigkeit und Allgemeinheit genügen.[445] Für mein Ziel ist es bedeutsam, hier darauf hinzuweisen, wie die Entwicklung der Idee der Freiheit von Hegel so weit vorangetrieben wird, dass sie nur in der Intersubjektivität ihren wahren Gehalt offenbaren kann. Demnach setzt die Idee der Freiheit ein Gemeinwesen voraus, das seine Vorstellung der Freiheit durch diverse soziale Institutionen festhalten kann, abermals Institutionen, die von den Subjekten selbst gewollt und gestützt werden sollen. Deshalb kommen Institutionen »in der Freiheitslehre Hegels nur in der Gestalt von dauerhaften Verkörperungen intersubjektiver Freiheit zur Geltung«.[446] Betrachtet man meine bisherige Rekonstruktion im Lichte der Gerechtigkeit, so ist festzustellen, dass die negative Freiheit für eine umfassende Vorstellung der Gerechtigkeit wenig zu bieten hat. Denn von äußeren Zwängen geschützt zu werden, verweist zwar auf ein wichtiges Element der Menschenwürde, aber diese bleibt sehr partikular und kann uns im Hinblick auf eine gerechte soziale Ordnung nur sehr begrenzt Anhaltspunkte und normative Ideen liefern. Die reflexive Freiheit betont ebenfalls ganz bedeutende Ansichten der Menschenwürde und der wechselseitigen Achtung, allen voran Herders Vorstellung über die individuelle Selbstverwirklichung, die auf die Pointe der ethischen Autonomie verweist. Was allerdings bei den beiden Formen der Freiheit kaum zu tragen kommt, ist eben die vage Vorstellung davon, auf welche Weise die Subjekte in der Intersubjektivität überhaupt erst zu einer Person mit Ansprüchen auf Autonomie und Selbstbewusstsein gelangen können. Die besagten Attribute scheinen einfach vorausgesetzt zu werden, ohne über ihre Substanz und die Prozesse ihrer Bildung etwas Genaues auszusagen. Freilich muss, um durch substanziell gehaltvolle Angaben zu der Vorstellung einer gerechten sozialen Ordnung zu gelangen, eine klare konzeptuelle Autonomievorstellung vorausgesetzt werden, wodurch die Subjekte in die Lage versetzt werden können, als selbstbewusste und selbstwirksame Personen gemeinsame Zielsetzungen im Hinblick auf die Konturen einer Sozialordnung zu generieren. Folgerichtig habe ich mich bei der bisherigen Rekonstruktion der Freiheit, und zwar Freiheit wesentlich im Sinne der individuellen Auto-

---

445 Forst entfaltet ein ähnliches Argument. »Politische Freiheit ist die Form der Freiheit, die sich Bürger wechselseitig und allgemein gewähren und gewährleisten (müssen). Es sind somit nicht ›der Staat‹ oder ›die Gemeinschaft‹, die Bürgern Rechte und Freiheiten gewähren, sondern die Bürger selbst sind zugleich die Autoren und Adressaten von Freiheitsansprüchen«. Vgl. Forst 2017, S. 398.
446 Vgl. Honneth 2013, S. 101.

nomie, bemüht, zu zeigen, wie sehr jene normative Vorstellung von einer gerechten Sozialordnung, diese erstmals in Umrissen, auf autonome und selbstwirksame Personen angewiesen ist. Dabei gelangte ich dazu, vor allem durch die normative Rekonstruktion der sozialen Freiheit aufzuzeigen, dass autonome Personen zurechnungsfähige und selbstverantwortliche Personen sind, welche ihre Handlungen erklären und begründen können. Zugleich wollen diese Personen im Hinblick auf die Art ihrer Behandlungen nach gerechtfertigten Gründen fragen können[447], hier ist der springende Punkt am Werke, der die politische Freiheit exemplifiziert, jene Freiheit, die Bürger*innen als »Freiheitsgeber und zugleich als Freiheitsnehmer voneinander einfordern bzw. einander nicht reziprok und allgemein vorenthalten können und für deren Zuerkennung und Verwirklichung sie gemeinsam verantwortlich sind«.[448] Dies alles hat genau in jener sozialen Sphäre abzulaufen, die Fichte mit der Sphäre der Rechtsverhältnisse als eine entscheidende Sphäre der Freiheit vor Augen hatte und bei Hegel durch die intersubjektive Anerkennung in sozialen Institutionen ihre Objektivierung erfahren sollte.

Durch die Ideen der beiden Autoren des deutschen Idealismus habe ich zumindest bruchstückhaft näherbringen können, dass durch die kommunikativen Praktiken (Aufforderung, intersubjektive Anerkennung) und Institutionen (Rechtsverhältnisse, Objektivierung und Verwirklichung der Freiheit) die Bedingungen der sozialen Gerechtigkeit gesellschaftsimmanent erschlossen werden können. Damit ist allerdings noch nicht sehr viel gewonnen, außer die Gewissheit, dass die ersten beiden Vorstellungen der Freiheit, sei es Freiheit vor äußerer Einschränkung oder Freiheit durch eine reflexive Einstellung für eine umfassende Gerechtigkeitsidee unzureichend sind. Dadurch können nämlich die Subjekte weder als hinreichend frei vorgestellt werden, noch ist an die Hintergrundgerechtigkeit oder deren Einbindung an eine Sozialordnung zu denken. Dieser wichtige Schritt wird von Hegel vollzogen, indem er die Freiheit so auffasst, dass die Subjekte nur in der Intersubjektivität und durch wechselseitige Anerkennung gemeinsam soziale Institutionen ins Leben rufen wollen, welche freiheitsverbürgend wirken. Auf diese Weise offeriert uns Hegel ein rundes Bild jener Sittlichkeit, die ihre Institutionen nur auf der Basis von moralischen Prinzipien der Allgemeinheit und Reziprozität begründet. Die sozialen Institutionen können nur Ausdruck jener normativen sozialen Praktiken sein, die in der Wechselseitigkeit zur

---

447 Vgl. Habermas 2009, »*Eine genalogische Betrachtung zum kognitiven Gehalt der Moral*«, S. 490f. Vgl. Forst 2017, S. 405f.
448 Vgl. Forst 2017, S. 404.

Geltung gelangen können. Ferner haben sie durch das moralische Prinzip der Allgemeinheit allen Bürger*innen gleiche Rechtsfreiheit einzuräumen[449]. Man kann hier kurz darauf verweisen, wie die moderne Rechtssphäre durch den Kampf um rechtliche Anerkennung mit dem Prinzip der menschlichen Achtung umfassend ergänzt, ja sogar reformiert wurde und allen Subjekten gleiche Rechtsfreiheit einräumen musste. Hegel verdeutlicht im folgenden Satz sehr pointiert, wie diese intersubjektive Rechtsgleichheit im Staate zu denken ist: »Im Staate sind der Geist des Volkes, die Sitte, das Gesetz des Herrschenden. Da wird der Mensch als *vernünftiges* Wesen, als *frei*, als Person anerkannt und behandelt; und der Einzelne seinerseits macht sich dieser Anerkennung dadurch würdig, dass er, mit Überwindung der Natürlichkeit seines Selbstbewusstseins, einem *Allgemeinem*, dem *an und für sich seienden Willen*, dem Gesetze gehorcht, also gegen andere sich auf eine *allgemeingültige* Weise benimmt, sie als das anerkennt, wofür er selber gelten will – als frei, als Person«.[450]

Hegel ist scheinbar hier von den Gedanken, die sich mit dem Übergang zur Moderne als postkonventionelle Grundbegriffe wie die der universellen Achtung (als Entgegensetzung zur sozialen Wertschätzung) in die Sphäre des Rechtes einnisten, inspiriert. Es ist damit jene Entwicklungsphase angesprochen, in der das Rechtssystem sich nicht mehr lediglich als Ausdruck privilegierter sozialer Schichten oder Gruppen begreifen lassen kann. Vielmehr wird es nun als Ausdruck der verallgemeinerbaren Interessen aller Gesellschaftsmitglieder gelten können. Wie sehr diese revolutionäre Idee meiner Vorstellung der Gerechtigkeit näher kommt, zeigt der Umstand, dass sich durch die normative Idee der Rechtsgleichheit alle Subjekte im Sinne Hegels als »vollwertiges Mitglied« des politischen Gemeinwesens begreifen können dürfen. Die Idee der sozialen Freiheit, so wie sie den anderen zwei Formen begegnet und diese kritisiert, dazu von Hegel auf der Basis der sozialen Anerkennung entfaltet, begründet die drei bekannten Rechtskategorien, die die moderne Staatlichkeit nachhaltig prägen werden. Bis hierher sollte zum Vorschein gekomken sein, wie wichtig der Begriff der Freiheit als politisch-moralische Kategorie für Hegel ist, denn »eine rationale soziale Ordnung kann [...] Freiheit bringen und es den Bürgern ermöglichen, ihre freiheitlichen Bestrebungen zu verwirklichen. Ihre Freiheit kann tatsächlich garantiert werden; und Freiheit ist nach Hegel das größte Gut. Glückseligkeit kann nicht garantiert werden, doch Freiheit begünstigt die Glückseligkeit, indem sie uns

---

449 Vgl. Hegel 1986a, § 308, Rawls 2002 S. 458/459.
450 Vgl. Hegel 1986c Bd. 10, S. 221–222.

dazu befähigt, sie zu erringen«.[451] Für mich spielt zwar der Begriff der Glückseligkeit hier so gut wie keine Rolle, aber das Zitat von John Rawls verdeutlicht noch einmal, warum von dem Begriff der Freiheit sehr viele andere soziale Kategorien abgeleitet werden können. Es ist eben diese umfassende Bedeutung der Freiheit, die Hegel vor Augen hatte, und es für wichtig erachtete, sie so rational in Begriffe zu fassen, dass sie in ihrer Institutionalisierung aufgehen könnte. Schließlich soll die wechselseitige Anerkennung als Ausdruck der Rationalität jene individuelle Freiheit gewährleisten, die durch die sozialen Institutionen objektiviert werden soll. Die Institutionen sollten im Endeffekt den Subjekten Rechtssicherheit und Gewissensfreiheit garantieren, damit allein sie in intersubjektiven Kommunikationen und Anerkennungsverhältnissen diese wiederum in Bezug auf ihre freiheitverbürgende Funktionen beurteilen können.

Wie Thomas H. Marshall sehr detailliert rekonstruiert, wirkt sich die Idee der Freiheit erst ab den 1830er-Jahren so richtig auf die modernen Verfassungen aus, also erst ab dem Augenblick, als zwischen traditionellen und modernen Rechtsverfassungen insofern unterschieden wird, als eine klare Abkoppelung der individuellen Rechtsansprüche von sozialen Statuszuschreibungen vorgenommen wird.[452] Erst dadurch gewinnt der allgemeine Gleichheitsgrundsatz an Geltung.[453] Fortan werden weder Ausnahmen noch Rechtsprivilegien von diversen sozialen Gruppen und Schichten wie selbstverständlich hingenommen. Das Prinzip der Rechtsgleichheit mündet in die Vorstellung, die Subjekte als »vollwertige Mitglieder« des politischen Gemeinwesens zu betrachten. Interessant dabei ist, dass die Entwicklung der Rechtsgleichheit weitere Implikationen nach sich zieht, denn auch ökonomische Möglichkeiten und Besitztümer verlieren in dem Zusammenhang an Bedeutung und dürfen, zumindest rein formal betrachtet, nicht mehr als Mittel zur Erlangung von recht-

---

451 Vgl. Rawls 2002, S. 433.
452 Vgl. Marshall 1992, S. 33f.
453 Sloterdijk blickt wie folgt auf diesen Umstand zurück: »Bekanntlich leben wir in einer Epoche, die sich dem Auftrag verschrieben hat, den Egalitarismus in Theorie und Praxis durchzuführen – und für den gibt es seit dem 18. Jahrhundert eine präzise Fassung, welche lautet: Es ist der Sinn aller Politik, die Vertikaldifferenzen umzuwandeln. Dies ist zugleich die letzte Sinnschicht der Formel *liberté, égalité, fraternité*. Wir dürfen also nicht mehr in Höher oder Tiefer, Besser oder Schlechter einteilen, sondern müssen die Menschen als Wesen beschreiben, die sich nur noch in der Horizontalen unterscheiden, nicht mehr dem Rang gar der existentielle Wertigkeit nach. Rangbegriffe sind aus der zeitgenössischen Reflexionen über den Menschen verschwunden – was zu dem Schluss berechtigt, dass die moderne Anthropologie im Grunde genommen eine Kampfwissenschaft darstellt: die Wissenschaft von der Abschaffung des Adels in jedem Sinn des Worts«. Sloterdijk 2018, S. 211.

lichen Privilegien in Anspruch genommen werden. Diese emanzipatorische Kraft, welche die Vorstellung der »vollwertigen Mitgliedschaft« eines politischen Gemeinwesens schon im 18. Jahrhundert[454] entfacht hat, ist bis heute im Kontext der Gerechtigkeitsdebatten von außergewöhnlicher Bedeutung. Freilich ist diese Vorstellung heute imstande, ganz andere Ansprüche zu stellen, und vor allem kann sie sich in wohlgeordnet-wohlhabenden demokratischen Gesellschaften in verschiedensten Variationen und mit sehr divergierenden Ambitionen und Anrechten begründen lassen. Aber auch schon damals, beginnend mit der Forderung und Herausbildung der *liberalen Freiheitsrechte*, konnte die Vorstellung der vollwertigen Mitgliedschaft Kraft ihrer Überzeugungen und ihrer freiheitsversprechenden Potenziale umfassendere Rechtsansprüche zur Artikulation bringen. Insofern war es nur konsequent, dass der Gleichheitsgrundsatz weitere politische Wirkungen entfalten konnte und den Status der freien Staatsbürger*innen, der sich durch ein gewisses Maß an Einkommen und Besitz legitimierte, vehementer infrage stellte.[455] Es war dann nicht mehr möglich, überzeugend dafür zu argumentieren, bestimmten sozialen Gruppen das Recht am demokratischen Willensbildungsprozess zu verwehren. Auch hier ist die Idee der vollwertigen Mitgliedschaft die absolut treibende Kraft gewesen.

Das Recht darauf, Rechte zu haben über wichtige politische Entscheidungen, die das eigene Leben umfassend beeinflussen könnten, setzte sich allmählich durch und verlieh der demokratischen Staatlichkeit ein ganz wichtiges Element, das für die Idee der Hintergrundgerechtigkeit essenziell war und noch ist. Der Kampf, der im 19. Jahrhundert in einigen europäischen Ländern um die Einführung der allgemeinen Schulpflicht geführt wurde, kann als eine Erweiterung der Idee der Vollwertigkeit der Gesellschaftsmitglieder gedeutet werden. Denn bei der Einführung der allgemeinen Schulpflicht war die normative Vorstellung vorherrschend, an die zukünftigen Mitglieder der demokratischen Gesellschaft zu denken, sie mit umfassender kultureller Bildung in die Lage zu versetzen, um ihre Staatsbürgerrechte nachzuvollziehen und wahrzunehmen, um die politischen Geschicke der Gesellschaft mitzugestalten, mitzubestimmen

---

454 Vgl. Marshall 1992, S. 43. »Als im Jahr 1832 die politischen Rechte ihre ersten unbeholfenen Gehversuche machten, hatten sich die bürgerlichen Rechte zu ihrer vollen Größe ausgewachsen und trugen in wesentlichen Bereichen jene Züge, die sie heute haben«.
455 Vgl. Marshall 1992, »Dieser entscheidende Wandel der Grundsätze wurde mit dem Gesetz des Jahres 1918 durch die Einführung des Männerwahlrechts vollzogen, das die Grundlage politischer Rechte von wirtschaftlichen Vermögen auf den Status als Person verlagerte«, S. 47.

und autonom evaluieren zu können. Interessant ist, dass diese Kämpfe um den Vollwertigkeitsstatus stets von unten erzwungen wurden. Daher kann man sie als soziale Kämpfe für Gleichberechtigung deuten, weil sie der Empörung, nicht fair behandelt zu werden, entsprungen sind. Von hier aus war es nicht mehr weit, zu der Einsicht zu gelangen, »dass die *politischen Teilnahmerechte* ein nur formales Zugeständnis an die Masse der Bevölkerung bleiben müssen, wie die Chance zu ihrer aktiven Wahrnehmung nicht durch einen bestimmten Grad an sozialem Lebensstandard und ökonomischer Sicherheit garantiert wird; aus Gleichheitsforderungen solcher Art ist dann im Laufe des zwanzigsten Jahrhunderts zumindest in den westlichen Ländern, die eine wohlfahrtsstaatliche Entwicklung genommen haben, jene neue Klasse von *sozialen Wohlfahrtrechten* hervorgegangen, die jedem Staatsbürger die Möglichkeit der Ausübung all seiner übrigen Rechtsansprüche zusichern soll«.[456] Die aufkommende Bedeutung der sozialen Rechte am Ende des 18. Jahrhunderts hatte ohne Zweifel eine sehr enge Beziehung zur Idee des Sozialismus.[457] Deshalb hatten die sozialen Freiheitsrechte ein inhärentes Ziel des Sozialismus, soziale Klassen abzuschaffen. Nicht zuletzt, weil die ökonomisch nicht gerechtfertigten radikalen Ungleichheiten, die am besten mit den Begriffen der Ausbeutung und sozialen Verelendung zum Ausdruck kamen, die Voraussetzungen der sozialen Freiheit massiv eindämmten. Man kann sich die 1830er-Jahre vergegenwärtigen oder sie rekapitulieren, als in England (die Anhänger von Robert Owen) und in Frankreich (Saint-Simonisten und Fourieristen), die sogenannten Frühsozialisten sich daran machten, die sozialen Verhältnisse im Lichte der politischen Devisen der Französischen Revolution und ihrer bereits institutionalisierten und allgemein beglaubigten Prinzipien zu bewerten. »Ausgangspunkt des Aufbegehrens gegen die nachrevolutionäre Sozialordnung war gewiss [...] die Empörung darüber, dass die sich zeitgleich vollziehende Ausweitung des kapitalistischen Marktes einen großen Teil der Bevölkerung dran hinderte, die inzwischen versprochenen Freiheits- und Gleichheitsgrundsätze für sich in Anspruch zu nehmen; als ›entwürdigend‹, ›beschämend‹ oder einfach als ›unmoralisch‹ wurde es empfunden, dass die Arbeiter mit ihren Familien auf dem Land oder in den Städten trotz großer Leistungsbereitschaft der Willkür privater Fabrikbesitzer und Landeigentümer

---

456 Vgl. Honneth 1994a, S. 189.
457 Vgl. Honneth 2015a, rekonstruiert die Idee des Sozialismus im Hinblick auf die darin zugrunde liegende Vorstellung der sozialen Freiheit auf eine bemerkenswert interessante Art und Weise.

ausgesetzt waren, die ihnen aufgrund von Rentabilitätserwägungen ein Leben in ständiger Not und stets drohender Verelendung aufzwangen«.[458]
Was die sozialistischen Gruppierungen damals alle mehr oder weniger vereinte, war die Intention, dass die Vorstellung der individuellen »Freiheit« solange privategoistische Züge trägt, bis sie nicht mit dem dritten großen Grundsatz der Revolution, »Brüderlichkeit«, versöhnt wurde. Die normativen Legitimationsgrundlagen der Freiheit, Gleichheit und Brüderlichkeit wurden von den Sozialisten*innen zwar akzeptiert, nur sie zweifelten stark daran, ob das vorherrschende Verständnis der Freiheit nicht zu individualistisch gefasst war und ob eine Verschiebung dieses Verständnisses Richtung Intersubjektivität doch nicht zur Versöhnung der Freiheit und Brüderlichkeit beitragen könnte. Die Freiheit sollte sich nicht, so deren Intention, in bloßer privater Interessenverfolgung erschöpfen, sondern sie sollte sich vielmehr in einer Solidargemeinschaft entfalten und aufgehen. Das Prinzip der vollwertigen Mitgliedschaft kann auch hier zur Anwendung gelangen. Denn wie viel Wert kann eine vorzügliche Mitgliedschaft haben, wenn die sozialen Gegensätze innerhalb der Gesellschaft derartig frappierend sind? Über die Frühsozialisten*innen hinaus ist es Karl Marx, dem es gelingt, die Freiheit im Kontext der sozialistischen Ideen gänzlich radikal zu deuten. Es ist verbrieft, dass er bestens mit den Werken Hegels bekannt war und entsprechend die Kategorie der Anerkennung verwendet, um zu veranschaulichen, wie die kapitalistischen Produktionsverhältnisse den Gesellschaftsmitgliedern systematisch ihre Angewiesenheit aufeinander aus dem Blick nahmen. Marx versuchte, durch den Begriff der sozialen Anerkennung zum Ausdruck zu bringen, wie die Gesellschaftsmitglieder mittels der Arbeitsteilung wechselseitig in der Befriedigung ihrer individuellen Bedürftigkeit sich vereinigt wissen könnten.[459] Eben deshalb bildet die marktwirtschaftlich verfasste Gesellschaft den Gegenstand seiner Kritik, da im Gegensatz dazu in der Organisation der Assoziation freier Produzent*innen eine gemeinsame Zweckverwirklichung angestrebt wird, in der die Mitglieder absichtsvoll füreinander tätig sein wollen, nachdem sie sich reziprok in ihrer individuellen Bedürftigkeit anerkannt haben und entsprechend ihrer Handlungen auf die Realisierung dieser Sinnverwirklichung ausrichten.

Auf diese Weise wird die individuelle Freiheit von den Sozialisten als unvollkommen und als zu partikular aufgefasst, da die Individuen nur

---

458 Vgl. Honneth 2015a, S. 26–27.
459 Vgl. Schmidt am Busch 2011, »*Teil I: Probleme und Perspektiven der Kritischen Theorie*«, S. 15f.

in den Beziehungen zueinander und durch allgemein geteilte Bedürfnisse sowie deren gemeinsame Realisierung eine soziale Vorstellung von Freiheit entwickeln können. Wobei die Hauptkritik der sozialistischen Bewegung zu sehr auf die wirtschaftlichen Belange und die Produktionsverhältnisse des Kapitalismus beschränkt blieb und ihr nicht gelang, die soziale Freiheit, die eng mit der solidarischen Intention verknüpft war, auf die anderen Sphären des Gesellschaftslebens zu beziehen.[460] Trotzdem muss ich für meine Zwecke, um die Hintergrundgerechtigkeit der modernen Gesellschaften zu bestimmen, konstatieren, dass es der sozialistischen Bewegung immerhin gelang, den Kategorien und den beiden großen Leitwörtern der Französischen Revolution, »Gleichheit« und »Brüderlichkeit« (Solidarität), Eingang in die modernen demokratischen Verfassungen zu verschaffen.[461] Allein die inzwischen zur Selbstverständlichkeit gewordene Anforderung oder zur demokratischen Kultur gehörende Auffassung, im Namen der distributiven Gerechtigkeit Umverteilungen zugunsten der Schlechtergestellten vorzunehmen, dokumentiert den Einfluss des Solidaritätssinns. Wobei Marx selbst in der Frage der Gerechtigkeit sicher nicht an Umverteilungen und Reformierungen der bestehenden Verhältnisse interessiert wäre, sondern eher die Ausrottung der Wurzel des Übels (der Ungerechtigkeit) präferiert hätte.[462]

Die Rekonstruktion der drei Formen der Freiheit hat verdeutlicht, dass unsere politischen und sozialen Institutionen erst dann ihre Legitimität erlangen können, wenn sie sich durch die beiden moralischen Prinzipien der Allgemeinheit und der Reziprozität rechtfertigen lassen können. Ungeachtet der Frage, ob wir diese Vorstellung mit dem Namen des politischen Liberalismus[463] beschreiben wollen oder nicht, hat die emanzipatorische Kraft der Freiheitsidee, diese in ihren drei besagten Formen, die Konturen einer gerechten Grundordnung insofern umrissen, als nur Ordnungen als gerecht betrachtet werden können, welche die Freiheit der Bürger*innen sichern, schützen und erweitern können. Alle drei Formen der Freiheit fordern jeweils in Ansätzen Aspekte der Gerechtigkeit, die zusammengenommen unsere Individualität und Autonomie in Kontexten der Intersubjektivität ausmachen und nach einer Ordnung

---

460 Vgl. Honneth 2015a.
461 Die rechtlich zugesicherten Sozialleistungen belegen dies.
462 Vgl. Demirović 2013, »*Jenseits der Gerechtigkeit? Zur Rawls Kritik am Marx*«, S. 239f.
463 Für Rawls hat die Konzeption der Gerechtigkeit als Fairness ein klares praktisches Ziel: Sie ist eine Gerechtigkeitskonzeption, die von den Bürger*innen als Basis einer begründeten, wohlinformierten und einvernehmlichen politischen Übereinkunft angenommen werden kann. Vgl. Rawls 1992.

rufen, die dieser umfassend Rechnung trägt. Es ist eben die normative Kraft der Freiheit, welche die drei Rechtsklassen (die liberalen Freiheitsrechte, die politischen Teilnahmerechte und die sozialen Rechte) hat herausdestillieren und überzeugend begründen können. Betrachtet man die politisch-moralische Entwicklung der letzten Jahrhunderte, so kann man feststellen, dass diese uns eine Vorstellung der Demokratie geliefert hat, dass sie als Ganzes genommen die Voraussetzungen einer politischen Hintergrundgerechtigkeit offenbart. Nicht von ungefähr hat schon Hegel zu seiner Zeit gesagt, dass uns das angemessene Institutionsgerüst zur Äußerung unserer Freiheit bereits vorliegt. Für den Autor der Rechtsphilosophie war allerdings von Bedeutung, dieses Gerüst in Gedanken zu erfassen und zu begreifen, sobald wir diesen Schritt vollzogen haben, werden wir uns mit unserer sozialen Welt versöhnen können. Was hier wohl versöhnen heißt, kann dahingehend interpretiert werden, dass die Strukturen unserer Ordnung sich dann erst etabliert haben, als es die zahlreichen sozialen, geistigen und politischen Bewegungen und Revolutionen schafften, uns unsere Freiheit begreifbar machen zu lassen. Nun haben die sich als vernünftig erwiesenen Einsichten der Freiheit in einer Art politischen Verfassung zu manifestieren, die als Ausdruck des gemeinsamen Willens und der Überzeugung durchgehen könnte. Auch Marshall stellt fest, dass schon im ersten Drittel des 17. Jahrhunderts, als »die politischen Rechte ihre ersten Gehversuche machten«[464], die bürgerlichen Rechte zu ihrer vollen Größe angewachsen waren und in den wesentlichen Bereichen jene Züge trugen, die sie auch heute noch besitzen.

Nun halte ich hier kurz inne und blicke auf die Geschichte der Freiheitsidee zurück: Hierbei gilt es zu konstatieren, dass die jahrhundertelangen Emanzipationsbewegungen von Motiven getragen wurden, die sich allesamt für die Demokratisierung der sozialen Verhältnisse einsetzten[465]. Ich habe im Verlauf der Rekonstruktion diverse politisch-moralische Vorstellungen der Freiheit diskutiert und mir dadurch auch vergegenwärtigt, welche zivilisatorischen Schritte notwendig waren, um zum modernen Verständnis vom Subjekt und von der individuellen Autonomie zu gelangen. Darüber hinaus habe ich in den bisherigen Ausführungen latent und unmittelbar auf historische Ereignisse und politische

---

464 Vgl. Marshall 1992, S. 43.
465 »Diese Vorstellungen von Freiheit und Würde haben in Verbindung mit der Befürwortung des gewöhnlichen Lebens natürlich ständig die hierarchische Ordnung untergraben und die Gleichheit gefördert, und zwar in allen möglichen Dimensionen: im Verhältnis zwischen den sozialen Klassen, den Rassen, ethnischen und kulturellen Gruppen sowie zwischen den Geschlechtern«. Vgl. Taylor 1996, S. 688.

Katastrophen verwiesen, die zwar jeweils zu ihrer Zeit sehr viel Leid und Elend verursacht haben, aber gleichzeitig die nachkommenden Generationen für mehr Humanität und moralischen Fortschritt sensibilisiert haben. Offenkundig ist es nicht leicht, durch die normative Rekonstruktion der drei Freiheitsformen vollständig offenbaren zu können, wie wir zu unserer neuzeitlichen Identitätsvorstellung (d. h. moderne Subjektivität, Humanität, Sozialität, Würde, Säkularität und demokratische Verhältnisse) gelangt sind, da verständlicherweise viele andere Aspekte ebenfalls eine Rolle gespielt haben könnten. Was allerdings für mein Vorhaben bestimmend war, ist der Umstand, dass uns die drei Freiheitsformen zusammengenommen eine klare normative Vorstellung für umfassende Gerechtigkeitsvorstellungen lieferten. Auch wenn das Thema Gerechtigkeit ein vielschichtiges und dynamisches ist und bleiben wird, so haben wir doch durch die Entwicklung der umfassend komplexen Idee der Freiheit in der Geschichte der Menschheit eine neue Erfahrung im Hinblick auf die Staatlichkeit gemacht. Durch die obige Erfahrung sind wir dazu gelangt, die demokratische Staatlichkeit (trotz aller Schwächen, die sie haben kann) als die bestmögliche Regierungsform zu betrachten. Die politische Erfahrung der letzten Jahrhunderte hat dazu geführt, »die Stellung der Demokratie als legitime Form politischer Herrschaft fortwährend zu festigen, was inzwischen so weit geht, dass die Demokratie im ausgehenden zwanzigsten Jahrhundert zur unumgänglichen Quelle der Legitimität geworden ist: Jeder – selbst ihre schamlosesten Feinde von Enver Hodscha bis Augusto Pinochet – ist mittlerweile gezwungen, eine Art demokratische Billigung durch ›Wahlen‹ oder ›Volksentscheide‹ in Anspruch zu nehmen«.[466] Der Begriff der Demokratie mag hier überraschen, aber mit seiner Einführung an dieser Stelle geht der Gedanke einher, der bisher immer synchron vorausgesetzt wurde, dass ich die Partikularität der jeweiligen Freiheitsvorstellungen nicht alleinig als Maßstab für eine gerechte politische Ordnung heranziehen wollte.[467] Weder die negative noch die reflexive Freiheit, die sich vornehmlich auf einer subjektiven Ebene abspielen, können eine umfassende Idee der modernen Staatlichkeit generieren. Es bedarf erst der Vorstellung der sozialen Freiheit, die sich in interpersonellen Beziehungen erschöpft und uns zur Einsicht verhilft, in unserem Aufeinanderangewiesensein die Bedingungen der Frei-

---

466 Vgl. Taylor 1996, S. 688. Auch heute ist die Liste jener autoritären Länder, die sich teilweise durch demokratische Elemente an der Macht zu behaupten versuchen, bemerkenswert lang.

467 Vgl. Hayek 2017, S. 378–379. Hayek bezieht sich auf Bentham, in dem er rekonstruiert, dass Bentham in jedem Gesetz die Einschränkung der Bürger*innen erblickte.

heit gemeinsam zu erheischen. Nur im Kontext der sozialen Freiheit können die negative sowie die positive Freiheit ihre vollkommene Bedeutung entfalten und nicht in eine atomistische Autarkie geraten. Hierbei wird wieder deutlich, dass die Subjektivität erst durch die Sozialität erreicht werden kann, dass die negative Freiheit, die *Freiheit von etwas* erst im Zusammenhang von Sozialität an Größe und Bedeutung gewinnen kann und dass auch die reflexive Freiheit für die subjektive Autonomie und Authentizität[468] nur in gesellschaftlichen Kontexten von Belang sein kann. Habermas verweist mit Rückgriff auf Aristoteles sehr zutreffend darauf, wie der Mensch überhaupt zur Person wird und sein Selbstbewusstsein erlangt. »Der Mensch ist Tier, das dank seiner originären Einbettung in ein öffentliches Netzwerk sozialer Beziehungen erst die Kompetenzen entwickelt, die ihn zur Person machen«.[469]

Bis hierhin habe ich lediglich zeigen können, dass die soziale Freiheit mit ihrem Bezugssinn und all ihren Bedingungen und die der Idee immanenten Anforderungen dazu beigetragen haben, ein eigenes, säkulares und zeitgemäß angemessenes Bild unseres Selbst zu generieren und zu der Überzeugung zu gelangen, dass eine kooperative demokratische Ordnung samt der ihr inhärenten Institutionen dazu in der Lage ist, unseren politischen Grundsätzen Rechnung zu tragen. In Anbetracht dieser Tatsachen kann man nun davon ausgehen, dass für die modernen wohlhabenden demokratischen Gesellschaften die strukturellen Rahmenbedingungen der Hintergrundgerechtigkeit vorliegen. Dies befreit mich gewiss nicht davon, die Fragen der sozialen Ungleichbehandlung und die damit einhergehende klassische Frage der vollwertigen Mitgliedschaft sowie die drastischen ökonomischen Ungleichverteilungen im Zusammenhang mit der Idee der kooperativen Demokratie zu diskutieren. Wenn die relevanten Probleme der Gerechtigkeit nicht vornehmlich in den politischen Institutionen und Verfassungen zu finden sind, wo haben wir sie dann zu verorten und zu diskutieren? Ich bin der Auffassung, dass zunächst erläutert werden muss, inwiefern das demokratische Ethos die normativen Werte der politisch sozialen Institutionen widerspiegelt und wie das angedeutete Ethos reflexiv die Funktionsweise der etablierten Strukturen der Hintergrundgerechtigkeit juriert. Ich habe nachzuweisen versucht, dass die modernen politisch sozialen Grundstrukturen Ausdruck jahrhundertelanger sozialer Freiheits- und Anerkennungskämpfe sind, dabei muss betont werden, dass eine reflexive Beeinflussung der Gesellschaft

---

468 »Nur weil wir von Haus aus mit anderen verbunden sind, können wir uns vereinzeln«. Vgl. Habermas 2006, S. 19.
469 Vgl. Habermas 2006, S. 17.

und der besagten Institutionen auf der Hand liegt. Die Rekonstruktion der Idee der sozialen Freiheit hat noch einmal offensichtlicher werden lassen, wie ausgewogene Gegenseitigkeit als eine Form der neuen Moral und Handlungsnorm überzeugen kann; während Kategorien wie Anerkennung und Solidarität als Kampfelemente der sozialen Freiheit fungierten, geht die Ausgewogenheit einen Schritt weiter und visiert ein tieferes Ethos der Sozialität, das weniger mit Kampf und viel mehr mit sozialer Bildung erreicht wird; dabei geht es um eine höhere Form der Humanität. Die zeitgenössischen Theorien der Gerechtigkeit gehen selten so weit, diese höhere Stufe der Humanität anzuvisieren; ob John Rawls mit seinem Gesellschaftsvertrag oder die Theorien von Amartya Sen und Martha Nussbaum, die von menschlichen Fähigkeiten und Potenzialen – die weiterzuentwickeln sind – sprechen, alle möchten mit festen und greifbaren Strukturen mehr Gerechtigkeit erreichen, aber alle Vorstellungen sind nur in bestimmten sozialen Kontexten vorzufinden, während das Bild der ausgewogenen Gegenseitigkeit über alle sozialen Interaktionen wacht. Sie dient dazu, eine Kultur zu entwickeln, die mehr Humanität und mehr Ausgewogenheit im Sinn hat, welche, ohne fanatisch von Gerechtigkeit zu sprechen, Ungerechtigkeiten minimiert und ausmerzt. Ausgewogene Gegenseitigkeit kann reflexiv, rational und emotional überzeugen, sie kann als eine neue Moralvorstellung nicht erzwungen, aber anerzogen werden. Sie hat ein Ethos der höherstufigen Humanität im Sinn, die nicht mit *Kampf* im engeren Sinne erreicht werden kann. Das Ethos der ausgewogenen Gegenseitigkeit, als Tenor für Gerechtigkeit, ist nicht nur im Bereich der persönlichen Beziehungen essenziell, sondern auch in jener sozialen Sphäre, in der die Interaktionen stärker strategischer Natur sind; hier ist die Reflexivität der ausgewogenen Gegenseitigkeit besonders dienlich. Deshalb setze ich an dem Punkt an und befasse mich mit dem demokratischen Ethos und seinen impliziten Auswirkungen auf die Fragen der Gerechtigkeit.

b. Demokratisches Ethos und soziale Integrität

Die Geschichte der Idee der Freiheit und die sukzessive Erweiterung ihres Inhaltes, die fundiert und zentriert die oben erwähnten Rechtskategorien *(liberale Freiheitsrechte, politische Teilnahmerechte und soziale Rechte)*[470] nach sich gezogen hat, prägt die moderne Semantik der Gerechtigkeit. Diese ideale Vorstellung, nämlich die Vereinigung von Freiheit und Gerechtigkeit, hat sich in allen Fasern der modernen Menschen als tiefer

---

470 Vgl. Parsons 2003, »*Die demokratische Revolution*«, S. 102 ff.

Demokratisches Ethos und soziale Integrität

Wunsch nach einer besseren Welt eingeschrieben. Für die Realisierung dieses ambitionierten Anliegens scheint der Ideenkomplex der Demokratie als Metainstanz prädestiniert zu sein. Für zahlreiche Autor*innen ist es diese Verflochtenheit der zwei Ideen des Guten, d. h. die der Freiheit (*Autonomie* ist ihr Fundament) und die der Gerechtigkeit, die in ihrer Gesamtheit den Kern des Projekts der Moderne exemplifiziert. Die Vorstellung der Autonomie[471], im Sinne der ethischen Selbstbestimmung, ist das Merkzeichen, das nach immer humaneren und ausgewogeneren Bedingungen des gesellschaftlichen Zusammenlebens verlangte und verlangt. »Wie wir unser Leben individuell leben sollen, sollte nicht durch politische oder religiöse Autoritäten jenseits unserer Kontrolle vorherbestimmt werden, weder durch König noch durch Kirche, noch durch eine soziale Ordnung, die unseren Platz in der Welt – in der Familie, der politischen Ordnung, dem Berufsleben, der Kunst, Kultur und Religion etc. – vorab festlegt«[472].

Isaiah Berlin würde meiner Vorstellung, der zufolge Freiheit und Gerechtigkeit analog zueinander voranschreiten und einander gar bedingen, skeptisch gegenüberstehen und entgegnen, dass nicht alle Vorstellungen des Guten zwangsläufig miteinander kompatibel sein können. Er bezeichnet diese etablierte Vorgehensweise vieler Philosoph*innen als einen klassischen Irrtum, der seiner Ansicht nach unbedingt getilgt werden muss. »Freiheit ist Freiheit – und nicht Gleichheit oder Fairness oder Gerechtigkeit oder Kultur oder menschliches Glück oder gutes Gewissen. Wenn meine Freiheit oder die meiner Klasse oder meiner Nation auf der Not einer Anzahl anderer Menschen beruht, dann ist das System, das diese Verhältnisse stabilisiert und ihnen Vorschub leistet, ungerecht und unmoralisch«.[473] Auch Herfried Münkler deutet diese zwei großen normativen Kategorien der politischen Philosophie ähnlich differenziert, für Münkler besteht der Wert der Freiheit mehr in einem »Abwehrwert« und die der Gerechtigkeit in einem »Anspruchswert«[474]. Das Argument von Berlin ist ansprechend, weil es vom liberalistischen Blickwinkel her den Sinn verfolgt, den Begriff der Freiheit als eine absolut unabhängige Variable zu betrachten, die für ihre Begründung nicht auf andere Kategorien angewiesen sein soll. Darüber hinaus ist eine methodische Fest-

---

471 Liegt den anderen komplexeren Formen der Freiheit zur Grunde; da erst damit das Bild der modernen Menschen anthropologisch manifestiert wird und die dafür notwendigen anderen Freiheitsformen für seine vollkommene Entfaltung davon deduziert werden.
472 Vgl. Rosa 2013, S. 113.
473 Vgl. Berlin 2017, S. 79.
474 Vgl. Münkler 2016, »*Freiheit und Gerechtigkeit*«, S. 222f.

stellung vonnöten: Berlin ist nicht an einer Gesellschaftsanalyse, sondern vielmehr an einer Art Begriffsanalyse interessiert, die ihrem Geschäft nach naturgemäß eine andere Handhabung bevorzugt. Gewiss, meine Folgerung hat deutlich werden lassen, dass das heutige Gerechtigkeitsverständnis überhaupt nicht ohne eine substanzielle Idee der sozialen Freiheit auskommen kann.

Somit ist die Wirklichkeit der Freiheit als die Voraussetzung von progressiv-zukunftsorientierten Gerechtigkeitsforderungen aufzufassen. Ich möchte keineswegs den Inhalt der Freiheit unter der Bedeutung der Gerechtigkeit subsumieren, nur in Bezug auf die modernen Gesellschaften und ihre normativen Folien des vernünftig gerechten Miteinanders bedingen sie sich eindeutig wechselseitig. Vor allem, wenn man anmerkt, dass ich bis hierhin nicht einmal von der distributiven Gerechtigkeit Notiz genommen habe und die zum Gegenstand der Analyse herangezogenen sozialen Sphären lediglich daraufhin betrachtet habe, wie sie idealerweise sphärenspezifisch die sozialen Interaktionen koordinieren, wie ihre Mitglieder untereinander eine von wechselseitiger Anerkennung und Resonanz geprägte Beziehung unterhalten, um das integrative Ziel einer *ausgewogenen Gegenseitigkeit* anzustreben. Kurz und anders formuliert: Für mich ist von Bedeutung, wie die besagten Sphären samt ihrer eigenen Semantik auf der Basis von Freiheit ihren Mitgliedern psychische, physische und soziale Integrität gewähren. Dies kann nur in einer sozialen Ordnung ermöglicht werden, in der jede Person *wirklich* frei ist, als Mitglied gezählt wird und in der ihre Mitgliedschaft ihr jenen Status gewährt, bei jedem »Schicht- oder gruppenspezifischen« Unbehagen eine ernstzunehmende Stimme zu haben, die es verdient, angehört zu werden.[475] Schon die Art, wie man in der Gesellschaft als Subjekt behandelt wird, gibt darüber Aufschluss, wie gerecht oder ungerecht diese Gesellschaft im Ganzen wirkt, deshalb ist es erst in einem zweiten Schritt von Bedeutung, auf die Art der Güterverteilung oder Umverteilung zu schauen. Folgerichtig werde ich in der Gesellschaft nicht als vollwertiges Mitglied behandelt und wird mir im Namen der Freiheit nicht das Recht eingeräumt, Rechte zu haben, ein würdevolles Leben, das fern von Missachtung und Benachteiligung vonstattengehen soll, zu führen, so hat dann die Frage der Güterverteilung eine lediglich marginale, fast beleidigende Tönung. Denn damit wird nur dokumentiert, dass ich als ein hilfsbedürftiges Wesen wahrgenommen werde und nicht würdig bin, ein freies Leben zu führen, d. h. ich kann/darf nicht frei von jedweder Einschränkung sein, die vor allem die Gesellschaft dank ihrer vorhandenen

---

475 Vgl. Dworkin 2012, »*Politische Gleichheit*«, S. 656f.

Ressourcen tilgen könnte.[476] Hilfsbedürftige Gesellschaftsmitglieder, die in Form von Almosenverteilung Unterstützung erfahren, die sich nie vollständig zugehörig fühlen und die Gesellschaft nicht als ihre auffassen, können sich sehr selten mit der vorherrschenden Ordnung identifizieren, und sie können niemals an die Vorstellung der ausgewogenen Gegenseitigkeit, im Sinne der Gerechtigkeit, glauben. Demnach darf es bei der Güterverteilung nicht lediglich um eine Verteilung im Sinne eines natürlichen oder sozialen Nachteilsausgleichs gehen, vielmehr soll der Status der vollwertigen Mitgliedschaft auf einer gesellschaftlichen Kooperation basieren, die in den modernen Gesellschaften in fast allen Sphären des Sozialen tief liegend wirkt, jedoch von vielen nicht entsprechend aufgefasst werden will.

Es ist unverkennbar, dass eine zukunftsträchtige Semantik der Gerechtigkeit dieses Anliegen aufnehmen muss, um das Ineinanderweben von sozialer Kooperation, sozialen Menschenrechten, vollwertiger Mitgliedschaft und der sozialen Freiheit angemessen zu bestimmen und akzentuieren zu können. Aus diesem Grunde habe ich bis hierhin stets auf die wechselseitige Anerkennung und eine *ausgewogene Gegenseitigkeit* verwiesen, vor allem um den Forderungen und dem Sinn der Gerechtigkeit fortwährend näherkommen zu können. Jene Gerechtigkeit, die ihre Grundintuition aus der Vorstellung einer gelungenen Sozialität schöpft und ihr durch die moralischen Forderungen der Allgemeinheit und Reziprozität die adäquate Motivation liefert.

Zudem ist nicht zu übersehen, dass Münkler einzig die klassische liberalistische Definition der Freiheit, *also Freiheit von jedweder Einschränkung und Einmischung*, als Wertbestimmung heranzieht. Jedoch ist meine normative Auffassung von Freiheit deutlich umfassender, sie versucht, alle drei Freiheitsklassen und ihre emanzipatorischen Impulse auch in Bezug auf die Gerechtigkeitsforderung zu berücksichtigen. Eine atomistische Vorstellung, die von der Auffassung der negativen Freiheit *(Abwehrwert)* leicht abzuleiten wäre, ist nicht in der Lage, die substanziellen Inhalte der Freiheit für eine zeitgemäße Grundstruktur oder Hintergrundgerechtigkeit der modernen Gesellschaft gewinnbringend zu entfalten.

Wenn ich meine bisherige Argumentation fürs Erste abrunde, dann sollte ich über die Demokratie als jenen Ideenkomplex sprechen, den ich eingangs des Kapitels als Metainstanz für die Ermöglichung der Hintergrundgerechtigkeit bezeichnet habe. Betrachtet man die verschiedenen Ebenen des Sozialen und deren Auswirkungen aufeinander, so muss

---

476 Vgl. Gosepath 2004, S. 105 ff.

man die Prognose aufstellen, dass überall Züge sozialer Kooperation im Spiel sind, die der Idee der ausgewogenen Gegenseitigkeit überhaupt ein Fundament geben. Und das Ethos der Kooperation umfasst auch die demokratische Ordnung: »Demokratie als eine Form von Kooperation zu verstehen, hat eine lange Tradition«.[477] Die Legitimation der politischen Herrschaft und die Funktionsweise der politischen Institutionen sind dabei elementare Aspekte der Demokratie, die ohne soziale Kooperation nicht konstituiert werden können. Indes muss an dieser Stelle betont werden, dass zur Entfaltung einer normativ gehaltvollen Vorstellung der Gerechtigkeit über die Existenz einer gerechtfertigten Grundstruktur hinaus, andere, an sich sanfte, fern von Zwang, oder gar von sich selbst aus gedeihende »unverfügbare« Dispositionen (Kultur) unerlässlich sind.[478] Derartige Prozesse der Sozialisation und Zivilisation, die im Lichte der erkennbaren Autonomievorstellung begehrt werden, sind auf feine, intersubjektiv innewohnende, galante Prozesse des Person-werden-Wollens angewiesen. Dieser Prozess ist in sozialen Anerkennungskämpfen eingewoben und ist stets ausdehnbar für die Aufnahme von legitimierbaren und gerechtfertigten neuen sozialen Normen. Es ist dieser dynamische Prozess der Anerkennungskämpfe[479], der für die Evolution der stimmigen Rahmenbedingungen verantwortlich ist. Demnach sind es die Ideen der Freiheit und die ihr korrespondierenden Freiheitskulturen, die in der Moderne dazu beigetragen haben, unsere soziale Ordnung, zumindest der normativen Idee nach, als freiheitsermöglichend aufzufassen. Dabei geht es, wie soeben erwähnt, nicht um die puren harten, greifbaren und wahrnehmbaren Institutionalisierungen von Freiheit, allein damit kann niemals die normative Absicht der Demokratie mit Leben zu füllen sein. Die von der Idee der Freiheit ableitenden politisch-sozialen Institutionen können nur dann dauerhaft und effektiv – diese im Sinne der Verwirklichung ihres immanenten Potenzials – wirken, wenn sie sozial *begriffen* und *erlebt* werden. Die Hoffnung auf die Vollkommenheit des Ziels kann nur durch das Erleben und durch die Inkorporierung seiner Werte am Leben erhalten bleiben. Um meine Argumentation schärfer zu konturieren: Eine *kooperative Demokratie*, die ich als Folge der Freiheitsbewegun-

---

[477] Vgl. Nida-Rümelin 1999, S. 150.
[478] Vgl. Habermas 1996, »*Versöhnung durch öffentlichen Vernunftgebrauch*«, S. 65f (S. 93). Aber auch Hayek 2017 verweist sehr bedacht darauf, wie die evolutionistischen Empirist*innen der Lehre der Freiheit diese mit *nicht* ausschließlich rationalen Elementen der Menschheit zu begründen versuchen. Dabei folgt er den schottischen Moralphilosoph*innen. »*Freiheit, Vernunft und Überlieferung*«, S. 377f.
[479] Vgl. Fraser/Honneth 2003.

gen der letzten Jahrhunderte begreife, muss sich durch ihre Kultur, durch ihr Ethos ausweiten und wachsen. Autor*innen wie John Dewey, Jürgen Habermas, Martha Nussbaum und Axel Honneth verweisen zur Genüge darauf, dass die Idee der Demokratie, die ihre normative Stärke aus den fortschrittlichen, freiheitsversprechenden Potenzialen der politisch-sozialen Institutionen – welche wiederum aus sozialen Anerkennungskämpfen hervorgegangen sind – zieht, auf eine demokratische Bildung und Einverleibung der *allgemein* und *reziprok* wirkenden moralischen Werte der Moderne angewiesen ist.[480]

Mit anderen Worten, die Demokratie ist ein unaufhörlicher Prozess, der sich nicht einzig in einem Ensemble von diversen Institutionen offenbart und verkündet. Demokratie ist eine umfassende, offene und humanitätsfördernde Idee, d. h. eine Lebensform, weil nur Menschen sie *kooperativ* für Menschen auf soziale Weise formen können; sie hat die Fähigkeit, im Prozess der Einbeziehung aller Gesellschaftsmitglieder*innen stets umfangreicher, integrativer und *gerechtigkeitsfördernder* zu wirken.[481] Ihre Grundidee lehrt uns, dass wir nur auf der Basis unseres menschlichen Vernunftvermögens und fern von jeglicher natürlich-göttlichen Ordnung unser Zusammenleben reflexiv-kooperativ zu gestalten haben. So gesehen hat die Idee der Demokratie uns auf den Boden der Tatsachen (Realität) zurückgeholt. Sie hat uns die uns von Natur aus zustehende Freiheit wieder vor Augen geführt und uns von unserer Entfremdung – welche durch den Glauben an übermächtige Kräfte entstanden war[482] – bis zu einem gewissen Grad geheilt und zur Säkularisierung beigetragen. Diese Heilung ist eine noch unvollendete Erfahrung. Eine Erfahrung, die uns immer wieder vergegenwärtigt und lehrt, dass wir kollektiv Gefahren der Irrungen und Wirrungen ausgesetzt sind, dass wir sehr viel Verstand, Mitgefühl (moralische Gefühle) und Verständ-

---

[480] Dewey mit dem Konzept der *»Sozialen Kooperation und Erziehung zur Demokratie«*, Habermas mit dem Konzept der *»Herrschaftsfreien Kommunikation, welche wechselseitige Anerkennung voraussetzt«*, Martha Nussbaum mit der Idee der *»Gerechtigkeit, diese im Sinne der Entwicklung von individuellen Fähigkeiten und einer größeren Bedeutung von Emotionen und Effekten im öffentlichen Leben«* sowie Axel Honneth mit seinem Ansatz bezüglich der *»Sozialen Anerkennung, diese im Sinne der Autonomiegewinnung und der Diagnostizierung von sozialen Fehlentwicklungen und Pathologien«*.
[481] Vgl. Honneth 2014. Vor allem im Kapitel: *»Die Gefährdungen des Wir«*. Sozialistische Tendenzen im Werk von Amitai Etzioni. MacIntyre 1995 ist in Bezug auf Gemeinschaftsstärkung und Tugendhaftigkeit lesenswert.
[482] Vgl. Feuerbach 2014 *»Der Widerspruch von Glaube und Liebe«*, S. 430f (S. 442 »Der Glaube kennt nur Feinde oder Freunde, keine Unparteilichkeit; er ist nur für sich eingenommen«).

nis (responsive Einstellungen) bedürfen, um die Fragilität unseres Unsselbst-überlassen-Seins zu verinnerlichen, um gegen sie sozial besser und besser gewappnet zu sein.[483] Folglich ist und bleibt die Demokratie ein offenes Projekt, das seiner Logik nach sozial imitierbar bleibt. Es ist eben die Notwendigkeit sozialer Erfahrung, die den Kern des Projekts immer mehr zu bereichern hat. Damit soll in einem ersten Schritt erläutert werden, warum ich die Ideen der Freiheit und der Demokratie als sich wechselseitig bedingend denke und sie als Einheit *gegenwärtig* für die einzige freiheits- und gerechtigkeitsfördernde soziale Ordnung erachte (I). Ferner habe ich in einem zweiten Schritt auf die Präsuppositionen eines demokratischen Ethos und seine Wirkung auf die soziale demokratische Erfahrung, die von Humanität, Toleranz und Gerechtigkeit geprägt sein soll, zu schauen (II).

I.

Die Frage nach der Freiheit hat die Menschheit schon immer beschäftigt.[484] Je tiefer und breiter, je vertrackter und umfassender die Idee der Freiheit wurde, umso mehr war ein Ineinandergreifen der Freiheit und (sozialen) Verantwortung zu konstatieren. Freiheit hat, wie wir seit Hegel wissen, nur in sozialen Kontexten eine Bedeutung, sie kreiert nur in der Gesellschaft ihren eigenen Sinn, sie ist nur durch die Existenz der Gesellschaft ein Begriff, hat einen Inhalt und fungiert als Ideal. Ist die Gesellschaft in ihrer modernen Form als ihre Grundlage nicht gegeben, so ist sie nicht unterscheidbar von Anarchie, Planlosigkeit, Wirrnis und Wildheit. Wenn wir diesen Gedanken weiterverfolgen und ihn mit der Idee der sozialen Ordnung ins Verhältnis setzen, können wir sehen, dass eine gesellschaftliche Ordnung die Freiheit verzerren, einschränken, vernichten oder aber auch »verwirklichen« kann.

Ich habe in meiner Rekonstruktion nachzuweisen versucht, dass die Idee der Freiheit zur demokratischen Revolution[485] führte und Demokratie zugleich zu ihrer adäquatesten sozialen Ordnung erweitert hat. Gewiss

---

[483] Vgl. Hayek 2017, *»Freiheit, Vernunft und Überlieferung«*, S. 378f. Hayek vergleicht die Haltung der Gründerväter des Liberalismus und des Utilitarismus; und zwar im Hinblick darauf, ob Gesetze unsere Freiheit einschränken oder eher sichern.
[484] »Die Idee der Freiheit gehört zum Wertvollsten und Schönsten, was die Menschheit je hervorgebracht hat. Sie ist zugleich die einzige belastbare Begründung und zentraler Ausdruck der Menschenrechte«. Vgl. Tiedermann 2016, S. 9.
[485] Vgl. Parson 2003, *»Das Neue Europa«*, S. 164f.

gibt es verschiedene Tönungen und Formen der Demokratie, aber die Grundidee, der nach die Menschen sich selbst regieren sollen, ist allen eigen. »Die Regierung muss eine Regierung des Volkes durch das Volk und für das Volk sein«.[486] Die Triebkraft dieser Entwicklung war wie gesagt die Idee der Freiheit in all ihren Fassungen. Aber diese diffizile Form der Freiheit konnte sich erst dann aufdrängen und nach einer demokratischen Ordnung moderner Prägung rufen, als die vormodernen Gesellschaften allmählich begreifen mussten, dass weder eine göttliche Ordnung noch irgendeine natürliche Vorsehung für die Art des gesellschaftlichen Lebens verantwortlich ist. Die Vorstellung, die im christlichen Mittelalter vorherrschte, wonach Gott allwissend ist, er jedes Ereignis, jede Handlung und auch jede einzelne Person bestimmt, und dass nur er weiß, wie die Zukunft gelingen kann[487], wurde mit der Aufklärung[488] mehr als brüchig. Die Idee der Säkularisierung kommt zu Recht zum Vorschein. Die Theodizee-Problematik verdeutlichte, dass die menschliche Freiheit und die Allmächtigkeit Gottes nicht mehr miteinander vereinbar sein können. Deshalb werden moderne Gesellschaften mit vagen Vorstellungen von der alten Welt, d. h. von der Genealogie der Demokratie der älteren Kulturen und ihrer ehemals progressiven Demokratievorstellung, dahin gesteuert, eine gänzlich neue soziale Erfahrung machen zu wollen.[489] Eine Erfahrung, die sukzessive die Grammatik der Freiheit um einige – bis dahin der modernen Zivilisation unbekannte – Nuancen erweitern musste. So zum Beispiel die Vorstellung der Autonomie des Einzelnen innerhalb einer sozialen Ordnung oder die Vorstellung, dass die irdische Moral nicht mehr rechtliche Privilegien bestimmter sozialer Klassen und sozialer Positionen zulassen kann, ergo die Einsicht, dass wir Menschen einander als Gleiche unter Gleichen aufzufassen haben und eine Ordnung

---

486 Vgl. Dworkin 2012, S. 641.
487 Vgl. Nida-Rümelin 2018, »*Die Theodizee-Problematik*«, S. 64.
488 Der Begriff der Aufklärung wird hier sehr umfassend verwendet: Mit der Französischen Revolution leitet das 18. Jahrhundert Umbrüche ein, die das Leben in Europa grundlegend verändern. Die gesellschaftlichen Machtverhältnisse ändern sich radikal. Das Bürgertum beendet die Herrschaft des Adels. Nachdem Gewalt und Vernichtungen an der Tagesordnung sind, werden in den USA und Frankreich noch im Jahr der Revolution Menschenrechte deklariert. Republikanische Verfassungen, Parlamentarismus, die Idee der Selbstbestimmung und die Existenz der individuellen Rechte werden neu diskutiert und definiert. Für Kant ist die Aufklärung nicht nur auf eine bestimmte Epoche bezogen, sie muss immer wieder stattfinden, sie soll eine Aufforderung an jeden Einzelnen sein, sich Machtverhältnissen nicht unhinterfragt zu fügen. Verstand, Vernunft und Mündigkeit haben die Verantwortung, den sozialen Verhältnissen nicht unkritisch gegenüber zu stehen.
489 Vgl. Arendt 2012, »*Revolution und Freiheit*«, S. 227f.

benötigen, die generelle soziale Integrität und umfassende Einbeziehung aller Beteiligten ermöglichen kann. In diesem Zusammenhang sehen wir, wie die Idee der Freiheit und die der Demokratie einander bedingen, ergänzen und einander reflexiv beeinflussen. Schon die Rekonstruktion der drei Freiheitsmodelle veranschaulichte, wie diese Verschränkung rückbezüglich bedingt ist: Es war evident, wie anfänglich die negative Freiheit unmerkliche Elemente der demokratischen Ordnung vorwegnahm, wie die reflexive Freiheit die Autonomie und die Authentizität der Individuen betonte und wie schließlich die soziale Freiheit an den Präsuppositionen eine umfassende soziale Verantwortung exemplifizierte und nach einer Metainstanz rief, die diese Evolution ordnen respektive vollenden können soll.

Die negative Freiheit, die ich im Ganzen noch als defizitär erachtete, verlangt insofern subjektive Verantwortung, als sie jeden auffordert und subtil verpflichtet, sich die soziale Grammatik der Freiheit anzueignen, um einander reziprok diese Freiheit zugestehen zu können. Solange ich mich nicht in die Lage der Anderen hineinversetzen kann, solange ich nicht die soziale Grammatik dieser Freiheitsform verinnerlicht habe, werde ich nicht die Aufforderung[490] zur Freiheit begreifen und der Anforderung der Freiheit gerecht werden, weil sie entgegen der liberalistisch-libertären Auffassung immer auf die Intersubjektivität angewiesen ist. Es liegt auf der Hand, dass beim ersten Hinsehen der Grundgedanke der negativen Freiheit von einem Ich ausgeht, der nicht allzu großes Gewicht auf ein Du legt, das jedoch für die Ermöglichung und Gewährung der Freiheit unabdingbar ist. Grundsätzlich werden die Subjekte dabei lernen müssen, dass bis zu einem gewissen Grad soziale Kooperation notwendig ist, um diese Freiheitsform kultivieren zu können, eben diese Kooperation ist sogar essenziell, um die institutionellen Rahmen der negativen Freiheit in der gemeinsamen Deliberation entstehen lassen und evaluieren zu können. Zudem: Wenn es darum geht, die Grenzen der staatlichen Macht in Bezug auf die individuelle Lebensführung einzudämmen, kommt man nicht umhin, kooperativ zu verfahren, um zu demonstrieren, dass bezüglich der ethischen Fragen, den staatlichen Einflussmöglichkeiten klare Grenzen gesetzt sein sollen. Fernerhin kann es darum gehen, jedwede sozial illegitime und ungerechtfertigte Einmischung und Beherrschung zu unterbinden, auch dieser Umstand setzt soziale Kooperation voraus.

Die reflexive Freiheit vertieft noch einmal die subjektive Verantwortung und zielt implizit auf eine klare Impression der sozialen Kooperation, um die kollektive Verantwortung als unabdingbar auszulegen. Denn

---

490 Vgl. Fichte 1979, § 4.

Demokratisches Ethos und soziale Integrität

die rationale Selbstgesetzgebung, verstanden im Sinne von Rousseau und Kant, erfordert eine massive subjektive Verantwortung; wer nicht Sklave der eigenen niederen Triebe, des willkürlichen Willens und der Leidenschaften werden will, muss im vollen Bewusstsein der eigenen Verantwortung derart rational verfahren, dass diese Art von Handlung jederzeit auch für die Anderen, d. h. für das Du, als Maxime seiner Handlungen Akzeptanz finden kann. Somit ist die Perspektive der Anderen subjektiv derart tief eingenommen, dass man sich intrinsisch dazu verpflichtet, eine Teilverantwortung für die Anderen zu tragen. Dass all diesen sozialen Reflexionen nur in einer gelernten sozialen Grammatik aufgeht, die indes der Habitus einer moralischen Auffassung ist, versteht sich von selbst. Die intersubjektivistische Moralauffassung kann sich nur auf die Prinzipien der Allgemeinheit und Reziprozität stützen, die aber ohne soziale Kooperation geistlos bleiben und der von mir hervorgehobenen ausgewogenen Gegenseitigkeit nicht einmal im Ansatz Vorschub leisten können.

Auch wenn ich die Ideen von Johann Gottfried Herder noch einmal aufgreife und dabei auf die Authentizität der persönlichen Wünsche und ihres Gedeihens verweise, habe ich von einer umfassenden sozialen Verantwortung und Kooperation auszugehen, da sonst das Verständnis davon nicht so weit reichen wird, ideale Bedingungen für ihre Realisierung zu schaffen. In der Terminologie der Gerechtigkeit abgefasst, ging es Herder darum, eine vernünftige Gesellschaft derart zu formen, dass sie den Subjekten einräumt, die Keime ihrer persönlichen Authentizität zur Blüte bringen zu dürfen. Die Konklusion dieser Gedanken weisen unweigerlich auf die Bedingungen der Verwirklichung der Freiheit hin, die später in der Idee der sozialen Freiheit ihren Inhalt findet und Gestalt annimmt. Es ist gerade die Idee der sozialen Freiheit, die in einem gewissen Umfang Weitblick der Betroffenen erfordert und bis zu einem gewissen Grad persönliche Distanzierung von Egozentrismus (Atomismus) verlangt. Mit anderen Worten, es ist eben eine Art Kultivierung der Essenz der sozialen Freiheit, die eine klare Distanz zur Unordnung und Eruption der rohen Gemütszustände vermag, selbstredend benötigt sie dafür Tugenden wie Solidarität, Gemeinwohlorientierung und die Akzeptanz von Subsidiaritätsentscheidungen, durchgängig Dispositionen, die ohne grundsätzliche soziale Kooperation nichtssagend bleiben. Deshalb nimmt die soziale Freiheit alle partikularen Verantwortlichkeiten der beiden vorherigen Formen der Freiheit auf und verleiht ihnen eine vielschichtige Form. Denn die soziale Freiheit ist in der kontextuellen Entwicklung der Idee der Freiheit jene Instanz, welche die Freiheit in eine *bedingte* Freiheit transformiert. Weil diese institutionalisierte Freiheit soziale Grenzen setzt und uns und unsere Freiheit aufeinander abstimmt, verlangt sie dadurch explizit eine große wechselseitige Verantwortung. Sie erzieht uns zur sozialen Verantwortung, sie gewährt uns den erforderlichen Raum der geistigen Entfaltung und stattet uns idealerweise mit dem notwendigen Sensorium für die moralische Freiheit aus, um reflexiv in der Lage sein zu können, gemeinsam in der Freiheit aufzugehen. Besser gesagt, um einander die Freiheit zu gewähren und einander in der Freiheit zu begegnen; schon hier verweisen Freiheit und Gerechtigkeit unmissverständlich aufeinander. Wenn ich wie bisher davon ausgehe, dass die Freiheit zu unserem Selbstverständnis gehört und wir auf der Basis ihres Verständnisses unsere sozialen Strukturen modellieren, dann darf sie niemandem vorenthalten werden: Wenn sie uns allen nicht egalitär gewährt wird, dann ist das fundamentalste Gerechtigkeitsprinzip aufs Spiel gesetzt. Dann sind asymmetrische Verhältnisse vorherrschend und die Stimme der Gerechtigkeit, im Sinne der *ausgewogenen Gegenseitigkeit*, vollkommen stumm gestellt. Noch tiefgründiger angesetzt: Eine ausgewogene Gegenseitigkeit kann nur dann gedeihen, wenn soziale Deliberation und soziale Auseinandersetzungen in völliger Freiheit und ohne Unterdrückung geführt und ausgetragen werden, die Demokratie bietet die geeignetste und elastischste Plattform dafür. Dabei ist von der kooperativen Demokratie die Rede, die die soziale Verantwortung, die aus der Idee der Freiheit entsprungen ist, in eine Sprache der sozialen Kooperation rückübersetzt und allen Beteiligten nahebringt, dass die Bedingungen der Freiheit in der Intersubjektivität liegen und die anvisierte ausgewogene Gegenseitigkeit nur durch gerechte soziale Kooperation zu erreichen ist. Die Semantik der zeitgenössischen Gerechtigkeitsvorstellung fordert nichts mehr und nichts weniger, als dass die Demokratie ihrem normativen Impuls gerecht wird, nämlich den Mitgliedern den Status der vollwertigen Mitgliedschaft vollends zu gewähren. Die Mitgliedschaft und ihr substanzieller Gehalt sind ein Ausdruck der progressiven Freiheitsvorstellung, die verschiedene Stationen der Historie durchlaufen hat. Offenkundig hat die Demokratie die Gesellschaft als jenen Ort auszuzeichnen, in der alle Mitglieder sich ihr zugehörig fühlen – zugehörig im weitesten Sinne. Nur wenn sie die Gesellschaft als einen Teil von sich und sich als einen Teil von ihr begreifen, sich in der Kooperation als die Akteur*innen ihrer Hervorbringung, Weiterentwicklung und Beeinflussung verstehen und darin die Bedingungen und die Balance der ausgewogenen Gegenseitigkeit erblicken, können sie ihrer vollwertigen Mitgliedschaft bewusst werden.[491] Dabei muss bemerkt werden, dass diese Idee der Demokratie eine permanente Kontroverse und eine Verständigung über die Vorstellung und das Ziel der ausgewogenen Gegenseitigkeit beinhaltet und verkörpern muss. Eine kooperative Demokratie in ihrer idealen Form suggeriert weit mehr, als nur eine Regierungsform zu sein, sie ist eine Form des Zusammenlebens, die soziale *Achtsamkeit* und *Loyalität* verlangt und den vorpolitischen Raum dafür dringend benötigt. Es wird immer wieder deutlich, dass sich ohne die Erziehung zur Demokratie, kein Ethos ausbilden kann, das inkorporiert und zur Kultur der Demokratie werden kann. Die Sorge, dass ein Ethos etwas zu Bestimmtes sei, das für die Instrumentalisierung sozialer Verhältnisse eine große Spalte öffnen könnte und der Idee der Freiheit zuwiderlaufen würde, ist nicht von der Hand zu weisen, aber wie Hegel sagt, Nichtbestimmtheit ist nicht Freiheit, sondern eben Unbestimmtheit. Und Unbestimmtheit trägt ebenfalls Keime einer nihilistischen sowie permissiven sozialen Entwicklung in sich, die ziellos in eine desaströse Vollendung (Radikalität und Rücksichtslosigkeit) münden könnte. Jede systematische Weltanschauung hat ihre Bestimmtheit. Aber eine kooperative Demokratie, so wie ich sie deute, lebt von ihrer Vitalität und Offenheit, ihr Ziel ist mit dem Ziel der Gerechtigkeit, der ausgewogenen Gegenseitigkeit, eng verbunden. Es bedarf keiner weiteren Erläuterung, dass extreme politische Positionen die angedachte Ausgewogenheit untergraben. Ich spreche über eine Vorstellung der Demokratie, die sich durch ihre Reflexivität und Kooperation auszeichnet, ohne hierbei einem überethisierten Republikanismus zu verfallen, der zu stark oder zum Teil teleologisch politische Tugenden voraussetzt, oder einer Ansicht des demokratischen Prozeduralismus, die lediglich rational-diskursive politische Problemlösung präferiert und dabei in Bezug auf die Ethik leer und blind bleibt.[492] Vielmehr sollte der Gang meiner Argumentation bis hierhin illustriert haben, dass auch in Zeiten des Wertepluralismus immer noch aus der Realität des Sozialen heraus, diese auch auf die subpolitischen Sphären bezogen, soziale Teilideale gewonnen und abgeleitet werden können, die am Ende zu einem großen Ideal des Sozialen in Form der reflexiv-kooperativen Demokratie begründet werden können. Selbstredend handelt es sich hierbei um eine Demokratie, die die vollwertige Mitgliedschaft für bare Münze nimmt. Es ist naheliegend, dass in den multikulturellen Gesellschaften weder die Nationali-

---

491 Die *konstruierte* Idee vom »Schleier des Nichtwissens« von Rawls zielt in diese Richtung. Rawls 2006.
492 Vgl. Martinsen 2016, »*Konsenskritik und Dissensdemokratie*«, S. 11f. Vgl. Habermas 1996, »*Drei normative Modelle der Demokratie*«.

tät, ethnische Differenz noch diverse »Schichtzugehörigkeit« im Geringsten ins Gewicht fallen können. Zu diesem Zweck ist die Gesellschaft verpflichtet, jede Art der sozialen Entrüstung[493] ernst zu nehmen, die Mitglieder haben sich als handelnde und normsetzende Akteur*innen zu begreifen: Sie haben immer das Recht darauf, in Bezug auf die Art ihrer Behandlung oder Vernachlässigung gerechtfertigte Antworten zu verlangen, Antworten, die den Prinzipien der Allgemeinheit und Reziprozität genügen sollen. Nicht alle Antworten können zugleich problemlösend und Harmonie herstellend wirken, aber sie sollen und werden Antworten sein, die unverhohlen verdeutlichen sollen, dass jedes Mitglied in der Gesellschaft ernst genommen wird und nicht mit dem Gefühl konfrontiert werden darf, sich bezüglich wichtiger politisch-sozialer Fragen übergangen zu fühlen. Nur so bleiben politische Entscheidungen transparent und nur so können die Gesellschaftsmitglieder sich als politisch Handelnde und Entscheidende begreifen. Dass dies heute nicht mehr unbedingt der Fall ist, belegt die Hochkonjunktur von Begriffen wie Politikverdrossenheit und Postdemokratie, weil eben Politik nicht mehr dort beheimatet ist, wo sie hingehört. Sie ist von Angesicht zu Angesicht und in realen Arenen überhaupt erst zu einem Gemeinmotiv der Gesellschaftsgestaltung geworden, aber heute glänzt sie durch ihre Abstraktheit, Anonymität und ihre Unfassbarkeit. Solange sie nicht wieder dort kooperativ diskutiert und gestaltet wird, wo sie hingehört, nämlich unter das Volk, kann sie nicht alle ausgewogen einbeziehen. Sie wird von großen Teilen der Bevölkerung als ein abstraktes, nur der eigenen Logik folgendes und von einer elitären Minderheit beeinflussendes Handlungssystem aufgefasst[494].

An dieser Stelle sollte ich kurz innehalten und knapp skizzieren, was ich in diesem Kontext genau unter der Idee der »*ausgewogenen Gegenseitigkeit*« verstehe und wie ich sie aus der bisherigen Rekonstruktion herleite. Ich habe weiter oben darauf verwiesen, wie die Begriffe der Freiheit, Gerechtigkeit und Verantwortung einander bedingen und beeinflussen. Die soziale Freiheit, wie sie rein ideell im vorherigen Kapitel rekonstruiert wurde, konkretisiert die soziale Verantwortung. Die freiheitsgewährenden Institutionen sollen die Wirklichkeit der Freiheit offenbaren. Ohne eine objektivierte und intersubjektive Vorstellung der Freiheit kann diese nicht über eine partikulare Perspektive der Freiheit hinausgehen. Die sozialen freiheitsverkörpernden Institutionen haben

---

493 Vgl. Sen 2010, »*Demokratie als öffentliche Vernunft*«, S. 347f.
494 Vgl. Merkel 2020, »*Steckt die Demokratie in der Krise?*«, S. 11f. Ähnliche Argumente sind zu vernehmen.

Demokratisches Ethos und soziale Integrität

den Habitus und die Kultur der Gesellschaftsmitglieder zu prägen, welche die Verantwortlichkeit für die ständige Bewertung der Institutionen und deren normative Maßstäbe erfordert. Da die Freiheit in ihrer sehr komplexen Form erst die Hintergrundgerechtigkeit, nämlich die Grundstrukturen der modernen Gesellschaften (Demokratie), hat hervorbringen können, fordert sie auch jene Form von Gerechtigkeit, die der Vorstellung von Freiheit vollends gerecht werden kann. Keine Gerechtigkeitsidee kann ohne die Autonomiegewährung der Subjekte in den modernen Gesellschaften Anklang finden. Da die zeitgenössischen demokratischen Ordnungen Ausdruck der Freiheitsentwicklung der letzten Jahrhunderte sind, verweisen sie somit auf ein bestimmtes Verständnis unserer individuellen Autonomie, die selbst primär die Quelle des normativen Impulses für die Hervorbringung dieser Ordnung war. Sobald diese etablierte Ordnung Gesichtspunkte unserer Autonomie verletzt, begreifen wir sie nicht als gerecht. Erst die soziale Freiheit, die aus der Intersubjektivität entsprungen ist, war in der Lage, den modernen sozialen Institutionen ihre Konturen zu geben. Gewähren diese Institutionen im Umkehrschluss die soziale Freiheit nicht, so genügen sie ihren selbstgesetzten Ansprüchen nicht und neigen dazu, nicht alle Mitglieder an der Freiheit teilhaftig werden zu lassen, ergo können sie gar nicht gerecht sein. Daraus folgt, dass die Institutionen und die Grundstrukturen der modernen Gesellschaften erst dann gerecht sind, wenn sie alle an ihrer Hervorbringung Beteiligten, vollkommen, umfassend und zum größten Teil egalitär berücksichtigen, im Sinne einer vollwertigen Mitgliedschaft. Schließlich besteht die politische Macht in ihrer Macht des Bestimmens über die Gestaltung und Aufrechterhaltung der besagten Ordnung. Und eine Ordnung der Sittlichkeit umfasst viel mehr als nur eine Ordnung des politischen Regierens, sie umfasst, prägt und beeinflusst alle Beziehungen des sozialen Lebens. Jede soziale Ordnung bildet ein eigenes Ethos und eine Vorstellung des Guten aus, die nicht absolut und invariabel sein muss. Aus dem Pluralismus der Perspektiven und Weltanschauungen ergibt sich ein Einvernehmen über die Vorstellung des Rechten und ein »minimaler« Konsens des Guten.[495]

Die demokratische Ordnung ist als eine solche aufzufassen. Sie beherbergt unsere moderne liberale Vorstellung des Rechten und gewährt die Offenheit und Toleranz für die individuelle Verfolgung der Idee des Guten. Dass dieser übergeordnete Konsens den Namen der Demokratie als soziale Ordnung trägt und ihre Teileelemente schon in den verschiedenen Sphären der persönlichen Beziehungen erprobt werden sollten, habe ich

---

495 Vgl. Rawls 2006, »*I. Vier Aufgaben der politischen Philosophie«*, S. 19. Bei der vierten Aufgabe wird das Thema angeschnitten.

im ersten Kapitel zur Genüge diskutiert. Dort standen Elemente wie die Symmetrie der Beziehungen, wechselseitige Anerkennung und Gleichberechtigung im Zentrum, welche die Subjekte mit persönlicher Freiheit und persönlichem Selbstvertrauen ausstatten sollten; diese Urstoffe der Sozialität zielten auf die menschliche Freiheit und soziale Verantwortung. Sie veranschaulichten die Notwendigkeit der Intersubjektivität, diese in ihrer reinsten Form der ausgewogenen Gegenseitigkeit. Persönliche Autonomie, individuelles Selbstvertrauen und Gleichberechtigung der Geschlechter (in der Familie) können nur gelingen, wenn alle Beteiligten gleichermaßen sozial beansprucht werden, wenn eine ausgewogene (reziproke) Aufmerksamkeit und Gegenseitigkeit am Werke ist. Geraten die intersubjektiven Verhältnisse in einseitige und asymmetrische Beziehungen, so gelingen diese selten, Abhängigkeiten verschiedener Art gewinnen an Bedeutung, Pathologien lauern überall und ungerechte Züge der Beziehungen treten zum Vorschein. Auf der politischen Ebene verhält es sich nicht viel anders. Nur die Rahmenbedingungen und das Feld des Politischen gestalten sich komplexer und verkomplizieren die Diagnose von Ungerechtigkeiten, weil oft eine Semantik der Kritik benötigt wird, die erst dank sozialer Kooperation[496] virulent werden kann. Ob demokratische Grundelemente oder intersubjektive Freiheitsgewährung auf der Mikroebene sowie in den Institutionen: Alles ist auf eine ausgewogene Gegenseitigkeit angewiesen. Demokratische Elemente können nicht ohne moralische Normen wie die der Allgemeinheit und Reziprozität aufrechterhalten werden. Institutionen der Demokratie dürfen nicht einseitig und fern von den besagten Normen operieren. Diese immanenten Forderungen der Demokratie sind im Grunde genommen einer Ausbalancierung der politischen Themen und ihrer Auswirkungen auf die sozialen Interaktionen. Diese Forderungen umfassen alle Beteiligten und sollen alle in einer ausgewogenen Art und Weise mit in die politischen Entscheidungen einbeziehen, sei es durch ihre Repräsentant*innen in den entsprechenden politischen Instanzen oder auf unmittelbarem, direktem Wege. So gesehen ist die Demokratie als soziale Ordnung ein Pro-

---

[496] Rawls argumentiert hinsichtlich der sozialen Kooperation auf eine ähnliche Weise. I. »Kooperation wird durch öffentlich anerkannte Regeln und Verfahren geleitet, die von den Kooperierenden anerkannt und als solche betrachtet werden, die ihr Verhalten angemessen leiten«. II. »Kooperation setzt faire Bedingungen der Zusammenarbeit voraus; diese sind Bedingungen, die jeder Teilnehmer vernünftigerweise anerkennen würde, vorausgesetzt, dass alle anderen sie gleichfalls anerkennen«. III. »Der Gedanke sozialer Kooperation setzt einen Begriff des rationalen individuellen Vorteils oder Guten jedes Teilnehmers voraus«. Vgl. Rawls 1992, S. 266–267.

dukt des Volkes, sie gehört im wahrsten Sinne des Wortes allen, also dem Volke. Der Begriff der *ausgewogenen Gegenseitigkeit* soll dann über die objektiven Strukturen hinaus auch Emotionalität, soziale Empörung und Ungerechtigkeiten (Ethos) der politischen Subebenen umfassen. Weil die Bindung des Einzelnen an die besagten Institutionen und ihre Freiheitskultur ein elementares Verständnis der sozialen Integration darstellt und sie sogar die grundlegendste Auffassung der modernen Gerechtigkeitssemantik verkörpert. Ferner wird auch im Bereich des Wirtschaftlichen, der gemeinhin für ein unbeeinflussbares, gar ein normfreies System gehalten wird, die ausgewogene Gegenseitigkeit von Bedeutung sein. Auch das kapitalistische Wirtschaftssystem hat sich für moralische Einwirkungen der sozialen Gemeinschaften offenzuhalten, diese Offenheit und eine faire Kooperation aller Handlungspartner*innen hat jene *ausgewogene Gegenseitigkeit* zu gestatten, die in allen vorherigen Ebenen des Sozialen als Quelle für Gerechtigkeitsforderungen fungiert hat.

Den Pfad meiner Argumentation wieder aufnehmend, sollte ich präzisieren, dass die Freiheit in ihrer Multidimensionalität ohne soziale Verantwortung nicht zu haben sein wird. Die soziale Verantwortung ist eine Summe aus der subjektiven und kollektiven Verantwortung, die von einer Ordnung nicht teleologisch, aber gerecht geordnet werden muss, um weiterhin Freiheit heißen zu dürfen. Für diese Anordnung habe ich die kooperative Demokratie herangezogen, weil die Demokratie als soziale Ordnung *erstens* nicht ohne soziale Kooperation, d. h. ohne gemeinsame Willensbildung, ohne die Aushandlung von politischen Inhalten und Interessen, ohne Machtbalance der Institutionen, ohne rationalen Austausch von Argumenten, ohne Recht und Einbeziehung der Minderheiten und ohne die Toleranz für divergierende Lebensweisen Demokratie sein kann. Abweichend davon, wird sie dem Impuls der Idee der Freiheit nicht folgen können. *Zweitens*, weil die Demokratie als Lebensform durch ihre Offenheit und ihre kulturelle Freiheit jene Gerechtigkeitsfragen in Begriffe fassen wird, die aus der Gesellschaft heraus an sie adressiert werden. Dazu später mehr. Die eben aufgelisteten Demokratienormen zielen unmissverständlich auf eine tief sitzende Fairnessabsicht, die sich durch die ausgewogene Gegenseitigkeit augenfällig figuriert sieht. Demnach kommt unser modernes Verständnis der Gerechtigkeit nicht ohne eine umfassende Idee der Freiheit aus; aber solange sie nicht durch die soziale Kooperation in Instanzen und Institutionen übergeht, die dann wiederum allen die Freiheit *rechtlich* garantiert, bleibt die Freiheit im Hinblick auf die Gerechtigkeit defizitär. Die gesellschaftspolitische Entwicklung der letzten Jahrhunderte hat dazu geführt, dass wir zumindest nicht mehr hinter die Losungswörter der Französischen Revolution zurückkehren können. Keine Grundordnung kann sich heute ohne eine egalitäre Freiheitsgewährung überzeugend legitimieren, die Rechtsgleichheit ist ihrem normativen Maßstab nach für uns selbstverständlich geworden, die Vorstellung, es als moralisch verwerflich, gar als sozial peinlich zu empfinden, trotz allen Reichtums und großer technologischer Errungenschaften in den modernen Gesellschaften Arme, Mittellose und Ausgestoßene zu haben, orientiert große Teile der Bevölkerung. Eine gerechte oder eine anständige Gesellschaft[497], die an ihrer Ausgewogenheit interessiert ist *oder sogar sein muss*, darf sich nicht vor solchen Fragen verstecken. Zugegeben braucht es dafür ein sittliches Mitgefühl, soziale Sensibilität sowie langatmige demokratische Deliberation, die allesamt dank der Förderung eines demokratischen Ethos, das die soziale Kooperation in ihr Zentrum stellt, gelingen kann. Selbstredend können auch andere soziale Ordnungen mit gänzlich anderen Hintergrundstrukturen, Elementen und Einzelforderungen der Gerechtigkeit genügen und sie verwirklichen, aber jene Form von Gerechtigkeit, die ich als *gelebte Gerechtigkeit*[498] beschreibe, wie ich sie in der Semantik der modernen Gesellschaften freigelegt habe, die eine umfassende Freiheitskultur erfordert, wird es schwer haben, außerhalb der Demokratien und in anderen sozialen Ordnungen zu ihrer Geltung zu gelangen. *Drittens:* Demokratie als Lebensform hat viele Facetten, die gerechtigkeitsfördernd wirken. Ob in der Freundschaft, in der romantischen Liebe oder in der Familie, stets waren demokratische Grundelemente im Spiel, die die sozialen Beziehungen normierten. So betrachtet erschöpft sich die Bedeutung der Demokratie nicht lediglich darin, beim politischen Wahlakt die eigene Stimme abzugeben, sie ist vielmehr jene Form der Sittlichkeit, die dank ihrer Elastizität[499] viel Raum für neue Freiheitsideen bietet sowie ihrer Etymologie nach den besten Schauplatz für die Realisierung der Ausgewogenheit gestattet.

Sie ist im Kern die versinnbildlichte *Ausgewogenheit*, weil sie jedem eine Stimme, aber keinem mehr als eine Stimme gibt. Der Begriff der Stim-

---

497 Vgl. Margalit 1999, »*Vorwort: Anspruch auf Anstand*«, S. 7f.
498 Vgl. Forst 2017, »*Politische Freiheit*«, S. 397f. Forst geht soweit, hier von einer weiten Vorstellung der politischen Freiheit zu sprechen, die fünf Konzeptionen der Freiheit (moralische, ethische, rechtliche, politische und soziale Autonomie) umfasst.
499 Vgl. Derrida 2003, S. 150–151. »Mit kommender Demokratie ist ein Bild, eine Vision gemeint, die vom Volk jeden Tag verändert bzw. erneuert wird. Sie ist nicht existent, gleichzeitig aber etwas, auf das hingearbeitet werden soll und muss. Es besteht eine gewisse Dringlichkeit, denn die Arbeit an der kommenden Demokratie kann nicht aufgeschoben oder verschoben werden. Weil sie nicht wartet und gleichwohl auf sich warten lässt. Sie erwartet nichts, verliert aber alles, wenn sie wartet«.

Demokratisches Ethos und soziale Integrität

me muss hier in einem erweiterten Sinne verstanden werden, erstens als die politische Stimme und zweites als jene Stimme, die sich erhebt und Unbehagen äußert (politisch-soziale Stimme), jene Stimme, die bezüglich des persönlichen Lebensweges Wirkung haben muss, Echo erzielen darf. Eine Stimme haben nur Subjekte, die von der Gesellschaft weder überhört noch übersehen werden, eine Stimme, die sich frei fühlt. Oder eine Stimme, die innovative Ideen artikuliert, jene Stimme, die sich sozialen Rechtfertigungsverfahren aussetzen muss. Eben jene Stimme, die die soziale Grammatik der betreffenden Gesellschaft bestens beherrscht und sie trotzdem um neue Nuancen erweitern möchte. Demokratie hat Raum und Verwendung für diese Stimme, aber diese Stimme kann erst in der Auseinandersetzung und Kooperation mit den Anderen zu einer wirkungsvollen gesellschaftlichen Kraft werden. Gleichwohl muss sich eine gesellschaftliche Stimme bezüglich politisch-sozialer Fragen erst bewähren, es ist eben die kooperative Demokratie, die dazu befinden wird, sie annimmt, sie verwirft, und sie vor allem nicht zum Dogma versteinern lassen darf. Die Anerkennung dieser Stimme zielt mehr oder weniger auf die soziale Integrität.

Jene Integrität, die gegenwärtig – dank der vorherrschenden Politikverdrossenheit[500], des kollektiven Unbehagens[501], der immer mehr auseinanderdriftenden Schere zwischen Arm und Reich[502], der Asymmetrien bezüglich der Möglichkeiten der Schulbildung für Kinder[503], der ungleich entlohnten Frauen und Männer bei der Ausführung gleicher Tätigkeiten, des ungerechtfertigten Einkommens von diversen Berufen (Managergehälter etc.), diese Liste kann beliebig verlängert werden – augenscheinlich nicht gewährleistet ist und eine ausgewogene Gegenseitigkeit wie eine Utopie erscheinen lässt. Was ist mit der essenziellen Bedeutung von vollwertiger Mitgliedschaft? Wo bleibt da die Frage der sozialen Integrität? Wie sollen sich die Mitglieder, die sich auf der Seite der Benachtei-

---

500 Vgl. Junge 2016, »*Demokratiepolitische Effekte des Bedingungsgefüges von Wissen und Partizipation*«, S. 181f, und Oeftering 2016, »*Auf der Suche nach verschobenen Ausdrucksformen der Demokratiepolitik. Musik und Politik*«, S. 147f.
501 »Wahrscheinlich haben sich seit dem Ende des Zweiten Weltkriegs niemals so viele Menschen gleichzeitig über die sozialen und politischen Folgen empört, die mit der global entfesselten Marktökonomie des Kapitalismus einhergehen«. Vgl. Honneth 2015a, S. 15.
502 Laut dem Statistischen Bundesamt waren im Jahr 2017 rund 15,5 Millionen Menschen in Deutschland von Armut oder sozialer Ausgrenzung betroffen. Vgl. Pogge 2011 bezüglich der Weltarmut.
503 Das Friedrich Jahresheft 2013: »Schule und Armut« liefert interessante Einsichten über die »Bildungsgerechtigkeit« in der Bundesrepublik Deutschland.

ligten wiederfinden, mit einer derartigen Gesellschaft identifizieren und sich ihr mit Haut und Haar verschreiben? Wo ist die Wirkung der sozialen Freiheit geblieben? Es ist klar, dass in den modernen demokratischen Gesellschaften *kein* Mensch verhungert, da diverse soziale Leistungen garantiert sind, die Rechtsgleichheit – zumindest rein formell betrachtet – gewährleistet ist und jedes Kind Anrecht auf eine staatlich organisierte schulische Ausbildung hat. Aber erwarten wir im Namen der Gerechtigkeit nur so viel von unseren Gesellschaften? Vermutlich ist der Inhalt vom Status der vollwertigen Mitgliedschaft noch unzureichend und die Vorstellung der sozialen Kooperation noch nicht praxisbezogen genug und noch nicht allgegenwärtig, dafür ist ein Ethos wichtig, das zur Einverleibung von wichtigen gerechtigkeitsrelevanten Normen beitragen soll. Die integrative Aufgabe (vollwertige Mitgliedschaft)[504] der Demokratie stellt ohne Frage einen großen Kraftakt dar, dennoch plädiere ich dafür, mehr Demokratie zu wagen, im Sinne der ausgewogenen Gegenseitigkeit. Dass dieses anspruchsvolle Ziel sehr viel Schwung, Einfallsreichtum und Aufmerksamkeit, kurz ein entschiedenes Ethos voraussetzt, werde ich im nächsten Schritt aufzuzeigen suchen.

II.

Die bisherigen Überlegungen zielten auf eine Idee der Gerechtigkeit, die sich in der Aushandlung einer ausgewogenen Gegenseitigkeit erschöpft, diese wiederum impliziert die tiefe Bedeutung der sozialen Integrität.[505] Wie ich weiter gezeigt habe, keine Art von Interessensaushandlung kann eine ausgewogene Gegenseitigkeit formen, solange sie nicht tiefe demokratische Züge in sich trägt. Gerechtigkeit ist in jeder Gesellschaft die Größe, die bestimmt, wie man als Mitglied dieser Gesellschaft miteinander umgeht. Dafür habe ich vorausgesetzt, dass die Frage der Macht, vor allem die der politischen Macht essenziell ist; weil damit ein bestimmter Rahmen (Rechte und Pflichte) für alle vorgegeben wird. Die Rahmenbedingungen sollten idealerweise von den Akteur*innen legitimiert werden, die sie auch mit Leben füllen wollen würden. Dafür habe ich die kooperative Demokratie[506] ausgezeichnet, die nicht starr, stur und unbeweglich

---

504 »Alle Bürgerinnen und Bürger haben den gleichen Anspruch auf Mitwirkung an der öffentlichen Meinungs- und Willensbildung bezüglich gemeinsamer Angelegenheiten sowie an der Verteilung, Kontrolle und Ausübung politischer Macht«. Vgl. Gosepath 2004, S. 316.
505 Vgl. Pollmann 2018, »*Die nähere Verwandtschaft der Integrität: Würde und Ehre, Freiheit und Autonomie, Authentizität und Wahrhaftigkeit*«, S. 291f.
506 Oft wird in diesem Kontext auch von sozialer Demokratie gesprochen.

Demokratisches Ethos und soziale Integrität

für Weiterentwicklung sein darf. Allerdings bedarf es eines gesellschaftlichen Ethos, um die von mir im Namen der Gerechtigkeit ausgezeichnete ausgewogene Gegenseitigkeit anzustreben.[507] Schon der Begriff der ausgewogenen Gegenseitigkeit, die integrativ und gerechtigkeitsfördernd wirken soll, beinhaltet eine Distanzierung von egozentrischen Motiven und von einer atomistischen Auffassung der Selbstkonstitution und fordert achtsame Anteilnahme. Damit soll ausgedrückt werden, dass es in pluralistischen Gesellschaften sehr schwer ist, auf eine exakte Idee der Gerechtigkeit zu zielen. Nicht zuletzt, weil eine absolute und monistische Vorstellung von Gerechtigkeit an sich ein irrationales Ideal sei.[508] Sie kann es nicht geben, da stets Interessenskonflikte im Mittelpunkt der Gerechtigkeitsdebatten stehen werden und sie ausgehandelt werden müssen. Dagegen ist es im Sinne einer ausgewogenen Gegenseitigkeit relativ schnell evident, radikale Asymmetrien, grundlose Ungleichheiten und Benachteiligungen sowie soziale Ausschließungen als Ungerechtigkeit auszulegen. Die besagten Attribute implizieren einen Zustand, der eine ausgewogene Gegenseitigkeit, im Sinne der gesellschaftlichen Harmoniebewahrung und im Sinne einer kooperativen Demokratie, unterminieren würde. Möglicherweise muss ich hier einen Schritt zurücktreten und noch einmal auf die Analyse der bisherigen sozialen Interaktionen zurückblicken, um abermals zu verdeutlichen, warum unsere Gerechtigkeitsvorstellung mit sehr feinen, in unserer Kultur angelegten, aber zum Teil verrufenen menschlichen Dispositionen[509] behaftet ist, die es verdienen, wieder gesittet zu werden, um auf die ausgewogene Gegenseitigkeit abzuzielen. Schon die ideale Freundschaftsform ist eine Verkörperung der ausgewogenen Gegenseitigkeit, anders kann sie gar nicht existieren. Sobald die Absicht schwindet, einander stets Gutes zu wünschen und zu wollen, ist die Ausgewogenheit ebenso wie die hochgepriesene Ver-

---

507 Damit ist es evident, dass ich mich von der Idee der *liberalen Demokratie* insofern distanziere, als ich sie für meine Idee der »ausgewogenen Gegenseitigkeit« für unzureichend halte. Über einige Grundsätze der liberalen Demokratie hinaus (Bekenntnis zu Marktwirtschaft und Konkurrenz als Grundprinzipien der Wirtschaftsordnung = unsichtbare Hand), die für mein Konzept der Gerechtigkeit inkompatibel sind, sollte die Finanzkrise von 2008 und die dadurch massiv an Bedeutung gewinnende Frage der sozialen Ungleichheit noch einmal verdeutlicht haben, dass sie nicht auf Prinzipien der Kooperation und sozialen Ausgewogenheit fußt.
508 Vgl. Kelsen 2000, »*Gerechtigkeit als Problem der Rechtfertigung menschlichen Verhaltens*«, S. 21f.
509 Zum Beispiel: Selbstlosigkeit, Edelmut, Hingebung, Uneigennützigkeit, allesamt Charakterzüge, die heute aus der Moralphilosophie mehr oder weniger verbannt sind.

schmelzung dahin. In der romantischen Liebe war es nicht anders, die Ausbalancierung zwischen der Selbstbehauptung und der Symbiose der beiden Parteien mündete idealerweise in der wechselseitigen Anerkennung. Diese verbildlichte nichts anders als eine ausgewogene Gegenseitigkeit, sogar während Anerkennung zum Teil hart erkämpft werden muss, hat die Ausgewogenheit eher zu geschehen. Sobald dieses Verhältnis dauerhaft mehr zu einer Richtung der entgegengesetzten Pole strebte, also entweder zur Selbstbehauptung (Egozentrismus) oder zur Symbiose (Pathologie), konnte es nicht als ausgewogen betrachtet werden. Mehr noch, eine derartige Entwicklung führt sogar dahin, Abhängigkeitsverhältnisse herzustellen und die individuelle Freiheit zu beeinträchtigen. In der Folge wird die Beziehung nicht als gelungen empfunden werden und die gegenseitige Ausgewogenheit verebbt analog zur Liebe allmählich. In familialen Beziehungen ist es genau ähnlich. Die Ausgewogenheit herrscht dann vor, wenn alle Mitglieder dazu beitragen, dass die Beziehungen untereinander gelingen. Wechselseitiger Respekt, reziproke Anerkennung und Unterstützung, bis hin zur temporären Selbstlosigkeit sind Erfordernisse, die dazu beitragen, dass die gegenseitige Ausgewogenheit überwiegt.

Die Gleichberechtigung und Gleichbehandlung in den familialen Beziehungen sind Forderungen, die im Laufe der Geschichte, im Sinne der Ausgewogenheit und gerechteren Verhältnissen, erkämpft werden mussten. Hält sich zum Beispiel der Vater nicht an die normativen Regeln der innerfamilialen Verhältnisse und handelt despotisch, so kann das im unangenehmsten Falle von den anderen Familienmitgliedern eine Zeit lang geduldet werden, aber auf Dauer gesehen stört er die Ausgewogenheit der Beziehungen und belastet die erwünschte Harmonie radikal. Irgendwann ist die Geduld der anderen Mitglieder aufgebraucht und Gerechtigkeitsfragen gewinnen an Relevanz. Auch Krankheitsfälle in der Familie verdeutlichen, wie wichtig die ausgewogene Gegenseitigkeit ist und wie sie als Gerechtigkeitsmaßstab herangezogen wird. Ist ein Familienmitglied für eine gewisse Zeit krank, so wird es naheliegenderweise von der Familie gemeinsam gepflegt, behütet und unterstützt, aber sobald das Gefühl entsteht, dass es sich gesundheitlich wieder in einem Zustand befindet, in dem es neuerdings die Ausgewogenheit walten lassen könnte, aber sich immer noch in dem Bequemlichkeitsmodus begibt, so hat es sich negative Kritik anzuhören, die im Sinne der erstrebten Ausgewogenheit geäußert wird. Man kann hier Einwände erheben und sagen, dass in den persönlichen Beziehungen sehr viel Emotionalität im Spiel ist und diese oft Empörungen hervorruft, die nicht unbedingt mit Gerechtigkeitsforderungen in Einklang gebracht werden können. Allerdings greift dieser Einspruch zu kurz, weil das bisher verwendete Verständnis von der ausgewogenen Gegenseitigkeit auch für die Ebene des Politischen genauso von Bedeutung ist. Die gerade erwähnten Beispiele sind nicht naiv und rein emotionaler Natur, sie orientieren sich an idealen Vorstellungen gelingender persönlicher Beziehungen und sind von Vernunft durchtränkt. Entsprechend sind Gefühle und Emotionen, vor allem negative Emotionen (wie Empörung, Ungerechtigkeitsgefühle, das Gefühl der Verkennung und Unsichtbarkeit, die nicht vorhandene soziale Resonanz) in der Sphäre des Politischen von grundlegender Bedeutung. Sie entstehen nicht aus dem Nichts, sie sind meist Folge einer anhaltenden und von Dauer geprägten falschen Entwicklung, meist eine Entwicklung, die radikal die soziale Ausgewogenheit anfeindete. Diese negativen Gefühle gewinnen meist dann an Schärfe, wenn die soziale Integrität, d.h. wenn die Identifikation mit der jeweiligen Ordnung ins Wanken gerät. Wenn die wohlhabend-wohlgeordneten Gesellschaften, die ihre Hintergrundgerechtigkeit rein formell bezeugen und zahlreiche Gerechtigkeitsgrundsätze als legitim anpreisen, aber auf der anderen Seite mit der Tatsache konfrontiert sind, dass ein nicht unerheblicher Teil der Bevölkerung politikverdrossen ist, sich gegenüber den Zielen und den Entscheidungen der Politik machtlos sehen und nicht mehr das Gefühl haben, entscheidend eingreifen und Einfluss nehmen zu können, dann sind ihre Gefühle der Empörung nicht irrational und unbegründet. Wenn das System der schulischen Bildung auf ungerechten Zugangskriterien basiert, dann sind die nächsten Generationen von ihren Folgen massiv betroffen, wenn diverse Tätigkeiten, die für das Gemeinwohl nicht unabdingbar sind und trotzdem illusionär entlohnt werden, dann sind sie illegitimerweise privilegiert, und da liegen ganz bestimmt Gründe vor, die nicht übersehen werden, aber trotzdem in ihrer Existenz deshalb nicht fundamental infrage gestellt werden, weil uns entweder das geeignete Vokabular der Kritik dafür fehlen oder weil wir diese Unausgewogenheiten zu unserer Kultur haben werden lassen. Ich habe, angefangen bei der Sphäre der persönlichen Beziehungen, stets auf die Reziprozität und auf soziale Anerkennung verwiesen, um unsere Sozialität intersubjektivistisch aufzufassen, um atomistischen oder radikal liberalistischen Gesellschaftsauffassungen entgegenzuwirken. Das Ziel dabei war, unsere Gerechtigkeitssinne zu schärfen, wir werden es immer schwer haben, angeben zu müssen, wie eine vollkommen gerechte Gesellschaft auszusehen hat, unabhängig davon, dass es sie wahrscheinlich nie geben kann, aber wir können im Sinne der Ausgewogenheit relativ schnell radikal unfaire soziale Behandlungen und Ungleichheiten wahrnehmen. Das Ethos der *Achtsamkeit*, das unsere Sensoren für die Ungerechtigkeit schärfen muss, hat seinen Ursprung von dort zu nehmen, in allen Sphären des Sozialen zu verinnerlichen, wie sehr wir doch im Ganzen aufeinander angewiesen sind.[510] Das Ich erfährt sein Selbst nur durch das Du oder in sozialen Kontexten des Wirs. Wir sind nur durch *einander* frei, wir sind nur durch die Anderen ein Gesellschaftsmitglied. Wir sind darauf angewiesen, einen gemeinsamen Willen zu entwickeln, auch wenn dieser weder dogmatisch noch hölzern sein darf; aber ohne eine vage Zielrichtung verlieren viele bedeutende moralische Werte, die für eine humane und zeitgemäße Gesellschaft unabdingbar sind, massiv an Bedeutung. Dafür sollen aber so viele Mitglieder wie möglich (idealerweise alle) gleichberechtigt zum Kreise des Wir[511] gehören, dann ist fast notwendig garantiert, dass sich durch die Vielfalt der Ideen und Weltanschauungen ein vitaler und dynamisch-offener gemeinsame Wille bildet.

Der gemeinsame Wille darf sich nicht lediglich als Mehrheitsstimme in der Öffentlichkeit als solcher qualifizieren, auch Andersdenkende (Minderheiten, »Außenseiter«)[512] können und sollen angemessen Raum und Zeit erhalten, um zu versuchen, Einfluss zu üben. Eine kooperative Demokratie kann ihre Stabilität darin bezeugen, sich konträre Standpunkte und Stimmen anzuhören, gar auszuhalten. Die gleichberechtigte Teilnahme ist der Urgrund der gegenseitigen Ausgewogenheit, die den Schlüssel dazu liefert, allen in der Gesellschaft einen gebührenden sozialen Platz zu gewähren. Dabei geht es um die Glaubwürdigkeit unserer Sittlichkeit. Demnach haben ihre normativen Impulse derart zu wirken, dass sie zu keiner Zeit unsere Vorstellung der Ausgewogenheit irreal werden lassen darf. Eine vollkommene Versöhnung zwischen den sozialen Idealen und der Faktizität ist nicht oft gegeben, aber die Unmöglichkeit einer absoluten Versöhnung wäre eine soziale Katastrophe, die unsere soziale Integrität erschüttert. Das Ethos der Achtsamkeit resultiert aus der Qualität

---

510 »Solidarität ist [...] weder Sozialromantik noch eine moralische Überforderung, sondern ein wichtiges Element der Gemeinwohlorientierung, das in fast allen Kulturen der Welt verankert und für eine ethisch plausible Bearbeitung gegenwärtiger und zukünftiger Herausforderungen wichtig ist«. Vgl. Reder 2018, S. 106.
511 Es soll hier erwähnt werden, dass das *Wir* nicht als Gegensatzpaar zu *Anderen* (im Sinne Carl Schmidts: Freund/Feind-Ansatz) aufzufassen ist; das *Wir* kann und darf sich nicht durch die Existenz der anderen Völker definieren. Vielmehr gehen wir davon aus, dass je mehr Gerechtigkeitselemente in der Gesellschaft, im Sinne der sozialen Ausgewogenheit, internalisiert werden, umso wahrscheinlicher ist es, die besagten Werte im Verhältnis zu anderen Nationen und Völkern anwenden zu können, d. h. entsprechend mit den anderen Völkern zu interagieren und ihre Beziehungen normieren zu wollen.
512 Vgl. Pettit 2015, S. 264 ff.

unseres Bewusstseins und richtet sich gegen gewohnheitsmäßige, automatische und unbewusste Reaktionen. Wir müssen im Zuge des kooperativen Handelns ein hohes Maß an situationsadäquatem, authentischem und selbstbewusstem Handeln an den Tag legen, sprich kultivieren. Nur wenn Menschen über ein gewisses Maß an Solidaritätsgefühl verfügen, ist es ihnen überhaupt möglich, gemeinsam über Fragen der Gerechtigkeit nachzudenken.

Die kooperative Demokratie ist die Erziehung zu einer demokratischen Lebensform, die auf Ausgewogenheit zielt. Eben diese Ausgewogenheit kann nur in der Intersubjektivität zu einem normativen Begriff werden. Beginnend in den Erziehungs- und Bildungsanstalten bis hin zu den elementaren sozialen Sphären und der Öffentlichkeit sollen die moralischen Normen der Allgemeinheit und Reziprozität gelernt, begründet und ständig in zwangsfreier Kommunikation evaluiert werden. Es ist möglich, dass hier der Einwand erhoben wird, meine Vorstellung vom Ethos der Achtsamkeit sei zu bestimmend oder zu sehr fordernd und sie würde der Idee der Freiheit zuwiderlaufen. Allerdings sollte mittlerweile deutlich genug geworden sein, dass Freiheit »nur im Verhältnis zu den Bestimmungen, die mit sozialen Institutionen, Praktiken und Rollen einhergehen«[513], als *soziale Freiheit* aufzufassen ist. Demnach ist Freiheit nicht »die Abwesenheit von Bestimmtheit, sondern die aneignende Transformation von Bestimmungen«.[514] Somit bewege ich mich auf die Bestimmtheit jenes demokratischen Ethos zu, welches soziale *Kooperation* voraussetzt und zum Fortschritt der sozialen Ausgewogenheit beitragen soll.

Die Idee eines demokratischen Ethos hat sich darin zu erschöpfen, moralische Gefühle, die für die kooperative Demokratie notwendig sind, zu kultivieren. Die zwei Moralprinzipien, die wir für die modernen demokratischen Gesellschaften ausgezeichnet haben, d. h. die Prinzipien der *Allgemeinheit* und *Reziprozität,* sind rational nachvollziehbare Prinzipien, die mit Gefühlen und Emotionen gefüllt sind. Im Verlauf der vorliegenden Arbeit sollte deutlich geworden sein, wie sehr ich davon überzeugt bin, dass auf allen Ebenen des Sozialen eine gelungene Sozialität (fern von Misshandlung, Missachtung und Entwürdigung) von *reziproker Achtsamkeit* und Rücksichtnahme abhängt. Die basalste Form davon illustriert, wie wir für die Befriedigung unserer psychischen und physischen Bedürfnisnatur wechselseitig aufeinander angewiesen sind oder noch gründlicher gedacht: wie wir durch die Anderen uns selbst als Subjekt konstituieren. Aber auch das Prinzip der *Allgemeinheit* verdeutlicht,

---

513 Vgl. Jaeggi/Celikates 2017, S. 74.
514 Vgl. ebd.

dass wir uns selbst als schmerzempfindendes Wesen erfahren und alle anderen ebenfalls entsprechend wahrzunehmen haben. Wir können von uns selbst ausgehen und am besten nachvollziehen, dass keine sozialen Normen, die Asymmetrien und Verletzungen unserer Selbstachtung bewirken könnten, ihre Daseinsberechtigung haben dürfen. Dementsprechend dürfen wir nur Normen und Handlungen als allgemein anerkennen, die niemanden verkennen und unsichtbar machen, kurz: von der Gesellschaft samt ihren allgemeinen etablierten Normen ausschließen. Daraus abgeleitet, sollte es nicht allzu schwer sein, ein Ethos der Loyalität anzustreben, die zuvörderst eine Loyalität gegenüber unserem persönlichen Menschsein-Wollen anstrebt. Ein derartiges Ethos versteht sich nicht von selbst, es kann anstrengend sein und es muss erlernt werden. Eben das Erlernen ist auch demokratieimmanent, auch sie muss Generation für Generation immer wieder feiner und zeitgemäßer begriffen werden. Diese Idee weiter ausbuchstabiert, kann man in summa dafür plädieren, den kooperativen Demokratien mit Emotionen[515] zu begegnen, denn sie sind das Ergebnis eines sehr langen Kampfes, der gegen die Weltkriege, die Diktatur der Nazis, den Staatsterror, die Parteiverbote, die Konzentrationslager, Ermordung Andersdenkender, Verfolgung und Vernichtungslager geführt wurde. Es ist nicht von der Hand zu weisen, dass etablierte Demokratien, die reflexiv agierten und stets an Reife gewonnen haben, so gut wie nie an innergesellschaftlichen Katastrophen gelitten haben.[516] Dieser empirische Befund verpflichtet dazu, dem Ethos der Demokratie durch die Loyalität der Bürger*innen einen sozialen Rahmen zu geben; Loyalität setzt gegenseitiges Vertrauen (Achtsamkeit) voraus, aber sie ist keine blinde Gefolgschaft und erfordert einen permanenten Austausch, eben Kooperation.[517] Sie bedeutet auf der Makroebene interessiertes Verhalten gegenüber höheren Instanzen (Ideale, Wertevorstellungen etc.); indessen fußt die Basis eines derartigen Verhaltens auf der Übereinstimmung von Emotionalität und Rationalität. Die Idee der kooperativen Demokratie, die auch die Gerechtigkeit im Sinne der ausgewogenen Gegenseitigkeit aufnimmt, ist jene Instanz, die durch die Betonung der Kooperation die sozialen Emotionen aufnimmt und aus ihnen

---

515 Vgl. Nussbaum 2021, »*Patriotismus lehren: Liebe und kritische Freiheit*«, S. 310f.
516 Vgl. Sen 2010, »*Demokratie als öffentliche Vernunft*«, S. 348f.
517 Vgl. Reder 2018, S. 88 ff. Er verweist auf die Ansichten Hannah Arendts, wonach eine Gesellschaft erst dann mächtig ist, wenn Bürger*innen sich zusammenschließen und miteinander kooperieren können. Aber auch die Idee der deliberativen Demokratie von Habermas basiert auf einer ähnlichen Grundannahme.

Demokratisches Ethos und soziale Integrität

heraus rationale Begründungen der gerechten Prinzipien des sozialen Miteinanders ableitet.

Auch wenn die politischen Grundstrukturen heute nicht fehlerfrei sind und sie nicht die erwünschte Ausgewogenheit der sozialen Verhältnisse gewährleisten, so ist doch zu konstatieren, dass die kooperative Demokratie durch ihre normative Reichweite in der Lage ist, uns unsere Vorstellung der sozialen Ausgewogenheit näherzubringen. Aber Kooperation bleibt Gemeinschaftsarbeit und verlangt nach Beteiligung, Einbeziehung und erfordert Leidenschaft, Aktivität sowie Bildung. Allerdings eine Bildung anderer Art, d. h. nicht die klassische Schulbildung, in der sowieso wenig über Demokratie als Lebensform gelehrt wird.[518] Die Form von Bildung, die mir vorschwebt, ist eine lebhaftere Auseinandersetzung und Deliberation über politisch-soziale Themen, die in tatsächlichen politischen Arenen die Politik wieder greifbar, fassbar und real werden lassen. In derartigen Arenen, die es heute in der Form nicht mehr gibt, können Freiheitselemente erlernt und gefühlt werden, es können spontane[519], neue Ideen entstehen und die Belange des öffentlichen Lebens mehr an Bedeutung gewinnen. Aber scheinbar steckt eine systemimmanente, nicht leicht fassbare Macht dahinter, die weder Zeit noch Raum dafür hergibt, um die politischen Inhalte wieder in großen Arenen, unter der Einbeziehung aller zur demokratischen Kultur werden zu lassen. Die Argumente, die der Etablierung einer solchen Kultur kritisch gegenüber stehen, kreisen um Gründe wie des Zeitaufwandes, der psychologischen Überforderung[520] der Menschen etc., aber dabei wird bewusst ausgeblendet, dass die Veränderung der sozialen Verhältnisse weder ohne Zeitaufwand noch ohne persönliche Mühe und persönliches Opferbringen zustande kommen kann.

Parallel wird der Eindruck erweckt, die sozialen Verhältnisse seien, so wie sie sind, in Ordnung und nicht veränderungsbedürftig. Die politisch-sozialen Institutionen seien in Stein gemeißelt und jede Art von Kritik sei wie ein Tropfen Wasser auf dem heißen Stein, der ohne Wirkung bleibt. Ein großer Kritikpunkt kann schon hier vorgebracht werden: Woran liegt es, dass die Bürger*innen der wohlhabenden Gesellschaften nicht mehr über genügend Zeit verfügen, um in diversen politischen Arenen gemeinsam über die Akzeptanz der sozialen Verhältnisse zu räsonieren? Sei es

---

518 Vgl. Bartels 2016, »*Demokratie lernen und leben*«, S. 229f.
519 Vgl. Arendt 2017, »*Freiheit und Politik*«, S. 358f.
520 Vgl. Sandel 2013, »*Gerechtigkeit und das gute Leben*«, S. 329f. Dazu: »*Kapitel 10. Gerechtigkeit und Gemeinwohl*«, S. 334f.

persönliche Selbstdefinition durch die Arbeitstätigkeit (Berufswelt)[521] oder sei es der Siegeszug der Konsumkultur[522] oder die Atomisierung der Subjekte[523], die soziale Kategorien wie die der Achtsamkeit und Loyalität ermatten lassen, dies sind allesamt Einflussfaktoren, die unsere Zeit für sich einnehmen, ohne dass wir uns dessen vollkommen bewusst sind. Dieser Umstand, der im nächsten Abschnitt genauer betrachtet wird, hat die Kultur der Vollversammlungen und Town Hall Meetings, die samt ihren Arenen als der Urort der politischen Inspirationen und Veränderungen galt, ausgehöhlt.

c. Politische Arenen und die Einbeziehung des Anderen

Wenn ich meine bisherigen Gedanken noch einmal Revue passieren lasse, dann ist festzustellen, dass bezüglich des modernen öffentlichen Lebens eine Art Unbehagen existiert, das vielschichtig und komplex erscheint. Es ist nämlich so verzweigt, dass man es nicht durch einen einzigen Begriff auf den Punkt bringen kann. Der Satz von Sloterdijk, demnach wir mit der »Schwierigkeit, zu sagen, was fehlt«[524] konfrontiert sind, trifft in diesem Zusammenhang den Kern der Sache. Unsere politisch-sozialen Institutionen existieren und funktionieren, sie sind der Ausdruck jahrhundertelanger Freiheitsbewegungen, die allerdings nicht geschafft haben, jenes demokratische Ethos hervorzubringen, das die normativen Gründe der Freiheit mit Leben zu füllen imstande ist. Freiheit steht synonym für Lebendigkeit, Beweglichkeit und Veränderung, sie richtet sich gegen Starrheit und Sturheit der sozialen Verhältnisse. Eben dies gilt auch für die Demokratie. Demokratie ist, wie Derrida es treffend formuliert, ein fließender Prozess[525], ein Prozess, der ununterbrochen in Bewegung sein

---

521 Kooperation sei nur in kleinen Einheiten wahrnehmbar, auf dem Arbeitsplatz und durch die gemeinsame Tätigkeit.
522 Es muss gearbeitet werden, um einen bestimmten Lebensstandard zu haben, die Kultur der Konsumation bestätigt diesen und viele andere Werte sind von marginaler Bedeutung.
523 Politische Massenversammlungen sind rar geworden, wenn es sie doch gibt, dann sind sie imposant wahrnehmbar und genauso eindrucksvoll wieder von der öffentlich-politischen Bildfläche verschwunden, ohne ihre Ziele nachhaltig zu erreichen. Soziale Zusammenschließung kann unter Individuen, die mehr und mehr eine atomistische Haltung einnehmen, nur schwer realisiert werden.
524 Vgl. Sloterdijk 1988, »u.a. Das Weltversprechen und die Weltliteratur«, S. 144f.
525 Vgl. Derrida 2003, »Der letzte der Schurkenstatten: Die »kommende Demokratie«, zum öffnen zweimal drehen«, S. 111f. Es soll hier erwähnt werden, dass ich der Vorstellung der Demokratie von Derrida nicht vollends folge und gutheißen

muss, vital sein muss, metaphorisch gesprochen, wie fließendes Wasser, das, wenn es irgendwo mündet und nicht mehr fließt, anfängt, ungenießbar zu werden. Für diese Notwendigkeit reichen die gegenwärtig fest verankerten und sozial anerkannten Institutionen bei Weitem nicht aus. Es benötigt scheinbar Dispositionen oder eine politische Kultur (Ethos), die *anders* geartet sein muss. Wie dieses *Anders* beschaffen sein soll, versuche ich im Folgenden zu erläutern.

Ich habe bei meinen Überlegungen im vorangegangenen Kapitel da aufgehört, wo ich die Auffassung gestreift habe, dass die Politik und politische Inhalte transparenter und verfügbarer werden sollen. Die Anonymität der Politik hat dazu geführt, dass nur bei politisch sehr wichtigen Entscheidungen, bei denen unmittelbare persönliche Betroffenheit vorliegt, politische Emotionen und die Bereitschaft, dafür Kopf und Kragen zu riskieren, entfacht werden können. Mit anderen Worten, die Entwicklung unserer modernen Strukturen haben dazu beigetragen, die *politische Leidenschaft* zu lähmen. Wir sind frei, wir können uns gegenüber unseren jeweiligen demokratischen Regierungen (Machthaber*innen) kritisch äußern, wir können auch in großen Massen zusammenkommen und große politische Parolen lautstark mitteilen. Wir dürfen unsere Missstimmung so laut es geht aus dem Halse schreien, nur sie findet bedauerlicherweise kein Widerhall. Die Emotionen, die uns packen, welche intersubjektiv hautnah gespürt werden, sind aus dem öffentlichen Leben verschwunden. Auch wenn es hin und wieder große Protestbewegungen gibt, auch wenn diese nicht ohne Emotionen überhaupt zu solchen werden können, so greifen sie dennoch nicht tief genug. Des Öfteren kann gar nicht nachvollzogen werden, wofür sie genau standen und noch seltener wird ersichtlich, was sie im Endeffekt bewirkt haben. Die sozialen Kategorien des Solidarismus und der Loyalität sind in den modernen Gesellschaften inhaltsleer geworden. Sie sind wie ein verstaubtes Konstrukt, das nichts mehr an Lebendigkeit vorzuweisen hat. Sie wären ihrem normativen Impuls nach in der Lage, das Ineinandergreifen der sozialen Emotionalität und Rationalität zu formen. Aber sie haben augenscheinlich unter den »atomisierten« Menschen sehr viel an Strahlkraft verloren. Wo (in welchen politischen Arenen) und wie (durch das Erlernen welcher Dispositionen) diese sozialen Kategorien wieder zum Leben erweckt werden, ist der Gegenstand des zweiten Schrittes meiner im Folgenden auszuführenden Argumentation (II), aber zuvor sollte ich in einem ersten Schritt darauf blicken, wie es um die politische Leidenschaft in den

---

kann; ich leihe mir lediglich seinen Begriff der »kommenden Demokratie« aus, um zu verdeutlichen, dass die Vitalität der Demokratie nicht nachlassen darf.

modernen demokratischen Gesellschaften steht. Es gilt folglich, der Frage nachzugehen, warum positive Emotionen im öffentlichen Leben notwendig sind und wie wirkmächtig sie bezüglich gesellschaftlicher Änderungen sein können. Allerdings muss dabei betont werden, dass politische Leidenschaft ihren blinden Fleck nicht ignorieren darf, da die *ausgewogene Gegenseitigkeit* auch hier im Sinne der Gerechtigkeit wirken können soll (I).

I.

Der Begriff der Leidenschaft hat mindestens zwei interessante, aber gleichzeitig komplexe Bedeutungen. Auf der einen Seite beschreibt er einen emotionalen Gemütszustand, der fern von jeglicher Rationalität auftritt und als eine schöpferische, gar als eine dämonische Passion agiert. Meistens wird aus diesem Zustand heraus etwas angestrebt und begehrt. Dieser dämonische Enthusiasmus kann Kräfte bündeln, Berge versetzten und Ziele verfolgen, die auf den ersten Blick gesehen irreal und utopisch erscheinen. Wer dermaßen von subjektiven Passionen geleitet wird, kann das eine Mal als Genie und das andere Mal als wahnsinnig wahrgenommen werden. Wer sich zu stark dieser Seite der Leidenschaft hingibt, wird immer wieder leiden müssen, da die meisten irrationalen Passionen versklaven, beherrschen und an sich schwer ein Ende finden können, oder anders gesagt, sie sich gerne selbst immer wieder reproduzieren. Diese Art von Leidenschaft ist vorwiegend subjektivistisch und mündet in die Ichzentriertheit.

Die zweite Weise der Leidenschaft ist an sich unweit von ihrer ersten irrationalen Weise angesiedelt, nur bei ihr kommt der Begriff der Begeisterung[526] deutlich zum Vorschein und zur Geltung, der soziale Vernunftmomente mit sich trägt. Hierbei kann es um eine Neigung gehen, die auch rational erklärbar sein kann, eine Neigung, die intersubjektiv auf ihren Sinn hin überprüft werden kann. Zum Beispiel, sich für ein Ziel zu begeistern, dessen Erreichen der Allgemeinheit dient und dabei die persönliche Anerkennung in den Hintergrund befördert.[527] Das ist eine Form der per-

---

526 Hirschman rekonstruiert auf eine interessante Art und Weise, wie in der Philosophie, Gesellschaftstheorie und Anthropologie bis zum 18. Jahrhundert eine strikte Trennung zwischen Leidenschaften und Interessen vorherrschte und erst ab dem 18. Jahrhundert das Interesse eine enorme Aufwertung erfahren hat. Vgl. Hirschman 1987, S. 54 ff.
527 »War Dankbarkeit auch ein zentraler Beweggrund für das, was er (Helmut Schmidt) später ›Leidenschaft, für das öffentliche Wohl zu arbeiten‹ nannte?« Vgl. Soell 2003, S. 855.

sönlichen Selbstverwirklichung, die weder eine richtungslose oder tautologische Passion, noch ein durch und durch rationaler Elan sein kann. Es ist eben diese gesunde Mischung aus ihrer Emotionalität und Rationalität, die den Kreis ihrer Wirkung vergrößert und auch andere für gemeinsame Ziele und Interessen begeistern kann; genau aus diesem Grund wird diese zweite Form der Leidenschaft für mein Anliegen favorisiert. Wenn ich hier für mehr politisches Temperament plädiere, dann bevorzuge ich jenen Enthusiasmus, der weder blind noch spontaneitätsabstinent sein darf. Eine Form der Leidenschaft, die soziale Massen begeistern kann und für politische Vitalität sorgt, aber gleichzeitig reflexiv ihre eigenen Grenzen durchschaut und im Hinblick auf die Erzeugung der *ausgewogenen Gegenseitigkeit* nicht verhältnislos bleiben darf.

Nur wo und wie soll diese Leidenschaft *wieder* erzeugt werden? Wie sollen politische Inhalte oder das Politische an sich affektiv bzw. mit positiven Emotionen besetzt werden? Wir wissen ziemlich genau, dass unser Leben in allen Sphären des Sozialen politisiert ist und sein muss, dennoch haben wir es in den modernen Gesellschaften so weit kommen lassen, dass die Sphäre der Politik irgendwo über uns oder zumindest nicht mehr unter uns angesiedelt ist und dennoch für uns und über uns Entscheidungen trifft, die tiefgreifend unser Leben und unsere Sozialität beeinflussen können. Manchmal sind diese Entscheidungen so weitreichend, dass sie heute getroffen werden und die zukünftige Generation noch davon betroffen sein wird. Dennoch ist die Vitalität, die politische Leidenschaft aus der Öffentlichkeit so verbannt worden, dass wir keine klare Vorstellung mehr davon haben, wo und in welchen Arenen sie verloren gegangen ist.[528] Die *Verwissenschaftlichung der Welt*, die *Verwaltung der Politik* und der *undurchschaubar*[529] gewordene moderne Staatsappa-

---

[528] Die politischen Erfahrungen des letzten Jahrhunderts (der Aufschwung der politischen Linken in Italien und die politische Reaktion von Benito Mussolini ab den 1920er-Jahren, die Machtergreifung Hitlers 1933, Stalins rote Diktatur, Mao Zedongs »Großer Sprung nach Vorne« und Pol Pots kambodschanischer Kommunismus) haben dazu beigetragen, großen politisch-emotionalen Bewegungen mehr als skeptisch gegenüberzustehen. Dabei wird ausgeblendet, dass nicht nur Emotionalität, sondern radikale Rationalität und politisches Kalkül in den meisten dieser Fälle als Triebfeder gewirkt haben (Vgl. Horkheimer/ Adorno 2003, »*Begriff der Aufklärung*«, S. 25f). Weiter wird notorisch vernachlässigt, dass stabile Regierungen nur durch positive Emotionen und politische Leidenschaft dauerhaft vital bleiben können.

[529] Habermas spricht von der allgemeinen Komplexität der modernen Gesellschaften. »Je mehr die Komplexität der Gesellschaft und der politisch zu regelnden Problemen zunimmt, umso weniger scheint es möglich zu sein, an der anspruchsvollen Idee von Demokratie, wonach die Adressaten des Rechts zugleich deren Autoren sein sollen, festzuhalten«. Vgl. Habermas 2013, S. 67.

rat samt ihrer *Anonymisierung* haben dazu geführt, eine Vorstellung der Politik zu generieren, die gar keinen Platz mehr für die politische Leidenschaft übrig gelassen hat.[530]

Das gegenwärtige Missbehagen an unseren modernen Demokratien, das in die Leidenschaftslosigkeit der Politik mündet, wird von Autoren wie Colin Crouch und Jacques Rancière mit Begriffen wie »politische Apathie« oder durch eine »spürbare Erkaltung der Liebe« beschrieben.[531] Es ist besorgniserregend, wie politisch desinteressiert die Menschen in den modernen Demokratien geworden sind, wie kraftlos, erstarrt und ohne politische Visionen sie ihren Alltag verwalten.[532] Das Paradoxe daran ist, dass eben der Geist der Demokratie so dialektisch aufzufassen ist, dass sie einerseits, nur dann Demokratie heißen kann, wenn sie stets, unaufhörlich ihre kleinsten Funktionseinheiten (Zellen) erneuern kann und im Strom der Bewegung und Veränderung bleibt; aber anderseits gewährt eben die normative Idee der Demokratie den Individuen jene temporäre Passivität, sich zeitweilig aus dem politischen Leben zurückzuziehen und eben nur bei unmittelbarer Betroffenheit der eigenen Interessen erst politisch aktiv werden zu wollen. Ich bin der Auffassung, dass die Logik und die Kultur der Politik in den letzten Jahrzehnten derart verzerrt und unpersönlich geworden sind, dass die Menschen sie sprichwörtlich nicht mehr fassen können. Politik ist eine Sache für sich, sie ist Verwaltung, sie verkörpert »persönliche« oder diverse »Gruppeninteressen« (Eliten, Wirtschaft), sie ist außerhalb der Gesellschaft angesiedelt und sie ist nicht veränderbar. Die »*Agora*« existiert in den modernen Gesellschaften nicht

---

530 Die radikale Versachlichung der Politik hat sie von wichtigen Aspekten der Humanität abgekoppelt. Ein weiteres Indiz für diese Entwicklung ist, dass in den meisten Studiengängen und Berufsausbildungen, die nicht von Humanwissenschaften handeln, die Philosophie, diese im weitesten Sinne (die Lehre von Menschen und Gesellschaft inbegriffen), kaum eine Rolle spielt. Es wird gar nicht mehr ernsthaft wahrgenommen, dass alle technischen Entwicklungen und Fortschrittsgedanken den Menschen oder der Menschheit dienen sollen; es wäre notwendig, in allen Berufslehren eine philosophische Basisbildung wiedereinzuführen. Die klassische Bildung früherer Tage trennte zum Beispiel die Medizin nicht strikt von der Philosophie oder die Naturwissenschaften von der Philosophie; aber heute gehören die philosophischen Fakultäten zu jenen Domänen, die um ihre Existenzberechtigung kämpfen müssen.
531 Vgl. Hetzel 2016, »*Das demokratische Begehren. Politische Leidenschaften in der Postdemokratie*«, S. 187f.
532 Obwohl es Stimmen gibt, die lediglich die Bürgerrolle anders deuten; so spricht zum Beispiel Rosanvallon 2008 von der Verschiebung der Bürgerrolle, die sich von der der Wähler*innen hin zu der der zivilgesellschaftlichen Richter*innen und Veto-Spieler*innen verschoben haben soll. Diese These soll den Tendenzen der Postdemokratie entgegenwirken, die für mein Dafürhalten aber nicht ausreicht.

mehr. Genau jener klassische Ort der Demokratie, in der vielfältige Ideen, Meinungen und Emotionen zur Geltung kamen. Wo dort Menschen einander *persönlich* mit Emotionen begegnet sind, wo politische Ideen im Austausch (Kooperation) und in der Spontaneität virulent geworden sind. Demnach ist es kein Wunder, dass die Politik durch ihre Anonymisierung (ohne Gesicht) und ihre fehlenden Visionen stark an Leidenschaft eingebüßt hat. Große Persönlichkeiten mit innigen Visionen sind kaum in der schnelllebigen Politik vorzufinden, auch wenn ich nicht für die klassische Vorstellung des Personenkults plädiere, so ist doch die Politik oft in Gestalt von Personen fassbar und stimulierend. Relativ schlicht kann der Umstand vermieden werden, dabei unverzüglich an narzisstisch-skrupellose Diktatoren (Personen) zu denken, warum sollten wir nicht dabei die Emotionen mit Persönlichkeiten wie Martin Luther King Jr., Mahatma Gandhi, Nelson Mandela, Muhammad Yunus etc. assoziieren. Politik hat erst durch die Menschen und mitten in der Gesellschaft ihren Sinn und ihre Geltung generieren können; Menschen lassen sich nur durch Menschen und mit Menschen emotionalisieren. Politik war stets greifbar, persönlich, menschlich und nicht ein gesichtsloser Apparat. Ein politisches System mit einer evidenten Logik ist zwar wichtig, aber es muss von Menschen getragen werden. Politik hieß einst Nähe und Berührung der Menschen untereinander, sie war von Resonanz und Echo gekennzeichnet. Und nur so wurde sie von den Menschen als ihr eigenes Werk begriffen, nur so hatte sie Emotionen freisetzen können. Erfahrungsgemäß wurde politische Begeisterung stets als eine Gefahr für die politischen Machthaber*innen gesehen, sie kann den sozialen Kategorien der Solidarität[533] und Kooperation Vorschub leisten. Je weniger Leidenschaft im öffentlichen Leben existiert, je schwächer der politische Enthusiasmus im Ethos der Demokratie Einlass findet, umso schneller, leichter und unbemerkter werden die vagen Vorstellungen der gesellschaftlichen Veränderungen im Keime erstickt. »Mazzini[534] hatte recht, als er sagte, Nationalgefühl könne eine bedeutsame und sogar wesentliche Rolle bei der Schaffung einer guten Gesellschaft spielen, in der Freiheit und Gerechtigkeit allen zugutekommen. Wegen ihrer eudämonistischen Konnotationen kann die Nation Herz und Phantasie der Menschen ansprechen: Sie ist ›wir‹ und ›unsere‹ und ermöglicht dadurch, wie Mazzini sagt, den Übergang von

---

533 Vgl. Bayertz 1998, S. 11–53 liefert interessante Einsichten zur sozialen Kategorie der Solidarität.
534 Giuseppe Mazzini (1805–1872) war ein italienischer Freiheitskämpfer, der im 17. Jahrhundert lebte und sich für das Selbstbestimmungsrecht der europäischen Völker und insbesondere für die Unabhängigkeit Italiens einsetzte.

einem engen zu einem umfassenderen Mitgefühl«.[535] Es ist mir nicht verborgen geblieben, dass der Begriff des Nationalgefühls in Deutschland[536] und Teilen Europas durch seine politische Vergangenheit zu Recht kritisch betrachtet wird, aber es braucht doch keine große Anstrengung, den Begriff des Nationalgefühls durch den Begriff des Gemeinschaftsgefühls (Gesellschaftsethos) zu ersetzen. Im Kontext des Politischen wird zu oft nur negativ über Emotionen und Leidenschaft gesprochen, eine massive Einseitigkeit beherrscht unsere Vorstellungen über die politischen Emotionen, es wurde uns eingedrillt, dass Emotionen für die Klärung von vernünftigen und »sachlich«-politischen Zukunftsfragen eher hinderlich als förderlich seien.[537] Indessen kommen allmählich jene Stimmen wieder zur Geltung, die genau das Gegenteil davon behaupten.[538] Warum sollten die modernen pluralistischen Gesellschaften nicht stolz darauf sein, eine tolerante, gerechte und anständige Gesellschaft zu sein, warum sollen sie nicht darüber glücklich sein, für diverse andere geschlossene und ungerechte Gesellschaften als Vorbild zu dienen? Sie haben historisch betrachtet in der Mehrheit viele politische Katastrophen durchleben müssen, sie haben viele Opfer bringen müssen, sie sind mehrheitlich durch das Tal der Tränen gegangen, um so zu werden, wie sie heute sind. Wie oben in dem Zitat von Nussbaum zu lesen war, sagte Mazzini doch zu Recht, dass Liebe Identifikation bewirken kann und stabile Identifikation das Gemeinschaftsgefühl stärkt und positive Gefühle freisetzt. Für die Hervor-

---

535 Vgl. Nussbaum 2014, S. 314/315. Vgl. Sen 2006. plädiert für eine Ethik, die das Zusammengehörigkeitsgefühl auf der globalen Ebne stärken soll. »*Die Gewalt der Illusion*«, S. 17f.
536 Vgl. Heidenreich 2015. Heidenreich positioniert sich gegen eine strikte Personalisierung der Politik. »*Politische Gefühle – Katalysator des Diskurses oder Ergebnis postdemokratischer Emotionalisierung? Die Perspektive des dynamischen Republikanismus*«, S. 49f.
537 Es ist extrem auffallend, dass in den modernen Gesellschaften schon in den elementarsten Bildungsebenen und Bildungsanstalten großer Wert darauf gelegt wird, dass die Kinder ihre Impulse und Emotionen so gut es geht unterdrücken, gelingt es einigen wenigen nicht, so müssen sie sich unverzüglich in allgemein anerkannte Therapiestationen begeben. Aber auch in der Öffentlichkeit sind emotionale Empörungen, sei es über das Leben im Allgemeinen oder über Politik nur in sehr moderater Art und Weise vertretbar, sie sind schlicht in der Gesellschaft verpönt. Vgl. Bogerts 2015. Sie verweist auf die fragil gewordene Dichotomie von Emotionalität und Rationalität in ihrer strikten Lokalisierung im Bereich des Privaten und des Öffentlichen. »*Die Kraft des Visuellen: Emotionen und Bilder in der Protest- und Bewegungsforschung*«, S. 225f.
538 Vgl. Harari 2018, S. 385f. Vgl. Hetzel 2016, »*Das demokratische Begehren. Politische Leidenschaften in der Postdemokratie*«, S. 187f. Vgl. Nussbaum 2021, »*Wie Liebe für Gerechtigkeit wichtig ist*«, S. 567f.

bringung dieser positiven Gefühle sind pädagogische und motivationspsychologische Ansätze wichtig, die in der Basisbildung Eingang finden müssen[539] und der Erfahrung ausgesetzt werden sollen.

Um unsere These noch einmal zuzuspitzen: *Die Komplexität der modernen Demokratien*[540], *die nicht mehr vorhandene Balance der zwei Säulen der Demokratien (liberale und republikanische) mit der starken Verschiebung zur liberalen Säule*[541] *und die Unfassbarkeit (Anonymisierung) der Politik* haben dazu geführt, dass die Demokratie als soziale Kooperation massiv bedroht ist. In der Folge können eine kooperative Demokratie und ihre Zielimplikationen gar nicht ohne Emotionen, Leidenschaften und ohne Visionen auskommen. Das folgende Zitat von Andreas Hetzel verdeutlicht, was die Vorstellung einer lebhaften (kooperativen) Demokratie alles erfassen soll. »Demokratie verkörpert [...] eine Sehnsucht: nach einem angstfreien, vielleicht sogar freudvollen (wenn auch niemals vollständig versöhnten) Miteinander Verschiedener, nach einer Gemeinschaft Freier und Gleicher, nach einer Zugehörigkeit, die nicht weiter von exkludierenden Voraussetzungen abhängig gemacht würde, nach einer Entunterwerfung der Subjekte, die keinen großen Anderen benötigen, welcher ihrer Welt Eindeutigkeit und Konsistenz verleiht, nach einer unbeschränkten Partizipation an politischen Entscheidungsprozessen, nach einem öffentlichen Kampf um Anerkennung, in dem sich Gegner respektieren und auf Augenhöhe begegnen können, nach einer Gesellschaft, die von

---

539 Vgl. Besand 2015, »*Gefühle über Gefühle. Zum Verhältnis von Emotionalität und Rationalität in der politischen Bildung*«, S. 213f.
540 Vgl. Habermas 2013. »*Im Sog der Technokratie. Ein Plädoyer für europäische Solidarität*«, S. 83f.
541 »Das liberal-demokratische Modell – und seine sozialdemokratische Inanspruchnahme –, bei dem die Bürgerinnen und Bürger mittels Wahlen die Gesellschaft steuern, ist insofern nicht mehr angemessen, als die gewählten Repräsentanten den in sie gesetzten Erwartungen kaum noch entsprechen können«. Vgl. Jörke 2011, S. 170. Die gestiegene Macht der supranationalen Instanzen soll die Hauptursache dafür sein. Saage 2011 spricht diesbezüglich von einer neoliberalen Hegemonie, welche die Reaktivierung des Naturzustandes und eine umfassende Privatisierungsstrategie zur Folge hat, die den öffentlichen Raum systematisch okkupiert und die Autonomie der Bürger*innen lediglich auf ihre marktkonforme Kauffreiheit als Konsument*innen reduziert. »*Politische Partizipation und Apathie in antiker und moderner Perspektive*«, S. 151f. Habermas rekonstruiert eine der zentralen Thesen des intellektuellen Schaffens von Ralf Dahrendorf wie folgt: »[...]. Allerdings wird Durkheim nicht ganz vergessen: Wenn die soziale Welt auf die vielfältigen *opportunities* zusammenschrumpft, zwischen denen wir mehr oder weniger rational wählen können, reißt das soziale Band«. Vgl. Habermas 2013, S. 163. Pettit 2015 wendet das Ganze positiv um und zeigt die Vorzüge des Republikanismus auf. »*Vergangenheit und Gegenwart der Freiheit*«, S. 55 f.

ihren Bewohner*innen insofern als *ihre* Gesellschaft begriffen werden könnte, als sie in ihr den freien Ausdruck ihrer eigenen kollektiven Praxis sehen, nach der Offenheit von Debatten, die von keinem letztbegründeten Wissen und keiner Machtpositionen aus kontrolliert werden können, in denen alle alles zu sagen vermögen, nach einem gelingenden Leben, das mehr wäre als individuelles Überleben«.[542] Nun, damit ist die Frage, wo wir in diesem Zusammenhang nach der politischen Leidenschaft suchen sollen, immer noch nicht beantwortet. Liest man das Zitat, das mit meiner bisher ausgeführten Vorstellung der Demokratie übereinstimmt, sukzessive durch, so stellt man gleich zu Beginn fest, dass der Begriff der Sehnsucht eine bestimmende Rolle einnimmt. Demokratie in der Form, wie ich sie auffasse, impliziert eine große Sehnsucht nach einer besseren Welt. Ich habe schon im Bereich der persönlichen Beziehungen zur Genüge darauf verwiesen, wie wir aus unserer Wirklichkeit Ideale herleiten und danach streben sollen, zwischen unserer Welt der Faktizität und der Welt der Idealität eine Brücke des Fortschritts zu erbauen. Die kooperative Demokratie verkörpert diese Sehnsucht und verdient als jenes Ideal zu fungieren, das die Idee des humanitären Fortschritts der letzten Jahrhunderte, die wiederum aus zahlreichen sozialen sowie politischen Kämpfen hervorgegangen ist, adäquat aufnimmt. Im weiteren Verlauf des Zitates wird deutlich, dass diese Sehnsucht nur im Kontext der sozialen Kooperation und gelingenden Anerkennung Form annehmen kann. Darauf folgen Begriffe wie »angstfrei« und »Freude«, allesamt Sehnsüchte oder Emotionen, die unserem Sein einen Sinn verleihen.

Indes können positive Emotionen im politischen Bereich erst dann entstehen und in Begeisterung übergehen, wenn die Politik nicht visionslos ist (heute zählen nur radikale Realpolitik, fanatische Rationalität und eine politische Maschinerie, die diese Forderung am besten erfüllt)[543], wenn Menschen einander in bestimmten politischen Arenen begegnen und die notwendigen Visionen generieren, wenn die Agora zum Begegnungsort der Massen wird, kurz: wenn die Politik sich nicht lediglich in ihrer Verwaltung (Bürokratisierung) erschöpft. Politik ist ein ganz wichtiges Teilelement des menschlichen Alltagslebens, doch nur nimmt sie seit Jahrzehnten nicht mehr ihren Platz ein, sie wurde des Platzes verwiesen (funktionale Ausdifferenzierung ist das Schlagwort). Und wenn sie nicht unter uns Menschen ist, wenn sie nicht fassbar wird, wenn sie nicht mehr als ein Produkt des Volkes aufgefasst wird und mit menschlichen

---

542 Vgl. Hetzel 2016, S. 189.
543 Ernst Bloch beschwor zu Recht den Geist der Utopie als Motor der geschichtlichen Bewegung. Vgl. Bloch 1985.

Politische Arenen und die Einbeziehung des Anderen

Emotionen in Berührung kommt, wie soll sie emotionalisierend wirken, wie soll sie Spontaneität, Kreativität und Sehnsucht in Leidenschaft[544] der Veränderung transformieren? Unsere Rekonstruktion der Idee der Freiheit hat deutlich werden lassen, dass es große leidenschaftliche Ausbrüche waren, die in der Geschichte große politisch-soziale Veränderungen und Revolutionen bewirkten.[545] Sei es die Unabhängigkeitserklärung der Vereinigten Staaten von 1776 oder der Sturm auf die Bastille von 1789, die 1968er-Revolution oder die friedliche Revolution in der DDR im Jahre 1989, all diese historischen Ereignisse, die große Dokumente der Menschenrechte und mehr Demokratisierung zur Folge hatten, waren Ausdruck massiver sozialer Empörung, die radikal liquidiert werden sollte. Die normativen Impulse dieser Ereignisse zielten subtil auf mehr Humanität und Gerechtigkeit oder auf eine *ausgewogene Gegenseitigkeit*, die auch Leidenschaften mit ihrem blinden Fleck konfrontiert und sie gegen ihren Missbrauch schützen kann. Das heißt, es kann von der Gesellschaft nicht toleriert werden, wenn diverse kleine Gruppierungen für partikular-radikale Interessen mit fatalistischen Leidenschaften hantieren und somit die Freiheit der Anderen unterminieren, die soziale Kooperation aus den Fugen geraten lassen und damit die Vorstellung der ausgewogenen Gegenseitigkeit gänzlich ignorieren. Eine ausgewogene Gegenseitigkeit kann im Kontext der kooperativen Demokratie nur dann ihren normativen Ansprüchen gerecht werden, wenn sie alle Mitglieder an den politischen Prozessen teilhaben lässt, wenn sie alle einbezieht[546]

---

544 Obwohl die Vermutung naheliegt, dass die Energie der menschlichen Leidenschaften woanders und durch gezielt eingesetzte Instrumente (Werbeindustrie/Konsumierung: Kapitalismus richtet unser Begehren auf beliebige Objekte oder anders gesagt, er erzeugt ununterbrochen Wünsche und Bedürfnisse; Eitelkeit und persönlich-atomistischen Genuss, Triebe und Ziele: »Besitzindividualismus« von Grawford Brough Macpherson) verausgabt wird und dadurch immanent die Ziele des Allgemeinwohls, die Mühe und persönliche Tiefe benötigen, verebben. »Der Übergang von einer Welt der Leidenschaften zu einer Welt der Interessen steht also zugleich für eine Verleugnung des Politischen zugunsten der Ökonomie. Die vom Markt regierte bürgerlich *polished nation* des 17. Und 18. Jahrhunderts *ist* bereits eine Form der Postdemokratie, die der modernen Demokratie logisch wie genealogisch vorausgeht«. Vgl. Hetzel 2016, S. 196.
545 Vgl. Bogerts 2015, »*Die Kraft des Visuellen: Emotionen und Bilder in der Protest- und Bewegungsforschung*«, S. 225f.
546 Richard Saage schreibt bezüglich des Unterschiedes des Selbstverständnisses der athenischen Polis und des Militärstaats von Sparta wie folgt: »Der Bürger, der in politische Apathie und Desinteresse verharrt, sei daher kein stilles, sondern ein schlechtes Mitglied des Gemeinwesens. Gleichzeitig folgt aus diesem Postulat, das Politik niemals vorwiegend den Experten überlassen bleiben dürfe, sondern Angelegenheit aller sein müsse, weil niemand ohne

und somit wieder politische Arenen ins Leben ruft, in denen die sozialen Kategorien der Solidarität und Loyalität wieder an Bedeutung gewinnen und mit Emotionen durchtränkt werden.

II.

Im vorherigen Stadium habe ich darauf verwiesen, dass Politik und die politischen Inhalte, samt der Kultur der Deliberation, wieder dahin gehören, wo sie überhaupt erst zu einer öffentlichen Angelegenheit wurden. Politische Inhalte und Ziele haben dann erst ihre Form annehmen können, als sie von Antlitz zu Antlitz diskutiert wurden, als sie in unmittelbaren realen Arenen in emotionalen Zuständen und in der Spontaneität ihre normativen Impulse der gesellschaftlichen Veränderungen annahmen. Als es ungetrübt und evident nachvollziehbar war, wer mit welchen Argumenten die realen Zustände beschreibt, kritisiert und wie für eine Neujustierung oder Veränderung der sozialen Verhältnisse geworben wird. Anders gesagt, als Politik ein erkennbares Gesicht hatte, als Werte wie Solidarität, Loyalität und persönliche Ehre[547] derart von Bedeutung waren, dass Repräsentant*innen es als ehrenhaft ansah, dem Volk und seinen politischen Zielen zu dienen. Als persönliches Lob und individuelle Anerkennung nicht überwiegend mit ökonomischen und materiellen Gütern bezeugt werden mussten. Als noch nicht alle Felder des Sozialen von der Wirtschaftslogik und dem skrupellosen Nutzenkalkül infiziert waren. Die Leitfigur des Neoliberalismus samt ihrem Idealtypus des *homo oeconomicus* wirft ihre Schatten weit voraus und orientiert ihr Handeln konsequent an der Maxime der individuellen Nutzenmaximierung; sie hat viele Sphären des Sozialen (Universitäten, Krankenhäuser und andere öffentliche Dienste) kolonialisiert.[548] Hier wird deutlich, dass ein Wertezerfall Einzug gehalten hat und die kooperative Demokratie dadurch jener Gefahr ausgesetzt ist, ihre eigene Legitimationsgrundlage, die durch die emotionale Identifikation der Gesellschaftsmitglieder bedingt ist, auszu-

---

ein politisches Urteil sei, unabhängig davon, welcher Beschäftigung er nachgehe«. Vgl. Saage 2011, S. 154.
547 »Dann, aber während der Renaissance, gewann das Streben nach Ehre den Status einer beherrschenden Ideologie, als der Einfluss der Kirche zurückging und die Verfechter des aristokratischen Ideals sich auf eine Fülle griechischer und römischer Texte stützen konnten, die das Streben nach Ruhm verherrlichten«. Vgl. Hirschman 1987, S. 19.
548 Vgl. Saage 2011, »*Politische Partizipation und Apathie in antiker und moderner Perspektive*«, S. 151f.

höhlen. Wie Crouch[549] es treffend konstatierte, scheint das kommerzielle Modell[550] über die anderen Formen der politischen Kooperation und Kommunikation zu siegen. Die moderne konsumorientierte Gesellschaft benötigt eher die Konsument*innen als die Staatsbürger*innen der klassischen Demokratie, ihr geht es vielmehr um die Stärkung der Leidenschaft der Konsumation als die Vitalität der politischen Leidenschaften. Soweit ist alles nachvollziehbar. Albert O. Hirschman rekonstruiert in seinem Werk »Leidenschaften und Interessen« sehr detailliert, wie man jahrhundertelang davon ausging, dass Leidenschaften, die ihrem Potenzial nach pathologische Folgen nach sich ziehen können, nur mit anderen menschlichen Leidenschaften gezähmt oder geheilt werden könnten.

Hier, an dem Punkt, aber gänzlich anders akzentuiert, plädiere ich für eine Art alte oder neue *Sinnfrage*, die – perspektivisch betrachtet – für ein anderes Bildungs- und Gesellschaftsethos sorgen könnte. Nämlich die Frage danach, ob diese beinahe übermächtig gewordene Konsumentenrolle unserem Leben einen tieferen Sinn, bezogen auf die Begriffe der Selbstverwirklichung und des Glücklichwerdens, verleihen kann? Ist diese Frage mit Nein beantwortet, wovon ich mit ziemlicher Sicherheit ausgehe, da zahlreiche psychologische und sozial empirische Studien dies belegen, dann dürfte der Schritt dahin, wie wir damit umgehen sollten, zwar schwierig, aber nicht nebulös erscheinen. Ich bin der Auffassung, dass unser Leben durch und durch politisiert ist und sein sollte. Allerdings anders politisiert als es sich die meisten Menschen vorstellen. Politik bedeutet hier in ihrem relativ weiten Sinn, dass wir in der Gesellschaft alle für unsere Integrität[551] aufeinander angewiesen sind und keine sozialen Phänomene, die unsere Integrität ins Wanken bringen könnten, so leicht hinnehmen sollten. Politik soll uns in der besagten *Sinnfrage* berühren können, damit wir *wieder* Politik als die Kunst der möglichen

---

549 Vgl. Crouch 2013, »*Postdemokratie und die Kommerzialisierung öffentlicher Leistungen*«, 101f.
550 »Ein Zustand, in dem die Beziehungen von Mensch zu Mensch einzig von der Barzahlung bestimmt werden, war noch nie von Dauer. Wenn diese Beziehungen auf der Lehre vom Laissez-faire, von der Konkurrenz und von Angebot und Nachfrage beruhen, kann man auf ein baldiges Ende hoffen«. Michael Albert zitiert den britischen Historiker Thomas Carlyle. Vgl. Albert 2014, S. 338.
551 »Dazu sind Menschen als einzelne, selbst wenn sie selbstbestimmt und integer sind, viel zu sehr auf andere angewiesen. Nun berücksichtigen zwar viele Beiträge zur Integritätsdebatte den Umstand, dass die existentielle ›Sorge um sich‹ immer auch die moralische ›Sorge um andere‹ einschließt, doch wird daraus nur selten die überaus naheliegende Konsequenz gezogen, dass personale Integrität das *Resultat* einer Sorge ist, die uns von anderen zuteil wird«. Vgl. Pollmann 2018, S. 239.

Besserungen und Visionen eines guten Lebens auffassen. Dafür benötigen wir lokale politische Arenen, die schon in der Schule und durch die schulische Bildung entstehen sollen. Politik soll ein reflexives Nachdenken über unser individuelles und unser gemeinschaftliches Leben bedeuten. Der Sinn des Lebens begleitet uns immer, in jeder Lebensphase, zwar immer auf eine differenzierte Art, aber sie ist stets gegenwärtig. Der erste Schritt sollte darin bestehen, die Bedeutung der Sinnfrage in den Mittelpunkt des Lebens, der Erziehung, der Bildung und der Herausbildung des demokratischen Ethos zu rücken. Können wir damit leben, von höheren, unfassbaren, anonymen Mächten auf die Konsumentenrolle reduziert zu werden? Wodurch unterscheiden wir uns von den anderen Lebewesen, die nicht auf einem hohen Niveau reflexionsfähig sind? Wir können doch nicht darüber glücklich sein, von künstlich erzeugten Bedürfnissen und Wünschen getrieben zu werden. Wir können doch nicht diese verzerrte und vereinseitigte Lebensweise als beglückend und gelungen annehmen. Es ist beängstigend, wie Ideale und Visionen eines besseren Lebens vernichtet werden und wir nur noch an materiellen und handfesten Konsum glauben. Nun, wie sollen gemeinsame Ziele und gelungene soziale Interaktionen vonstattengehen, wenn unsere Konsumentenrolle unser Verhalten und unsere Beziehungen strikt rationalisiert und unser Glück durch individuelle Bedürfnisbefriedigung definiert. Der Konsummarkt liefert gegenwärtig den Sinn und Inhalt unseres Lebens, es hat den Anschein, als habe die Leidenschaft des Konsumierens über alle anderen Leidenschaften gesiegt. Wir sind so sehr in diesem System und in diese Logik des Konsumierens versunken, dass alle anderen Leidenschaften eher als Hindernis empfunden werden. Alles ist konsumierbar geworden: Liebe, Sex, Kultur etc. Die Frage, inwiefern die Leidenschaft zur Konsumation eine große soziale Pathologie darstellt, gewinnt immer mehr an Relevanz. Starke Reizüberflutung und Konsumsucht, die infolge der dauerhaften künstlichen Wunscherzeugung entstehen, führen zu einer Unausgewogenheit unseres Seelenlebens. Die Konsumation und die daraus resultierende Sucht, ständig neue individuelle Wünsche zu befriedigen, haben uns in einen Kreislauf des Arbeitslebens hineingeführt, sodass uns ein Austritt daraus als unmöglich erscheint. Was man früher dem Proletariat zugeschrieben hat, nämlich, dass es dazu verdammt ist, ständig seine Arbeitskraft zu verkaufen, um lediglich seinen Stand erhalten zu können, weil es die kapitalistische Arbeitsstruktur nicht zulassen werde, diesen zu überwinden, trifft genauso auf die Konsument*innen der modernen Welt zu, nur auf einem gänzlich anderen Niveau. Heute sind die Konsument*innen mit Haut und Haaren daran interessiert, dem kapitalistischen Arbeitsmarkt deshalb dienen zu wollen, weil sie ständig ihre

Rolle als »temporärer glücklicher Konsument« aufrechterhalten wollen. Demnach befinden wir uns in einem Kreislauf, aus dem wir gegenwärtig keinen Ausweg erblicken. Es wird sich aber solange nichts an diesem Umstand ändern, bis wir nicht sozial in der Lage sind, die besagte Sinnfrage virulent werden zu lassen, also solange wir nicht begriffen haben, dass unsere Konsumwelt nicht als etwas Gottgegebenes existiert und gewiss überwindbar ist.

Um hier den Bogen zu meiner These und den drei klaren Kritikpunkten, die das Wesen meines Unbehagens erkundeten, zu schließen, setze ich das Ausgeführte bezüglich unserer Konsumentenrolle mit den politischen Arenen ins Verhältnis. Die *Verwaltung der Politik* benötigt weder Visionen noch Ideale im Sinne der Gestaltung einer fernen Zukunft, sie entfaltet sich darin, die bestehenden Verhältnisse zu verwalten, d. h. sie zu managen und sie am Laufen zu halten. Alles andere birgt eine Ungewissheit in sich, die nicht im Sinne der Politikverwaltung sein kann. Die moderne Lebensweise, mit der unersättlichen Konsumation im Kern, ist stets auf die Stabilität der Verhältnisse angewiesen. Ideale und Idealismus haben darin wenig zu suchen und die materialistische Sichtweise auf das Leben hat triumphiert. Emotionen werden nur noch durch die unaufhörliche Konsumation erzeugt und sie bleiben auf die Individuen beschränkt, deshalb sind kollektive Empörung (Emotionen) nicht mehr an der Tagesordnung und, so wie es in der Volkssprache heißt, alle backen ihr eigenes Brötchen. Oben habe ich die *Komplexität der Politik* beklagt, eben diese hat zwei negative Entwicklungen zur Folge. *Erstens* hat sie dazu geführt, dass die Normalbürger*innen nicht genau durchblicken können und sollen, wo und mit welcher Geschwindigkeit politische Entscheidungen getroffen werden, darüber hinaus werden *zweitens* politische Verantwortlichkeiten geschickt delegiert, um bei diversen kniffligen Entscheidungen Zeit zu gewinnen und erst einmal den entstandenen emotionalen Druck der Massen zum Verebben zu bringen. Dass die Normalbürger*innen nicht mehr einsehen können, wie und in welchen komplexen Arenen und Instanzen die politischen Entscheidungen finalisiert werden, führt dazu, dass sie sich nicht mehr mit den Inhalten und Strukturen vollends identifizieren können. Eine Art Machtlosigkeit wird gespürt und sie ist psychologisch betrachtet nachvollziehbar, weil den Gesellschaftsmitgliedern über den Wahlakt hinaus wenige Einflussmöglichkeiten übrig bleiben, entsprechend fällt es ihnen schwer, positive Emotionen für diese Art von Politik zu generieren. Somit klafft eine zu große Lücke zwischen den Bürger*innen und den politischen Inhalten und ihrer eventuellen Umsetzung, mit anderen Worten, es findet eine Entpolitisierung der Massen statt. Der zweite negative Aspekt der Komplexität vernichtet insofern politische Emotionen, als bei politisch hochemotionalen Themen die Entscheidungsprozesse derart geschickt und komplex delegiert werden, dass die Empörung und die emotionalen Forderungen der Massen sich nicht an bestimmte, klar identifizierbare Instanzen richten können. Dies hat ohne Frage auch ihre positiven Seiten, da politisch hochsensible Entscheidungen nicht aus dem Augenblick heraus getroffen werden, gleichwohl ändert dies nichts an der Tatsache, dass auch diese Vorgehensweise die Emotionen tötet. Nicht allzu fern davon ist das Thema der Organisation von politischen Demonstrationen zu sehen, weil sie in den modernen demokratischen Gesellschaften nicht unangekündigt stattfinden können, da sie sonst mit mächtigen Emotionen und Empörungen durchtränkt sein können, da sie in ihrer Spontaneität eine unerwünschte Richtung einschlagen und den Fluss der kapitalistischen Lebensweise unterbrechen können. Auch die Durchsetzung der *neoliberalen Politik* in den modernen Demokratien ist die Widerspiegelung der soeben beschriebenen politischen Entwicklung, die Beförderung der Ichbezogenheit der Individuen, die Betonung der Selbststeuerung der Marktwirtschaft und die Abschwächung der sozialen Absicherung[552] sollen den Wettbewerb des kapitalistischen Arbeitsmarkts stärken; dabei wird die soziale Ausgewogenheit in jeder Beziehung ignoriert. Das Gefühl der sozialen Solidarität und des Mitgefühls – ausnahmslos positive Emotionen, die eine Gemeinschaft zusammenhalten oder stärken – werden aus der sozialen Grammatik ausradiert.

Zum Schluss soll noch einmal vom dritten Kritikpunkt der Eliminierung der positiven Emotionen, nämlich der *Verunpersönlichung der Politik*, gesprochen werden. Wir leben nicht umsonst in einer Epoche, in der es keine politischen Held*innen mehr gibt. Vielmehr wird präferiert, dass die Politik in Form einer Maschinerie funktionieren soll, und zwar so, dass für Entscheidungsprozesse viele Räder ineinandergreifen und viele technische Teile aufeinander wirken müssen. Einzelnen Personen soll keine große Bedeutung zukommen, weil sie (Personen) Spontaneität und Unberechenbarkeit externalisieren, Visionen haben sowie die Emotionen der Massen bündeln und stärken können. Aber die besagte Form der Maschinerie ist anorganisch, ist sachlich, kann gut rechnen und berechnen: Eine der technischen Teile davon ist die moderne Verwaltung samt ihrer starrsinnigen Sachlichkeit auf allen Ebenen. Zwar ist es rational und historisch bezeugt, dass es nicht von Vorteil sein kann, wenn einzelne Menschen mit sehr viel Macht über das Wohl und Wehe einer ganzen Ge-

---

552 Vgl. Crouch 2013, *»Postdemokratie und die Kommerzialisierung öffentlicher Leistungen«*, S. 101f.

sellschaft entscheiden, allerdings ist hier die Entwicklung zur Verunpersönlichung derart radikal, dass die ganze politische Maschinerie auf die Menschen leblos, emotionslos und seelenlos wirkt. Um diese scheinbar apodiktische Entwicklung zu unterbinden, benötigen wir mehr Leidenschaft und eine Art emotionale Rationalität.

Die politisch-sozialen Kategorien des Solidarismus und der Loyalität bergen genau dieses Ineinandergreifen der sozialen Rationalität und Emotionalität, die nur gemeinsam eine gelungene Sozialität ermöglichen können. Gewiss sind rationale Gesetzesinhalte für die Objektivierung und Verallgemeinerung sozialer Normen notwendig, aber moralisch-soziale Gefühle, die in Form von sozialer Empörung für Fortschritt und Veränderungen dieser Inhalte sorgen können, sind von essenzieller Bedeutung und dürfen nicht aus der politischen Kultur ermattet oder gar verbannt werden. Ich bin der Auffassung, dass genau an dieser Stelle, nämlich bei der Entwicklung der sogenannten »Software« der Demokratie, große Defizite vorherrschen. Wenn diverse »demokratische« Ordnungen relativ schnell in andere politische Formationen umschlagen, dann liegt es wohl weniger daran, dass deren Grundstruktur Defizite aufweist, als dass die besagten unfassbaren Normen, die für Stabilität in Form von Überzeugung und Loyalität sorgen können, nicht tief genug kultiviert sind.[553] Menschen und soziale Gruppen ändern ihre politischen Haltungen eher, wenn sie lediglich auf Rationalität basieren sollen, als wenn eine Symbiose aus Rationalität und Emotionalität die Basis ihrer Grundhaltung bilden würde. Demnach ist für die Identifikation und soziale Loyalität mit der demokratischen Ordnung eine politische Kultur (ein Ethos) grundlegend, die Leidenschaft (positive Gefühle), aber gerade diese mit rationalen Zügen, voraussetzt. Eben das ist es, was in Demokratien das Schwierige im Verhältnis zu *Anderen* darstellt. Es ist das Gelingen, die Entfaltung oder die Einhaltung dieser Disposition – welche nicht in der Dualität von Rationalität und Emotionalität aufgeht, sondern ihre Einheit verkörpert –, die nicht erzwungen werden kann, aber dennoch für die soziale Integrität grundlegend ist. In der Sphäre der persönlichen Beziehungen waren es derartige Dispositionen oder ähnlich getönte, die für ihr Gelingen normativ ausgezeichnet wurden. Im politischen Bereich habe ich den Begriff

---

553 Vielleicht ist die politische Entwicklung der Weimarer Republik und die gänzliche Wendung zur Naziherrschaft ein Beispiel dafür. Oder eben die politische Entwicklung der letzten Jahre in der heutigen Türkei unter der Regie von Recep Tayyip Erdoğan. Obwohl hier gesagt werden muss, dass bezüglich der Türkei lediglich die demokratische Entwicklung insgesamt negativ bewertet wird.

der Freiheit für die soziale Integrität[554] als grundlegend vorausgesetzt, die für ihre mögliche Entfaltung oder Vollendung die politische Formation der kooperativen Demokratie bedingte und induzierte. Somit war ersichtlich, dass auf allen Feldern des Sozialen moralische Gefühle in unterschiedlichsten Maßen existieren und idealerweise angemessen wirken. Die in den ersten beiden Kapiteln entfaltete Argumentation hat deutlich werden lassen, dass im Namen des Oberideals, nämlich dem der Gerechtigkeit, viele feine, zarte, aparte und nicht klar greifbare Dispositionen am Werke sind, die für eine gelungene Grammatik der sozialen Intersubjektivität unabdingbar sind. Damit meine ich eine nicht klare und exakt artikulierbare soziale Grammatik, die aber soziale Apathie indiziert und nachdrücklich wirkt, wie zum Beispiel solidarisch-spontane und nicht organisierte Herangehensweisen bei der Beseitigung von sozialen Plagen. Oder anders ausgedrückt: Derartige Absichten gehen in zarten Handlungen auf und sprechen für sich. Es ist die Übereinstimmung von rationalen Gründen und der spontan entstehenden wechselseitigen Empathie (Solidarität), die in diversen politischen Arenen entstehen kann; allerdings Arenen, die heute mehr oder weniger nicht mehr existieren. Just ist die Vitalität der kooperativen Demokratie entkräftet und die eben erwähnten Arenen stehen in den modernen Gesellschaften entweder komplett öde dar oder sie existieren kaum mehr. Sie müssen wieder zum Leben erweckt werden; die Agora und ähnlich geformten Arenen sollten wieder eine essenzielle Bedeutung haben; also Arenen, in denen wieder für die Symbiose der *Sinnfrage* und der Politik gesorgt werden soll. Deshalb soll hier nicht großartig auf die Mediatisierung der politischen Arenen eingegangen werden, da diese meistens emotionslos bleiben oder, wenn sie Emotionen erzeugen, dann diese selten durchdringend sein können und nicht in der Lage sind, diversen sozialen Empörungen eine Seele zu geben, vor allem, solange sie nicht in einem nächsten Schritt personalisiert werden. Nun runde ich hier meinen Gedankengang damit ab, indem ich den Bogen meiner Argumentation zum Titel dieses Kapitels schließe. Politische Arenen brauchen Inhalte und eine überzeugende Sinnfrage, um überhaupt zu solchen werden zu können, um überhaupt Menschen in sich und um sich sammeln zu können. Diese fundamentale Aufgabe der politischen Arenen, nämlich die Frage nach dem *Sinn* (Visionen), ist seit Jahrzehnten zu einer privaten Aufgabe verkommen. Die politisch-sozialen Kategorien des Solidarismus und der Loyalität haben in unserer sozialen Grammatik eine veraltete und nostalgische Tönung angenom-

---

554 Vgl. Pollmann 2018, »*Die nähere Verwandtschaft der Integrität: Würde und Ehre, Freiheit und Autonomie, Authentizität und Wahrhaftigkeit*«, S. 291 f.

men[555], die starke Tendenz zur Vereinzelung der Menschen und die Suche nach der prominenten Sinnfrage führt lediglich zum Herzen der Religionen oder höchstens zur Esoterik. Der Beginn und der Entstehungsort wesentlicher Sinnfragen, die nicht allumfassend sein müssen, aber eine vage Richtung vorgeben sollen und in der Gesellschaft durch die gemeinsame Deliberation Form annehmen können, bilden die elementarsten Bildungsinstitutionen. Zusätzlich muss die Ausbildung der Menschen in den höheren Bildungsanstalten weniger im Sinne des Dienstes am kapitalistischen Arbeitsmarkt vonstattengehen; sie soll sich vielmehr mit der Frage eines gelungenen Lebens beschäftigen. Für eine vitale Demokratie müssen die Menschen stets an ihrer sozialen Weiterbildung interessiert bleiben, dafür sind wieder politische und soziale Arenen notwendig, die fern von der Logik des kapitalistischen Arbeitsmarkts funktionieren. Der Staat sollte diese essenzielle Aufgabe übernehmen und solche Arenen fördern, Arenen, zu denen der freie Zugang allen Menschen garantiert wird. Die Entwicklung der letzten Jahrzehnte hat deutlich werden lassen, dass solche Arenen nicht mehr existieren, dass Menschen vereinzelt ihrer Konsumbefriedigung nachgehen und keine große Sinnfrage – diese soll vorzügliche und kluge Ansichten über das Gute insgesamt generieren können – mehr die Massen miteinander verbindet. Als Folge davon verarmt unsere politische Grammatik derart, dass in ihr Begriffe wie »Postdemokratie«, »erschöpfte Demokratie« und »politische Visionslosigkeit« den Ton angeben. Wenn die politische Ordnung auf diese Art an Seelenlosigkeit leidet, dann bleibt die Frage der Gerechtigkeit, die Intersubjektivität und moralische Emotionen voraussetzt, auf der Strecke. Die Idee der sozialen Ausgewogenheit droht, entwurzelt zu werden.

---

555 Vgl. Sennett 1998, »*Kapitel I: Drift*«, S. 15f.

3. MARKTWIRTSCHAFT UND SITTLICHKEIT

Ich habe im vorausgehenden Kapitel jenen Umstand kritisiert, wonach sich die Politik als ein gänzlich eigenständiges Feld darstellt und mit einer klaren sowie spezifischen Eigenlogik versehen ist. Ihre extreme Versachlichung und Rationalität haben dafür gesorgt, dass die Sphäre des Politischen sich von Leidenschaften und Emotionen gesäubert hat.[556] Die Verhältnislosigkeit der großen Mengen von Menschen gegenüber der Politik, kurz, die Politikverdrossenheit, ist die Folge davon und ihre anonym gewordene Gestalt exemplifiziert – wie Hannah Arendt es sagen würde – die »Herrschaft des Niemandes«[557]. Gleichwohl ist diese in der Wirklichkeit nicht die Herrschaft des Niemandes, sondern eher die Herrschaft von nicht leicht fassbaren *Mächten* und Strukturen, die nicht augenfällig mitten in der Gesellschaft aufzufinden sind. Dessen ungeachtet hat die Politik, so wie ich sie fasse, und zwar so, wie sie uns in allen Sphären des Sozialen begleitet und unseren Handlungen anhaftend ist, immer die Herrschaft von allen zu sein. Aber wenn sie nicht fassbar und fühlbar ist, wenn sie nicht mitten unter *uns* angesiedelt ist, dann wird sie als gesichtslose Herrschaft wahrgenommen. Eben deshalb wird sie gegenwärtig in einer Art und Weise auf den Begriff gebracht, in der sie nicht mehr mit Inhalten und substanziellen Fragen bezüglich des Sinns des Lebens assoziiert wird; sie stellt genügsam einen Verwaltungsapparat und eine Ökonomie an und für sich dar. Interessanterweise ist diese massiv einseitige Sichtweise der Politik zum größten Teil auf den Erfolg der neoklassischen Theorie der Ökonomie zurückzuführen.

»Die auf der Neoklassik aufbauende Ökonomie ruft den Eindruck der Verfügbarkeit eines Werkzeugkastens zur politischen Steuerung der Wirtschaft hervor. Will man als Politiker Wachstum erhöhen, Inflation bekämpfen oder Arbeitslosigkeit reduzieren, lassen sich aus den Modellen Handlungsempfehlungen ableiten. Dass wir dennoch nicht in

---

556 Wobei hier der Einwand erhoben werden kann, dass doch Emotionen im politischen Feld relativ häufig von radikalen Gruppierungen erzeugt, aufgenommen und missbraucht werden. Aber politische Gruppen, die ihre eigene(n) Ansichten oder Weltanschauung als absolut setzen, können niemals die von uns ausgezeichnete ausgewogene Gegenseitigkeit anstreben wollen, vielmehr wollen sie empfundener Ungerechtigkeit mit Radikalität beggenen, sie zerstören aber dabei jene demokratischen Elemente, die für die soziale Aushandlung der Ausgewogenheit grundlegend sind.
557 Vgl. Mommsen 1986, *»Hannah Arendt und der Prozess gegen Adolf Eichmann«*, S. 1f. Mommsen verweist auf die Feststellung von Arendt, als sie von Verharmlosung und »Banalität des Bösen« spricht.

der besten aller Welten leben, muss denjenigen zugerechnet werden, die die Objektivität ökonomischer Gesetze nicht einsehen wollen und aus ideologischen Gründen, Unwissenheit oder politischen Opportunismus den Gesetzen der Ökonomie nicht Folge leisten«.[558] Hier schwingt die Kritik mit, die ich als den negativen Einfluss der modernen Marktwirtschaft oder des Kapitalismus auf alle sozialen Sphären beschrieben habe. Auf diese Weise wollte ich aufblitzen lassen, dass wenn sich die groteske Vorstellung, der zufolge alle divergierenden Bereiche des Sozialen jeweils für sich eine Ökonomie darstellen, nicht schon etabliert haben sollte, so doch unaufhaltsam auf dem Vormarsch begriffen sei.

Leitet man von der Kritik der Politik auf meine Darstellung und Kritik der modernen kapitalistischen Marktwirtschaft über, so gilt es, auch hier jene Sichtweise zu betonen, die im Verlauf meiner bisherigen Ausführung augenscheinlich zur Geltung gekommen ist und auf die Intersubjektivität sowie die *ausgewogene Gegenseitigkeit* der sozialen Interaktionen und sittlichen Verhältnisse verweist. Spricht man von der Gerechtigkeit und sozialen Integrität, so haben sich beide Kategorien an ihrer normativen Folie der Ausgewogenheit der sozialen Verhältnisse zu richten. Sprich, der Genius oder die zeitgemäß-elementarste Vorstellung der Gerechtigkeit liegt an der *Ausgewogenheit der Verhältnisse*, wobei diese nicht auf allen Sphären des Sozialen identisch beschaffen sein müssen, da die Ausgewogenheit niemals vollständige Gleichheit[559] bedeuten kann, sondern stets willkürliche und ungerechtfertigte Asymmetrien anklagen wird. Mit anderen Worten: Die Vorstellung der Ausgewogenheit richtet sich gegen die soziale Plage.[560] Verbildlichen wir die soziale Plage und drehen den Sinn der Ausgewogenheit in diesem Zusammenhang ins Negative, so würde es besagen, dass geteiltes Leid sich stets eher ertragen ließe als ein äußerst ungleiches Ertragen der Last. Bei einer positiven Wendung des Gedankens würde ich daraus ableiten, dass die Ausgewogenheit die moralische Funktion erfüllt, in den sozialen Interaktionen eine Balance

---

558 Vgl. Beckert 2014, S. 550.
559 Dazu äußert sich Wolfgang Kerstin 1998, S. 135 wie folgt: »Das Gerechtigkeitsinteresse an Egalität gerät meines Erachtens nicht mit dem Konzept wohlverstandener Autonomie in Konflikt. Es geht nicht um einen gleichmachenden Egalitarismus, der alle Differenzen schluckt, sondern um einen Egalitarismus der Ausgangssituation der individuellen Lebenspläne; es geht darum, Benachteiligungen und Bevorzugungen auf faire Weise durch angemessene Kompensation auszugleichen«.
560 Weitgefasst gegen soziale Verkennung, Nichteinbeziehung, Ausbeutung, Unterdrückung, Diskriminierung etc., mithin gegen alle Formen des Unbehagens, die sich in die moderne soziale Kritikgrammatik eingeschrieben haben.

zu halten und Harmonie herzustellen.[561] Selbstredend kann dieses Ziel nicht immer auf harmonischem Wege angestrebt werden. Denn soziale Empörung und Auseinandersetzungen entstehen durch die Disharmonie und die aus den Fugen geratene Ausgewogenheit der sozialen Verhältnisse, die in der Fortsetzung virulent werden, um die sich zeitgemäß sozial herausdestillierte Ausgewogenheitsidee (wieder) zur Geltung zu bringen. Diese besagte Ausgewogenheit weist auf allen Sphären des Sozialen eine gewisse Ähnlichkeit auf, überall haben soziale Anerkennung und Achtsamkeit, die auf gelungene Prozesse der Intersubjektivität fußen, eine zentrale Stellung. Gleichwohl spielen diese Dispositionen in diversen Sphären für die Anerkennung der Differenz ebenfalls eine entscheidende Rolle, so zum Beispiel hat die Ausgewogenheit im Bereich der Ökonomie eine gänzlich andere Grammatik angenommen und lässt, bedingt durch die Anerkennung des Begriffs der individuellen »Arbeitsleistung«, eine weniger auf Gleichheit basierende Ausgewogenheit zu. Trotzdem schwebt auch hier weiterhin unterschwellig die Vorstellung der absoluten Gleichheit mit, weil auch plausibel begründete Definitionen der individuellen Arbeitsleistung die Vorstellung einführen, der nach keine Leistung einzig dem einzelnen Individuum zugeschrieben werden kann[562], da Menschen

---

561 Die zeitgenössischen Theorien der Gerechtigkeit können nichts anderes als die »*ausgewogene Gegenseitigkeit*« im Visier zu haben, auch wenn ihre jeweiligen Akzentuierungen durch andere Begriffe ausgedrückt werden. Handeln sie zum Beispiel vom »*Schleier des Nichtwissens*« (Rawls), um faire und gerechte sozial-politische Bedingungen herbeizuführen und sozialen Kontingenten entgegenzuwirken, oder kreisen sie um die Entfaltung der persönlichen und gesamtgesellschaftlichen *Fähigkeiten* (Sen) oder möchten sie in differenzierten Sphären des Sozialen eine eigene *Grammatik der Gerechtigkeit* offenlegen (Walzer, Miller) oder fokussieren sie sich auf gerechte *Umverteilung*, so möchten doch alle im Endeffekt für ausgewogene und harmonische Zustände sorgen, in denen *jedem das zukommt, was ihm zusteht*. Um diesen letzten Schritt vollziehen zu können, haben sich in den letzten Jahrzehnten zahlreiche Theorien mit normativen Ideen wie der *Anerkennung*, der *Gleichheit* und der *Solidarität* befasst, damit nicht lediglich die materiellen Güter und ihre gerechte *Um(-Verteilung)* die Essenz der Idee der Gerechtigkeit füllt, sondern auch das Unverfügbare, das Nichthandfeste und das Nichtgreifbare, mit anderen Worten, das Subtile, das die Beziehungen der modernen Menschen um psychologische Nuancen und ihrer Bedeutsamkeit erweitert, Eingang in die Grammatik der Gerechtigkeit findet. Demzufolge ist die Pointe der Gerechtigkeit gegenwärtig darin zu sehen, wie ich als Subjekt, als Mensch in der Gesellschaft behandelt werde. Werde ich fair behandelt, finden meine Eigenheiten, meine Bedürfnisse und mein Dasein in seiner Komplexität ausgiebig Beachtung, so können daraus meine Ansprüche auf ein gerechtes Miteinander, in dem ich daraus als Individuum hervorgehe, abgeleitet werden.
562 Vgl. Kovce/Priddat 2019, »*Bedingungsloses Grundeinkommen. Zur Einführung*«, S. 11f.

sich immer erst im Verhältnis zueinander zu Individuen mit besonderen Leistungen entwickeln können. Der hier registrierten Idee nach kann das Subjekt nur im Kontext der Intersubjektivität und Sittlichkeit überhaupt gedacht oder aufgefasst werden. Um meinen Gedanken in Bezug auf die vorhin erwähnten Dispositionen der Ausgewogenheit und ihren jeweiligen Reflex auf die divergierenden Sphären fortzuführen, verweise ich auf ihre ähnliche, mit feinen Unterschieden behaftete, Einflussnahme. Im Bereich der persönlichen Beziehungen, namentlich der Freundschaft, drehte sich die Ausgewogenheit augenscheinlich um die Symmetrie der Verhältnisse, die nur mit einem gewissen Maß an Selbstlosigkeit zu denken war. Dabei bin ich so weit gegangen zu behaupten, dass es ohne diese heilige Freundschafts*liebe* keine Möglichkeit der Befreiung vom Ich geben kann. In der romantischen Liebe wurde die Ausgewogenheit an das Gelingen der Symbiose der Beteiligten und ihrer wechselseitigen Anerkennung (Selbstbehauptung) gemessen. In der Familie wiederum konnte die gegenseitige Ausgewogenheit erst dann zur Entfaltung kommen, als drei normative Erwartungen (*romantische Liebe* als das wichtigste Kriterium für die Heirat, dann die Idee der *Gleichberechtigung* in der Ehe sowie die Ermöglichung eines *geschützten Raums für die Kinder*, damit sie so weit wie möglich sorglos ihre Kindheit ausleben) der modernen Familie Struktur und Verhaltensmuster verpassten. Damit wurde normativ klar umrissen, wie die Familienangehörigen einander mit Wesenszügen wie Sorgsamkeit, Loyalität und Achtsamkeit in Harmonie und mit Balance begegnen und behandeln.[563] Auf all diesen drei Ebenen spielten Emotionen und Achtsamkeit eine zentrale Rolle, denn nur so konnte eine vage Vorstellung eines gelingenden Lebens vorgezeichnet werden. Selbstverständlich war auf der Ebene der persönlichen Beziehungen auch der Begriff der Freiheit maßgebend, da sie in der Freundschaftsbeziehung als Synonym für diese agiert, in der romantischen Liebe die Entfesselung von religiösen und traditionellen Mustern bewirkt und die sich Liebenden mit einer ungeheuren persönlichen Geschmeidigkeit ausstattet, letztlich in der Familie die traditionellen Hierarchien wegradiert und die Rollen der Familienmitglieder innerhalb dieser durch einen diskursiv demokratischen Prozess neu, d. h. viel freier, ordnet und die strikten Rollenverteilungen zumindest der Idee nach der Vergangenheit angehören lässt. Die Idee der Freiheit mit all ihren Facetten hat auch im Bereich des Politischen eine zentrale Stellung eingenommen. Ihre sukzessive Geltung

---

563 Familie war insofern »immer eine Schule der Hingabe und der Selbstverleugnung und die eigentliche Heimstätte der Moralität [...]«. Vgl. Durkheim 2014, S. 429.

wurde als die Folge von diversen politisch-sozialen Bewegungen und katastrophalen menschlichen Erfahrungen ausgelegt. Sei es die Idee der negativen, der reflexiven und der sozialen Freiheit, alle drei haben in einer komplexen Art erst einander bedingt und beeinflusst, dann auch die Grundstruktur der modernen Demokratien. Ich habe versucht nachzuweisen, wie die Ideen der Freiheit auf eine beständig komplexere und tiefere Weise unsere subjektive Autonomie und unsere normative Vorstellung von der demokratischen Sittlichkeit geprägt haben. Gleichwohl habe ich nicht unberücksichtigt lassen können, dass die positiven Emotionen, die auf der persönlichen Ebene uns zum guten Freund, zur guten Mutter etc. machen, auf der politischen Ebene nicht plötzlich vom Winde verweht werden. Die Emotions- und Leidenschaftslosigkeit oder ihre geschickte Delegierung zum Konsum hin, gepaart mit dem fehlenden demokratischen Ethos, waren Aspekte, die ich in Bezug auf das Politische kritisiert habe. Ich habe die These aufgestellt, dass die Vorstellung der politischen Ausgewogenheit, dass nämlich alle in die politischen Prozesse und Entscheidungen einzubeziehen sind, nicht mehr akut wirkt. Auch wenn die Gründe vielfältig sind, auch wenn sie teils mit unserem heutigen Verständnis von der Politik verwoben sind und teils andere, tiefer liegende gesellschaftliche Ursachen haben, stellen sie unser deutlich sichtbares Unbehagen an der Politik dar. Die Politikverdrossenheit, die als Folge der Visionslosigkeit und Unfassbarkeit der politischen Inhalte sowie des Gefühls der Nichtbeeinflussung Einzug erhalten hat, gefährdet das Fundament der demokratischen Sittlichkeit. Nur eine enge Verzahnung einer klaren politischen Vorstellung mit den substanziellen Fragen des Sinns des Lebens[564], die für ihr Gedeihen und Gelingen notwendige

---

564 Die Sinnfrage oder die Fragen nach dem Sinn des Lebens begleiten und beschäftigen uns stets in allen Sphären des sozialen Lebens, obwohl die moderne Philosophie diese Frage verkürzt darstellt und sie lediglich auf der individuellen Ebene lokalisiert. Ob in der Freundschaft, in der romantischen Liebe oder Familie, in der Gesellschaft mit der vorherrschenden Weltauffassung oder in der Ökonomie mit ihrer Art des Wirkens: Wir haben nie genau vor Augen (außer religiöse Menschen, die zum Teil im Diesseits für das Jenseits leben, weil der absolute Sinn mit dem Jenseits offenbart wird), wie der Sinn des Lebens in seiner Ganzheit beschaffen sein muss, aber wir wissen, dass Beziehungen in der Freundschaft, Liebe und in der Familie uns für das Leben Sinn und Bedeutung mitteilen. Darüber hinaus sind die Gesellschaft oder das öffentliche Leben insofern bezüglich des Sinns des Lebens so zentral, als sie unsere Weltauffassung massiv prägen und beeinflussen. Wir freiheitsstrebende und freiheitgewohnte moderne Menschen können uns kaum in einer Gesellschaft wohlfühlen, die uns bevormundet und uns massiv paternalistisch behandelt. Da würden wir den Sinn unseres Daseins vehement infrage stellen. Nicht von ungefähr kommt es in Gesellschaften, in denen die Freiheit radikal

politische Arenen voraussetzt, kann die politische Demokratie zu ihrer erforderlichen Vitalität (zurück-)bringen, um dem normativen Impuls der Freiheit gerecht werden zu können.

Blicken wir auf die Historie zurück, so können wir nachvollziehen, wie die politische Macht zuweilen im Dienste der Revolutionen gestanden hat, aber ebenso für den Umsturz der fragilen Strukturen[565] oder für den Aufbau neuerer Grundordnungen eingesetzt wurde oder sie mitunter mit Utopien und vagen Versprechungen für die Zukunft[566] sowie für den realen Machterhalt und der politischen Konservierung der Macht assoziiert wurde. Ich hingegen plädierte für eine enge Verzahnung des realen Lebens und der Vitalität sowie der Präsenz der politischen Fragen; mit anderen Worten für eine Politisierung des Lebens, die alle einbezieht und unserem Leben im Gesamten mit der Sinnfrage des Lebens die Kohärenz verleiht. Wobei hier nicht jene fundamentale Sinnfrage gemeint ist, dessen Beantwortung die monotheistischen Religionen für sich beanspruchen. Vielmehr geht es mir darum, Politik als jenes Bindeglied zu verstehen, das die tiefgreifenden Vorstellungen unseres persönlichen Lebens, eine

---

eingeschränkt wird, in denen die Menschen immer weniger in der Freiheit über ihre eigene Lebensauffassung und ihr eigenes Lebensziel mitbestimmen dürfen, vor, dass diverse Gruppierungen ihr Leben für mehr Lebenssinn riskieren und zum Teil in aussichtslosen Situationen Aufstand wagen. Auch wenn bisweilen nicht klar ersichtlich ist und die besagten Gruppierungen nicht exakt vor Augen haben, welchen Lebenssinn sie anstreben, so sind sie trotzdem bereit, Kopf und Kragen für die Option »*mehr* Lebenssinn« zu riskieren. Man hört, dass in so beklemmenden und einschränkenden sozialen Situationen der Aufstand mit der Parole, *es hat keinen Sinn mehr*, gewagt wird. Aber auch die Marktwirtschaft hat auf unseren Lebenssinn Einfluss. Stimmen die Regeln und die Wirkungsweise der Wirtschaft nicht im Ansatz mit unserer Welt- und Lebensauffassung überein, die durch die anderen Bereiche des sozialen Lebens geformt wird, so empfinden wir ein deutliches Unbehagen. Viele kritische Stimmen, die sich gegen den heutigen Kapitalismus und seine gnadenlos ausbeuterischen, freiheitseinschränkenden Impulsen richten, zielen auf die Unverträglichkeit ihrer Lebensauffassung (beseelt von einem nicht klar ausbuchstabierten Sinn) mit dieser zum Teil inhumanen Wirtschaftsweise.

565 »Revolution oder Evolution? Wenn ich die Meinung von Marx erfasst habe, ist die Antwort nicht schwer zu geben. Die Evolution war für ihn die Mutter des Sozialismus. Er war viel zu sehr erfüllt von einem Gefühl inhärenter Logik der sozialen Dinge, um zu glauben, dass die Revolution irgendeinen Teil des Werkes der Evolution ersetzen würde«. Vgl. Schumpeter 1993, S. 100. Allerdings gibt es zahlreiche Theorien, die für die Umwälzung der sozialen Verhältnisse und somit an die Macht der Revolution glauben; es sind nicht wenige, die sich dabei am Marxismus orientieren.

566 Vgl. Kovce/Priddat 2019, »*Bedingungsloses Grundeinkommen. Zur Einführung*«, S. 11f.

gelungene demokratische Sittlichkeit und die einer ausgewogenen Marktökonomie miteinander versöhnt.

Politik soll derart auf den Begriff gebracht werden, dass sie jenen gesellschaftlichen Strukturen und Visionen Vorschub leistet oder gar diese kreieren kann, die durch alle Sphären des Sozialen hindurchfließen und die Vorstellung der Ausgewogenheit der sozialen Verhältnisse vorantreibt. Ob ideale Vorstellungen der persönlichen Beziehungen, politische Gestaltungsmacht oder ökonomische Handlungen, alle diese Ebenen haben der Auffassung einer gelungenen demokratischen Sittlichkeit zu dienen, die das menschliche Leben ausgewogen gestalten lässt und ihm Kohärenz verleiht. Die berühmte Sinnfrage hat sich genau in diesem Kontext zu bewähren, zu entfalten und zu rechtfertigen.

Nun versuche ich, mein Bild der demokratischen Sittlichkeit mit der Frage der Bedeutung der sittlichen Verhältnisse in der modernen ökonomischen Marktwirtschaft abzurunden. Dabei möchte ich verdeutlichen, dass wir als soziales Wesen mit unseren Interaktionen in den divergierenden sozialen Kontexten keinesfalls wie Automaten derart programmiert sind, dass wir hier nur diverse Prädispositionen und dort gänzlich andere an den Tag legen. So zum Beispiel gehen von ökonomischen Märkten Anreize aus, bestimmte Verhaltensweisen zu verstärken und andere zu schwächen, aber es darf nicht außer Acht gelassen werden, dass auch unsere Beziehungen in den persönlichen Beziehungen, die auf Eigenschaften wie Solidarität, Loyalität und Sorgsamkeit basieren, für die Interaktionen auf den anderen Ebenen komplett wirkungslos bleiben. Letztlich kommt es auf das Ausmaß der Einflüsse an, welche die sozialen Sphären in Form der Kausalkette aufeinander ausüben. Diesbezüglich äußert sich der in den USA lebende Wirtschaftswissenschaftler Sam Bowles wie folgt: »In den Märkten finden nicht nur Ressourcenallokation und Einkommensverteilung statt. Sie formen auch unsere Kultur, fördern oder behindern wünschenswerte Verhaltensweisen und stützen eine wohldefinierte Machtstruktur. Märkte sind nicht nur ökonomische, sondern ebenso sehr politische und kulturelle Institutionen«.[567] Genau deshalb haben wir auf verschiedenen Ebenen des Sozialen normative Potenziale einer Lebensweise, die die Kohärenz der persönlichen Beziehungen und die Ausgewogenheit der sozialen Verhältnisse bewirken soll, freizulegen versucht.

In diesem Schlusskapitel der Arbeit möchte ich auf die sittlichen Verhältnisse der modernen Marktwirtschaft schauen und dabei veranschaulichen, welche sittlichen Vorräte schon immanent existieren, aber doch nicht vollständig zu ihrer Entfaltung gelangen. Dabei orientiere ich mich

---

567 Zitiert nach Albert 2014, S. 341.

an den Ideen des deutschen Soziologen Jens Beckert, der durch drei Formen der normativen Handlungsorientierung die Sittlichkeit der kapitalistischen Marktwirtschaft zu umrahmen versucht. Ich werde diese drei besagten Formen der normativen Handlungen durch meine Idee der ausgewogenen Gegenseitigkeit ergänzen, um zu verdeutlichen, dass auch im Kontext der wirtschaftlichen Beziehungen soziale Kooperation grundlegend ist, diese aber von der neoklassischen Vorstellung der Ökonomie bewusst ignoriert wird. In der Folge setze ich mich in einem ersten Schritt mit der *marktermöglichenden Sittlichkeit* auseinander und verweise explizit auf den Umstand, dass die Anfänge der modernen kapitalistischen Marktwirtschaft einer bestimmten Form der Sittlichkeit entsprungen sind und ihre Perspektive des gesellschaftlichen Fortschritts auf die Verfeinerung der Sittlichkeit, die auf Intersubjektivität basierte, gerichtet war. Sie hatte das feste Ziel, die Menschen einander näherzubringen, und zwar so, dass sie sich in der Gemeinschaft oder Gesellschaft wechselseitig nützlich erweisen. Darin sollte jene Moralität zur Geltung kommen, die ich im Kontext der persönlichen Beziehungen und anderen Sphären des Sozialen, mit sozialen Beifügungen wie Sanftheit, mildem Umgang, Achtsamkeit und Herzlichkeit, kurz, mit der ausgewogenen Gegenseitigkeit akzentuiert habe (I). In einem zweiten Schritt gilt es, auf die *marktbegleitende Sittlichkeit* zu blicken. Märkte entstehen im Kontext einer bestimmten Sittlichkeit, die ihre Entwicklung befördern, begleiten und gegebenenfalls verändern. Eine wechselseitige Beeinflussung der Sittlichkeit und Märkte ist nicht von der Hand zu weisen, gleichwohl dürfen die Kräfte, welche die Unausgewogenheit der sozialen Verhältnisse verstärken, nicht ohne Gegenwehr agieren (II). Ist die sittliche Einbettung der Märkte so klar erkennbar, dann sollten doch religiös-ethische Überzeugungen *marktbegrenzend* wirken und gerechtigkeitsrelevante Aspekte derart kommunizieren, dass diese Grammatik die Potenziale von Veränderungen in sich birgt. Dass diese Betrachtung nach der gefestigten Vormacht der neoklassischen Ökonomie einen optimistischen Tenor hat, versteht sich von selbst (III).

I.

Um den Rahmen der Arbeit nicht zu sprengen, beabsichtige ich nicht, hier eine historisch-umfassende Rekonstruktion der *marktermöglichenden Sittlichkeit* vorzulegen, vielmehr schaue ich auf die um die Mitte des 18. Jahrhunderts gängige Grammatik, die eine klare Stoßrichtung aufnahm und im Fortschritt des Handels und der Marktwirtschaft eine mächtige Triebkraft der Zivilisation erblickte. Man kann mit guten Gründen davon ausgehen, dass eine solche Grammatik sich hat dann erst formen können, als die gesellschaftlichen Verhältnisse ihr die Voraussetzungen dazu lieferten. Die Werke zahlreicher Autor*innen belegen, wie groß die Hoffnung um die Mitte des 18. Jahrhunderts war, dass der Handel und der sich allmählich herausbildende moderne Markt die Sitten der »Barbaren« glätten und mildern könnte. Der hierbei mitschwingende Zukunftsglaube stützte sich auf eine komplexe »Moralvorstellung«, die allen Beteiligten vor Augen führen sollte, wie sehr sie für eine humane Zivilisierung[568] aufeinander angewiesen sind und wie normativ kraftvoll diese Tatsache gewalt- und ordnungshemmend wirken könnte. Blickt man auf die Historie zurück, so war gegen Ende des 18. Jahrhunderts klar ersichtlich, dass der Kapitalismus in seiner Frühphase ein recht unsicheres Dasein führte, weil er sich gegen die vorkapitalistische Kultur, die durch ihre Rauheit und zum Teil barbarischen Mentalitäten glänzte, durchzusetzen versuchte. Nimmt man aber diese Konstatierung zur Kenntnis, dann ist die Folgerung nicht sehr weit anzunehmen, dass der Markt über das Versprechen hinaus, für alle Wohlstand zu generieren, einen neuen Menschentypus hervorbringen würde. Man erhoffte sich von dem sich allmählich etablierenden modernen Markt und Handel eine Art soziale Beziehung, die für alle Teilnehmenden von Nutzen sein könnte, und zwar so, dass alle Beteiligten davon menschlich sowie wirtschaftlich profitieren sollten. Das folgende Zitat von Samuel Richard vom Jahr 1704 bringt diese Hoffnung und diese Mutmaßung pointiert auf den Punkt. »Der Handel verbindet die Menschen aneinander durch den beidseitigen Nutzen. [...]. Der Handel hat eine ganz besondere Eigenart, die ihn von allen anderen Berufen unterscheidet. Er rührt die Gefühle der Menschen so stark an, dass selbst der, der sonst stolz und hochmütig war, plötzlich fügsam, demütig und dienstbar wird. Durch den Handel lernt der Mensch, besonnen und ehrenhaft zu sein, sich gute Manieren anzugewöhnen und sowohl im Wort als auch in der Tat Klugheit und Zurückhaltung zu üben«.[569] Auch andere bedeutende Autor*innen des 17. und des 18. Jahrhunderts schlagen in die gleiche Kerbe. So ist Thomas Paine der Meinung, dass die Erfindung des Handels einen riesigen Schritt zur allgemeinen Zivilisation anzeigt, der nicht aus unmittelbaren moralischen Prinzipien entspringt.[570]

---

568 Auch die Humanisierung der Politik und die Absicht, ihr mehr Vernunfthaftigkeit zuzuführen, spielte eine wichtige Rolle. Vgl. Hirschman 2014, »*Der Streit um die Bewertung der Marktgesellschaft*«, S. 511f.
569 Zitiert nach Hirschman 2014, S. 514.
570 Vgl. Paine 1962, »*Von Gesellschaft und Versittlichung*«, S. 194f. Sogar Marx und Engels sind im Jahr 1848 von den Errungenschaften des Kapitalismus begeistert. Sie versuchen, dies sprachgewaltig im *Kommunistischen Manifest*

MARKTWIRTSCHAFT UND SITTLICHKEIT

In eine ähnliche Richtung äußern sich auch Autoren wie David Hume, Adam Smith, Montesquieu und Marquis de Condorcet; folglich war die Zuversicht groß, der zufolge die Marktbeziehung einen neuen Menschentypus hervorbringe, der »ehrenhaft, verlässlich, ordentlich, diszipliniert, freundlich und immer bereit [sei], in Konfliktsituationen Lösungen und eine Einigung zwischen widerstreitenden Meinungen zu finden«[571]. Mit dem bisher Ausgeführten wollte ich lediglich andeuten, dass die Anfänge des Kapitalismus und ihr Bezug zum sozialen Fortschritt respektive Ausgewogenheit eine überaus positive Tönung trugen.[572] Indes verebbte diese positive Denkweise nicht so schnell, eher konnte ihre Strahlkraft bis zu den Anfängen des 20. Jahrhunderts und bis zu den Gründervätern der Soziologie wirken. Autoren wie Emil Durkheim und Max Weber[573] befassten sich mit dem voranschreitenden Kapitalismus und versuchten, die sanften und sehr oft verdrängten, gleichzeitig die elementarsten Aspekte der marktermöglichenden Sittlichkeit zum Vorschein zu bringen, um damit eine kennzeichnende Grammatik zur Geltung zu bringen, die später die Essenz des Rheinischen Staatskapitalismus ausmachen sollte.[574] Durkheim geht in diesem Kontext einen Schritt weiter und verweist auf jene Aspekte des Kapitalismus, die moralisch-sittliche Nuancen trugen und es seiner Anschauung nach wert waren, erhalten, verstärkt und betont zu werden. Allein die Idee des Vertrages verdient hier eine ausgiebige Auseinandersetzung. Durkheim ist der Auffassung, dass der Vertrag als bindende Interaktion grundsätzlich auf seine nicht vertraglichen Voraus-

---

zum Ausdruck zu bringen. Es sind die Leistungen der neuen Bourgeoisie, die beweisen konnten, »was die Tätigkeit der Menschen zustande bringen kann. Sie hat ganz andere Wunderwerke vollbracht als ägyptische Pyramiden, römische Wasserleitungen und gotische Kathedralen«. Vgl. Max/Engels 1989, S. 22.
571 Vgl. Hirschman 2014, S. 515.
572 Noch heute verweisen sehr viele Kritiker*innen der kapitalistischen Marktwirtschaft darauf, dass der Kapitalismus an seinen eigenen normativen Ansprüchen gemessen, nichts von dem hat realisieren lassen, das ursprünglich mit seiner Entwicklung eng verbunden war und auf die Ausgewogenheit der sozialen Verhältnisse abzielte. Schließlich, so die Hauptthese, seien die sozialen Unterschiede trotz des exponentiellen Wachstums der letzten Jahrzehnte immer noch massiv vorhanden.
573 »Es gehört in die kulturgeschichtliche Kinderstube, dass man diese naive Begriffsbestimmung ein für allemal aufgibt. Schrankenloseste Erwerbsgier ist nicht im mindesten gleich Kapitalismus, noch weniger gleich dessen ›Geist‹. Kapitalismus *kann* geradezu identisch sein mit *Bändigung*, mindestens mit rationaler Temperierung, dieses irrationalen Triebes«. Vgl. Weber 2009, S. 11.
574 Unter dem Begriff des Rheinischen Kapitalismus (d. h. der sozialen Marktwirtschaft) wird die humanere, gerechtere und effizientere Wirtschaftsweise verstanden, die von vielen europäischen Staaten als eine Alternative zum neoklassischen Kapitalismusmodell dargestellt wurde. Vgl. Sennett 1998, S. 66f.

setzungen angewiesen ist. Die Idee des Vertrages ist hier insofern hygroskopisch, als die Gründerväter der Soziologie damit eine klare Trennung von Gemeinschaft und Gesellschaft vornahmen. Schon der britische Anthropologe Sir Henry Summer Maine bemühte sich darum, aufzuzeigen, dass die moderne Gesellschaft auf dem *contractus* aufgebaut wurde, während die Gesellschaft der Antike, so seine Auffassung, auf dem *status* beruhte. Der *status* wurde durch die Geburt und durch die eigene Stellung in der Familie festgelegt; Blutsverwandtschaft und Adoption waren entscheidende Kriterien dafür. Die auf den *status* basierte persönliche Identität war bis in den Feudalismus hinein und zum Teil bis zum Zeitalter des gleichen Bürgerrechts (19. Jahrhunderts) wirkmächtig.[575] Zugegeben, schon unter dem Römischen Recht wurde der *status* bedächtig durch den *contractus* ersetzt. Dennoch gewann der *contractus* erst allmählich und infolge von wechselseitigen Rechten und Pflichten seine Fundierung.[576] In Deutschland war es Ferdinand Tönnies, von Maine beeinflusst, der durch sein Werk *Gemeinschaft und Gesellschaft* zum Ausdruck brachte, dass der Begriff der Gemeinschaft dem *status* entsprach und der Begriff der Gesellschaft dem *contractus*. Interessant ist dabei, dass Maine und Tönnies keine ähnlichen Vorstellungen über den Begriff der Gemeinschaft hatten: Während Maine die Epoche und Stellung der Gemeinschaft mit dem finsteren Zeitalter der Menschheit assoziierte, idealisierte Tönnies die Gemeinschaft als jenen Zustand, in dem Menschen miteinander kooperierten und ihr Leben in einem Geflecht solidarischer Erfahrungen eingebettet war. Die Schnur meiner Argumentation wieder aufnehmend sollte ich kurzweilig bei den Ideen von Durkheim bezüglich der modernen Marktwirtschaft verweilen, da sie tiefgründig sind und den Sinn des Vertrages so auslegen, sozial-rationale Bindung zu stiften.

Durkheim blickt auf die Grundlagen des Wirtschaftslebens und bringt die Idee des Vertrages mit dem wechselseitigen Vertrauen der Individuen in Verbindung. Die Vertragsmoral ist demnach die fundamentale Basis für die Entstehung der Verträge. Marktbeziehungen, die die Grenzen der Familien und Gemeinschaften verlassen, können ohne eine Grundbasis an reziprokem Vertrauen gar nicht entstehen. Erst eine vage Vorstellung der gemeinsamen Moral kann dazu führen, dass man sich auf die Komplexität des Vertrages einlässt. Schließlich werden die Vertragspartner*innen durch den Vertrag dazu verpflichtet, diverse Verpflichtungen, die nicht immer faktisch festgehalten werden können, einzugehen. »Verträge, so Durkheim, sind zwingend auf eine sittliche Grundlage angewie-

---

575 Vgl. Honneth 1994a, S. 173f.
576 Vgl. Polanyi 2014, »*Aristoteles entdeckt die Volkswirtschaft*«, S. 268f.

sen, denn selbst wenn die Vertragspartner in ihrer Beziehung nur den je eigenen Vorteil suchen, so müssen sie doch darauf vertrauen können, dass sich der Vertragspartner an den geschlossenen Vertrag auch dann halten wird, wenn dieser nicht mehr zu seinem Vorteil gereicht«.[577] Derweil wird von der neoklassische Theorie der Ökonomie, die gegenwärtig klar vorherrschend ist und unsere Ökonomiegrammatik prägt, gar nicht auf derart sittliche Grundlagen eingegangen, es wird wie selbstverständlich angenommen, dass lediglich die Individuen und ihre rigorose persönliche Interessenverfolgung den Erhalt und das Blühen der Märkte bestimmen. Die Frage nach dem *Vertrauen*, welches das Grundelement für das Gelingen der modernen menschlichen Beziehungen darstellt[578], wird als Randnotiz berührt. Aber wie können Beziehungen, die nicht im Zuge einer Antlitz-zu-Antlitz-Begegnung[579] entstehen, welche die Grenzen der Lokalität und engmaschigen Gemeinschaftsbeziehungen überschreiten, ohne ein gewisses Maß an Vertrauensvorschuss überhaupt entstehen? Eben jenes Grundvertrauen, das die Voraussetzungen für das Zustandekommen von rationalen Vertragsbeziehungen erst überhaupt bilden kann. In der Hinsicht funktionieren die Märkte nicht anders, auch dort spielt wechselseitiges Vertrauen eine zentrale Rolle. Es gibt zwar Gesetze, welche die Einhaltung der Verträge garantieren sollen, aber sie müssen erst einmal dank eines gewissen Maßes an reziprokem Vertrauensvorschuss entstehen. Zusätzlich hat das wechselseitige Vertrauen über die Bedingungen des reinen Vertragsabschlusses hinaus weitreichendere Konsequenzen. Schließlich bildet eine Vertrauenskultur die Vorstufe für die Ermöglichung der stabilen persönlichen Emotionalität der Interaktionspartner*innen, somit reduziert sie die Komplexität der Beziehungen und führt wirtschaftlich betrachtet zu geringeren Übertragungskosten.[580] Jedoch benötigt Vertrauen eine feine sowie historisch kultivierte Sittlichkeit, es kann weder erzwungen noch instrumentell propagiert werden, es muss entstehen, was wiederum Zeit benötigt und in erprobten Interaktionen als soziale Disposition hervorgeht.

---

577 Vgl. Beckert 2014, S. 552.
578 Weil vor allem die modernen Beziehungen Grenzen der Lokalität und Gemeinschaften sprengen, dazu weder Raum noch Ethnien ihnen ihre Grenzen markieren können.
579 »Je anonymisierter und kurzfristiger die Tauschbeziehungen sind, desto weiter ist betrügerisches oder auf den schnellen Gewinn ausgerichtetes Verhalten auch verbreitet«. Vgl. Enste 2015, S. 18.
580 Vgl. Enste 2015, »*Zur Verantwortung von Unternehmen und Staat*«, S. 38f. Global betrachtet bietet eine stabile Vertrauenskultur einen wichtigen Wettbewerbsvorteil und kann große Investitionen nach sich ziehen.

Ich habe sowohl auf der Ebene der persönlichen Beziehungen als auch in der Politik die Bedeutung des wechselseitigen Vertrauens hervorgehoben, folglich kann es im Bereich der Ökonomie nicht so beträchtlich an Bedeutung verlieren, auch wenn die neoklassische Theorie es stiefmütterlich behandelt. Es gilt, derartige Dispositionen, die für faire wirtschaftliche Kooperation unabdingbar sind, wieder in den Vordergrund zu rücken. Nicht von ungefähr hat schon Schumpeter darauf verwiesen, dass der Markt immer noch auf Kosten der alten Feudalgesellschaft, die hohe Moralstandards aufwies, lebt, aber diese werden – so Schumpeter – irgendwann aufgebraucht sein.[581] Heute mehren sich die Stimmen, die für eine enge Verzahnung von Markt und Moral plädieren. Eine Marktwirtschaft, die sich durch den Begriff des Sozialen komplettieren soll, benötigt als Fundament gewisse moralische Grundwerte. Ganz pragmatisch betrachtet: Ohne Grundwerte wie wechselseitiges Vertrauen, Ehrlichkeit und Gemeinwohlgedanken sind weder Betrug, Korruption, persönliche Bereicherung noch Vertragsbruch durch die Gesetze und durch die Staatsmacht vollkommen zu verhindern. Es sind diese Grundwerte, die – perspektivisch betrachtet – allen Beteiligten zum Guten gereichen. Eben jene Grundwerte, die seit ca. 2.000 Jahren gleichermaßen von vielen Moralphilosoph*innen und von den monotheistischen Religionen ausgezeichnet werden. In dem Kontext kann die Wirtschaft von einer guten und von Fairness geprägten (Arbeits-)Moral und Motivation sowie von geringeren Transaktionskosten nur profitieren, dem Staat werden weniger Steuern durch Steuerhinterziehung entgehen und die Beschäftigten werden die erwähnten Grundwerte derart vergeistigen und externalisieren, dass sie ihre Beschäftigungsverhältnisse normativ durch die besagten Werte in vielerlei Hinsichten bewerten wollen würden. »Ist hingegen Misstrauen weit verbreitet, wird die Allokation der Produktionsfaktoren behindert, der Tausch von Gütern und Dienstleistungen erschwert und damit die Arbeitsteilung als wesentliche Basis wirtschaftlicher Entwicklung gefährdet«.[582] In diesem Zusammenhang verweist Dominik H. Esten zu Recht auf Studien, die erhellen, dass die positive Reziprozität erfolgversprechender ist als die negative oder bestrafende Gegenseitigkeit, da positive und wohlgesinnte Handlungen meist auf eine ähnliche Art erwidert werden. Zugegeben können derartige Handlungsmuster nur durch freie und gelingende soziale Bindungen etabliert und geformt werden. Auch hier geht es um eine angemessene und ausgewogene Gegenseitig-

---

581 Vgl. Schumpeter 1993, »*Plausibler Kapitalismus*«, S. 120f.
582 Vgl. Enste 2015, S. 24.

keit, die ihre Semantik und ihr Fundament in den kleinsten Zellen der Gesellschaft gewinnen kann.

Schließlich, um gegenüber der Faktizität der modernen Marktwirtschaft nicht blind zu bleiben, muss ich kurz auf den Beweggrund, den Hang oder gar das Urmotiv des wirtschaftlichen Handels blicken. Heute ist es bei vielen Wirtschaftsphilosoph*innen allgemein anerkannt, dass der Versuch des erbarmungslosen Gelderwerbs, das rücksichtslose Drängen nach persönlicher Macht und Autorität sowie die Züchtung von Großwahngedanken der Einflussnahme und Beherrschung die Essenz oder das Ethos der Wirtschaft ausmachen. Kurz: Der Begriff des zügellosen Kapitalismus bringt diese Entwicklung auf den Punkt und ist uns allen präsent. Ich bin der Auffassung, dass es nicht verpönt ist, wenn die Wirtschaftsakteur*innen ihre individuellen Ziele verfolgen, das Eigeninteresse kann und soll nicht als moralisch verwerflich und derber Egoismus interpretiert werden, nur es hat sich Rahmen zu setzen und darf nicht die demokratischen Tugenden unterminieren, die in ihrer Urform für die Existenz einer ausgewogenen Gesellschaft grundlegend sind. Um an dieser Stelle eine plausible Verbindung zum vorangegangen Kapitel, nämlich zum Politischen und zu den demokratischen Grundelementen herzustellen, sei erwähnt, dass nicht moralisch abstrakte Appelle Korruption und Ungerechtigkeiten verringern können, sondern ein Sittlichkeitsethos, das im Kern auf wechselseitige Anerkennung und Rücksichtnahme fußt. Es soll ferner die Identifikation mit den vorherrschenden politisch-sozialen Institutionen in hohen Maßen fördern. Diese gelingt allerdings erst dann, wenn alle Gesellschaftsmitglieder mittels gerechter und fairer Verfahren sowohl in der Politik als auch im Feld des Wirtschaftlichen partizipieren können. Mir geht es hier um ein Sittlichkeitsethos, das ein Bild unserer Lebensweise in den divergentesten sozialen Sphären zurückspiegelt. Die ausgewogene Gegenseitigkeit ist und bleibt seine normative Folie. Soziale Attribute, die unserem Leben in den persönlichen Beziehungen Sinn und Kohärenz verleihen[583] und im öffentlichen Leben zum Beispiel Vertrauen

---

583 Interessant wie Sennet von seinem Gespräch mit Rico, einem Elektrotechniker (der flexible moderne Mensch), berichtet, der in seinem Leben verwirrt zu sein scheint (Fragilität der Moral in der Moderne). Da er gerne seinen Kindern diverse soziale Dispositionen wie Ehrlichkeit, Vertrauen etc. für das Leben mitgeben möchte, aber gleichzeitig einsieht, dass im Feld des Wirtschaftlichen und bei beruflichen Orientierungen diese Attribute nur hinderlich und selbstzerstörend wirken können. Vgl. Sennet 1998 *(Kapitel I: Wie persönliche Erfahrung in der modernen Arbeitswelt zerfällt«, S. 15f)*. Weiter behauptet der Romanschriftsteller Salman Rushdie, dass das moderne Ich »ein schwankendes Bauwerk ist, das wir aus Fetzen, Dogmen, Kindheitsverletzungen, Zeitungsartikeln, Zufallsbemerkungen, alten Filmen, kleinen Siegen, Menschen, die wir

erzeugen, sind essenziell. Daher können und dürfen sie nicht im Feld der Wirtschaft ausgegliedert werden. Wenn wir in den persönlichen Beziehungen für das Erlangen unseres Selbstvertrauens auf die Anerkennung der signifikanten Anderen angewiesen sind, in der Politik als handelnde Rechtsperson mit Gestaltungsmöglichkeiten anerkannt werden möchten und somit uns in unserer Würde anerkannt fühlen und unsere Selbstachtung erlangen, dann möchten wir in jenem Bereich, in dem unsere individuellen Fähigkeiten und Leistungen Wertschätzung erfahren können, mit fairen Rahmenbedingungen konfrontiert sein. Somit rückt wieder die demokratische Sittlichkeit oder die Ethik in den Blick. Auch das Wirtschaftssystem hat interne und zum Teil inhärente Ethiktheorien[584], an die sie sich in Ansätzen richten möchte. *Aber die größte Unstimmigkeit ist und bleibt bei der Metafrage: Wie gelingt die soziale Integrität, wenn ihr Gelingen von dem Gelingen des Lebens hinsichtlich der divergenten sozialen Sphären abhängt. Die Ausgewogenheit der sozialen Verhältnisse kann nur durch eine gesellschaftliche Grundstruktur gelingen, die mit bestimmten sittlichen Inhalten gefüllt ist. Diese darf nicht zulassen, dass diverse Ethiktheorien in gewissen Bereichen die Sittlichkeit im Allgemeinen zu verderben versuchen.* Wenn nur kleine Lösungen angestrebt werden, dann bleibt die veränderbare Welt entsprechend klein. Dominik H. Enste plädiert in dieser Beziehung für das Subsidiaritätsprinzip. »Je kleiner und überschaubarer das Gemeinwesen und je größer die Mitwirkungsmöglichkeiten des Einzelnen, desto stärker ist die Loyalität und Identifikation mit den staatlichen Institutionen«.[585] Jedenfalls darf nicht unerwähnt bleiben, dass die Marktwirtschaft heute nur noch in Form von Weltmarktwirtschaft existiert. Deshalb ist das erwähnte Subsidiaritätsprinzip nicht so simpel haltbar oder es kann nicht ohne Weiteres auf der globalen Ebene implementiert werden. Aber die aufgezählten Attribute wie Loyalität und Identifikation, die in diesem Kontext von Esten aufgezählt werden, können weiterhin von Bedeutung sein, jedoch nur wenn die Politik die dazu nötigen Voraussetzungen schafft. Um deutlicher zu werden und die Sinnfrage wieder hervorzuheben: Es ist in unserer modernen sozialen Grammatik

---

hassen, und Menschen, die wir lieben, zusammensetzen«. Zitiert nach Sennet 1998, S. 181. Vgl. Kersting 1998, S. 140: »[...] wir leben aber auch in einer Ordnung, die aufgrund ihrer Zerbrechlichkeit nach ethischer Affirmierung verlangt«.

584 Ökonomische Unternehmensethik, Governanceethik, Unternehmensethik als Beschränkung des Gewinnprinzips, Integrative Vernunftethik, Integres Wirtschaften. Vgl. Enste 2014, »*Zur Ethik in der Wirtschaft*«, S. 6f. Sandel spricht von der Verschränkung der Markt und Moral. Vgl. Sandel 2017, »*Auf dem Weg zu einer politischen Ökonomie des Staatsbürgertum*«, S. 13–129.

585 Vgl. Enste 2015, S. 27.

fest verankert, dass wir autonome soziale Wesen sind und sein möchten. Sobald unsere Autonomie diskreditiert wird, ist die grundsätzlichste Sinnfrage unseres Lebens berührt. Deshalb kann auch die Ökonomie die Frage der individuellen Autonomie nicht ignorieren und setzt voraus, dass die freie Marktwirtschaft nur mit der freien Partizipation der Marktakteur*innen zu denken ist. Eben deshalb muss noch detaillierter akzentuiert werden, dass die Politik als vermittelnde Instanz zwischen den persönlichen Beziehungen und der Marktwirtschaft fungieren muss.[586] Dann wäre gewährleistet, dass sowohl ein Teil der Sinnfrage als auch die Frage der politischen Freiheit berücksichtigt würde. Aber freie Partizipation setzt einiges voraus: damit freie Bürger*innen sich auch als freie Marktakteur*innen begreifen können, müssen soziale und politische Institutionen existieren, die als Ausdruck dieser Lebensweise fungieren und gleichzeitig allen die Partizipation ermöglichen und diese gegebenenfalls rechtlich sichern. Somit schließt sich der Bogen meiner Argumentation hier und verweist auf die elementarsten Ebenen des sozialen Lebens, als die da Kindergarten, Schulbildung und Weiterbildung wären. Allerdings Bildung im Sinne von Selbst-, Fremd- und Welterkenntnis, die nicht bezüglich des Sinns des Lebens verhältnislos bleibt. Der Zugang zu solchen elementaren Bildungsanstalten *soll* durch die Gesellschaft und durch die politische Macht auf eine gerechte und faire Art und Weise, diese im Sinne der ausgewogenen Gegenseitigkeit, die illegitime Bevorzugung vehement verneint, allen egalitär gewährleistet werden. Faire Zugangsbedingungen, differenzierte Fördermaßnahmen etc. machen den Inhalt dieses Anspruches aus.[587]

---

586 Russel 2019 versucht in dem Kontext Freiheit, die für ihn im öffentlichen Leben grundlegend ist und auch im Bereich der persönlichen Beziehungen eine zentrale Rolle einnimmt, mit der Vorstellung der Gerechtigkeit, diese im Sinne der Distributionsgerechtigkeit, zusammen zu denken. »*Wege zur Freiheit. Sozialismus, Anarchismus, Syndikalismus*«, S. 231f.
587 Erich Fromm plädiert in diesem Zusammenhang für ein bedingungsloses Grundeinkommen und argumentiert wie folgt: »Bisher war der Mensch mit seiner Arbeit zu sehr beschäftigt (oder er war nach der Arbeit zu müde), um sich ernsthaft mit den Problemen abzugeben: ›Was ist der Sinn des Lebens?‹, ›Woran glaube ich?‹, ›Welche Werte vertrete ich?‹, ›Wer bin ich?‹ usw. Wenn er nicht mehr ausschließlich von seiner Arbeit in Anspruch genommen ist, wird es ihm entweder freistehen, sich ernsthaft mit diesen Problemen auseinandersetzen, oder er wird aus unmittelbarer oder kompensierter Langeweile halb verrückt werden. Prinzipiell kann der wirtschaftliche Überfluss die Befreiung von der Angst vor dem Hungertod, den Übergang von einer vornehmlichen zu einer wahrhaft menschlichen Gesellschaft kennzeichnen«. Vgl. Fromm 2019, S. 275.

Zum Schluss sollte uns klargeworden sein, wie das soziale Leben und seine Eigenheiten auf allen Ebenen miteinander verwoben sind. Moralische Werte wie Vertrauen und ausgewogene Gegenseitigkeit, die in den persönlichen Beziehungen als Säulen eines gelingenden Lebens herhalten, können nicht in den anderen Sphären wie der Politik und der Wirtschaft eigenwillig an Bedeutung verlieren. So ist die Sittlichkeit beschaffen und die Marktwirtschaft ist *nur* ein Teil davon.

II.

Wenn moralische Grundüberzeugungen und Werte im Kontext der Marktentstehung eine zentrale Rolle spielen, so *begleiten* sie ergo weiterhin das Marktgeschehen. Sie können im Idealfall auch *marktbegrenzend* wirken. Anders gesagt, die Sittlichkeit des Marktes wird durch unsere sozialen Dispositionen beeinflusst, die auf anderen Ebenen der Bezugnahmen gewonnen und kultiviert werden. Sie erweckt dadurch normative Erwartungen, die ein *festes* Fundament haben und uns stets als Folie der Kritik dienen können. Deshalb kann die sittliche Einbettung des wirtschaftlichen Handelns in Bezug auf die Marktbegleitung für zwei einander wechselseitig bedingende Ebenen des Marktes von entscheidender Bedeutung sein. Diese sind *erstens* die Sphäre der Konsumation und *zweitens* der Bereich des Investments. Wenn zwei soziale Interaktionsebenen einander bedingen oder für ihre jeweilige Existenz aufeinander angewiesen sind, dann kann nur eine halbwegs vernünftige Sittlichkeit sie gemeinsam als solche vor Entartung und Zerfall schützen. Man kann in diesem Zusammenhang auch von einer Mikro- und von einer Makroebene sprechen. Während die erste Ebene die individuellen Entscheidungen und persönlichen Präferenzen der Konsumation umfasst, verweist die zweite Ebene auf institutionelle Strukturen und die sie tragende kulturelle Wesensart. Die Sittlichkeit der beiden besagten Ebenen kann auf eine maßgebende Art und Weise auf die Marktakteur*innen Einfluss ausüben; aber vor allem die Nachfrage mittels ihrer Maßstäbe lenken. So gesehen, sind immer moralische Vorstellungen dafür bedeutsam, wie die Konsumkultur geartet ist und mit welchem Vorsatz Investitionen getätigt werden. Nicht von ungefähr sind, bis auf »einige wenige natürlich gegebene Grundbedürfnisse, alle Nachfragen kulturell strukturiert [...] und damit unentrinnbar mit den sittlichen Strukturen der Gesellschaft verwoben«.[588] Diesen Gedanken weiterverfolgend, komme ich zur Frage des moralischen Konsums, die in den letzten Jahren massiv an Bedeu-

---

588 Vgl. Beckert 2011, S. 4.

tung gewonnen hat. Etwa bei Fair Trade oder Halal-Produkten, bei denen sich die Konsument*innen aus zwei völlig ungleichen Gründen, d. h. aus ethischen sowie aus religiösen, bereit erklären, einen höheren Preis für ihre gewünschten Produkte auszugeben. Dabei kann bei beiden Orientierungen von einem bewussten Konsumverhalten gesprochen werden, indem bei der ethischen Orientierung gerne ein Aufpreis für die bessere Vergütung der produzierenden Arbeiter*innen und ihre Arbeitssicherheit bezahlt wird und bei der religiösen Orientierung der Muslim*innen die Halal-Produkte gerne etwas mehr kosten dürfen, solange sie diverse religiöse Vorgaben einhalten können. In beiden Fällen oszilliert das Thema eines gerechten Preises mit und wird seit Jahrhunderten in der Wirtschaftsethik heiß diskutiert. Indes ist die ethische Orientierung sogar sehr umfassend, da sie auch von der Beständigkeit der Beziehungen zwischen den Erzeuger*innen, Händler*innen und Konsument*innen Notiz nimmt, ferner sich dafür engagiert, dass in der Produktion internationale sowie von den Organisationen verordnete Umwelt- und Sozialstandards eingehalten werden. Das Konsumverhalten kann sich auch an moralischen Vorstellungen orientieren, die auf eine feine Art auf ein richtiges Leben abzielen. Wo und wie wir unseren Wohnraum aussuchen, diesen gestalten und bewohnen, wird durch unsere moralische Überzeugung geleitet. Über die Mikroebene hinaus, ist auch die Makroebene gelegentlich von moralischen Überzeugungen beeinflusst. Ein sehr gutes Beispiel dafür bildet die Elektrizität- bzw. die Stromfrage in Deutschland. Es mussten über Jahrzehnte öffentlich-moralische Diskussionen über Menschen- und Naturgefährdung durch die Atomkraft geführt werden, bis sich die Idee durchsetzte, Strom durch erneuerbare Energien (heute 20 Prozent des Bedarfes) erzeugen zu lassen, und zwar so, dass dieser dann am Ende vom Staat subventioniert werden durfte. Im Endeffekt brauchen vergleichbare ethische Vorstellungen einen langen Atem, bis sie realisiert werden. Auch hier ist die Vorstellung der ausgewogenen Gegenseitigkeit im Spiel, diese sogar auf die Natur und auf das gesamte soziale Umfeld ausgeweitet. Denn, wenn sich das Gefühl breitmacht, dass irgendwo die Arbeitsverhältnisse fair und gerecht, gar erhaltenswert sind bzw. die ethisch-religiösen Erwartungen sich vollends erfüllen lassen, dann ist man als Konsument*in dazu geneigt, höhere Preise zu zahlen, um diese ausgewogenen Zustände zu preisen.

Klar, diese lobenswerten und von Fairness geprägten marktbegleitenden Handlungen sind *noch* nicht derart omnipräsent, dass man mit deren Hilfe eine evidente und normativ vielversprechende Vorstellung der Präferenzprägung der Konsument*innen vor Augen hätte. Sie sind vielmehr abermals ein Fingerzeig auf bedeutsamere Veränderungen und die notwendige Betonung größerer Fragen. Fragen, die mit der Sinnhaftigkeit der Verhältnisse im Ganzen und mit umfassenderer Ethik zusammenfallen. Vor allem weil gegenwärtig die Konsument*innen für die Märkte von größerer Bedeutung sind[589] als die Produzent*innen. Denn ein ethisch nachhaltig orientiertes Konsumverhalten hätte einen starken Einfluss auf das gesamte Produktions- und Investitionsverhalten der Marktakteur*innen. Dazu noch mehr im Anschluss an die Ausführungen über die *marktbegrenzende* Sittlichkeit.

Wenn *marktbegleitende* Sittlichkeit das Konsumverhalten der Akteur*innen mancherorts beeinflusst, so betrifft dies gleichzeitig auch das Investitionsverhalten der Marktakteur*innen. Obgleich bei Investitionsentscheidungen ein stark ausgeprägter Konkurrenzmechanismus zur Geltung kommt, d. h. die Nutzenmaximierung und Kapitalsteigerung die oberste Priorität besitzen, sind diese nicht frei von religiös-ethischen Überzeugungen. Auf den Finanzmärkten ist zu beobachten, wie in den letzten Jahren zunehmend »islamische Investments« oder »soziale Investments« an Bedeutung gewinnen. Das islamische Investment, das seinen Urgrund im Zinsverbot hat, schreibt vor, dass Investor*innen keine Transaktionen tätigen dürfen, die auf Spekulationen basieren und

---

[589] Sehr interessant sind die Ausführungen von Joseph Popper-Lynkeus aus den 1920er-Jahren, in denen er bei der Gleichheitsdebatte die Finger in die Wunde legt und sich bezüglich der Einkommensfrage sehr kritisch äußert. Seine Ausführungen sind in diesem Kontext insofern von Bedeutung, als die gegenwärtige Konsumationskultur schonungslos offenlegt, wie die Schere zwischen Arm und Reich ständig weiter auseinander geht und damit auch die Frage der Freiheit fundamental an Bedeutung gewinnt. »Es wird [...] die Anerkennung der Gleichschätzung aller Individuen in Bezug auf ihr Bedürfnis, im ökonomisch Notwendigen gesichert zu sein, vorausgesetzt, und sie wird gewiss einmal auch von der überwiegenden Zahl aller Menschen dringend, wohl auch *sehr* dringend, *verlangt* werden. *Diese* Gleichheit ist durchführbar, trotz aller Verschiedenheit der menschlichen Individuen, von einer Forderung der Verwirklichung einer Gleichheit in vielen anderen Beziehungen, z. B. hinsichtlich der Luxusgenüsse, ist hier gar keine Rede. Aber auch die hier geforderte, so beschränkte Gleichheit wird den meisten Menschen heute noch zu radikal, ja für absurd gelten. Gleichheit in der Pflicht, Steuern zu zahlen, in der Armee zu dienen und sich im Krieger tot oder zum Krüppel schießen oder stechen zu lassen, diese Gleichheit findet man selbstverständlich und sieht sie als *ethische* Forderung an; auch die ›Gleichheit aller vor Gott‹ wird noch eifrig gelehrt. Aber die Gleichheit im Sattwerden und Hungern? Dagegen empört sich der aristokratische Dämon der Herzlosigkeit in unseren Zeitgenossen« Vgl. Popper-Lynkeus 2019, S. 180–181. Ohne Frage sind einige Aussagen aus dem Text überholt, aber die Kernaussage verweist nach wie vor darauf, wie wir die aufkommende starke Ungleichheit moralisch rechtfertigen können. Die Erweiterung dieser Kernaussage visiert die Freiheit der Individuen, wenn sie nicht nur rein formell von Bedeutung sein soll.

Zinszahlungen einschließen. Im Kern geht es dieser Investitionsstrategie darum, zu verhindern, dass Kapitalbesitzer*innen und vermögende Menschen Kleinverdiener*innen (Besitzlose, Arbeiter*innen und Handwerker*innen) ausnutzen. Der Idee nach kann es nicht gerecht und fair sein, wenn die Philosophie der Zinswirtschaft Menschen hervorbringt und sie dahingehend schult, ein unproduktives Dasein genießen zu wollen, in dem sie nur von den Zinsen leben und der Gesellschaft keinen Nutzen erweisen.[590] Während Schuldner*innen gezwungenermaßen einen verzinsten Kredit aufgenommen haben, werden sie dazu verdammt sein, gegebenenfalls jedwede Tätigkeit aufzunehmen, um Schulden fristgerecht oder überhaupt tilgen zu können, hingegen können Gläubiger*innen auf ihr fristgerecht-verzinstes Geld beharren und den Schuldner*innen moralischen und psychischen Druck aussetzten. Letztlich kann damit weder ausgewogene Gegenseitigkeit noch soziale Harmonie erzeugt werden, vielmehr wird das asymmetrische Verhältnis das Gerechtigkeitsgefühl der Abhängigen zutiefst verletzen. Vor allem weil das verzinste Kapital weiteres Kapital nach sich zieht und die ungleiche Beziehung der Beteiligten weiterhin manifestiert wird. Die Folge davon ist soziales Unbehagen, das auf Unzufriedenheit, Machtlosigkeit und Neid der Abhängigen beruht. Der Inhalt des islamischen Investments verdeutlicht, wie unsere Gerechtigkeitsintuition seit Jahrhunderten unverändert ist, die unbegründete Asymmetrie ablehnt und auf die Ausgewogenheit der sozialen Verhältnisse zielt, auch wenn dabei nicht die absolute Gleichheit maßgebend ist. Soziale Investments sind nicht gänzlich anders getrimmt. Ihre Philosophie ist etwas säkularer und fokussiert sich auf Investitionen, die sozialfreundlich sind, d. h. Investitionen, welche die Herstellung von Produkten unterstützen, die umweltverträglich sind, dazu Investitionen, die entwicklungspolitische Ziele verfolgen und nicht auf schnellen und unnachhaltigen Gewinn aus sind; zuletzt Investitionen, die nicht mit Waffenherstellung, Tabakindustrie etc. in Beziehungen stehen.[591] Ergo sind dies allesamt Ziele, die sich gegen die Zerstörung der Natur und die soziale Disharmonie positionieren. Man ist daran interessiert, der sozialen Kälte der kapitalistischen Wirtschaftsweise mehr humane Komponenten hinzuzufügen. Religiöse und sozialverantwortliche Investitionen haben zwar in den letzten Jahren deutlich zugenommen, aber auch damit ist der neoklassischen Ökonomietheorie nicht beizukommen. Es war auch nicht meine Absicht, von einer strikten Moralisierung der Märkte zu sprechen und damit ihre Faktizität auszublenden. Vielmehr wollte ich Folgendes

---

590 Vgl. Eichhoff 2006.
591 Vgl. Beckert 2014, S. 548f.

beweisen: Wenn die Marktwirtschaft nur im Kontext einer Sittlichkeit entsteht und ein Produkt der sittlichen Anschauungen und Erwartungen ist, wird sie ebenfalls von moralischen Beifügungen und Überzeugungen begleitet; ob diese dann in der Konsequenz dazu ausreichen, um ihr gerechte oder gerechtere Rahmen zu geben, bleibt noch zu klären. Es bleibt bis hierhin festzuhalten, dass religiös-ethische Überzeugungen sowohl bei den Entstehungsbedingungen der Märkte als auch bei ihrer Entwicklung eine nicht zu unterschätzende Rolle spielen. Nun muss ich darauffolgend schauen, wie stark sie *marktbegrenzend* wirken und wie sehr sie in letzter Instanz unseren Gerechtigkeitssinn, dieser im Sinne der Ausgewogenheit, reflektieren.

III.

Nun ist darauf zu schauen, wie die sittliche Einbettung der Märkte, gerechtigkeitsrelevante Aspekte akzentuiert. Wie auf der Ebene der marktbegleitenden Sittlichkeit gezeigt, muss ich auch auf dieser Stufe meiner Analyse sowohl die Mikro- als auch die Makroebene im Blick haben. Schließlich funktionieren die Märkte nach der Logik der Existenz von Angebot und Nachfrage, die wiederum dank der moralischen und ethischen Vorsätze stets kritisch betrachtet werden. Anders ausgedrückt, einerseits kann unser Konsumverhalten als ein klares Indiz für die Notwendigkeit bestimmter Produkte aufgefasst werden sowie anderseits psychologisch geschickt inszenierte Angebote unsere Präferenzen und Wahlentscheidungen verändern und lenken. In diesem Spiel der Abhängigkeit der beiden Ebenen voneinander entwickelt sich der Markt, der prima facie einen Kooperationsakt suggeriert. Dass dem nicht so ist, sollte uns hinlänglich evident sein. Die radikale Kritik an der kapitalistischen Wirtschaftsweise hat seit ihren Anfängen Bestand und lieferte uns eingehende emanzipatorische Vokabulare, die jede für sich eine neue soziale Perspektive mitteilt. All die nachfolgenden Begriffe wie »Ausbeutung«, »soziale Entfremdung«, »Verdinglichung«, »soziale Kälte des Kapitalismus«, »Deformation« etc. waren respektive, sind Urteile und sind moralisch-ethisch motiviert. Es ist nicht so, dass sie mit ihrer Kritik nichts erreicht hätten, sie haben es zwar nicht geschafft, das kapitalistische Wirtschaftssystem zu revolutionieren oder zu überwinden, aber sie haben der Gesellschaft umfassende normative Begriffe der Kritik in die Hände gegeben. Im Kern zielten alle auf den Umstand, dass das System und seine Logik soziale Disharmonie hervorbringen, den Menschen von sich und seiner Schaffensnatur entfremden und ihn derart formen, seine sozialen Verhältnisse warenmäßig abzufassen. In der Folge ist die mitteilende Botschaft einleuchtend:

MARKTWIRTSCHAFT UND SITTLICHKEIT

Diese Entwicklung wird die ausgewogene Reziprozität, welche die Intuition unserer Gerechtigkeit trägt, unterminieren. Nun, von den radikal befreiungsversuchenden Begriffen abgerückt und auf eher sanftere moralische Werte verwiesen, gab es schon in der Historie Markthandlungen, die verdeutlichten, wie diese Werte marktbegrenzend agierten. Beckert bringt in diesem Zusammenhang das Beispiel der Lebensversicherung in Amerika des 19. Jahrhunderts und betont, wie die Idee der Lebensversicherung, »vom Tod eines nahestehenden Menschen wirtschaftlich zu profitieren«[592], anfänglich als moralisch anstößig empfunden wurde und kaum Nachfrage fand, bis eine andere normative Definition ihres Inhaltes, nämlich ein verantwortungsbewusstes Handeln gegenüber den Familienangehörigen, dieses moralische Unbehagen änderte. So ist es leicht zu ersehen, dass die Grammatik der sozialen Handlungen ihre Normierungen beeinflussen und stark prägen können. Eben deshalb plädiere ich fortwährend dafür, den Wortindex eines auf Kooperation basierenden marktwirtschaftlichen Handelns zu betonen. Da es aus meiner Perspektive völlig evident erscheint, dass sowohl Konsument*innen als auch Produzent*innen, beide in ihrer modernsten Prägung, aufeinander angewiesen sind und einander in ihrem Dasein bedingen.

Wie Beckert es zu Recht konstatiert, sind für ein moralisch fundiertes Handeln und die Begrenzung der Märkte Institutionen nötig, die verantwortungsbewusst und feinfühlig moralisches Unbehagen aufnehmen, kommunizieren und damit sogar die strikte Logik des Marktes, der nach Angebot und Nachfrage alles regeln, phasen- sowie stellenweise außer Kraft setzen. Es ist heute durchaus nicht so, dass Organhandel und Kinderprostitution keine Nachfrage auf dem Markt hätten, aber unsere ethische Überzeugung muss marktbegrenzend agieren und darf nicht zulassen, dass Menschen ärmerer Regionen der Welt für bescheidenes Geld oder überhaupt für Geld offenkundig ihre Gesundheit ruinieren. Es darf nicht passieren, dass Kinder sexuell missbraucht werden und in der Folge ein erbärmliches Dasein akzeptieren müssen. Unsere moralisch-ethischen Überzeugungen, wie die Anerkennung der Menschenwürde und die Achtung der Menschenrechte, verpflichten uns dazu, die Logik der Wirtschaft gelegentlich durch andere sittliche Normen zu ergänzen oder abzuwenden.

Es kann sich wohl keine Gesellschaft der Erde erlauben, diese moralischen Auflagen der Ökonomie vollständig zu ignorieren. Dass es gerade für Organhandel und Kinderprostitution einen Markt gibt und dieser nicht völlig unter Kontrolle gebracht werden kann, hat wohl meist poli-

---

592 Vgl. ebd., S. 558.

tisch-technische Gründe. Wir können die Liste der ethischen Einflussfaktoren auf die Begrenzung des Marktes ohne große Mühe verlängern, so sind Spekulationen mit Grundnahrungsmitteln wie Weizen, Mais, Soja, Zucker, Kaffee und Kakao moralisch verpönt und sobald sie in die Öffentlichkeit gelangen oder Krisen verursachen, erzeugen sie große moralische Empörung. Weil sie dann unser tief in uns verwurzeltes westliches Prinzip, das unsere religiöse und traditionelle Vorstellung von Humanismus darstellt und jeden Mensch unter allen Umständen ein Recht aufs Leben zugesteht, grundlegend verletzen.[593] Wenn bei den Spekulationen die Finanzakteure, wie Banken, Hedgefonds, Pensions- und Staatsfonds, dank ihrer finanziellen Mittel bewusst Risiken eingehen und auf steigende oder fallende Nahrungsmittelpreise setzen, so handeln sie nur nach der Logik der neoklassischen Ökonomie, wonach moralische Verantwortung lediglich darin besteht, den eigenen Profit zu vermehren, der am Ende allen zugutekommt. Es sind derartige Handlungen des modernen Finanzmarkts, die des Öfteren unsere moralische Empörung entfachen, aber die Tragweite ihrer Wirkung ist in Bezug auf die Gerechtigkeit immer noch unzureichend. Es ist offensichtlich, dass die Ausgewogenheit der sozialen Verhältnisse national und erst recht global nicht gegeben ist[594], die Schere zwischen Reich und Arm geht ständig weiter auseinander. Immer weniger Menschen verfügen über großen materiellen Reichtum und in der Folge besitzt diese Minderheit[595] auch mehr gesellschaftspolitische Einfluss-

---

593 »Dieses Recht auf Leben, Nahrung und Unterkunft, auf medizinische Versorgung, Bildung usw. ist ein dem Menschen angeborenes Recht, das unter keinen Umständen eingeschränkt werden darf, nicht einmal im Hinblick darauf, ob der Betreffende für die Gesellschaft *von Nutzen ist*«. Vgl. Fromm 2019, S. 274.
594 Vgl. Pogge 2011, »*Moralischer Universalismus und globale ökonomische Gerechtigkeit*«, S. 117f.
595 Es liegt auf der Hand, dass der Reichtum über eine bestimmte Schwelle hinaus nicht mehr das eigene Leben entscheidend glücklicher machen kann (Neuhäuser 2018, »*Reichtum, Gerechtigkeit und Anständigkeit*«, S. 17f). Peter Singer hat ähnliche Gedanken und bezieht sich auf ein unvollendetes Gespräch, das er in New York mit einem Taxifahrer führt, welcher der Ansicht ist, dass selbstverdienter Reichtum vor staatlichen Eingriffen geschützt werden sollte. Singer hätte gerne dem Taxifahrer mitgeteilt, »dass Menschen nur dann viel Geld verdienen können, wenn sie unter günstigen sozialen Umständen leben, dass sie aber diese Umstände nicht selbst hervorbringen« (Singer 2017, S. 88). Singers Ausführungen stützen meine Gedanken, denn er zitiert das Eingeständnis des amerikanischen Großinvestors, Unternehmers und Mäzens Warren Buffett, der einen Teil seines Reichtums der Gesellschaft verdankt und gesagt haben soll, »würden Sie mich mitten in Bangladesch oder Peru aussetzen, dann würden Sie sehen, ob dieses Talent auf dem falschen Boden noch Früchte bringen würde« (Singer 2017, S. 88). So ähnlich soll sich auch der No-

möglichkeiten. Während auf der nationalen Ebene und in den modernen Gesellschaften das politische Instrumentarium für die Behebung des sozioökonomischen Problems vorliegt, sieht es auf der supranationalen Ebene vergleichsweise sehr düster aus. Ich habe im Laufe der vorliegenden Arbeit in Bezug auf die Ausgewogenheit der sozialen Verhältnisse in den wohlhabend-wohlgeordneten Gesellschaften immer wieder Gedanken gestreut, die eher ethisch-*kultureller* Natur sind und sich mit substanziellen Ideen der Bedingungen eines gelingenden Lebens befassen. Diese Akzentuierung ist für die globale Ebene wirkungs- bzw. sinnlos, dort ist eine gänzlich andere politische Handhabung erforderlich. Es ist kein Geheimnis, dass die wirtschaftlich und technologisch weit entwickelten, überlegenen Nationen zahlreichen Länder der so benannten Dritten Welt von sich sowohl wirtschaftlich als auch politisch abhängig machen und halten wollen.[596] Freilich ist das sozioökonomische Problem auf der globalen Ebene sehr komplex[597] und hat eine lange Vorgeschichte. Deshalb möchte ich hier nicht auf Einzelheiten des Problems eingehen und die Buchseiten der Kolonialzeit und Weltkriege aufschlagen, vielmehr visiere ich die heutigen globalen Institutionen, die immer noch einen großen Anteil an der Weltarmut und der globalen Ungerechtigkeit haben.[598] In der Konsequenz bedarf es einer Lösung durch die globalen Institutionen: Sie sollen nicht mehr nur formell und rhetorisch für Humanität, Demokratie und Menschenrechte plädieren, sondern gegen jedwede erkennbare Ausbeutung, ungerechte staatliche Abhängigkeiten und staatliche Korruption vorgehen. Es liegt dann auf der Hand, dass die Institutionen der Weltbank, der IWF und der WTO diese Aufgabe aus zwei Gründen nicht erfüllen wollen. *Erstens*: Sie befolgen rigoros lediglich die Interessen der

---

belpreisträger, Ökonom und Sozialwissenschaftler Herbert Simon geäußert haben, er ist der Auffassung, dass die reichen Menschen in den USA und in Nordwesteuropa ihr Reichtum zu 80 % ihrem »sozialen Kapital« zu verdanken haben. Mit dem Begriff soziales Kapital sind für Simon die vorhandenen Technologien und organisatorischen Fähigkeiten und eine gute Regierungsführung gemeint; d. h. die natürlichen Talente und Fähigkeiten können nur durch eine gute soziale Grundstruktur – die durch gemeinsam-gesellschaftliches Bemühen entsteht – zur Entfaltung kommen (Singer 2017, S. 88f.).

596 Vgl. Pogge 2011, *»Die Chancen auf Demokratie verbessern«*, S. 186f. Vgl. Hahn 2009, *»Einleitung: Zur Theoriebildung globaler Gerechtigkeit«*, S. 11f. Vgl. Joób 2008, *»Die Forderung nach einer zwangsbefugten globalen Rechtsordnung«*, S. 317f.

597 Vgl. Nagel 2010, *»Das Problem globaler Gerechtigkeit«*, S. 104f. Der Text von Nagel ist bis heute von radikaler Aktualität.

598 Vgl. Pogge 2011, *»Systembedingte Armut beseitigen: Argument für eine Globale Rohstoffdividende«*, S. 245f. Vgl. Pogge 2009, *»Philosophy meets Politics-Gerechtigkeit in der Einen Welt, Podiumsgespräch«*, S. 37f.

großen Wirtschaftsnationen und sind entsprechend nur rhetorisch oder machtpolitisch an der Idee der Gerechtigkeit interessiert.[599] *Zweitens* und aus dem ersten Grund abgeleitet, sie sind derart strukturiert, dass gerade die von Armut und Korruption heimgesuchten Länder, die folglich keine demokratischen Verhältnisse vorweisen, keinen Zugang zu ihnen haben und nicht einmal über die Expertise verfügen, ihre Regelungen und Arbeitsweise nachvollziehen zu können. Somit müssen die wirtschaftlich und technologisch abhängigen Nationen sich dem politischen Diktum der Weltmächte fügen. Entgegen der Meinung vieler Wissenschaftler*innen und euphemisierenden Philosoph*innen, zeichnet sich die Arena der internationalen Politik immer noch durch Anarchismus aus und wenn an Frieden und politische Kooperationen gedacht wird, dann wird dies meist durch einseitige Regeln von den Weltmächten diktiert.[600] Anders formuliert, die globalen Institutionen sind weder demokratisch organisiert noch interessieren sie sich für Fragen der globalen Gerechtigkeit, vielmehr sind sie daran interessiert, die Interessen der Wirtschaftsmächte zu vertreten, zu bewahren und zu festigen.

An dieser Stelle verlasse ich die supranationale Ebene, da diese doch in Bezug auf die Gerechtigkeit nach ganz anderen Maßgaben verlangt. Die globale Gerechtigkeit kann nur dann überzeugend an Format gewinnen, wenn die ethische Überzeugung der *Ausgewogenheit von sozialen Verhältnissen* in den wohlhabend-wohlgeordneten Gesellschaften derart mit Inbrunst internalisiert wird, dass ihre Externalisierung für sie ein moralisches Gebot darstellt. Diese vorausgeschickte Aussage bedarf offensichtlich einer genaueren Erläuterung. In den modernen Gesellschaften, in denen demokratische Werte die Grundstruktur vorgeben, wird versucht, durch politisch-soziale Institutionen, durch die Rechtsstaatlichkeit und durch die Bewahrung der Menschenrechte die Ausgewogenheit

---

599 »Der internationale Wirtschaftsverkehr wird geregelt durch ein kompliziertes System von Verträgen und Konventionen über Handel, Investitionen, Kredite, Patente, Copyrights, Warenzeichen, Doppelbesteuerung, Arbeitsbedingungen, Umweltschutz und die Nutzung von Meeresbodenressourcen (um nur einige wichtige Aspekte zu nennen). Alle diese Regelungen können unterschiedlich ausfallen und so für verschiedene Teilnehmer – z. B. die reichen und armen Gesellschaften – vorteilhafter oder weniger vorteilhaft sein. Wären für die armen Gesellschaften günstigere Bedingungen getroffen worden, dann wäre ein Großteil der heutigen Armut vermieden worden«. Vgl. Pogge 2010, S. 269.
600 Vgl. Nagel 2010, »*Das Problem globaler Gerechtigkeit*«, S. 104f. Vgl. Broszies/Hahn 2010, »*Die Kosmopolitismus- Partikularismus- Debatte im Kontext*«, S. 9f. Vgl. Hahn 2009 bietet einen interessanten Überblick zu den Theorien der globalen Gerechtigkeit. Vgl. Joób 2008, »*Der Modus Vivendi und die Frage des Weltstaates*«, S. 125f.

der sozialen Verhältnisse zu bewirken. Die formale Rechtsgleichheit und die immer mehr an Kraft gewinnenden sozialen Menschenrechte sind politisch-ethische Mechanismen, die massiver Ungerechtigkeit und sozialer Desintegration entgegenwirken sollen. Nichtsdestoweniger habe ich im Laufe dieser Arbeit auf Umstände und Entwicklungen hingewiesen, die mit der normativen Idee der besagten Kategorien nicht Schritt halten können. Freiheit neigt dazu, in Verhältnislosigkeit überzugehen, es wird versucht, die große Sinnfrage des Lebens mit Konsum und Konsumation zu beantworten, Politik ist gesichts- sowie visionslos geworden, die Schatten der kapitalistischen Wirtschaftsweise haben sich auf alle anderen Sphären des sozialen Lebens verbreitet. Nun gilt es, nach einer Lösung zu streben, die dieser ungesunden Entwicklung Einhalt gebieten könnte; oder nach einer anderen Denkweise, die sich nicht in Kalkulation und rationaler Nutzenmaximierung erschöpft sieht. Eine Denkweise, welche die kooperative Demokratie um ethische Nuancen erweitert und der ethischen Seite des Lebens mehr Bedeutung verleiht. Dadurch soll die Sinnfrage des Lebens anders akzentuiert und die ausgewogene Gegenseitigkeit derart verinnerlicht werden, dass für ihr Gelingen, soziale Kooperation und soziale Freiheit als erforderlich erachtet werden. Damit soll die radikal individualistische Sichtweise des Liberalismus samt der Privatisierung der Moral und die atomistische Vorstellung der Autonomie und Selbstverwirklichung der Individuen vorab gehemmt werden.

Einen Ansatz, der zwar nicht das Ideal der Gerechtigkeit erschöpfend erfassen könnte, aber im Hinblick auf die ausgewogene Gegenseitigkeit einen kleinen Schritt nach vorne bedeuten würde, wäre die Realisierung der heute viel diskutierten Idee des »bedingungslosen Grundeinkommens«. In diesem Zusammenhang befasse ich mich mehr mit der Sinnhaftigkeit der Verwirklichung dieser Idee als mit ihrer technischen Ausführung. Dabei visiere ich zwei wichtige Argumente, die als humanisierende Aspekte der heute zügellos agierenden kapitalistischen Marktwirtschaft aufzufassen wären. *Erstens*: Es hat sich im Laufe des letzten Jahrhunderts in der kapitalistischen Marktwirtschaft eine Anerkennungsordnung der »Arbeitsleistung« etabliert, die viele Tätigkeiten, die der Gesellschaft großartige Dienste erweisen, nicht adäquat anerkennt. Viele Aufgaben, die im sozialen Bereich[601] wahrgenommen werden und für die Ausgewogenheit der sozialen Verhältnisse immens wichtig sind, finden kaum soziale und monetäre Anerkennung. Im Gegensatz dazu gibt es Berufsgruppen, allen voran Managementberufe oder auch Sportprofis, die von der besagten

---

601 Exemplarisch sei auf die Erziehung und Betreuung der Kinder, Jugendarbeit oder die Betreuung der nicht selbstständigen, alten Menschen hingewiesen.

Anerkennungsordnung *noch* stark profitieren und nicht *unbedingt* eine Funktion erfüllen, die für die gesamte Gesellschaft von unersetzlicher Bedeutung wäre. Anders gesagt, ihre Leistungen und ihre Entlohnung muss in Bezug auf ihre Sinnhaftigkeit für die Gesellschaft von der Gesellschaft geprüft oder einer sachlichen Kritik unterzogen werden. Es ist moralisch sehr fragwürdig, weiterhin diese Kluft zwischen dem Einkommen der verschiedenen Berufsgruppen hinzunehmen und dabei genau zu wissen, wer für die Gesellschaft eine sinnhafte Tätigkeit, diese im Sinne der gesellschaftlichen Reproduktion, vollbringt. Um bei meinem Beispiel zu bleiben, wichtige Erziehungsaufgaben, die heute sprichwörtlich *verkannt* werden, sind für die Zukunft der Gesellschaft von einschneidender Bedeutung. Denn, um leistungsfähige, kreative, innovative und von moralischer Empfindsamkeit geprägte Menschen, um demokratisch gesittete Menschen erziehen zu können, benötigt man Erziehungs- und Bildungsanstalten, die am besten von Menschen geleitet und geprägt werden, die selbst sehr viel Leidenschaft, Liebe und Verantwortungsgefühl für die jeweilige Gesellschaft empfinden und es regelrecht verdienen, adäquat sowohl statusmäßig als auch monetär anerkannt zu werden. Wir dürfen nicht die gesamtgesellschaftliche Konstellation aus dem Blick verlieren, die zukünftigen Leistungsträger*innen der Gesellschaft können durch die heutigen Erziehungs- und Bildungsanstalten derart geprägt werden, dass sie morgen von sich aus eine intrinsisch moralische Verantwortung gegenüber der Ausgewogenheit der sozialen Verhältnisse einnehmen können. Auch wenn heute die neoliberale Wirtschaftsweise[602] nur ihr eigenes Feld des Sozialen im Blick hat und jedwede Einschränkung als die Einschränkung der Freiheit der Wirtschaftsakteur*innen bezeichnet, so schränkt sie selbst die Freiheit unzähliger Menschen ein, die nicht mehr wie gewünscht oder überhaupt an der Marktwirtschaft partizipieren können und durch die vorherrschende Anerkennungsordnung sozial diffamiert werden. Die stetige Rationalisierung und Digitalisierung der Wirtschaft wird in der Zukunft noch rapide dazu beitragen, dass immer mehr Menschen aus der Marktwirtschaft (in ihrer heutigen Form) ausgeschlossen werden. Wenn die Gesellschaft ihre Idee der Sittlichkeit nicht um Nuancen wie soziale Kooperation und sozial empathi-

---

602 »Was die genauere Verfassung des neueren Kapitalismus mit seiner räumlichen Entgrenzung und seiner Privilegierung finanzieller Spekulationsgewinne anbelangt, so müssen wir alle noch viel dazulernen – der Begriff des ›Neoliberalismus‹, der gerne gebraucht wird, erschließt diese neue Organisationsform des Kapitalismus sicherlich noch nicht angemessen«. Vgl. Honneth im Interview. https://www.freitag.de/autoren/der-freitag/alles-bedarf-der-revision. Zuletzt aufgerufen am 28.10.2019 um 9:45 Uhr.

sche Elemente durch ihre Erziehungs- und Bildungsanstalten erweitert, dann ist die Ausgewogenheit der sozialen Verhältnisse noch mehr bedroht, als es schon heute der Fall ist. Ein bedingungsloses Grundeinkommen – mit der Möglichkeit des Dazuverdienens – könnte der Gesellschaft insofern dienen, als dann diverse Tätigkeiten und Aufgaben nur noch von Menschen nachgegangen werden, die ihre Ausführung im Sinne der persönlichen Erfüllung mit viel Leidenschaft und Interesse vollbringen möchten. Dieser Umstand könnte sowohl der Gesellschaft als auch den einzelnen Menschen zugutekommen. Die Gesellschaft hat dann in vielen Aufgabenfeldern Menschen, welche die erforderliche Eignung und den wünschenswerten Enthusiasmus dafür mitbringen, und die einzelnen Personen können in der Wahrnehmung ihrer Aufgaben eine sinnhafte, persönliche Erfüllung erblicken. Im Anschluss daran ist für alle sowohl die wirtschaftliche Freiheit als auch eine persönliche Sinnstiftung im Feld des Selbstbetätigens gewährleistet; alsdann profitiert die Gesellschaft im Ganzen in vielerlei Hinsichten davon. Die dann nicht mehr vorhandene Angst vor der Arbeitslosigkeit[603] eliminiert zwei weitere Aspekte der sozialen Angst: Nämlich die Angst davor, auf staatliche Leistungen angewiesen zu sein und die Angst davor, folglich in der sozialen Statushierarchie radikal abzurutschen. Diese Beseitigung der Angst kann die Fantasie und Kreativität vieler Menschen entfachen und entfalten. Schließlich wird die Abschätzung der »Arbeitsleistung« nicht mehr so eindimensional[604] ablaufen, da andere Dispositionen wie die Erfüllung einer persönlichen *Lebensaufgabe* oder die individuelle *Selbstverwirklichung* im Kontext des *Gemeinwohlgedankens* die Anerkennungsordnung der »wirtschaftlichen Betätigung« um neue Nuancen erweitern würden. Ferner würde dann diese gegenwärtig strikte Trennung des wirtschaftlichen Feldes mit dem Leben in den anderen Sphären nicht mehr derart omnipräsent sein. Die Idee der ausgewogenen Gegenseitigkeit kann nur dann zweckmäßig begehrt werden, wenn sie das Leben im Ganzen in den Blick nimmt.

Das *zweite* Argument soll die ethische Seite der Wirtschaft stärker als heute betonen. Indem kein Mensch in der Gesellschaft darauf angewiesen ist, jedwede Tätigkeit anzunehmen, um seine Grundbedürfnisse zu befriedigen, kann eine ethische Haltung eher eingenommen und verfestigt werden. Ich habe weiter oben von der *marktbegleitenden* und *markteinschränkenden Sittlichkeit* gesprochen; beide Aspekte waren wichtig

---

603 Kovce/Priddat 2019 diskutieren diese Problematik in ihrer Einführung. S. 12 ff.
604 Heute zählen nur harte, handfeste Parameter, die sich aus Kalkulationen und Berechnungen als nackte Zahlen ergeben. Sanfte und sozialfreundliche »Fakten« können in dieser Denkweise gar nicht berücksichtigt werden.

und gewiss nicht ohne Wirkung, aber was in dem Kontext zu kurz kam, ist, dass heute noch sehr viele Menschen von der heutigen Wirtschaftsweise radikal abhängig sind, sie müssen für ihr Überleben (sozial wie biologisch) auch mitunter moralisch fragwürdige Tätigkeiten und Haltungen einnehmen. Diese Tatsache hat zur Folge, dass es ungemein schwer ist, eine kollektiv ethische Haltung[605], diese im Sinne der ausgewogenen Gegenseitigkeit und des reziproken Entgegenkommens einzunehmen. Die neoklassische Theorie der Wirtschaft hat allen eingedrillt, dass jede Person nur dank ihrer persönlichen Arbeitsleistung ihr Heil krönen kann, die Botschaft ist eindeutig: Indem jeder nur für sich sorgt, sind am Ende alle versorgt. Ein Irrtum, der zur Atomisierung der Subjekte führt, ein Irrtum, der die demokratische Sittlichkeit vor große Schwierigkeiten stellt und ein Irrtum, der nicht ohne Einfluss und Folgen für alle sozialen Sphären geblieben ist. Die Züge und die negativen Reflexe dieser Denkweise habe ich überall, d. h. in allen Kontexten des Sozialen, zu diagnostizieren versucht.

---

605 Auch eine Haltung, die die Zukunft im Blick hat, eine Haltung, die auf Nachhaltigkeit und Umweltfreundlichkeit basiert.

AUSBLICK

Wer heute über Gerechtigkeit nachdenkt, wer über die gesellschaftlichen Bedingungen eines guten und gerechten Lebens sinniert, der darf nicht lediglich auf die etablierten sozialen Institutionen und ihre Verteilungsmechanismen blicken. Eine substanzielle Idee der Gerechtigkeit hat *ethisch-moralische, gesellschaftliche, geschichtliche, sozialpsychologische, politische* sowie *rechtliche* Dimensionen.

Die *ethisch-moralische Dimension* erfasst eine schwache anthropologische Vorstellung sowie eine sublime teleologische Auffassung des guten Lebens. Vordergründig wird vorausgesetzt, dass der Mensch ein schmerzempfindliches und vernünftiges Wesen ist, das ein Gefühl oder eine Intuition für Ungerechtigkeit besitzt, d. h. radikal ungleiche soziale Zustände nicht bedenkenlos tolerieren wollen kann. Von diversen anthropologischen Inspirationen und Hypothesen deduziert, werden moralische Theorien entwickelt, die diesen Eigenheiten der Menschen Rechnung tragen sollen. Hinzu kommt, dass die soziale Integrität als ein Versuch zu verstehen ist, der die Schmerzempfindlichkeit adäquat berücksichtigt und theoretisiert. Mit ihrer Hilfe soll die Unversehrtheit der Körper garantiert und ein psychisches Leiden diagnostiziert sowie idealerweise verhindert werden. Führt man diesen Gedanken zu Ende, so kann gesagt werden, dass die Quintessenz einer überzeugend zeitgemäßen Moral aus der Vermeidung willkürlicher Handlungen besteht. Im Kontext der pluralistisch-demokratischen Gesellschaften, in denen Toleranz und Diskursivität eine zentrale Rolle einnehmen, befinden sich Menschen stets im Raum der Gründe[606], das bedeutet, dass sowohl Handlungen als auch wechselseitige Behandlungen derart begründet werden sollen, dass sie intersubjektiv nachvollziehbar sind und den Anforderungen der moralischen Prinzipien genügen. Ferner hat die moralische Grammatik der Moderne die menschliche Würde als Grundlage oder Anker, d. h. jedwede soziale Handlung muss anhand des Schutzes der Würde bewertet werden. Es ist die Unantastbarkeit der Würde, die zwei bedeutende Moralprinzipien herleitet, nämlich die Prinzipien der Allgemeinheit und Reziprozität. Das Prinzip der Allgemeinheit drückt die menschliche Vernunft und die Universalität der Moral aus, das der Reziprozität steht für intersubjektiv nachvollziehbare Gründe der sozialen Handlungen. In der Folge ist es die soziale Integrität, die als Hafen der beiden Prinzipien fun-

---

606 Vgl. Forst 2015, »*Ordnungen der Rechtfertigung. Zum Verhältnis von Philosophie, Gesellschaftstheorie und Kritik*«, S. 9f.

AUSBLICK

giert und versucht, Verletzungen jeglicher Art einzudämmen. Im Übrigen verweist der normative Impuls der Integrität auf ethische Nuancen, die jene Hindernisse anklagen, welche die Voraussetzungen eines guten und gelingenden Lebens gefährden.[607] Zusätzlich ist die soziale Willkürvermeidung ein bedeutender Schritt zur Ermöglichung der idealen Bedingungen eines guten und gerechten Lebens.[608] Das moralische Leitmotiv, das in den Prinzipien der Allgemeinheit und Reziprozität aufgeht, visiert ausgewogene soziale Verhaltensweisen; diese äußern sich im Schutz der Würde und der persönlichen Autonomie. Mit anderen Worten, die Pointe der Moral stellt fundamentale menschliche Ansprüche dar, die überall auf der Welt nicht verletzt werden dürfen. Sie verkörpert jenen Grundrespekt, den Menschen aufgrund ihres Menschseins einander untrüglich schulden. Erst darauf aufbauend, gewinnen die Gerechtigkeitsansprüche konkret an Inhalt sowie Form und können nach ihrer Geltung streben. Ich habe mich diesbezüglich in der Weise positioniert, die Legitimität sowie den Sinn der modernen Moraltheorie in der Realisation der *ausgewogenen Gegenseitigkeit* ausfindig zu machen; diese soll die Potenzialität besitzen, manche nicht so leicht auflösbaren Positionen der Gerechtigkeit aufzulösen. Als da wäre die Gerechtigkeitsperspektive von Derrida[609], bei der er auf die spannungsreiche aporetische Verstrickung von Singularität und Universalität der Gerechtigkeit verweist; aber die Idee der ausgewogenen Gegenseitigkeit kann diese scheinbar unüberbrückbare Differenz insofern auflösen, als sie die Grenze zwischen der Universalität und der Partikularität aufheben würde, da sie überall und in alle sozialen Wechselbeziehungen ähnlich und differenziert wirkt. Vor allem wenn man wie ich die sozialen Interaktionssphären getrennt voneinander betrachtet und trotzdem für *alle* ausgewogene Gegenseitigkeit als normative Folie des Gerechten und des »*Guten*« bereithält. In diesem Zusammenhang sind auch die Ansichten von Judith N. Shklar[610] erwähnenswert, vor allem

---

607 Honneth verweist darauf, dass die einflussreichen Denker der »Frankfurter Schule« ihren Ausgangspunkt von einem sozialtheoretischen Negativismus nehmen. »[...] dabei besteht weitgehende Übereinstimmung auch darüber, dass sich diese Negativität nicht im engeren Sinn an Verstößen gegen Prinzipien sozialer Gerechtigkeit, sondern im weiten Sinn an Verletzungen der Bedingungen guten oder gelingenden Lebens bemessen soll«. Vgl. Honneth 2007, S. 31 ff. (Horkheimer spricht anfänglich von der »unvernünftigen Einrichtung« der Gesellschaft, Adorno später von der »verwalteten Welt«, Marcuse verwendet Begriffe wie »eindimensionale Gesellschaft« oder »repressive Toleranz«, Habermas schließlich formuliert die Idee von der »Kolonialisierung der sozialen Lebenswelt«.)
608 Griffin argumentiert in einer ähnlichen Weise. Vgl. Griffin 2010.
609 Vgl. Derrida 1996 sowie Wolf 2019, »*Die Aporie der Gerechtigkeit*«, S. 250.
610 Vgl. Shklar 2021.

AUSBLICK

wenn sie die vorherrschende Idee der Gerechtigkeit als Makrogerechtigkeit auslegt, während sie sich – ihrer Meinung nach – überwiegend auf mikrologischer Sinn zu fokussieren hat. Nicht anders als bei Derrida kann auch hier das Konzept der ausgewogenen Gegenseitigkeit Licht ins Dunkle bringen, weil es sowohl makrologischen als auch mikrologischen Sinn der Gerechtigkeit umfasst und ostentativ soziales Unbehagen anklagt. Ich habe auf der Mikroebene, d. h. auf der Ebene der persönlichen Beziehungen, nachgewiesen, wie die verschiedenen Beziehungsformen jeweils immanent Potenziale der gegenseitigen Ausgewogenheit in sich bergen, und wie sich diese relativ leicht offenbaren lassen. Die Urstoffe der politischen Demokratie sind auf der Makroebene genauso ein Beleg dafür, die ausdrücklich die Realisation der ausgewogenen Gegenseitigkeit Vorschub leisten; die Einbeziehung alle Gesellschaftsmitglieder in den politischen Prozessen, dazu herrschaftsfreie Kommunikation unter den Bürger*innen und ihre reziproke politische Beratschlagung, die als Basis gemeinsamer Willensbildung aufzufassen ist, sind bedeutsame Bausteine für die Ausgewogenheit, die im Sinne der Ungerechtigkeitsvermeidung zu wirken hat. So gesehen ist die Idee der ausgewogenen Gegenseitigkeit auch nicht auf die Illusion eines Gesellschaftsvertrages[611] angewiesen, da sie den realen Zuständen, samt Kultur, Geschichte und sozialpsychologischen Bedingungen Rechnung tragen möchte. An der Stelle kann auch kurz auf Honneths Theorie der sozialen Anerkennung Bezug genommen werden; wie schon eingangs erwähnt, für Honneth ist Anerkennung eine Art soziale Kampfhandlung, die in diversen Situationen und Sphären zündet, weil unterschiedliche Formen der Unrechtserfahrung stattfinden. Wobei diese Konflikte schon in früheren Stadien der Subjektwerdung beginnen und in der Gesellschaft auf höheren Ebenen der Abstraktion an Komplexität zunehmen. Selbstredend wird es in einer *vitalen* Gesellschaft, die von der Dynamik der Veränderung getrieben wird, stets Kämpfe geben; deshalb erachte ich die Anerkennungstheorie als Grundlage für das Konzept der ausgewogenen Gegenseitigkeit für überaus wichtig, aber die Hauptfrage ist und bleibt: Bis zu welchem Stadium des zivilisatorischen Fortschritts soll diese besagte Dynamik von der Grammatik der sozialen Kampfhandlung geprägt sein? Warum soll nicht eine sanftere Kategorie wie die der sozialen Ausgewogenheit Eingang in die Auffassung des Zivilisationsfortschritts finden? Die Realisierung der ausgewogenen Gegenseitigkeit bedarf eines ungeheuren Maßes an sozialer Rücksichtnahme (Reziprozität) und Perspektivübernahme, an Sinn und Sensibilität für Gerechtigkeitsfragen und an sozialen Fortschritts-

---

611 Vgl. Rawls 1979.

gedanken. Ferner bietet sie uns eine klare Linie für zukünftige Sozialisations- und allgemeine Bildungsaufgaben. Infolgedessen ist die Überlegenheit des Konzeptes der ausgewogenen Gegenseitigkeit gegenüber der Anerkennungstheorie darin zu sehen, für ein »*neues*« Menschenbild zu plädieren, das nach mehr Humanität strebt und dazu radikal-irrationale Moralpositionen per se verneint.

Der *gesellschaftliche Aspekt* von Gerechtigkeit ist insofern der wichtigste, als dort die großen Auseinandersetzungen um die soziale Normsetzung stattfinden. Die Entwicklung aller anderen Aspekte der Gerechtigkeit wird dort erprobt, akzeptiert oder abgelehnt. Infolgedessen bedarf es einer fundierten und gehaltvollen Gesellschaftskritik, viel Feinsinnigkeit und Scharfsinn, nur dann kann die Verflochtenheit der verschiedensten Dimensionen der Gerechtigkeit zielbringend analysiert werden.

Im Übrigen können nur durch interdisziplinäre Kooperation der Geistes- und Sozialwissenschaften gesellschaftliche Fehlentwicklungen angemessen diagnostiziert werden. Allein die Tatsache, dass es zur Norm der Demokratie gehört, alle Arten der sozialen Empörung ernst zu nehmen, auch wenn sie sich am Ende nicht als haltbar erweisen sollten, bedarf großer Geduld und reichlich Sensibilität. Rainer Forst schreibt bezüglich des gesellschaftlichen Aspekts der Menschenrechte wie folgt: »[...] dabei darf der zentrale gesellschaftliche Aspekt der Menschenrechte nicht übersehen werden – nämlich dass sie, wann und wo sie auch beansprucht werden, auf eine Situation der Unterdrückung bzw. Ausbeutung von Individuen oder Gruppen bezogen waren, die ihre Würde als Menschen verletzt sahen und dagegen aufbegehrten«.[612] Mit anderen Worten, die Gesellschaft bleibt das Kampffeld der divergenten sozialen Interessen und Auseinandersetzungen, mal werden politische und mal ökonomische Kategorien als Kritikinstrument herangezogen; damit werden ungerechte Verhältnisse beschrieben und bewertet. Indes verweisen andere sozialphilosophische Kategorien, wie die der Unsichtbarkeit[613], Verdinglichung[614], Entfremdung[615] und Resonanzverlust[616], auf soziale Pathologien[617], verzerrte und verkrümmte Lebensformen.[618] Aber auch moralische und rechtliche Pathologien müssen an dem vorliegenden Bild

---

612 Vgl. Forst 2011, S. 53.
613 Vgl. Honneth 2003.
614 Vgl. Honneth 2015.
615 Vgl. Jaeggi/Celikates 2017.
616 Vgl. Rosa 2017.
617 Vgl. Honneth 2007.
618 Die Sozialphilosophie der letzten einhundert Jahre kreist überwiegend um diese besagten ethisch-moralischen Kategorien. Vgl. Jaeggi/Celikates 2017.

AUSBLICK

der Gesellschaft abgelesen werden. Honneth[619] verweist zu Recht darauf, dass in den modernen Gesellschaften einer neuer Typus von Menschen im Entstehen begriffen ist, die in ihren Handlungen von Unentschlossenheit und Ziellosigkeit befallen sind, oder eben auch zahlreiche Mitglieder, die sich bei der kleinsten sozialen Auseinandersetzung des Mediums des Rechtes bedienen. Die Folgen derartiger Entwicklungen können für eine demokratische Lebensform abträglich sein, vor allem wenn man immer wieder für die Vitalität der Demokratie plädiert. Insgesamt bleibt die Gesellschaft jener Ort, an dem sich alle anderen Dimensionen der Gerechtigkeit herausbilden und kritisch betrachtet werden müssen. Dafür muss die moralische Vorstellung der ausgewogenen Gegenseitigkeit adäquat wirken, damit nicht Majoritäten und Lobbyisten die soziale Grammatik der Gerechtigkeit prägen.

Die *geschichtliche Dimension* der Gerechtigkeit verdeutlicht, dass die Menschheit seit jeher darum bemüht ist, eine soziale Ordnung zu kreieren, in der Armut, Ungerechtigkeit und radikal-ungerechtfertigte Ungleichheit[620] nicht mehr wie selbstverständlich hingenommen werden. Die Weiterentwicklung der Idee der Freiheit in all ihren Facetten verdeutlicht, dass sich in den letzten ca. zwei Jahrhunderten eine starke Tendenz der politisch-gesellschaftlichen Egalisierung eingesetzt hat. In diesem Gefüge war es für mich wichtig, einerseits normative oder ideale Bedingungen der persönlichen Beziehungen, die einer historisch-kulturellen Folie entnommen wurden, nachzuzeichnen und zu erörtern; andererseits auf die geschichtliche Entwicklung der Idee der Freiheit zu schauen, sie normativ so zu rekonstruieren, dass sie die Idee der Demokratie als Grundlage der modernen politischen Ordnung herleitet.[621] Selbstredend habe ich die demokratische Lebensform, die als normierende Instanz sowohl die Sozialität als auch bestimmte Schulen der Marktwirtschaft beeinflusst und befruchtete, ins Zentrum meiner Ansichten gestellt. Bei dieser Einordnung war es unerlässlich, auf sittliche Elemente der modernen Marktwirtschaft zu verweisen und sie ehrwürdig zu rekapitulieren, da diese in ihrer Geburtsstunde doch so omnipräsent und vielversprechend waren.

---

619 Vgl. Honneth 2013, »*Pathologien der rechtlichen Freiheit*«, S. 157f. »*Pathologien der moralischen Freiheit*«, S. 206f.
620 Vgl. Piketty 2020, »*Die Struktur der Ungleichheit*«, S. 311f.
621 Vgl. Forst 2015, S. 186f. Forst erörtert die Verbindung zwischen drei wichtigen Kategorien der politischen Ordnung, nämlich die der Legitimität, die der Demokratie und die der Gerechtigkeit, die in aufsteigender Linie normativ gehaltvoller werden. Unsere Ausführung bezüglich der Idee des Politischen tendiert in eine ähnliche Richtung, da die Gerechtigkeit als höchste ideelle Instanz über allen anderen Kategorien thront.

AUSBLICK

Heute kann mit Gewissheit konstatiert werden, dass die Entwicklung einen anderen Lauf genommen hat, die Gründe dafür wurden punktuell geschildert. Am Ende dieser Zunahme wurde die Idee des bedingungslosen Grundeinkommens ins Spiel gebracht, die zwar als systemimmanenter radikaler Umbruch, aber nicht als eine unrealistisch-revolutionäre Positionierung aufzufassen ist. In einer tiefer ansetzenden Schicht wurden ethisch-moralische Ambitionen dermaßen in die Idee der Demokratie hineinprojiziert, dass diese hochkomplexe Auffassung über das Politische hinaus alle anderen sozialen Sphären als Lebensform durchdringen können soll. Darüber hinaus war es für mich wichtig, in der Freundschaft, in der romantischen Liebe und im familialen Leben jene Potenziale herauszudestillieren und zum Vorschein zu bringen, die für die Identität der Subjekte, ihre persönliche Integrität und ihr Selbstvertrauen grundlegend sind. Mit guten Gründen wurde die Sphäre der persönlichen Beziehungen als der Urort für die Intuition der Gerechtigkeit und Integrität registriert. Von dort aus, von der kleinen subjektiven Welt aus auf die große weite Welt blickend, konnte konstatiert werden, dass die Ansprüche der Gerechtigkeit graduell unnahbarer, rationaler und komplexer wurden. Es braucht nur einen Blick auf die Werke und Ideen von John Bowlby[622] sowie Mary Ainsworth[623] und gegenwärtig in Deutschland die Arbeiten des Ehepaars Klaus Grossmann und Karin Grossman[624], um nachzuvollziehen, wie bedeutend eine gelungene Bindung in den ersten Lebensmonaten und Jahren für das Kind und für seine primären Bezugspersonen sein kann und wie diese eine Biografie, hinsichtlich der Qualität der sozialen Beziehungen[625], prägen wird. In diesem Kontext und in Bezug auf die Komplexität der sozialen Lebenswelt habe ich den Begriff der *ausgewogenen Gegenseitigkeit* mit jenem Vorsatz eingesetzt, den moralischen Fortschritt[626] der modernen Gesellschaften und ihrer Grammatik unter der Prämisse der Intersubjektivität, diese in allen Kontexten der sozialen

---

[622] Vgl. Bowlby 2018, »Die Entstehung der Bindungstheorie«, S. 16f, sowie 2006, »Bindung. Eine Analyse der Mutter- Kind- Beziehung«.
[623] Vgl. Grossmann. K./Grossmann. K (2020): »*Bindung und menschliche Entwicklung: John Bowlby, Mary Ainsworth und die Grundlagen der Bindungstheorie*«.
[624] Vgl. Grossmann/Grossmann 2003.
[625] Die drei berühmten V-Adjektive (Vertrauensvoll, Verlässlichkeit sowie Verfügbarkeit) sind die Grundelemente einer gelungenen Bindung der ersten Lebensjahre eines Kindes an seine primäre/n Bezugsperson/en.
[626] Viele politisch-soziale Revolutionen werden anfänglich mit dem festen Vorsatz geführt, für bessere und gerechtere Zustände zu sorgen, ob sie letztlich das visierte Ziel erreichen, ist insofern eine andere Frage, als oft die anfängliche Entwicklung andere Richtungen einschlagen kann; sie werden nicht selten von sich unerwartet empor erhebenden sozial-politischen Kräften gelenkt, gar instrumentalisiert.

AUSBLICK

Beziehungen, zu artikulieren. Damit war die Absicht verknüpft, von dem heute dominierenden liberalistischen Ansatz Abstand zu nehmen[627], weil dieser lediglich individualistisch und rationalistisch[628] verfährt und nur marginal von den Prozessen der Sozialität Notiz nimmt.

Der *sozialpsychologische Aspekt* der Gerechtigkeit ist ebenfalls von enormer Bedeutung. Gewisse politisch-ökonomische Erfahrungen oder soziale Bewegungen hinterlassen in der Psyche der Gesellschaft tief sitzende Spuren, diese prägen ihre Sicht im Hinblick auf die Forderungen der Gerechtigkeit massiv und verleihen ihr neue Betrachtungsweisen. Manche Gesellschaften durchlebten oder durchleben radikal ungerechte und inhumane Regierungen, sie durchlebten gegebenenfalls schlimme wirtschaftliche Krisen, diese Erlebnisse und Kenntnisse können zeitweilig kollektive Angst oder dogmatische Bescheidenheit erzeugen. Andererseits kann es Gesellschaften geben, die aufgrund sozioökonomisch günstiger Umstände über einen längeren Zeitraum politisch-friedliche Zeiten genießen dürfen und analog ihre Forderungen und Erwartungen im Hinblick auf die Gerechtigkeit umfassend und anspruchsvoll auslegen[629]. Die Idee der Freiheit und ihre Weiterentwicklung verdeutlicht, dass sehr viele Gesellschaften sie immer umfassender und konkreter an die Vorstellung der ausgewogenen Gegenseitigkeit und rechtlichen Gleichheit ausgeweitet haben, aber es gibt auch viele Gesellschaften, denen die Idee der sozialen Menschenrechte immer noch fremdartig erscheint. Infolgedessen wirkt die Sozialpsychologie stets subtil im Hintergrund, ist sie tendenziell optimistisch gestimmt, so finden Gerechtigkeitsansprüche leichter Eingang in die moralische Grammatik der sozialen Beziehungen, während bei einer tendenziell pessimistischeren Einstellung viele berechtigte Fernsichten unartikuliert bleiben.

Die *politische Dimension* der Gerechtigkeit ist jene Instanz, auf der die Ansprüche und Forderungen publik gemacht werden, mit anderen Worten, sie ist die Dimension, die über die allgemeinen Angelegenheiten befinden können soll. Sie wirkt reflexiv, einerseits muss sie für missliche Verhältnisse als Zielscheibe der Kritik herhalten, anderseits muss sie stets für einen grundlegenden Standard politischer Legitimität sorgen wollen. Sie ist Gegenstand ständiger politischer Kontroversen, ob

---

[627] Vgl. Hartmann 2020. Das Handbuch »Radikale Demokratietheorie« bietet interessante Einsichten hinsichtlich der Demokratiekritik. Vgl. Comtesse/Flügel-Martinsen/Martinsen/Nonhoff 2019.
[628] Vgl. Mouffe 2007 »*Dialogische versus agnostische Demokratie*«, S. 69f.
[629] David Precht verweist darauf, dass die modernen Gesellschaften immer mehr von dem Staat und dem Regierungsapparat erwarten, sie werden für so ziemlich alles verantwortlich gemacht. Vgl. Precht 2020.

national oder international, sie muss sich kritisieren lassen, sie muss bestehende Verhältnisse erklären und deuten können und die Menschenrechte achten. Sie soll bemüht sein, dem moralischen Standard der gegebenen Gesellschaft gerecht werden zu können, aber gleichzeitig eine große Spalte für neue moralische Bewertungen offenzulassen. Es liegt in der Natur der Sache, dass die politische Dimension mehr als alle anderen Dimensionen der Gerechtigkeit im Kreuzfeuer der Kritik steht, sei es positiv oder negativ. Sie lebt von der Vitalität der sozialen Auseinandersetzungen, sie hat nur in ihrem fortwährenden Wandel ihre Existenzberechtigung. Der Aspekt der politischen Gerechtigkeit ist insofern immer umstritten, als er allezeit konzentrierte Macht darstellt: Macht der Moderation der Gerechtigkeitsanforderungen, Macht für die Umsetzung der Gerechtigkeitsimpulse, aber auch Macht der Veränderung insgesamt. Das Interesse daran, die politische Dimension für sich einzunehmen, ist in der Gesellschaft stets vorhanden, diverse soziale Gruppen spekulieren darauf, dort anzukommen oder sich eine Teilmacht zu sichern, deswegen bleibt die politische Dimension stets politisiert[630], politisiert im Sinne der Wirkung, Veränderung oder, allgemein gesprochen, politisiert im Sinne der Handlungsfähigkeit.

Die *rechtliche Dimension* der Gerechtigkeit ist in der Regel die Endstation vieler Ansprüche. Die Entwicklung der Idee der Gerechtigkeit ist so weit fortgeschritten, dass sie von den wohlhabend-wohlgeordneten Gesellschaften dermaßen ernst genommen wird, dass sie als Bestandteil staatlicher Verfassungen gesehen wird, sie ist in diversen Hinsichten als ein Grundrecht aufzufassen.[631] Die Verwirklichung der rechtlichen Gleichheit, die heute als ein wichtiges Element der politischen Kultur angesehen wird, musste erst durch zahlreiche politisch-soziale Konflikte zu einer solchen werden oder in das positive Recht Eingang finden.[632] Die liberalen Freiheitsrechte, die politischen Teilhaberechte sowie die sozialen Rechte, alle versuchen, die Ausgewogenheit der sozialen Verhältnisse zu bewirken und leisten einen großen Beitrag zu der Idee der Gerechtigkeit, die meiner Auffassung nach am besten in der *ausgewogenen Gegenseitig-*

---

[630] Hier kann auf große oder kleine Lobbyisten, Wirtschaftsverbände, kleinere politische Parteien, die der Auffassung sind, das Interesse diverser sozialer Gruppen zu vertreten, verwiesen werden.
[631] Die Konkretisierung der Idee der sozialen Menschenrechte und die Grundsicherung im Sozialstaat sind Elemente der Gerechtigkeit, die zwar der umfassenden Idee der Gerechtigkeit nicht vollkommen genügen, aber zumindest im Hinblick auf die Ausgewogenheit der sozioökonomischen Verhältnisse einen Fortschritt darstellen.
[632] Vgl. Menke 2018, »*Moderne Rechte sind Rechte auf Berücksichtigung*«, S. 381.

keit aufgeht, weil die besagten Rechte die Einbeziehung aller Mitglieder in die gesellschaftlichen Prozesse sichern.

Erst wenn alle diese Dimensionen in eine Theorie der Gerechtigkeit integriert werden, kann ein ideales Bild eines guten und gerechten Lebens gezeichnet werden. Nur von der Verteilung der Güter zu sprechen, nur den Wirtschaftsbereich der Gesellschaft für Ausbeutung und soziale Ungleichheit verantwortlich zu machen oder zum Teil viele Forderungen und Erwartungen an das gesetzliche Recht zu verlagern, ist zu wenig und stellt eine verkürzte oder verkrümmte Vorstellung der Gerechtigkeit dar. Wir Menschen tun uns ungemein schwer damit, einen exakt gerechten sozialen Zustand näher zu beschreiben, aber wir spüren sehr oft relativ schnell, wann welche Entwicklung in die falsche Richtung läuft. Um einer solchen Entwicklung Einhalt zu gebieten, benötigen wir in einem ersten Schritt einen normativen Maßstab, um in einem zweiten Schritt korrektiv zu agieren. Ich habe in diesem Gefüge für das Konzept der *ausgewogenen Gegenseitigkeit* plädiert. Ich habe mich bewusst dafür entschieden, die zwei avancierten Theorien des gerechten und des guten Lebens zum Gegenstand meiner Debatte zu machen. Die Theorie der Anerkennung ist mit einem Bündel an fundierten anthropologischen, psychologischen und soziologischen Kenntnissen gerüstet und liefert im Hinblick auf die Subjektivierungsprozesse erhellende Ergebnisse, aber auch die Gerechtigkeitstheorie ist bestens dazu in der Lage, die Grundstruktur der modernen Gesellschaften und die politischen Spiele, die darin vonstattengehen, zu beschreiben. Beide Stränge sind daran interessiert, soziales Leid zu minimieren, Rahmenbedingungen für ein faires Miteinander zu begründen und den Menschen die bestmöglichen Maße an Freiheit zu garantieren. Die Freiheit soll auf der individuellen sowie institutionellen Ebene garantiert werden. Allerdings fehlt beiden ein gemeinsamer normativer Punkt, an dem sie sich überzeugend und im Sinne eines guten und gerechten Lebens treffen können. Dafür habe ich das Konzept der *ausgewogenen Gegenseitigkeit* ins Feld geführt, weil damit sowohl die Theorie der sozialen Anerkennung als auch die wesentliche Idee der Gerechtigkeit erfasst und zusammengedacht werden können. Selbstredend ist die Vorstellung der ausgewogenen Gegenseitigkeit keine abgeschlossene Idee, sie hat einen Anfang, aber kein exakt markiertes Ende. Das darf sie allerdings auch nicht haben, weil die Ausgewogenheit der sozialen Verhältnisse immer von den ethisch-moralischen, strukturellen, geschichtlichen, sozialpsychologischen, politisch-rechtlichen sowie sozioökonomischen Bedingungen und Möglichkeiten der jeweiligen Gesellschaft abhängt. Die demokratische Sittlichkeit setzt ein positives Selbstverständnis der Individuen sowie gesamtgesellschaftliche Interaktionen der Rücksichtnahme

AUSBLICK

voraus, beide Aspekte gemeinsam verleihen dem Ethos der Demokratie Fundament und Tiefe. Die Idee der ausgewogenen Gegenseitigkeit kann sowohl das Ethos und die Sittlichkeit insofern befruchten, als sie als normatives Muster eines guten und gerechten Lebens fungiert. Gelangen die divergenten sozialen Sphären dazu, sich an der substanziellen Idee der ausgewogenen Gegenseitigkeit zu orientieren und zu bemessen, so ist sicher dafür gesorgt, Ungerechtigkeiten auf ein Mindestmaß zu begrenzen, und damit ist sehr viel gewonnen. Denn eine genaue Definition der Gerechtigkeit kann und soll es sogar nicht geben, sonst verliert sie ihren emanzipatorischen Impuls, aber je mehr das demokratische Ethos der demokratischen Sittlichkeit mit Urstoffen der Balance, Reziprozität und Gerechtigkeit bereichert wird, umso wahrscheinlicher ist es, dass sich viele Leben als gelungen und gerecht begreifen lassen.

LITERATUR

Achenbach, Gerd. B (2014): *Fürsprache für die Familie. Ein philosophischer Versuch.* In: Agustin, George/ Kirchdörfer, Rainer (2014), (Hrsg.): Familie. Auslaufmodell oder Garant unserer Zukunft. Freiburg, Basel, Wien: Herder Verlag:

Adorno, Theodor W. (2015): Minima Moralia. Reflexionen aus dem beschädigten Leben. Berlin: Suhrkamp.

Adorno, Theodor W. (2010): Probleme der Moralphilosophie. Berlin: Suhrkamp.

Albert, Michael (2014): Warum der Markt abgeschafft gehört. Parecon: Leben nach dem Kapitalismus. In Herzog, Lisa/ Honneth, Axel (2014), (Hrsg.): Der Wert des Marktes. Ein ökonomisch-philosophischer Diskurs vom 18. Jahrhundert bis zur Gegenwart. Berlin: Suhrkamp Verlag.

Arendt, Hannah (2017): Freiheit und Politik. In: Schink, Philipp (2017), (Hrsg.): Freiheit. Zeitgenössische Texte zu einer philosophischen Kontroverse. Berlin: Suhrkamp.

Arendt, Hannah (2012): Freiheit und Politik, in: Hannah Arendt, *zwischen Vergangenheit und Zukunft.* Übungen im politischen Denken I. München: Piper Verlag.

Arendt, Hannah (1986): Eichmann in Jerusalem. Ein Bericht von der Banalität des Bösen. München: Piper Verlag.

Ariès, Philippe (1978): Geschichte der Kindheit. München: Deutscher Taschenbuch Verlag.

Aristoteles (2016): Nikomachische Ethik. Mit einer Einführung und begleitenden Texten. Frankfurt: Fischer Verlag.

Aristoteles (1977): Hauptwerke. Stuttgart: Alfred Kröner Verlag.

Badiou, Alain (2015): Lob der Liebe. Passagen Verlag.

Bartels Peter-Hans (2016): Demokratie lernen und leben. In: Friedrich, Werner/ Lange, Dirk (2016), (Hrsg.): Demokratiepolitik. Vermessungen – Anwendungen – Probleme – Perspektiven. Springer Verlag.

Baumann, Zygmunt (2017): Das Vertraute Unvertaut machen.

Baumann, Zygmunt (2009): Postmoderne Ethik. Hamburger Edition.

Bayertz, Kurt (1998), (Hrsg.): Solidarität. Begriff und Problem. Frankfurt am Main: Suhrkamp Verlag.

Beckert, Jens (2014): Die sittliche Eibettung der Wirtschaft. Von der Effizienz- und Differenzierungstheorie zu einer Theorie wirtschaftlicher Felder. In: Herzog, Lisa/ Honneth, Axel (2014), (Hrsg.): Der Wert des Marktes. Ein ökonomisch-philosophischer Diskurs vom 18. Jahrhundert bis zur Gegenwart. Berlin: Suhrkamp Verlag.

Bedorf, Thomas/ Herrmann, Stefan (2016), (Hrsg.): Das soziale Band. Geschichte und Gegenwart eines sozialtheoretischen Grundbegriffs. Frankfurt/New York: Campus Verlag.

Benjamin, Jessica (2004): Die Fesseln der Liebe. Frankfurt am Main: Suhrkamp Verlag.

LITERATUR

Berlin, Isaiah (2017): Zwei Freiheitsbegriffe. In Schink, Philipp (2017), (Hrsg.): Freiheit. Zeitgenössische Texte zu einer philosophischen Kontroverse. Suhrkamp.
Berlin, Isaiah (1995): Freiheit. *Vier Versuche*. Frankfurt am Main: Fischer Verlag.
Besand, Anja (2015): Gefühle über Gefühle. Zum Verhältnis von Emotionalität und Rationalität in der politischen Bildung. In: Korte, Rudolf-Karl (2015), (Hrsg.): Emotionen und Politik. Begründungen, Konzeptionen und Praxisfelder einer politikwissenschaftlichen Emotionsforschung. Baden- Baden: Nomos.
Blasche. S/ Köhler. W/ Kuhlmann. W/ Rohs. P (1989), (Hrsg.): Die Ideen von 1789 in der deutschen Rezeption. Herausgegeben von Forum für Philosophie Bad Hamburg. Frankfurt am Main: Suhrkamp.
Bloch, Ernst (1985): Geist der Utopie. Zweite Fassung. Frankfurt: Suhrkamp.
Bloch, Ernst (1977): Naturrecht und menschliche Würde. Frankfurt am Main. Suhrkamp.
Bogerts, Lisa Katherina (2015): Die Kraft des Visuellen. Emotionen und Bilder in der Protest- und Bewegungsforschung. In: Korte, Karl-Rudolf (2015), (Hrsg.): Emotionen und Politik. Begründungen, Konzeptionen und Praxisfelder einer politikwissenschaftlichen Emotionsforschung. Baden- Baden: Nomos.
Boltanski, Luc/ Chiapello, Eva (2003): Der neue Geist des Kapitalismus. Konstanz: UVK Verlagsgesellschaft mbH.
Bowlby, John (2018): Bindung als sichere Basis. Grundlagen und Anwendung der Bindungstheorie. Stuttgart: Ernst Reinhardt Verlag.
Bowlby, John (2006): Bindung. Stuttgart: Ernst Reinhardt Verlag.
Brock, Ditmar (2014): Die radikalisierte Moderne. Moderne Gesellschaften. Wiesbaden: Springer VS.
Broszies, Christoph/ Hahn, Christoph (2010), (Hrsg.): Globale Gerechtigkeit. Schlüsseltexte zur Debatte zwischen Partikularismus und Kosmopolitismus. Berlin: Suhrkamp Verlag.
Burkhart, Günter (2014): Liebe im Kapitalismus zwischen Geschlechtergleichheit und Marktorientierung, in: Gender: Zeitschrift für Geschlecht, Kultur und Gesellschaft. Jg. 6 (2014). Nr. 2, 85–101.
Burkart, Günter (2001): Die Familie in der Zivilgesellschaft: Treuhändler gemeinschaftlicher Werte? In: Huinink, Johannes/Strohmeier, Klaus Peter/ Wagner, Michael (2001), (Hrsg.): Solidarität in Partnerschaft und Familie. Zum Stand familiensoziologischer Theoriebildung. Würzburg: Ergon Verlag.
Comte-Sponville, Andre (2015): Sex. Eine kleine Philosophie. Zürich: Diogenes Verlag.
Comtesse, Dagmar/ Martinsen, Oliver Flügel/ Martinsen, Frannziska/ Nonhoff, Martin (2019), (Hrsg.): Radikale Demokratietheorie. Berlin: Suhrkamp.
Corssen, Jens/ Fuchs, Thomas (2017): Familienglück. Wie wir durch Anerkennung eine erfüllte Eltern- Kind- Beziehung erreichen. München: Knaur Verlag.
Crouch, Colin (2013): Postdemokratie. Frankfurt am Main: Suhrkamp Verlag.

LITERATUR

Dagmar, Comtesse/ Martinsen, Oliver-Flügel/ Martinsen, Franziska/ Nonhoff, Martin (2020), (Hrsg.): Radikale Demokratietheorie. Berlin: Suhrkamp.

Delaney, Neil (2008): Romantische Liebe und Verpflichtung aus Liebe: Die Amerikanisierung eines modernen Ideals. In: Honneth, Axel/Rössler, Beate (2008), (Hrsg.): Von Person zu Person. Zur Moralität persönlicher Beziehungen. Frankfurt am Main: Suhrkamp.

Demirović, Alex (2013): Jenseits der Gerechtigkeit? Zu Rawls' Kritik an Marx. In: Becker, Michael (2013), (Hrsg.): Politischer Liberalismus und wohlgeordnete Gesellschaften. John Rawls und der Verfassungsstaat. Nomos Verlag.

Derrida, Jacques (2003): Schurken. Zwei Essays über die Vernunft. Frankfurt am Main: Suhrkamp Verlag.

Derrida, Jacques (2000): Politik der Freundschaft. Frankfurt am Main: Suhrkamp Verlag.

Derrida, Jacques/de Montaigne, Michel (2000): Über die Freundschaft. Frankfurt am Main: Suhrkamp Verlag.

Derrida, Jacques (1996): Gesetzeskraft. Der »mystische Grund der Autorität«. Frankfurt am Main: Suhrkamp.

Dewey, John (2003): Philosophie und Zivilisation. Frankfurt am Main: Suhrkamp Verlag.

Durkheim, Emile (2014): Über soziale Arbeitsteilung. Studie über die Organisation höhere Gesellschaften. In: Herzog, Lisa/ Honneth, Axel (2014), (Hrsg.): Des Wert des Marktes. Ein ökonomisch-philosophischer Diskurs vom 18. Jahrhundert bis zur Gegenwart. Berlin: Suhrkamp.

Durkheim, Emile (1973): Erziehung, Moral und Gesellschaft. Darmstadt: Neuwied.

Dworkin, Ronald (2012): Gerechtigkeit für Igel. Berlin: Suhrkamp Verlag.

Eichhoff, Isabell (2006): Religion, Wirtschaft, Ethik. Wirtschaftsethnische Aspekte von Judentum, Christentum und Islam. Saarbrücken: VDM- Verlag.

Eichler, Klaus-Dieter (2006): Die Freundschaft der Politik. In: Dialektik. Zeitschrift für Kulturphilosophie 1, 2006, S. 5–24.

Elias, Norbert (1997): Über der Prozess der Zivilisation. Band I& II. Soziologische und psychologische Untersuchungen. Frankfurt: Suhrkamp Verlag.

Engels, Friedrich (2016): Der Ursprung der Familie, des Privateigentums und des Staates. Berlin: Dearbooks.

Enste, Dominik H. (2015): Markt und Moral. Eine ordnungsethische Reflexion. Positionen. Beiträge zur Ordnungspolitik aus dem Institut der deutschen Wirtschaft Köln. Nr. 69.

Enste, Dominik H./ Wildner, Julia (2014): Mitverantwortung und Moral. Eine unternehmensethische Reflexion. Positionen. Beiträge zur Ordnungspolitik aus dem Institut der deutschen Wirtschaft Köln. Nr. 63.

Feuerbach, Ludwig (2014): Das Wesen des Christentums. Köln: Anaconda Verlag.

Fichte, Johan Gottlieb (2014): Eine Einführung. Berlin: Suhrkamp Verlag.

Fichte, Johan Gottlieb (1979): Grundlage des Naturrechts nach Prinzipien der Wissenschaftslehre. Hamburg: Felix Meiner Verlag.

LITERATUR

Fischer, Dietlind/ Von der Gathen, Jahn/ Höhmann, Katrin/ Klaffke, Thomas/ Rademacker, Hermann (2013), (Hrsg.): Schule und Armut. Friedrich Jahresheft 2013.
Forst, Rainer (2017): Politische Freiheit. In: Schink, Philipp (2017): Freiheit. Zeitgenössische Texte zu einer philosophischen Kontroverse. Berlin: Suhrkamp Verlag.
Forst, Rainer (2015): Normativität und Macht. Zur Analyse sozialer Rechtfertigungen. Berlin: Suhrkamp Verlag.
Forst, Rainer (2011): Kritik der Rechtfertigungsverhältnisse. Perspektiven einer kritischen Theorie. Berlin: Suhrkamp Verlag.
Forst, Rainer (2003): Toleranz im Konflikt. Geschichte, Gehalt und Gegenwart eines umstrittenen Begriffs. Frankfurt am Main: Suhrkamp.
Foucault, Michel (2006): Sicherheit, Territorium, Bevölkerung. Geschichte der Gouvernementalität I. Frankfurt am Main: Suhrkamp.
Frankfurt, Harry G. (2016): Gründe der Liebe. Frankfurt am Main: Suhrkamp Verlag.
Frankl, E. Viktor (2013): Das Leiden am sinnlosen Leben. Freiburg.
Frankl, E. Viktor (2012): Der Wille zum Sinn. Ausgewählte Vorträge über Logotherapie. München.
Fraser, Nancy (2009): Feminismus, Kapitalismus und die List der Geschichte. In Forst, Rainer/ Hartmann, Martin/ Jaeggi, Rahel/ Saar, Martin (2009), (Hrsg.): Sozialphilosophie und Kritik. Frankfurt am Main: Suhrkamp Verlag.
Fraser, Nancy/ Honneth, Axel (2003): Umverteilung oder Anerkennung. Eine politisch-philosophische Kontroverse. Frankfurt am Main: Suhrkamp Verlag.
Friedman, Marilyn (2008): Freundschaft und moralisches Wachstum. In: Honneth, Axel/ Rössler, Beate (2008), (Hrsg.): Von Person zu Person. Frankfurt am Main: Suhrkamp.
Fromm, Erich (2019): Psychologische Aspekte zur Frage eines garantierten Einkommens für alle. In Kovce, Philip / Priddat. P, Birger (2019), (Hrsg.): Bedingungsloses Grundeinkommen. Grundlagentexte. Berlin: Suhrkamp.
Fromm, Erich (1999): Die Furcht vor der Freiheit. In: Gesamtausgabe in zwölf Bänden, Hrsg. Von Rainer Funk. Bd. I: Analytische Sozialpsychologie. Stuttgart.
Fromm, Erich (1981): Die Kunst des Liebens. 59. Auflage. München.
Galimberti, Umberto (2006): Liebe. Eine Gebrauchsanweisung. München: C.H. Beck Verlag.
Gosepath, Stefan (2004): Gleiche Gerechtigkeit. Grundlagen eines liberalen Egalitarismus. Frankfurt am Main: Suhrkamp Verlag.
Gosepath, Stefan/ Lohmann, Georg (1998), (Hrsg.): Philosophie der Menschenrechte. Frankfurt am Main: Suhrkamp Verlag.
Greenspan, I. Standley/ Shanker, G. Stuart (2007): Der erste Gedanke. Frühkindliche Kommunikation und die Evolution menschlichen Denkens. Weinheim/Basel: Beltz.
Griffin, James (2010): On Human Rights. Oxford.
Grimm, Dieter (1991): Die Zukunft der Verfassung. Frankfurt am Main: Suhrkamp Verlag.

LITERATUR

Grossman, Klaus E./ Grossmann, Karin (2020): Bindung und menschliche Entwicklung: John Bowlby, Mary Ainsworth und die Grundlagen der Bindungstheorie. Stuttgart: Klett-Cotta Verlag.

Grossmann, Karin/ Grossmann, Klaus. E (2012): Bindungen – das Gefüge psychischer Sicherheit. Klett- Cotta.

Habermas, Jürgen (2013): Im Sog der Technokratie. Kleine politische Schriften XII. Berlin: Suhrkamp Verlag.

Habermas, Jürgen (2009): Eine genealogische Betrachtung zum kognitiven Gehalt der Moral. In: Celikates, Robin/ Gosepath, Stefan (2009), (Hrsg.): Philosophie der Moral. Texte von der Antike bis zur Gegenwart. Frankfurt am Main: Suhrkamp.

Habermas, Jürgen (2005): Zwischen Naturalismus und Religion. Philosophische Aufsätze. Frankfurt am Main: Suhrkamp.

Habermas, Jürgen (2001): Glauben und Wissen. Friedenspreis des Deutschen Buchhandels.

Habermas, Jürgen (1998): Faktizität und Geltung. Beiträge zur Diskurstheorie des Rechts und des demokratischen Rechtsstaates. Frankfurt am Main: Suhrkamp.

Habermas, Jürgen (1996): Die Einbeziehung des Anderen. Frankfurt am Main: Suhrkamp Verlag.

Habermas, Jürgen (1989): Ist der Herzschlag der Revolution zum Stillstand gekommen? Volkssouveränität als Verfahren. Ein normativer Begriff der Öffentlichkeit. In: Ideen von 1789. Herausgegeben vom Forum für Philosophie Bad Hamburg (1989).

Habermas, Jürgen (1986): Der philosophische Diskurs der Moderne. Zwölf Vorlesungen. Frankfurt am Main: Suhrkamp.

Habermas, Jürgen (1981): Theorie des kommunikativen Handelns. Zur Kritik der funktionalistischen Vernunft. Band 1 & 2. Frankfurt am Main: Suhrkamp.

Harari, Yuval Noah (2018): Homo Deus. Eine Geschichte von Morgen. München: C.H.Beck.

Hartmann, Martin (2020): Vertrauen – Die unsichtbare Macht. Frankfurt: Fischer Verlag.

Hayek, F. H. (2017): Vernunft und Überlieferung. In Schlink, Philipp (2017), (Hrsg.): Freiheit. Zeitgenössische Texte zu einer philosophischen Kontroverse. Suhrkamp.

Hecht, Martin (2014): Wahre Freunde. Von der hohen Kunst der Freundschaft. Freiburg, Basel, Wien: Herder Verlag.

Hegel, G.W.F (2006): Phänomenologie des Geistes. Hamburg: Felix Meines Verlags.

Hegel, G.W.F (1986a): Grundlinien der Philosophie des Rechtes oder Naturrecht und Staatswissenschaft im Grundrissen. Werke 7. Frankfurt am Main: Suhrkamp Verlag.

Hegel, G.W.F (1986b): Nürnberger und Heidelberger Schriften 1808–1817. Werke 4. Frankfurt am Main: Suhrkamp Verlag.

Hegel, G.W.F (1986c): Enzyklopädie der philosophischen Wissenschaften III. Werke 10. Suhrkamp: Frankfurt. Hegel, G.W.F (1967): System der Sittlichkeit, Nachdruck der Lasson- Ausgabe. Hamburg.

LITERATUR

Heidenreich, Felix (2015): Politische Gefühle – Katalysator des Diskurses oder Ergebnis postdemokratischer Emotionalisierung? Die Perspektive des dynamischen Republikanismus. In: Korte Rudolf-Karl (2015): Emotionen und Politik. Begründungen, Konzeptionen und Praxisfelder einer politikwissenschaftlichen Emotionsforschung. Baden- Baden: Nomos.
Henning, Hahn (2009): Globale Gerechtigkeit. Eine philosophische Einführung. Frankfurt am Main: Campus Studium.
Herder, Johan Gottfried (1982): Vom Erkennen und Empfinden der menschlichen Seele. In: Herders Werke in fünf Bänden. (6. Auflage), III. Band. Berlin/ Weimar.
Herzog, Lisa/ Honneth, Axel (2014), (Hrsg.): Der Wert des Marktes. Ein ökonomisch-philosophischer Diskurs vom 18. Jahrhundert bis zur Gegenwart. Berlin: Suhrkamp Verlag.
Hetzel, Andreas (2016): Das demokratische Begehren. Politische Leidenschaften in der Postdemokratie. In: Hetzel, Andreas/ Unterthurner, Gerhard (2016), (Hrsg.): Postdemokratie und die Verleugnung des Politischen. Baden- Baden: Nomos Verlag.
Hirschman, O. Albert (2014): Der Streit um die Bewertung der Marktgesellschaft. In: Herzog, Lisa/ Honneth, Axel (2014), (Hrsg.): Der Wert des Marktes. Ein ökonomisch-philosophischer Diskurs vom 18. Jahrhundert bis zur Gegenwart. Suhrkamp: Berlin.
Hirschman, O. Albert. (1987): Leidenschaften und Interessen. Politische Begründungen des Kapitalismus vor seinem Sieg. Frankfurt am Main: Suhrkamp Verlag.
Hochschild, Arlie (2002): Keine Zeit. Wenn die Firma zum Zuhause wird und zu Hause nur Arbeit wartet. Wiesbaden.
Honneth, Axel/ Ranciere, Jacques (2021): Anerkennung oder Unvernehmen? Eine Debatte. Berlin: Suhrkamp Verlag.
Honneth, Axel (2020): Die Armut unserer Freiheit. Berlin: Suhrkamp Verlag.
Honneth, Axel (2018): Anerkennung. Eine europäische Ideengeschichte. Berlin: Suhrkamp Verlag.
Honneth, Axel (2015a): Die Idee des Sozialismus. Versuch einer Aktualisierung. Berlin: Suhrkamp Verlag.
Honneth, Axel (2015b): Verdinglichung. Eine anerkennungstheoretische Studie. Frankfurt am Main: Suhrkamp Verlag.
Honneth, Axel (2014): Vivisektionen eines Zeitalters. Berlin: Suhrkamp Verlag.
Honneth, Axel (2013): Das Recht der Freiheit. Grundriss einer demokratischen Sittlichkeit. Berlin: Suhrkamp Verlag.
Honneth, Axel (2010): Das Ich im Wir. Studien zur Anerkennungstheorie. Berlin: Suhrkamp Verlag.
Honneth, Axel/ Rössler, Beate (2008), (Hrsg.): Von Person zu Person. Zur Moralität persönlicher Beziehungen. Berlin: Suhrkamp Verlag.
Honneth, Axel (2007): Pathologien der Vernunft. Geschichte und Gegenwart der Kritischen Theorie. Frankfurt am Main: Suhrkamp Verlag.
Honneth, Axel (2003): Unsichtbarkeit. Stationen eine Theorie der Intersubjektivität. Frankfurt am Main: Suhrkamp Verlag.
Honneth, Axel (2002): Organisierte Selbstverwirklichung. Paradoxien der Individualisierung. In: Honneth, Axel (2002), (Hrsg.): Befreiung aus der Mün-

digkeit. Paradoxien des gegenwärtigen Kapitalismus. Frankfurt/ New York: Campus Verlag.
Honneth, Axel (2001): Leiden an Unbestimmtheit. Eine Reaktualisierung der Hegelschen Rechtsphilosophie. Stuttgart: Reclam Verlag.
Honneth, Axel (2000): Das Andere der Gerechtigkeit. Aufsätze zur praktischen Philosophie. Frankfurt am Main: Suhrkamp Verlag.
Honneth, Axel (1994a): Kampf um Anerkennung. Zur moralischen Grammatik sozialer Konflikte. Frankfurt am Main: Suhrkamp Verlag.
Honneth, Axel (1994b): Pathologien des Sozialen. Frankfurt am Main: Suhrkamp.
Horkheimer, Max (2003): Dialektik der Aufklärung und Schriften 1940–1950. Frankfurt am Main: Fischer Verlag.
Huinink, Johannes (2016): James S. Coleman – Die Familie in der »asymmetrischen« Gesellschaft. In: Nave-Herz, Rosemarie (2016), (Hrsg.): Die Geschichte der Familiensoziologie in Porträts. Würzburg: Ergon Verlag.
Hurrelmann, Klaus/Quenzel, Gudrun (2016): Lebensphase Jugend. Eine Einführung in die sozialwissenschaftliche Jugendforschung. 13. Auflage.
Hurrelmann, Kalus/Andrese, Sabine/ Schneekloth, Ulrich (2013): Das Wohlbefinden der Kinder in Deutschland. In Bertram, Hans (2013), (Hrsg.): Reiche, Kluge glückliche Kinder? Der UNICEF-Bericht zur Lage der Kinder in Deutschland. Basel: Beltz Verlag
Ikäheimo, Heikki (2014): Anerkennung. Berlin/ Bosten: Walter de Gruyter.
Illouz, Eva (2014): Der Konsum der Romantik. Liebe und die kulturelle Widersprüche des Kapitalismus. Suhrkamp.
Illouz, Eva (2011/2021): Warum Liebe weh tut: Eine soziologische Erklärung.
Jaeggi, Rahel/ Celikates (2017): Sozialphilosophie. Eine Einführung. München: C.H. Beck.
Jaeggi, Rahel (2014): Kritik von Lebensformen. Berlin: Suhrkamp Verlag.
James, William (2010): *Der Denker philosophiert, während der Liebende handelt.* In: Vernon, Mark (2010), (Hrsg.): Das Wichtigste über das Leben, das Universum und den Rest. Freiburg: Herder Verlag.
Jellouschek, Hans (2016): Der Schlüssel zur Treue. Warum es sich lohnt, für die Liebe zu kämpfen: Freiburg, Basel, Wien: Herder.
Joas, Hans (2000), (Hrsg.): Philosophie der Demokratie. Beiträge zum Werk von John Dewey. Frankfurt am Main: Suhrkamp.
Johnson, Robert. A (1988): Traumvorstellung Liebe. Der Irrtum des Abendlandes. Walter Verlag.
Joób, Mark (2008): Globale Gerechtigkeit. Im Spiegel zeitgenössischer Theorien der Politischen Philosophie. Ödenburg: Christian Academic Press.
Junge, Torsten (2016): Demokratiepolitische Effekte des Bedingungsgefüges von Wissen und Partizipation. In: Friedrich, Werner/ Lange, Dirk (2016), (Hrsg.): Demokratiepolitik. Vermessungen – Anwendungen – Probleme – Perspektiven. Springer Verlag.
Juul, Jesper (2017): Grenzen, Nähe, Respekt. Auf dem Weg zur kompetenten Eltern-Kind- Erziehung. Rororo Verlag.
Juul, Jesper (2016): Was Familien trägt. Werte in Erziehung und Partnerschaft. Ein Orientierungsbuch. Weinheim: Verlagsgruppe Beltz.

LITERATUR

Jörke, Dirk (2019): Die Größe der Demokratie. Über die räumliche Dimension von Herrschaft und Partizipation. Berlin: Suhrkamp.
Jörke, Dirk (2011): Demokratie als Ideologie. In: Otten Ricardo, Henrique/ Sicking, Manfred (2011), (Hrsg.): Kritik und Leidenschaft. Vom Umgang mit politischen Ideen. Bielefeld: Transcript Verlag.
Kant, Immanuel (2008): Grundlegung zur Metaphysik der Sitten. Köln: Anaconda.
Kant, Immanuel (2007): Grundlegung zur Metaphysik der Sitten. Suhrkamp.
Kant, Immanuel (1956): Schriften zur Ethik und Religionsphilosophie. Band VI. Wissenschaftliche Buchgesellschaft.
Karrer, Dieter (2015): Familie und belastete Generationsbeziehungen. Ein Beitrag zu einer Soziologie des familialen Feldes. Springer VS.
Kelsen, Hans (2000): Was ist Gerechtigkeit? Stuttgart: Reclam
Kersting, Wolfgang (1998): Der Markt – das Ende der Geschichte? In: Brieskorn, Norbert/ Wallacher, Johannes (1998), (Hrsg.): Homo oeconomicus: Der Mensch der Zukunft? Kohlhammer Verlag.
Kersting, Wolfgang (1993): Wohlgeordnete Freiheit. Immanuel Kants Rechts- und Staatsphilosophie. Frankfurt am Main: Suhrkamp.
Kitzler, Albert (2016):Wie lebe ich ein gutes Leben? Philosophie für Praktiker. München: Droemer Verlag.
Kleingeld, Pauline/ Anderson, Joel (2008): Die gerechtigkeitsorientierte Familie: Jenseits der Spannung zwischen Liebe und Gerechtigkeit. In: Honneth, Axel/ Rössler, Beate (2008), (Hrsg.): Von Person zu Person. Zur Moralität persönlicher Beziehungen. Frankfurt am Main: Suhrkamp.
Kovce, Philip/ Priddat. P, Birger (2019), (Hrsg.): Bedingungsloses Grundeinkommen. Grundlagentexte. Berlin: Suhrkamp Verlag.
Kuchler, Barbara/ Beher, Stefan (2014), (Hrsg.): Soziologie der Liebe. Romantische Beziehungen in theoretischer Perspektive. Berlin: Suhrkamp Verlag.
König, Rene (2006): Strukturanalyse der Gegenwart. (Hrsg.) von Klein, Michael. Wiesbaden: VS- Verlag für Sozialwissenschaften.
König, Rene (1998): Soziologe und Humanist. Texte aus vier Jahrzehnten. (Hrsg.) von König, Oliver/ Klein Michael. Opladen: Leske + Budrich.
König, Rene (1978): Die Familie der Gegenwart. Ein interkultureller Vergleich. München: C. H. Beck.
Largo, Remo H. (2000): Kinderjahre. Die Individualität des Kindes als erzieherische Herausforderung. München/Zürich: Pieper Verlag.
Lelord, Francios/ Andre, Christophe (2014): Der ganz normale Wahnsinn. Vom Umgang mit schwierigen Menschen. Berlin.
Lewis, Staples Cilve (1986): Was man Liebe nennt: Zuneigung, Freundschaft, Eros, Agape. . Brunnen Verlag.
Luhmann, Niklas (2015): Liebe als Passion. Zur Codierung von Intimität. Frankfurt am Main: Suhrkamp Verlag.
Löw, Martina/ Mathes, Bettina (2005), (Hrsg.): Schlüsselwerke der Geschlechterforschung. Wiesbaden: VS-Verlag.
MacIntyre, Alasdair (1995): Der Verlust der Tugend. Zur moralischen Krise der Gegenwart. Frankfurt: Suhrkamp.

LITERATUR

MacIntyre, Alasdair (1994): Die Privatisierung des Guten. In Honneth, Axel, (Hrsg.): Pathologien des Sozialen. Die Aufgabe der Sozialphilosophie. Frankfurt: Fischer Verlag.
Macpherson, Brough Crawford (1980). Die politische Theorie des Besitzindividualismus. Frankfurt am Main. Suhrkamp Verlag.
Marcuse, Herbert (1973): Triebstruktur und Gesellschaft. Ein philosophischer Beitrag zu Sigmund Freud. Frankfurt am Main: Suhrkamp.
Margalit, Avishai (1999): Politik der Würde. Über Achtung und Verachtung. Frankfurt am Main: Fischer Verlag.
Marshall, H. Thomas (1992): Bürgerrechte und soziale Klassen. Zur Soziologie des Sozialstaates. Frankfurt am Main/New York: Campus Verlag.
Martinsen, Oliver Flügel (2016): Konsenskritik und Dissensdemokratie. In: Friedrich, Werner/ Lange, Dirk (2016), (Hrsg.): Demokratiepolitik. Vermessungen – Anwendungen – Probleme – Perspektiven. Springer Verlag.
Marx, Karl/ Engels, Friedrich (1989): Manifest der kommunistischen Partei. Grundsätze des Kommunismus. Stuttgart: Reclam Verlag.
Mary, Michael (2016): Liebe will riskiert werden. Warum Paare heute lieben und wie sie damit glücklich werden. München.
Mary, Michael (2001): 5 Lügen die Liebe betreffend. Hamburg: Hoffmann und Campe Verlag.
Mead, Georg Herbert (1973): Geist, Identität und Gesellschaft. Aus der Sicht der Sozialbehaviorismus. Frankfurt: Suhrkamp.
Menke, Christoph (2018): Kritik der Rechte. Berlin: Suhrkamp Verlag.
Merkel, Wolfgang (2020): Steckt die Demokratie in der Krise? In: Neck, Reinhard/Spiel, Christiane (2020), (Hrsg.): Krise der Demokratie? Krise der Wissenschaften? Band 22. Herausgegeben von der Österreichischen Forschungsgemeinschaft. Böhlau Verlag.
Mierau, Susanne (2020): Geborgene Kindheit. Kinder vertrauensvoll und entspannt begleiten. München: Kösel Verlag.
Mika, Bascha/ Festerling, Arnd (2016), (Hrsg.): Freiheit. Wo unsere Freiheit beginnt und wer sie bedroht. Frankfurt: Societäts Verlag.
Miller, David (2008): Grundsätze sozialer Gerechtigkeit. Campus Verlag.
Mitterauer, Michael (2009): Sozialgeschichte der Familie. Kulturvergleich und Entwicklungsperspektiven. Baumüller.
Mommsen, Hans (1986): Hannah Arendt und der Prozess gegen Adolf Eichmann. In: Arendt, Hannah (1986): Eichmann in Jerusalem. Ein Bericht von der Banalität des Bösen. München: Pieper Verlag.
Mouffe, Chantal (2007): Über das Politische. Wider die kosmopolitische Illusion. Suhrkamp.
Münkler, Herfried/ Straßenberger, Grit (2016): Politische Theorie und Ideengeschichte. Eine Einführung. München: C.H. Beck Verlag.
Nagel, Thomas (2010): Das Problem globaler Gerechtigkeit. In: Broszies, Christoph/ Hahn, Henning (2010): Globale Gerechtigkeit. Schlüsseltexte zur Debatte zwischen Partikularismus und Kosmopolitismus. Berlin: Suhrkamp Verlag.
Nautz, Jürgen (2018): Die großen Revolutionen der Welt. Wiesbaden: Marixwissen/ Frankfurter Rundschau.

LITERATUR

Nave-Herz, Rosemarie (2019): Familie heute. Wandel der Familienstrukturen und Folgen für die Erziehung. Darmstadt: WBG.
Nave-Herz, Rosemarie (2004/2013): Ehe- und Familiensoziologie. Eine Einführung in Geschichte, theoretische Ansätze und empirische Befunde. Weinheim/München: Juventa Verlag.
Nehamas, Alexander (2017): Über Freundschaft. München: Dtv- Verlag.
Neuhäuser, Christian (2018): Reichtum als moralisches Problem. Berlin: Suhrkamp.
Nida- Rümelin, Julian (2018): Vom Wert des Lebens und der Freiheit. München: Komplett- Media Verlag.
Nida-Rümelin, Julian (1999): Demokratie als Kooperation. Frankfurt am Main: Suhrkamp Verlag.
Nietzsche, Friedrich (2005): Gesammelte Werke. Neu bearbeitet von Dr. Wolfgang Deninger. Bindlach: Gondrom Verlag.
Nozick, Robert (2011): Anarchie, Staat und Utopia. München: Olzog Verlag.
Nozick, Robert (1991): Vom Richtigen, guten und glücklichen Leben. Wien: Carl Hanser Verlag.
Nussbaum, Martha (2014/2021): Politische Emotionen. Warum Liebe für Gerechtigkeit wichtig ist. Berlin: Suhrkamp Verlag.
Nussbaum, Martha (2012): Nicht für den Profit. Warum Demokratie Bildung braucht. Mülheim a. d. Ruhr: TibiaPress.
Nussbaum, Martha (1999): Gerechtigkeit oder Das gute Leben. Gender Studies. Frankfurt am Main: Suhrkamp Verlag.
Oeftering, Tonio (2016): Auf der Suche nach verschobenen Ausdrucksformen der Demokratiepolitik. Musik und Politik. In: Friedrich, Werner/ Lange, Dirk (2016), (Hrsg.): Demokratiepolitik. Vermessungen – Anwendungen – Probleme – Perspektiven. Springer Verlag.
Oppenheimer, Valerie K. (1988): A theory of marriage timing. American Journal of Sociology 94. Bd.: 563–591.
Osho (2002): Liebe, Freiheit, Alleinsein. 12. Auflage. Arkana, München: Goldmann.
Ott, Notburga (2011): Familie in der modernen Gesellschaft. In *Wie viel Familie verträgt die moderne Gesellschaft?* (2011). München: Roman Herzog Institut e.V.
Otto Apel, Karl/ Niquet, Marcel (2002): Diskursethik und Diskursanthropologie. Aachener Vorlesungen. Band II. Freiburg/ München: Alber Verlag.
Otto, Apel, Karl (1988): Diskurs und Verantwortung. Das Problem des Übergangs zur postkonventionellen Moral. Frankfurt am Main: Suhrkamp.
Otto, Apel, Karl (1973): Transformation der Philosophie. Sprachanalytik, Semiotik, Hermeneutik. Band I. Frankfurt am Main: Suhrkamp.
Paine, Thomas (1962): Die Rechte des Menschen. Berlin: Akademie Verlag.
Parsons, Talcott (2003): Das System moderne Gesellschaften. Juventa Verlag: Weinheim und München.
Parsons, Talcott (1976): Zur Theorie sozialer Systeme. (Hrsg.) von Jensen, Stefan. Opladen: Westdeutscher Verlag.
Parsons, Talcott (1964): Beiträge zur soziologischen Theorie. Berlin: Neuwied.

LITERATUR

Pettit, Philip (2017): Freiheit als Nicht- Beherrschung. In Schlink, Philipp (2017), (Hrsg.): Freiheit. Zeitgenössische Texte zu einer philosophischen Kontroverse. Suhrkamp.
Pettit, Philip (2015): Gerechte Freiheit. Ein moralischer Kompass für eine komplexe Welt. Suhrkamp.
Piketty, Thomas (2020): Das Kapital im 21. Jahrhundert. München: C.H. Beck Verlag.
Pogge, Thomas (2011): Weltarmut und Menschenrechte. Kosmopolitische Verantwortung und Reformen. Berlin/ New York: Walter de Gruyter Verlag.
Pogge, Thomas (2010): »Armenhilfe« ins Ausland. In: Broszies, Christoph/ Hahn, Henning (2010), (Hrsg.): Globale Gerechtigkeit. Schlüsseltexte zur Debatte zwischen Partikularismus und Kosmopolitismus. Berlin: Suhrkamp Verlag.
Pogge, Thomas (2009): Gerechtigkeit in der Einen Welt. Philosophie und Politik. Essen: Klartext Verlag.
Polany, Karl (2014): Aristoteles entdeckt die Volkswirtschaft. In: Herzog, Lisa/ Honneth, Axel (2014), (Hrsg.): Der Wert des Marktes. Ein ökonomisch-philosophischer Diskurs vom 18. Jahrhundert bis zur Gegenwart. Berlin: Suhrkamp.
Pollmann, Arnd (2018): Integrität. Aufnahme einer sozialphilosophischen Personalie. 2. Überarbeitete Auflage. Bielefeld: transcript Verlag.
Poppe-Lynkeus, Josef (2019): Die allgemeine Nährpflicht als Lösung der sozialen Frage. In: Koce, Philip/ P. Priddat, Birger (2019), (Hrsg.): Bedingungsloses Grundeinkommen. Berlin: Suhrkamp Verlag.
Precht, Richard David (2020): Künstliche Intelligenz und der Sinn des Lebens. München: Goldmann.
Rawls, John (2006): Gerechtigkeit als Fairness. Frankfurt am Main: Suhrkamp Verlag.
Rawls, John (2002): Geschichte der Moralphilosophie. Hume- Leibniz, Kant und Hegel. Frankfurt am Main: Suhrkamp.
Rawls, John (1992): Die Idee des politischen Liberalismus. Aufsätze von 1978–1989. Frankfurt am Main. Suhrkamp.
Rawls, John (1979): Eine Theorie der Gerechtigkeit. Frankfurt: Suhrkamp.
Reckwitz, Andreas (2003): Grundelemente einer Theorie sozialer Praktiken. Eine sozialtheoretische Perspektive. In: Zeitschrift für Soziologie 32/4 (2003), 282–301.
Reder, Michael (2018): Philosophie pluraler Gesellschaften. 18 umstrittene Felder der Sozialphilosophie. Stuttgart: Kohlhammer.
Reuster- Anderssen, Ulrike (2015): Wie Bindung gut gelingt. Was Eltern wissen sollten. Dresden.
Ricoer, Paul (2006): Wege der Anerkennung. Erkennen, Wiedererkennen, Anerkanntsein. Frankfurt am Main: Suhrkamp.
Rieval von Aelred (1939): Die heilige Freundschaft. München.
Rosa, Hartmut (2017): Resonanz. Eine Soziologie der Weltbeziehung. Berlin: Suhrkamp Verlag.
Rosa, Hartmut (2013): Beschleunigung und Entfremdung. Entwurf einer Kritischen Theorie spätmoderner Zeitlichkeit. Berlin: Suhrkamp.

LITERATUR

Rosanvollon, Pierre (2008): Counter- Democracy. Politics in a Age of Distrust. Cambidge.

Rousseau, Jean- Jacques (2010): Emile oder über die Erziehung. Köln: Anaconda Verlag.

Rousseau, Jean- Jacques (1977): Gesellschaftsvertrag oder Grundsätze des Staatsrechts. Stuttgart: Reclam.

Russell, Bertrand (2019): Wege zur Freiheit. Sozialismus, Anarchismus, Sozialismus. *Arbeit und Lohn.* In Kovce, Philip/ Priddat. P, Birger (2019), (Hrsg.): Bedingungsloses Grundeinkommen. Grundlagentexte. Berlin: Suhrkamp.

Saage, Richard (2011): Politische Partizipation und Apathie in antiker und moderner Perspektive. In: Otten Richardo, Henrique/ Sicking, Manfred (2011), (Hrsg.): Kritik und Leidenschaft. Vom Umgang mit politischen Ideen. Bielefeld: Transcript Verlag.

Sandel, Michael (2017): Moral und Politik. Gedanken zu einer gerechten Gesellschaft. Berlin: Ullstein Verlag.

Sandel, Michael (2013): Gerechtigkeit. Wie wir das Richtige tun. Berlin: Ullstein Verlag.

Sartre, Jean- Paul (2014): Das Sein und das Nichts. Versuch einer phänomenologischen Ontologie. Hamburg: Rowohlt Verlag.

Schindler, Jörg (2017): Stadt, Land Überfluss. Warum wir weniger brauchen als wir haben. Frankfurt: Fischer Verlag.

Schink, Philipp (2017), (Hrsg.): Freiheit. Zeitgenössische Texte zu einer philosophischen Kontroverse. Suhrkamp.

Schleiermacher, Friedrich (1806): Die Weihnachtsfeier. Ein Gespräch. Darmstadt: Wissenschaftliche Buchgesellschaft.

Schmid, Wilhelm (2015): Liebe. Warum sie so schwierig ist und sie dennoch gelingt. Berlin: Insel Verlag.

Schmid, Wilhelm (2014): Vom Glück der Freundschaft. Berlin: Insel Verlag.

Schmid, Wilhelm (2010): Die Liebe neue erfinden. *Von der Lebenskunst im Umgang mit Anderen.* Berlin: Suhrkamp Verlag.

Schmidt, Uwe (2002): Deutsche Familiensoziologie. Entwicklung nach dem Zweiten Weltkrieg. Wiesbaden: Westdeutscher Verlag.

Schmidt am Busch, Hans- Christoph (2011): Anerkennung als Prinzip der Kritischen Theorie. De Gruyter,

Schumpeter, Josep. A (1993): Kapitalismus, Sozialismus und Demokratie. Tübingen: UTB.

Schäfers, Bernhard (2012): Sozialstruktur und sozialer Wandel in Deutschland. Konstanz/ München: UTB.

Sedláček, Thomas (2013): Die Ökonomie von Gut und Böse. München: Goldmann.

Sen, Amartya (2010): Die Idee der Gerechtigkeit. München: C.H. Beck Verlag.

Sen, Amartya (2006): Warum es keinen Krieg der Kulturen gibt. C.H. Beck Verlag.

Sennet, Richard (1998): Der flexible Mensch. Die Kultur des neuen Kapitalismus. Berlin.

Shklar N., Judith (2021): Über Ungerechtigkeit. Erkundungen zu einem moralischen Gefühl. Berlin: Matthes und Seitz.

LITERATUR

Shusterman, Richard (2006): Auf der Suche nach der ästhetischen Erfahrung. Von der Analyse zum Eros, übers. von R. Celikates und E. Engels, in: Deutsche Zeitschrift für Philosophie, Jg. 54, Nr. 1 (2006), S. 3–20.
Sievers, Rudolf (2008): 1968 Eine Enzyklopädie. Zusammengestellt von Rudolf Sievers. Frankfurt am Main: Suhrkamp.
Simmel, Georg (1970): Grundfragen der Soziologie. Berlin: de Gruyter.
Singer, Peter (2017): Hunger, Wohlstand und Moral. Hoffmann und Campe.
Sloterdijk, Peter (2018): Nach Gott. Berlin: Suhrkamp Verlag.
Sloterdijk, Peter (1988): Zur Welt kommen – zur Sprache kommen. Frankfurt am Main: Suhrkamp Verlag.
Soell, Hartmut (2003): Helmut Schmidt. Vernunft und Leidenschaft. München: DVA.
Spitz, Rene A. (1976): Vom Säugling zum Kleinkind. Stuttgart.
Stearns, N. Peter (2002): Kindheit und Kindsein in der Menschheitsgeschichte. Magnusglobal.
Stern, Daniel (1979): Mutter und Kind. Die erste Beziehung. Stuttgart.
Stoehr, Irene (1990): Emanzipation zum Staat. Der Allgemeine Deutsche Frauenverein – Deutscher Staatsbürgerinnenverband (1893–1933). Bamberg: difo- druck schmacht.
Taylor, Charles (2017): Der Irrtum der negativen Freiheit. In Schink, Philipp (2017), (Hrsg.): Freiheit. Zeitgenössische Texte zu einer philosophischen Kontroverse. Suhrkamp.
Taylor, Charles (2002): Wieviel Gemeinschaft braucht die Demokratie? Aufsätze zur politischen Philosophie. Frankfurt am Main: Suhrkamp.
Taylor, Charles (1996): Quellen des Selbst. Die Entstehung der neuzeitlichen Identität. Frankfurt am Main: Suhrkamp.
Taylor, Charles (1995): Das Unbehagen an der Moderne. Frankfurt am Main: Suhrkamp.
Taylor, Charles (1994): Die Unvollkommenheit der Moderne. In Honneth, Axel (1994), (Hrsg.): Pathologien des Sozialen. Die Aufgaben der Sozialphilosophie. Frankfurt: Fischer
Taylor, Charles (1993): Multikulturalismus und die Politik der Anerkennung. Frankfurt am Main: Suhrkamp.
Tiedemann, Markus (2016): Das unsterbliche Ideal. In Mika, Bascha/ Festerling, Arnd (2016), (Hrsg.): Freiheit. Wo unsere Freiheit beginnt und wer sie bedroht. Frankfurter Rundschau.
Tiedemann, Markus (2014): Liebe, Freundschaft und Sexualität. Fragen und Antworten der Philosophie. Hildesheim: Georg Olmas Verlag.
Tiedermann, Paul (2006): Was ist Menschenwürde? Darmstadt: WBG.
Timm, Andreas (2004): Partnerwahl- und Heiratsmuster in modernen Gesellschaften. Der Einfluss des Bildungssystems. Wiesbaden: Deutsche Universität Verlag.
Vetlesen, Arne Johan (2008): Freundschaft in der Ära des Individualismus. In: Honneth, Axel /Rössler, Beate (2008), (Hrsg.): Von Person zu Person. Frankfurt am Main: Suhrkamp.
Vogt-Lüerssen, Maike (2001): Der Alltag im Mittelalter. Ernst Probst Verlag.
Walzer, Michael (2006): Sphären der Gerechtigkeit: Ein Plädoyer für Pluralität und Gleichheit. Campus.

LITERATUR

Walzer, Michael (1990): Kritik und Gemeinsinn. Drei Wege der Gesellschaftskritik. Berlin: Rotbuch Verlag.
Weber, Max (2009): Die protestantische Ethik und der Geist des Kapitalismus. Köln: Anaconda Verlag.
Wellmer, Albrecht (1993): Endspiele: Die unversöhnliche Moderne. Essays und Vorträge. Frankfurt am Main: Suhrkamp Verlag.
Winnicott, Donald (2006): Reifungsprozesse und fördernde Umfeld. Frankfurt am Main.
Winnicott, Donald (1989): Vom Spiel zur Kreativität. Stuttgart.
Winterhoff, Michael (2017): Die Wiederentdeckung der Kindheit. Wie wir unsere Kinder glücklich und lebenstüchtig machen. München: Gütersloher Verlagshaus.
Winterhoff, Michael/ Thielen, Isabel (2000): Persönlichkeiten statt Tyrannen. Oder: Wie junge Menschen in Leben und Beruf ankommen. Gütersloh: Gütersloher Verlagshaus.
Wolf, Markus (2019): Gerechtigkeit als Dekonstruktion. Zur kulturellen Form von Recht und Demokratie nach Jacques Derrida. Konstanz: University Press.
Wurzbacher, Gerhard/ Hilde Kipp (1968a): Das Verhältnis von Familie und öffentlichem Raum unter besonderer Berücksichtigung der BRD. In Wurzbacher, Gerhard (Hrsg.): 1968.
Wurzbacher, Gerhard (1968b), (Hrsg.): Die Familie als Sozialisationsfaktor. Stuttgart: Ferdinand Enke Verlag.
Wurzbacher, Gerhard (1958): Leitbilder gegenwärtigen deutschen Familienlebens. Methoden, Ergebnisse und sozialpädagogische Folgerungen einer soziologischen Analyse von 164 Familienmonographien. 4 Aufl. Stuttgart 1969.
Young, Iris Marion (2008): Gedanken über Familien im Zeitalter von Murphy Brown. Über Gerechtigkeit, Geschlecht und Sexualität. In Honneth, Axel/ Rössler Beate (2008), (Hrg.): Von Person zu Person. Zur Moralität persönlicher Beziehungen. Frankfurt: Suhrkamp Verlag.